Tourism Marketing

관광마케팅

김이태
김재원
김한주
이선희

TOURISM MARKETING

도서출판
청람

머 리 말

『칭찬은 고래도 춤추게 한다』의 저자 캔 블랜차드(K. Blanchard)는 고객의 중요성에 대해 "고객을 만족시키고 직원들의 근무환경을 개선함으로써 받는 찬사가 이익"이라고 하였다. "고객은 왕이다"라는 이야기가 있다. 현대 사회에서 고객은 왕보다 더 절대적이며, 고객은 개인, 기업이 생존하는데 반드시 있어야 할 동반자이고 고객이 없는 개인, 조직은 존재의 의미를 잃는 것과 같다.

기업의 영원한 동반자로서 고객은 개별적으로 응대받기를 또 자신이 지불하는 가격보다 큰 가치를 창출하기를 희망한다. 모든 조직은 고객 중심의 경영비전과 전략을 수립하고 있다. 개인이나 기업은 당사자의 고객이 누구인지를 명확하게 판단해야 하며 고객에게 어떠한 가치를 제공할 수 있는가 고민해봐야 할 것이다. 그리고 탁월한 품질, 낮은 가격과 양질의 서비스를 통해 지속적으로 고객을 만족시킬 필요가 있다. 이를 통해 기업과 고객은 지속적인 관계를 맺을 수 있는 것이다.

특히 호스피탈리티 산업에 있어 서비스 상품은 고객에게 가치를 부여하기 위해 고객의 요구를 만족시켜야 한다. 고객들이 제공되는 서비스에 만족하기 위해, 조직의 서비스 상품은 고객이 요구하는 것뿐만 아니라 기대하는 것까지 포함해야 한다. 고객의 요구에 부응하고 그들의 기대보다 더 큰 만족을 주는 것은 서비스에 대한 높은 평가를 얻게 되는데 이러한 노력이 마케팅을 통해 가능하다 할 수 있다.

21세기 급변하는 환경 속에서 개인은 끊임없이 교육과 훈련을 통한 지식축적에 열정을 쏟아부어야 한다. 시장 패러다임이 기술기반 생산자에서 문화 소비자로, 기술기반의 제조업에서 지식산업으로 바뀌고 있는 상황에서 끊임없는 자각을 통한 지식강화에 힘써야 한다. '개인의 능력이 우선시 되는 영역,' 소위 자신의 이름을 걸고 진행하는 비즈니스 시대에서 끊임없이 지식역량 함양에 신경써야 한다.

21세기에 가장 각광받을 산업 중의 하나가 관광산업이라고 코틀러(P. Kotler)는 말하고 있다. 그러므로 관광마케팅은 변화의 추세를 통찰하고 대비하는 학문이라고 볼 수 있다.

본서는 관광관련 기업의 현안 문제에 대한 마케팅 제 원리와 기업 내・외에서 발생할 수 있는 마케팅 프로세스 및 일련의 의사결정과정을 이해하기 쉽게 서술하였으며, 관광마케팅을 공부하는 대학생은 물론이고 일선 기업현장에서 활동하고 있는 인재들이 관광마케팅을 폭넓게 이해하는 데 도움이 되도록 강의실 바깥세상의 이야기를 강의실 안으로 가져오기 위해 책의 구성을 체계화하였다. 미흡한 곳은 앞으로 착실히 고쳐 나갈 계획이고, 시대의 변천에 따라 새롭게 요청되는 부분은 끊임없이 보완해 나갈 예정이다. 뜻 있는 분들의 많은 지도와 조언을 바란다.

본서가 나오기까지 원고 정리와 교정에 도움을 준 관광컨벤션학과 류예빈, 곽은진 대학원생에게 고마움을 표하며 또한 출판을 위해 노력을 아끼지 않으신 도서출판 청람의 이수영 사장님과 편집부 여러분께 깊은 감사를 드린다.

이 책이 미래를 창조하고 도전하려는 이 시대의 젊은이들에게 지침서로서 제 역할을 다할 수 있기를 바라며 독자들에게 보람을 안겨주는 조그만 열매가 된다면 그 기쁨을 뜨거운 여름 함께 고생하신 집필진과 옆에서 묵묵히 도와준 가족과 함께 나누고 싶다.

2017년 7월 孟夏

저자 일동

차 례

CHAPTER 1 마케팅 본질 및 관광마케팅의 이해

CHAPTER 2 관광에 영향을 미치는 역동적 환경

5 CHAPTER 관광마케팅전략

6 CHAPTER 관광 포지셔닝전략

CHAPTER 10 관광상품의 촉진관리와 커뮤니케이션

CHAPTER 11 확장된 마케팅믹스

CHAPTER

01

마케팅 본질 및 관광마케팅의 이해

사례

디즈니랜드의 마케팅전략과 성공

개장 50주년을 맞아 제작한 디즈니랜드의 Years of a Million Dreams 광고. 세계적인 스타들(데이비드 베컴, 비욘세, 스칼렛 요한슨, 우피 골드버그, 지젤 번천 등)을 광고모델로 하여 큰 홍보효과를 얻었다.

1953년 로스앤젤레스의 애너하임에 개장한 디즈니랜드는 세계적인 관광명소로, 테마파크의 가장 모범적인 모델이라 할 수 있다. 연간 2,000만 명 이상의 관광객이 디즈니랜드를 찾으며, 디즈니랜드의 입장객의 약 60%는 재방문객이라고 한다. 디즈니사는 애너하임의 디즈니랜드를 시작으로 플로리다 오클랜도의 월트 디즈니 월드 리조트, 도쿄 디즈니랜드에 이어 유로 디즈니랜드(파리), 홍콩 디즈니랜드까지 개장하는 신화를 이루었다. 이러한 디즈니랜드의 가치를 끌어올리는 마케팅 방법을 알아보고자 한다.

철저한 고객 위주의 서비스 마케팅
'The Customer is Always Right'

전 세계 디즈니랜드에서는 고객의 재방문율을 높이기 위해 전 직원에게 SCSE(안전(Safety), 예절(Courtesy), 쇼(Show), 효율(Efficiency)) 개념을 교육시키고 있다.

300권이 넘는 디즈니랜드의 직원을 위한 매뉴얼 내용이 주는 고객과의 커뮤니케이션 및 서비스정신으로, 언제 어떤 상황에서라도 고객의 입장에서 생각하고 고객이 원하는 것을 친절하게 제공하려고 한다.

■ **Safety**

테마파크의 주요 타깃이 어린아이와 가족층이라는 것을 고려했을 때 안전의 문제는 재방문의 여부에 있어 매우 중요한 문제이다. 그러므로 시설의 안전에서부터 미아발생 시의 대처까지 세심하게 신경쓰고 모든 놀이시설과 이벤트에 있어 안전을 최우선으로 고려한다.

■ **Courtesy**

전 세계 디즈니랜드 중 가장 높은 재방문율을 보이는 도쿄 디즈니랜드의 원인을 분석하자 직원의 예의바름이 가장 윗순위로 꼽혔다. 방문객에게 있어 재방문의 의욕을 심어주는 것은 시설의 매력뿐만 아니라 직원들과의 커뮤니케이션 역시 매우 중요한 역할을 한다.

■ **Show**

방문객을 Guest, 종업원을 Cast라고 여기는 데서 출발하여 공원 내의 공연이나 이벤트를 제외하고도 모든 점포와 음식 등 서비스에 쇼적인 요소를 담았다. 모든 종업원의 복장부터 연극을 보여주는 듯한 분위기를 준다. 파크 내에서 디즈니랜드라는 쇼를 연출하고 있는 것이다. 그로 인해 방문객으로 하여금 디즈니랜드에 방문한 날을 특별한 날로 여기도록 한다.

■ **Efficiency**

방문객들을 위한 최적의 환경을 만들고자 한다. 방문객들이 시설을 이용하기 위해 기다리는 시간을 지루해하지 않도록 하고 체류시간을 연장시키기 위해 곳곳에서 다양한 이벤트를 연다.

파리 디즈니랜드의 광고. Get Rid of Your Bad Dreams – 소년과 소녀가 괴물을 이불에 꽁꽁 싸매거나, 괴물을 생포해 어디론가 끌고 가고 있다. 악몽에서 벗어나 디즈니랜드에서 동심을 키우라는 메시지를 담은 광고이다.

위의 강력한 고객만족 마케팅을 통해 디즈니랜드는 고객들에게 재방문 욕구를 심어주고 있다.

고객만족 서비스의 일환으로, 도쿄 디즈니랜드에서는 앰버서더를 활용한다. 매년 캐스터 중 뽑힌 앰버서더는 1년간 다방면에 걸친 활동을 통해 세계에 디즈니 꿈을 전달하는 천선대사로 활동한다. 또한 '슈퍼 그리터'라고 불리는 직원이 고객의 호출이 오면 즉시 그 불편을 해소해주고 고객에게 귀 기울이면서 고객만족 100%를 지향한다. 뿐만 아니라 매우 세세한 부분까지 고객만족을 위해 노력한다. 예를 들어 쓰레기통 사이의 간격이나, 특정 지역에 어울리는 페인트칠, 파크 내부의 모든 색상이 제대로 조화를 이루는지 확인하는 사람까지 고용하여 최대한 고객들에게 좋은 인상을 남기려 한다.

다양한 이벤트

Holiday promotions
Halloween Time

디즈니랜드 홍보책자

Holidays at the Disneyland Resort

매년 10월, 할로윈 테마로 디즈니랜드를 장식하며, 이때 Space Mountain과 the Haunted Mansion이 프로모션의 일부로 얼마간 재단장한다.

11월 초부터 1월 4일까지 New Year holiday를 위해 디즈니랜드를 새단장하며 홀리데이 매직 불꽃쇼와 크리스마스 판타지 퍼레이드나 Haunted Mansion, 소인국이 일시적으로 홀리데이 테마로 다시 꾸며진다.

사회공헌 마케팅 'Give a day, Get a Disney Day'

디즈니랜드에서는 공원 내 보물찾기, 자선사업 등 각종 사회적 이벤트 주최를 통하여 지역사회에 공헌하는 이미지를 창출하고 있다. 기업의 사회공헌 활동을 통해 기업의 이미지를 제고하고 효과적으로 디즈니랜드를 광고하기 위한 대표적인 전략으로 지역사회에 하루 봉사를 할 수 있게 하고 디즈니랜드의 입장권을 제공하는 프로모션을 펼쳤다. 이를 통해 지역사회에 공헌하는 기업이라는 이미지로 공중의 인지도를 제고하여 고객이 호의적으로 다가설 수 있도록 하였다.

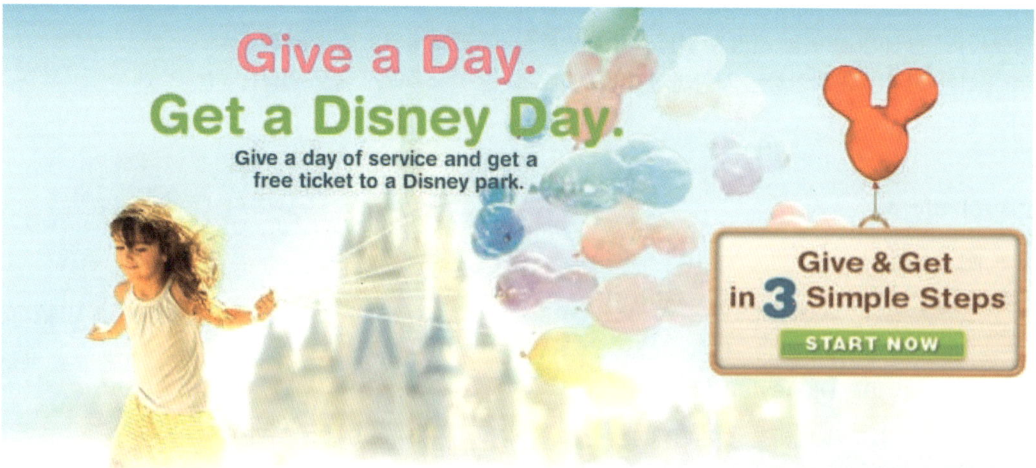

2010년 1년간 지역사회에 100만 명의 자원봉사자의 참여를 목적으로 했던 프로모션 결과, 봉사 목표인원을 달성했을 뿐만 아니라, 홈페이지에서 이 프로그램에 대한 소개 및 관련 영상들을 통해 구전마케팅 효과 또한 유도하였다. 그리고 입장권을 제공하여 디즈니랜드로의 여행을 유도하는 세일즈 프로모션의 역할을 하기도 하였다.

| 출처 |

네이버 전문자료 월트디즈니의 성공사례와 마케팅전략
위키피디아
네이버 백과사전
야후 백과사전
http://seyuloh.blog.me/70097453590
고객만족과 고객가치를 지향하는 사람들
http://cafe.naver.com/cscvway
http://blog.naver.com/dlwlsgmlc?Redirect=Log&logNo=120047590608
http://blog.naver.com/fl0621?Redirect=Log&logNo=80048485529 등

1 마케팅 개요

1.1 마케팅의 정의

인류의 역사가 변화 속에 이어져 왔다고 해도 지나친 표현은 아니지만 최근의 기업환경은 변화하는 속도의 급진성과 이에 따른 예측 불가능성, 그리고 그 영향이 극심하기 때문에 더욱 우려되고 있는 실정이다.

1980년대 비즈니스 베스트셀러인 『초우량기업의 조건(In search of Excellence)』에서는 46개의 초우량기업을 소개했다. 그러나 이들 중 현재까지 존재하는 기업은 몇 안 되는 실정이다. 갤럽은 마케팅에 대한 인식 부족이 기업 실패의 핵심적인 이유 중 하나임을 밝혀냈다. 따라서 국가 간 경계가 무너진 오늘날 세계의 새로운 강자가 태동하였으며, 이에 지속적인 성공을 위해서는 변화를 모니터링하고 이러한 변화에 꾸준히 반응하는 것이 필요하며, 특히 모든 기업은 마케팅을 필요로 하게 되었다.

그러나 마케팅 기법을 이용하고 있는 조직은 광범위하게 퍼져 있지만 진정으로 마케팅을 알고 제대로 실천하는 조직은 소수에 불과하다.

그렇다면 진정한 의미의 마케팅(Marketing)이란 무엇인가? Peter Drucker는 마케팅 목적을 "소비자를 잘 이해하여 제품이나 서비스가 그들의 욕구를 적절히 충족시킴으로써 자발적인 구매가 이루어지도록 하는 것(To know and understand the customer so well that the product or service fits him and sells itself)"이라 하였다. 이러한 맥락에서 마케팅은 시장과 관련하여 발생하는 인간활동을 의미한다. 즉, 마케팅은 인간의 기본적인 욕구와 2차적 욕구를 충족시킬 목적으로 기업과 소비자 간에 이루어지는 잠재적 교환이 실질적으로 이루어지도록 시장에서 활동하는 것을 뜻한다. 마케팅이란 바로 교환이라는 개념을 핵으로 하여 교환효율 관리에 가장 큰 관심을 집중시키는 학문이다.

시장은 자사 제품에 의하여 그 욕구가 충족될 수 있으며 또한 구매력을 갖춘 고객들의 집합을 말한다. 그러나 앞에서 보았듯이 마케팅의 본질을 교환이라고 보면 시장의 유형은 매우 다양해진다. 즉, 시장이라는 개념 역시 구매자와 판매자가 접축하게 되는 특정 장소만이 아니라 마케터가 표적으로 삼고 있는 것은 모두 시장이라고 볼 수 있다.

마케팅이란 용어는 20세기 초반에 미국에서 나타난 것으로 일반적으로 받아들여지고 있는데, 대체로 1960년대 전반까지 마케팅은 기업의 목적 달성을 위한 기능(function)으로 인식되었다. 이에 1960년에 발행된 미국마케팅협회(AMA : American Marketing Association)의 용어집에서는 마케팅을 "생산자로부터 소비자나 사용자에게로 제품이나 서비스의 흐름을 다루는 기업행위의 수행"이라고 하였다.

그러나 1969년에 이르러 Kotler와 Levy는 영리추구기관인 기업만이 마케팅활동을 수행하는 것이 아니라 학교, 교회, 박물관, 경찰서 등 비영리기관도 마케팅행위나 적어도 마케팅 유사행위(marketing-like activities)를 수행하는 것으로 보아야 한다는 주장을 하였다.

또한 마케팅의 핵심은 상거래(business transaction)에 있는 것이 아니라 교환에 있으므로 교환활동에 참여하는 여하한 종류의 기관도 마케팅(혹은 마케팅 유사행위)을 수행하는 것으로 보아야 한다며, 그 대상인 학생, 신도, 입장객, 일반시민 등을 시장으로 볼 수 있다고 주장하였다. 그러나 실제로 마케팅사고의 발전과 학술적 논쟁의 결과를 반영하여 미국마케팅협회(AMA)는 1985년 마케팅을 다음과 같이 정의하였다.

> "마케팅이란 개인 및 조직의 목표를 충족시켜 주는 교환을 창출하기 위하여 제품, 용역 및 아이디어의 고안, 가격의 결정, 촉진, 유통활동을 계획하고 실행하는 과정이다."

2007년에는 파트너와 전체 사회까지도 포함하여 조직과 관련된 모든 것들이 마케팅의 대상이 되도록 그 범위를 확장하여 다음과 같이 새롭게 정의하였다.

> "마케팅은 일반적으로 고객, 파트너와 전체적인 사회에 유용한 가치를 제공하는 오퍼(상품)들을 창조하여 이를 알리고 전달하며, 교환하는 활동이자, 제도이며 과정이다."(Marketing Is the activity, set of institutions, and processes for creating, communicating delivering and exchanging offerings that have value for customers, clients, partners and society in general.)

마케팅은 현재나 잠재 사용자들의 필요와 욕구, 사용자들이 선택하거나 구매하는 상품 혹은 서비스, 사용자들이 어떻게 상품과 다른 제의에 대한 정보를 얻는지, 어디서 이용자들이 상품을 얻거나 구매하는지 그리고 상품이나 서비스를 구매 혹은 소비한 후에 이용자들이 어떻게 느끼는지에 대한 이해와 관계가 있다.

1.2 마케팅의 기본개념

마케팅은 기업이 고객에게 제품을 판매하여(즉, 교환에 의하여) 고객의 욕구를 충족시킴으로써 기업의 목적을 달성하고자 하는 행위라고 볼 수 있으며, 마케팅활동은 고객의 집합인 시장을 대상으로 이루어진다. 그러므로 마케팅을 이해하기 위해서는 관련 기본개념인 욕구, 제품, 교환 및 시장에 대하여 이해하여야 한다.

1.2.1 욕구(needs/wants)

마케팅 행위의 출발점은 인간의 욕구이다. 사람들은 누구나 의·식·주를 포함하여 생활에 필요한 여러 가지 제품이나 서비스에 대한 욕구를 가진다. 욕구는 근본적 욕구(fundamental needs)와 구체적 욕구(specific wants)로 구분할 수 있다. 근본적 욕구는 사람들이 살아가면서 필요한 음식, 의복, 가옥, 존경, 안전, 편안함 등 본원적(generic)이고 근본적인 대상에 대한 욕구를 말한다. 구체적 욕구는 근본적 욕구를 실현시킬 수 있는 수단에 대한 욕구를 말하는데, 욕구를 충족시키기 위하여 구체적인 제품이나 서비스를 갖고자 하는 열망으로 문화와 개성으로부터 영향을 받는다. 동일한 근본적 욕구에 대한 구체적 욕구는 흔히 개인마다 다른데 이는 바로 그 소비자의 취향이나 그가 속한 사회의 문화가 다르기 때문이다.

욕구와 관련된 다른 개념으로 수요(demands)가 있다. 수요는 욕구가 구매력과 구매의지에 의하여 뒷받침된 것을 말한다. 그러므로 소비자가 어떤 제품에 대한 욕구가 있다고 해서 꼭 구매로 이어지는 것은 아니다. 그러한 욕구가 구매력과 구매의지로 뒷받침될 때 비로소 그 제품에 대한 구매가 이루어진다. 따라서 자사의 제품을 판매하려는 기업 마케터는 소비자 욕구를 자사의 제품에 대한 수요로 구체화시키는 마케팅 노력에 의하여 판매가 가능해진다.

그림 1-1 ▌ 필요와 욕구 및 수요

필요 (needs)	• 어떤 기본적인 만족이 결핍됨을 느끼는 상태 • 의 · 식 · 주, 안전, 소속감, 존경, 치료 등에 대한 욕구
욕구 (wants)	• 기본적 니즈를 충족시킬 수 있는 구체적인 것에 대한 바램 • 식(食) : 버거킹의 와퍼, 의(衣) : 빈폴셔츠, 안전 : 세콤(충족방식은 각기 다름)
수요 (demands)	• 제품을 구입할 능력과 의지에 뒷받침되는 특정 상품에 대한 욕구 • 구매력이 뒷받침될 때 수요가 됨

• 마케팅담당자는 니즈를 만드는 것이 아니라 이미 존재하고 있는 니즈를 찾아 소비자가 이를 인식하도록 유도하는 역할을 함

1.2.2 제품(products)

사람들의 욕구는 제품을 소비 사용함으로써 충족된다. 넓은 의미의 제품에는 물리적 형태를 가진 유형의 제품(tangible/physical products)과 무형의 서비스(intangible services)가 포함된다. 그러나 유형의 제품인 경우도 소비자는 그 물질을 구매한다기보다 그 제품이 소비자에게 가져다 줄 수 있는 편익(benefits), 즉 서비스 때문에 구입한다. 예를 들어 소비자는 승용차를 구매할 때 무엇보다도 승용차로부터 얻을 수 있는 수송 서비스를 구매하는 것이다.

제품의 종류는 유형 제품과 무형의 서비스뿐만 아니라 보다 넓은 의미에서 인간의 욕구를 충족시킬 수 있는 것은 무엇(사람, 장소, 지식, 조직, 아이디어 등)이든지 제품으로 볼 수 있다. 예를 들어 어떤 여성이 자신의 외모를 예쁘게 보일 필요를 느끼고 있다면 이 여성의 필요와 욕구를 충족시킬 수 있는 제품은 새로운 화장품, 미용체조나 화사한 의상, 미용사의 서비스, 성형수술 등을 들 수 있다. 우리는 TV에서 인기 연예인이 출연하는 프로그램을 시청하고(사람), 제주도나 괌 같은 휴양지에서 휴가를 즐기기도 한다(장소). 또한 사회봉사 단체를 후원하기도 하고(조직), 학교에서 강의를 듣고(지식), 타인의 주장을 지지하고 받아들이기도 한다(아이디어). 이와 같이 모든 선택의 대상물을 제품으로 간주하는 것은 그것을 원하는 사람에게 욕구를 충족시킬 수 있는 가치가 있기 때문이다.

1.2.3 교환(exchange)

마케팅관리자는 소비자 욕구를 충족시켜 줄 수 있는 제품을 개발하여, 기업에서 적절한 이익을 실현시켜 주면서 소비자가 지불할 수 있는 가격에 판매함으로써 기업목적 달성에 공헌하게 된다. 이는 기업과 소비자의 측면에서 볼 때는 각각 판매와 구매에 해당되지만 제3자적인 측면에서 볼 때 교환으로 파악될 수 있다.

이렇듯 교환은 교환 참여자가 무엇인가를 다른 사람에게 제공하고 자신이 원하는 무엇인가를 획득하는 행위이다. 교환이 일어나기 위해서는 다음의 다섯 가지 조건이 충족되어야 한다.

① 적어도 두 당사자가 참여한다.
② 각 교환 당사자는 상대방에게 가치 있는 무엇인가를 가지고 있다.
③ 각 교환 당사자는 커뮤니케이션할 수 있으며 교환대상물을 운반할 수 있다.
④ 각 교환 당사자는 상대방의 제안을 수용하거나 거절할 자유가 부여되어 있다.
⑤ 각 교환 당사자는 상대방과 거래하기를 원한다.

이러한 조건이 충족되면서 각 당사자가 교환을 함으로써 교환 이전에 비하여 자신의 효용(utility)이 증대된다(혹은 적어도 감소되지는 않는다)고 믿게 되면 교환이 이루어진다. 따라서 생산이 가치를 창조하듯이 교환도 가치창조과정(value-creating process)으로 볼 수 있는 것이다.

1.2.4 시장(market)

어떤 기업에 있어서 시장이란 자사제품에 의하여 그 욕구가 충족될 수 있으며 또한 구매력을 갖춘 고객들의 집합을 말한다. 예를 들어 승용차 제조회사의 시장은 승용차를 구매하기를 원하면서 구매할 자금을 가지고 있는 사람들의 집합이 된다. 한 기업의 시장에는 동일한 소비자들을 대상으로 활동하는 경쟁기업들이 있는 경우가 많다. 기업은 동일한 소비자들의 욕구를 경쟁기업보다 더 잘 충족시킴으로써 자사의 제품을 판매하려고 하는데 이러한 노력의 구심점이 마케팅이 되는 것이다. 마케팅담당자는 노력 여하에 따라 자사제품에 대한 수요가 없는 사람들도 설득에 의해 자사제품에 대한 수요를 창출할 수 있다. 그러므로 마케팅은 수요창출행위(demand creating activity) 혹은 시장창출행위(market creating activity)의 역할을 하는 것이다.

그러나 앞에서 보았듯이 마케팅의 본질을 교환이라고 보면 시장의 유형은 매우 다양해진다. 즉, 시장이라는 개념 역시 구매자와 판매자가 접촉하게 되는 특정 장소만이 아니라 마케터가 표적으로 삼고 있는 것은 모두 시장이라고 볼 수 있다. 예를 들어 학교의 시장은 학생, 교회의 시장은 신도, 국회의원 후보의 시장은 유권자 등 시장의 유형은 일일이 열거할 수 없을 만큼 다양해진다.

1.3 마케팅 콘셉트의 변천과정

성공적인 마케팅의 기본 대전제는 고객지향성(customer orientation)이다. 시장에서의 성패를 가름하는 것은 단순히 기술적 기반, 단순한 출하실적이나 판매규모, 또는 사회적 호소력 등이 아니라 장기적인 고객과의 관계, 고객만족을 위한 여러 가지 업무기능의 통합적 운영, 고품질 상품의 저가 제공 등 최대한 고객을 위한 경영을 하는 것이다.

마케팅관리란 기업이 표적시장(target market)으로부터 목표를 달성하기 위한 의식적인 노력이며, 이에 대한 전략 및 계획을 수립하고 관리 통제하는 것이 마케팅 관리 계층의 역할이 된다. 이때 마케팅관리자가 마케팅활동을 관리할 때 지침이 되는 행동이념을 마케팅 관리이념(marketing management philosophy) 또는 경영(관리)철학이라고 한다.

마케팅 콘셉트는 시간의 흐름에 따라 진화해 왔다([그림 1-2] 참조). 왜냐하면 마케팅의 시작과 끝이 시장이고 시장이 지속적으로 변화하는 만큼 마케팅 또한 변화될 수밖에 없기 때문이다. 더구나 오늘날 대부분의 마케팅담당자들은 단순히 고객과의 일회적인 교환이나 거래보다는 지속적인 것을 원한다는 것이다.

그림 1-2 ▌마케팅관리 이념의 변천과정

발전단계	1900	1930년대	1950년대	1970년대
	생산(제품) 지향시대	판매지향시대	마케팅지향시대	인간 및 사회 지향시대
철학	제품 콘셉트	판매 콘셉트	마케팅 콘셉트	사회적 마케팅

1.3.1 생산개념

생산우선시대(production era)는 미국을 기준으로 할 때 1925년 이전 시대로써 수요보다 공급이 부족하여 제품을 만들기만 하면 구매가 이루어지던 시절이었다. 따 라서 그 당시 기업이 성공하는 비결은 표준화된 제품을 대량생산하는 것이었다.

생산개념은 소비자들이 폭넓게 이용할 수 있고, 또한 낮은 원가의 제품을 선호한다고 보는 개념이다. 따라서 생산지향적인 기업은 제품 생산효율성을 높이고 이들 제품에 대한 유통망을 확장하는 데 노력을 기울인다. 이러한 생산개념은 재화의 부족상태, 즉 제품의 수요가 공급을 초과하거나 제조비용의 상승으로 시장을 확대할 필요가 있는 경우에 적절한 경영철학으로, 이는 기업이 오로지 생산에만 관심을 가지고 생산성의 증가, 능률의 확대에 모든 경영학의 관심이 집중되었던 1900년대 초반 이후(1900~1930년)의 개념이다.

보통 이러한 상황에서 소비자들은 제품의 장점이 무엇인가보다는 그 제품을 우선 획득하는 데 더 큰 관심을 가진다. 따라서 기업의 관심은 생산성을 향상시키고 생산량을 증가시키는 데에 있어서 판매는 적극적인 기업활동이 없어도 달성되므로 부차적인 관심사가 된다.

따라서 기업의 목표나 장기적 계획수립은 생산기술 담당 관리자에 의해서 이루어졌고, 제품판매가격 결정도 생산부와 재무부가 일방적으로 결정하였으며, 대고객관계는 인사부에서 담당했다. 이러한 생산지향시대는 Taylor의 과학적 관리법, Ford의 표준화와 이동식조립법을 중심으로 한 생산문제에 대한 논의가 주가 되었다.

1.3.2 제품개념

이 개념은 소비자들이 최고의 품질, 성능 또는 혁신적인 특성을 제공하는 제품을 선호한다는 개념이다. 제품지향적 기업은 다른 어떤 것보다도 나은 양질의 제품을 생산하고 계속 개선하는 데 노력을 기울인다. 제품개념에 입각한 기업의 시장활동은 기본적으로 잘 만들어진 우수한 제품은 소비자들이 절대로 외면하지 않으며, 소비자들은 동일한 가격으로 판매되는 제품 중 품질이 좋은 것을 선호하게 된다는 가정에서 이루어진다. 따라서 기업은 품질을 향상하는 데 노력해야 한다는 경영철학으로 이 단계에서 마케팅활동은 기업의 R&D부서에서 제품을 개발하고 품질을 향상시켜 제조부서에서 생산하면 제품을 시장에 판매만 하는 것이다.

최근에도 이러한 제품개념을 적용하고 있는 기업들이 적지 않지만 이 개념은 자칫 잘못하면 기업으로 하여금 소비자의 본원적인 욕구가 무엇인가보다는 구체화된 욕구와 관련된 제품 그 자체에 집착하는 '마케팅 근시(marketing myopia)'를 초래하기 쉽다는 결점을 지니고 있다. 마케팅 근시란 기업이 자사가 관장하는 제품의 영역을 너무 좁게 규정함으로써 경쟁자의 범위를 잘 파악하지 못하는 오류를 범하는 것을 말한다.

1.3.3 판매개념

1930년대를 전후하여 기업은 지금까지 생산관리의 과학화, 기업의 대규모화, 혁신(innovation)의 영향, 생산능력의 급격한 향상, 대량생산체제의 확립, 세계경제 대공황, 미국경제의 불황, 수급불균형, 제품의 과잉공급 및 재고 과잉상태로 인해 소비자의 욕구가 어느 정도 충족되게 되었다. 따라서 각 기업은 대량생산된 제품을 어떻게 안전하게 판매를 하는가에 모든 관심을 집중시켰다.

판매개념은 소비자들은 그대로 두면 일반적으로 기업의 제품을 많이 구입하지 않는다고 보는 가정에서 이루어진다. 그러므로 기업은 소비자들로 하여금 경쟁회사의 제품보다 자사제품을, 그리고 더 많은 양을 구매하도록 설득해야 하며, 이를 위해 이용 가능한 모든 효과적인 판매활동과 촉진도구를 활용해야 한다고 보는 개념이다. 즉, 각 기업은 누적된 상품재고를 대량판매를 통해서 처분시킴으로써 거액의 투자로 발생한 자본비용의 압박에서 탈피하고자 하였다. 또한 각 기업은 생산된 제품을 소비자가 원하든 원치 않든 판매해야 한다는 고압적 마케팅(push marketing), 강매(hard selling) 방식을 주로 채택하였다. 따라서 판매개념에 입각한 기업은 적극적인 판매와 소비자 촉진에 열을 올린다.

그러나 판매개념의 문제점은 기업이 판매할 수 있는 제품을 만드는 것이 아니라, 만든 제품을 판매한다는 데 있다. 즉, 구매자 중심이기보다는 판매자 중심의 시장개념에 따라 기업은 판매 자체가 목적일 뿐 소비자의 욕구충족 및 구매 후 만족 여부에는 관심을 소홀히 하기 쉽다.

그러므로 이 시대에는 소비자의 욕구충족보다는 판매증대라는 근시안적인 목적이 우선하고 있기 때문에 소비자들의 구매동기나 판매태도에 대한 체계적이고 과학적인 연구, 조사는 생각할 수조차 없었다. 결국, 기업은 고객 의사를 무시하고 판매량 증대에만 노력한 결과 소비자들의 기업에 대한 불만 및 적의가 고조되어 시장을 잃게 되고, 판매량의 감소(이익 감소의 초래, 재고량의 누적)현상이 초래되었다.

1.3.4 마케팅 개념

현대적 의미의 마케팅 개념은 1950년대 중반 이후에 판매지향시대에 대한 반성 및 생산기술이 발달하게 되어 수요보다 공급이 많아짐에 따라 구매자가 상품의 선택권을 갖게 되고 소비자는 비로소 왕이 되는데 이는 소비자지향 사상이 그 핵심을 이루고 있다. 이와 같은 마케팅 개념의 기원은 미국의 GE사의 부사장이었던 Cordiner, R.이 1946년 고객지향주의를 적용하면서 출발하였는데 이는 급변하는 경제적・사회적・경쟁적 환경하에서 합리적으로 이윤을 추구하려는 마케팅 철학의 필요성에서 등장한 것이라 할 수 있다.

이러한 마케팅 콘셉트의 출현배경은 ① 대량생산 능력에 부응한 대량소비의 요청, ② 정보의 중요성 심화, ③ 소비자 교육 및 소득수준의 향상, ④ 경쟁의 격화 및 이폭의 축소, ⑤ 대량생산 제품에 대한 구매저항의 심화, ⑥ 소비자 욕구 수준의 증대 및 컨슈머리즘의 대두 등으로 요약할 수 있다.

이 개념은 기업의 목표달성 여부는 시장에 있는 소비자의 욕구를 파악하고 경쟁자보다 효과적이고 효율적인 방법으로 이들에게 만족을 전달해주는 활동을 수행할 수 있느냐에 달렸다고 본다. 흔히 접하는 '소비자는 왕(consumer is king)', '만들 수 있는 것을 파는 것이 아니라, 팔릴 수 있는 것을 만든다'는 슬로건은 이러한 마케팅 개념을 잘 나타내주고 있는 것들이다. 즉, 마케팅 콘셉트는, 첫째 고객지향, 둘째 통합마케팅, 셋째 고객만족을 통한 이익실현으로, 이를 구체적으로 살펴보면 다음과 같다.

사례 고객이름을 줄줄 외는 프로청소부 버지니아 아주엘라

리츠칼튼 샌프란시스코호텔이 1992년 미국의 권위 있는 생산성 품질 대상인 맬콤 볼드리지 대상을 수상하였다. 이 상을 받게 한 호텔의 결정적인 인물은 호텔의 총지배인이 아니라 일개 청소부였다. 그녀의 이름은 버지니아 아주엘라(Virginia Azuela)이며 필리핀 출신의 미국 이민자이다.

청소도구와 비품을 담은 그의 손수레에는 작은 수첩이 하나 달려 있다. 여기에는 그녀가 일했던 객실 고객들에 대한 특성과 습관 등이 일목요연하게 정리되어 있다. 이를 통해 그녀는 다시 찾아온 고객에게 그들이 원하는 객실서비스를 하고 있는 것이다. 예컨대 수건을 많이 쓰는 고객이나 객실 비품의 위치를 바꿔주길 원하는 고객, 그리고 월스트리트저널 외에 유에스투데이를 원하는 고객 등 고객의 취향과 습관에 맞춰 서비스하는 것이다. 그녀가 웬만한 고객들의 이름까지 외우는 까닭도 바로 이 때문이다. 복도에서 만나는 투숙객에게 그의 이름을 부르면서 인사하면 흠짓 놀라면서도 몹시 기분 좋아 한다는 것이다.

"객실을 청소하면서 언제나 '고객만족 제일'이라는 총괄품질경영의 구호를 떠올렸어요. 작업하면서도 늘 고객을 위한 더 나은 방법을 생각했습니다. 그리고 이를 실천했죠!"당시 동료들은 이런 교육에 대해 "청소 하는 허드렛일에 품질경영이 무슨 소용이냐"며 가볍게 지나쳤다. 하지만 그녀는 달랐다.

아주엘라 씨는 고객만족을 위한 '총괄품질경영'(TQM : Total Quality Management)이라는 호텔의 경영철학을 현장에 적용하고 여기서 생긴 문제점에 대해 끊임없이 개선방안을 찾았다. 또 한편으로는 자기가 찾아낸 문제해결방법을 동료들과 공유해 왔다.

그녀는 수많은 고객에게서 감사편지를 받았으며 지금까지 고객들의 불평을 들은 적이 없다는 점을 늘 자랑으로 여긴다.

1) 고객지향

고객지향적(customer-orientation) 사고는 고객 욕구를 기업 관점에서가 아닌 고객 관점에서 정의하는 것이다. 고객지향이란 보다 구체적으로 고객의 욕구를 고객이 지불할 수 있는 가격에 충족시키는 것이다. 즉, 소비자의 욕구, 행동을 정확히

파악하여 그에 부응하는 제품, 용역, 아이디어를 개발, 제공하여 소비자를 만족시키는 것을 마케팅활동의 핵심으로 삼는 사상을 말한다.

이것은 기업이 제공하는 재화, 용역에 대해서 소비자가 만족을 느낌과 동시에 기업은 최대이익을 장기적으로 얻게 되는 것을 의미한다. 이와 같이 고객지향이란 현대마케팅의 기본 사상으로서 생산자와 소비자의 상호이익을 바탕으로 하는 행동원리라 볼 수 있다.

2) 전사적 마케팅

기업은 목적을 달성하기 위하여 여러 부문에서 각각의 기능을 수행하고 있다. 이러한 기업의 제 기능들 가운데 고객과 직접 상대하는 기능은 마케팅 기능이다. 그러나 고객지향적 사고가 마케팅부문에만 요구될 때 이는 실현될 수 없다. 따라서 기업의 모든 성원은 고객의 만족을 통해서 기업의 이익을 증진시킨다는 마케팅 정신, 즉 고객지향적 사고를 갖고 결합하여 각자가 맡은 임무를 성실히 수행하고, 기업의 목표를 향해 총화적으로 협조, 참여하는 체제를 갖추어야 할 뿐만 아니라 고객중심 사상을 실현하기 위해서는 조직내부 구조적인 변혁이 이루어지지 않으면 안 된다. 그러므로 고객의 욕구충족은 기업의 모든 부문과 모든 종업원의 고객지향적 사고를 가짐으로써 실현될 수 있다. 이와 같이 마케팅적 사고가 기업전반에 확산될 때 이를 전사적 또는 통합마케팅(total marketing)이라고 부른다.

이러한 이유 때문에, 마케팅 개념은 외부마케팅뿐만 아니라 내부마케팅을 수립할 것을 요구한다. 내부마케팅이란 고객에게 보다 잘 봉사할 수 있도록 유능한 구성원을 성공적으로 고용・훈련하며 또한 동기를 부여하는 직무로써, 사실상 고객지향적 마케팅의 실현을 위해서는 외부마케팅보다 내부마케팅이 선행되어야 한다. 즉, 구성원들이 양질의 서비스를 제공할 준비가 되기 전에 양질의 서비스를 약속하는 것은 전혀 의미가 없는 것이다.

3) 고객만족을 통한 기업 이익실현

마케팅은 기업목적 달성을 위해 수행되는 기능이므로 마케팅 콘셉트는 기업목적지향이어야 한다. 기업목적은 존속 및 성장, 기업가치의 극대화, 사회봉사 등 여러 가지로 파악될 수 있지만 이러한 목적들은 이익실현이 없이는 달성될 수 없다. 즉,

기업이 장기적으로 존속·발전하고 기업가치를 극대화시키고 나아가서 사회봉사를 하기 위해서는 적정한 이익실현이 필수불가결한 전제조건이 된다. 그러나 기업이 이익 자체만을 추구할 때 이익은 실현될 수 없으며 고객만족을 위하여 최선의 노력을 기울임으로써 실현될 수 있다.

고객지향 사고와 통합적 마케팅은 고객만족과 기업이익 획득이라는 상반된 관계를 어떻게 조화시키느냐 하는 것이 마케팅관리자의 중요한 과제이다. 즉, 고객만족에 너무 치우치면 기업의 희생으로 기업의 존립마저 위협을 받게 되고, 기업이익에만 치중하면 고객불만으로 기업이탈 등 곤경에 처하게 된다. 그러므로 소비자만족의 극대화와 기업의 지나친 이익도 아닌 조화, 즉 고객의 욕구충족과 기업이익증대의 적정수준을 유지하기 위해서는, 첫째 소비자의 욕구충족에 요하는 비용과 그로부터 유래하는 기업이익을 항상 비교·분석을 해야 하며, 둘째 부단한 마케팅 조사활동이 필요하다. 끝으로 McCarthy는 마케팅 콘셉트를 구체적으로 실현하는 방안으로 경영자의 태도변화, 기업 조직구조의 변화 및 관리방식과 절차에 있어서의 변화 등과 같은 기업내부의 변화가 수반되어야 함을 강조하고 있다.

사례 롯데면세점의 엔터투어먼트마케팅

롯데면세점은 방문고객을 대상으로 쇼핑 편의라는 직접적인 가치만을 제공한 것이 아니라 관광이라는 체험을 같이 선사하는 마케팅을 시도하고 있다. 국내 최초 종합 면세점이라는 선도자로 경쟁사를 압도하다가, 30년 넘는 동안 새로운 경쟁자가 나타나면서 고급화 전략으로 탈바꿈하였다. 롯데면세점이 발표한 비전 2020에 따르면 한국 관광산업과 면세산업의 활성화라는 목표로 업계 최초로 엔터투어먼트마케팅의 개념을 새롭게 제시하고 있다. 엔터투어먼트마케팅은 한류콘텐츠를 체험할 수 있는 관광(tour)과 엔터테인먼트(entertainment)를 결합한 개념으로 체험형 마케팅을 의미한다.

롯데면세점은 면세점의 최대한 많은 고객들을 유치하고자 한다면 한국에 먼저 방문을 해야 한다는 사실에 주목하였다. 즉, 마케팅믹스인 7P 요소 중에서 Process(과정)과 Physical Evidence(물리적 증거)에 초점을 두고 이를 엔터투어먼트마케팅으로 만들었다. 롯데면세점은 이를 2가지 전략으로 나누어서 이용하고 있다. 첫 번째는 롯데면세점 이용고객을 대상으로 한 패밀리 콘서트이며, 두 번째는 누구나 언제나 참여 가능한 체험형 한류 복합문화공간인 '스타 에비뉴'다.

먼저, 패밀리 콘서트는 국내외 면세점 이용고객을 대상으로 그 해에 가장 주목받는 아티스트들을 섭외하여 연 2회 진행되는 맞춤형 콘서트다. 또한 롯데면세점은 연 20회의 팬미팅을 통해 한류에 열광하는 일본과 중국은 물론, 동남아시아 관광객을 적극적으로 유치하고 있다. 롯데면세점 관계자는 "2014년부터 3년간 13만 명의 외국인이 다녀갔으며 약 5,600억 원의 생산유발효과와 2,800억 원의 부가가치 유발효과를 거뒀다"고 말했다.

두 번째는 서울에 위치한 스타 에비뉴로, 외국 관광객들에게 쇼핑의 성지가 된 곳이다. 또한 2014년 잠실 월드타워점에 개설한 90평 규모의 스타 에비뉴는 한류관광의 랜드마크로 부상하고 있다. 롯데면세점 관계자는 "단순히 한류스타를 모델로 쓰는 스타마케팅을 넘어, 한류를 활용한 문화관광 콘텐츠 개발에 역점을 뒀다"며 "외국인 관광객이 한류스타와 소통하는 공간을 체험하면서 한국여행 전반에 대한 만족도를 높이는 것이 목적"이라고 말했다.

이와 동시에 롯데면세점은 고급 브랜드들을 지속적으로 입점시키고 있다. 롯데면세점은 세계 면세업계 최초로 LOUIS VUITTON, HERMES, CHANEL 등 세계 3대 명품 브랜드를 입점 시켰다. 또한 1980년대 명품 부티크 매장 콘셉트를 도입한 이래 현재 약 850여 개의 브랜드를 보유하고 있다. 이를 통해 롯데면세점은 한류를 이용하여 이미지를 고급화했던 것이 아니라 동시에 면세점의 핵심가치인 쇼핑을 할 수 있는 브랜드들을 고급화하여 다른 경쟁자들에 비해 차별화에 성공하였다.

출처 : http://news.heraldcorp.com/view.php?ud=20161024000222 롯데면세점
http://biz.chosun.com/site/data/html_dir/2016/09/01/2016090101754.html
http://kr.lottedfs.com/main
http://www.asiatoday.co.kr/view.php?key=20161005010001748
http://news1.kr/photos/view/?1915735
http://post.naver.com/viewer/postView.nhn?volumeNo=5184916&memberNo=725146&vType=VERTICAL

1.3.5 사회지향적 마케팅 개념

마케팅 콘셉트는 소비자 만족과 기업목표 달성을 동시에 고려하는 획기적인 경영이념이라고 할 수 있으나 장기적 안목과 사회적 차원으로 볼 때 이러한 사고 역시 완벽하지 못하고 새로운 문제를 야기한다. 최근 기업을 둘러싸고 있는 산업, 경제, 정치 및 사회적 환경들은 급격히 변화하고 있다. 특히 자원부족, 과잉인구, 교통문제, 환경오염, 소비자피해 등은 경제사회 전반에 걸친 주요 관심사로 부각되고 있는 실정이다. 이러한 상황 속에 기업으로 하여금 기존 마케팅 개념의 변화를 요구하기에 이르렀으며, 특히 사회와 기업 관계에 대한 고려라는 변화를 요구하게 되었다.

기업의 이윤창출과 단기적인 소비자 만족을 위해 생산한 제품, 예를 들면 패스트푸드의 대표적인 기업으로 손꼽히는 미국의 '맥도날드'는 좋은 분위기와 값싸며 맛있고 빨리 제공되는 음식으로 소비자의 욕구를 충족시켜 연간 매출액 140억 달러를 달성하는 등 마케팅 콘셉트에 입각해서 성공한 대표적인 경우이다. 그러나 장기적인 안목과 사회적 차원에서 볼 때 종이의 낭비, 가격의 상승, 사람을 비대하게 만든다는 문제점을 제기하고 있다. 이는 마케팅 개념이 장기적 안목에서 소비자들과 기업이 공존하는 사회 전체의 이익과 복지를 제대로 고려하고 있지 못함을 반영하는 것이다. 따라서 기업은 마케팅활동에 따른 의사결정 시 사회의 관심사를 함께 고려해야 할 필요가 있게 되었다.

마케팅 콘셉트의 실현 과정에서 지금까지 등한시해 온 소비자, 사회의 장기적 복지라는 사회적 비용(social cost)까지도 기업이 부담해야 한다는 기업의 사회적 책임을 동시에 고려하려는 새로운 경영 이념의 출현이 불가피하게 되었다. 즉, 사회적 마케팅 개념의 대두는 기업의 내적 요인이라기보다는 환경정화, 소비자의 건강위생에 대한 사회적 관심의 고조, 소비자들의 구매패턴의 변화와 욕구수준의 향상, 컨슈머리즘 운동의 격화 등 기업 외적인 환경요소의 변화에 기인하였다고 봄이 타당하다. 사회적 마케팅이란 표적시장의 필요와 욕구를 발견하여 경쟁사보다 더욱 효과적이고 효율적인 방법으로 이를 충족시켜 줌으로써 소비자와 사회의 복리를 보존하고 증진시키는 경영철학이다. 기업은 그 기업이 속한 사회에 봉사할 수 있을 때 존속·발전할 수 있으므로 사회지향적 마케팅은 기업의 사회적 책임이 강조되는 오늘날 가장 바람직한 관리 철학이라 할 수 있다. 이와 관련하여 자연환경 문제를 고려해서 공해를 줄이는 제품생산과 기업의 공해방지시설 등을 강조하여 인간의 삶의 질(quality of life)을 증진시키는 데 공헌해야 한다는 관리이념의 그린마케팅(green marketing)도 사회적 마케팅의 한 예로 볼 수 있다.

사회적 마케팅 개념은 외부의 환경 변화에 적응하는 데서 등장한 마케팅의 새로운 관리철학이라 할 수 있는데 F.K. Shuptrine와 F.A. Osmanski는 이들 환경요소를 3C's(Consumerism, Clean-up, Conservation)로 요약하고 있다.

그림 1-3 ▌소비자운동의 발생과정

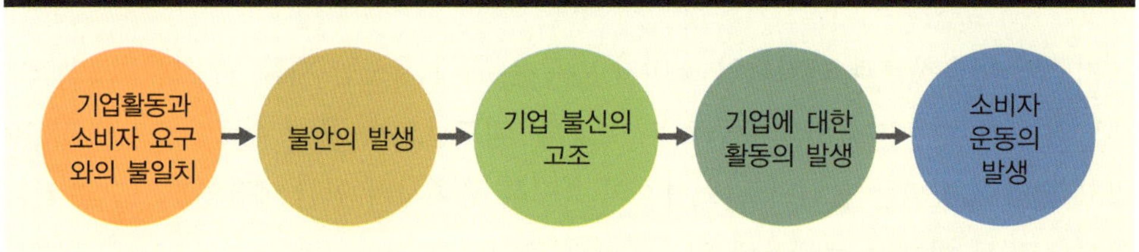

서비스 마음가짐 7계명

① **고객의 니즈(needs)를 정확히 파악하라** : 기업이 자기 기준에 충족된 서비스를 한다고 해서 고객이 만족하는 것은 아니다. 몇 년 전 제록스사는 고객이 애프터서비스를 신청한 뒤 문제점을 해결하기까지의 시간을 단축시키는 게 고객만족이라고 생각했다. 그러나 불만이 줄어들지 않자 다시 조사를 했다. 그 결과 고객들은 AS신청 직후 서비스맨이 처음 찾아오기까지의 시간이 짧으면 짧을수록 만족한다는 사실을 발견했다.

② **고객 니즈의 핵심은 반드시 충족시켜라** : 고객들은 자동차를 수리할 때 왜 수리해야 하는지를 알고 싶어 하고 한 번에 제대로 고쳐주기를 바란다. 보험가입자들은 보험금을 신청할 때 직원들이 고객의 편에 서서 업무를 처리해주기를 바란다. 어떠한 서비스라도 고객들이 각각의 서비스에서 가장 기본적이라고 생각하는 핵심적 측면이 있다. 기업들은 때때로 이를 놓친다.

③ **실패한 서비스는 즉시 정정하라** : 서비스가 문제를 일으키는 때는 첫째 고객이 불만을 제기했으나 이에 대한 회사의 대응이 불만족스런 경우, 둘째 고객이 불만을 제기하지 않아 불만스러운 상태로 끝나는 경우 등 크게 두 가지로 나눌 수 있다. 고객의 불만에 효과적으로 대응하지 못하면 서비스의 실패는 치명적이 될 수 있다.
대부분의 고객들은 "회사는 나의 불만에 대해 제대로 대응하지 않을 것"이라는 인식을 갖고 있다. 이러한 고객의 생각을 바꾸기 위해 '고객의 소리'카드나 만들어놓고 안심해서는 안 된다. 고객이 불만을 제기하도록 적극적인 동기부여를 하고 불만을 쉽게 제기하도록

해야 한다.

④ **종업원에게 서비스의 문제점을 물어보라** : 종업원에 대한 조사는 매우 중요하다. 그 이유는, 첫째 이들은 내부서비스의 품질을 평가할 수 있는 유일한 사람이다. 내부서비스는 외부서비스에 영향을 미치는 결정적 요소다. 둘째, 종업원은 서비스의 품질을 떨어뜨리는 조직 내부의 문제점에 대해 잘 알고 있다. 종업원 조사는 서비스상의 문제가 어디에서 발생하는지를 잘 알 수 있게 한다. 셋째, 종업원 조사는 조기경보시스템의 역할을 하기 때문이다.

⑤ **고객을 안심시켜라** : AS를 신청했을 때 수리가 언제쯤 끝날지 모르는 경우가 많다. 주문한 음식이 언제쯤 나올지 궁금해 하는 때도 많다. 그러나 고객 자신이 종업원들로부터 서비스를 받고 있다고 안심하게 해주는 서비스는 드물다. 결과가 아무리 좋다고 해도 과정상 종업원의 서비스를 받고 있다고 안심하지 못하게 되면 고객은 불만을 갖게 된다.

⑥ **서비스 품질은 사전에 확인하라** : 서비스시스템이 아무리 잘 갖춰졌더라도 일선 직원이 규정대로 서비스를 제공치 않아 문제를 일으키는 경우가 있다. 이는 심각한 불만을 야기할 수 있으므로 서비스가 정해진 목표대로 제공되고 있는지 사전에 체크할 필요가 있다. 세계적인 레스토랑 하드락 카페에서는 주문음식이 고객에게 전달되기 전에 주방에서 음식이 주문대로 처리됐는지를 다시 체크하는 '더블체킹시스템'을 도입하고 있다.

⑦ **경영자가 먼저 일선 직원에게 서비스하라** : 일선 직원이 고객에게 최상의 서비스를 제공하기 위해서는 경영자가 먼저 종업원에게 서비스해야 한다. 경영자는 자신의 역할을 서비스의 방향 및 최고 기준을 설정하고 일선 직원들에게 서비스를 제공할 수 있는 도구와 자율권을 부여하며 일선 직원들에게 조언하고 가르치고 동기부여하는 데 최선의 노력을 기울여야 한다.

출처 : 한국경제(1998. 10. 21)

1.3.6 마케팅 패러다임의 변화와 기업의 과제

많은 기업들이 한 상품을 보다 많은 무차별적 고객에게 가능한 많이 판매하는 판매지향적 마케팅전략을 추구하는 경향이 있다. 그러나 성장하는 창업 기업은 이러한 개념을 버리고 고객지향적인 일대일마케팅(one-to-one marketing) 전략을 추진해야 한다. 이 전략의 핵심은 고객의 데이터베이스를 기반으로 고객 각 개인에게 평생 동안 서비스를 제공함으로써 자사의 상품을 지속적으로 구매하게끔 하는 것이다. 기존의 전략이 상품이나 판매경로 혹은 판촉 프로그램을 운영하면서 보다 많은 고객의 확보에 치중하는 것에 반해, 이러한 일대일마케팅은 한 고객에 집중하면서 그 고객과의 관계를 키움으로써 평생 자사의 고객으로 묶어 두는 것이다.

이를 위해서는 팀 내에 숙련된 마케팅 전문가들이 개인별로 고객을 선정하여 가능한 모든 종류와 내용의 커뮤니케이션을 일대일로, 즉 직접적으로 또 끈기 있게 이어가야 한다. 이런 식으로 구축된 관계를 다른 고객들에게도 전이시키는 작업을 진행시켜 나가면서 거대한 집합체를 형성시키면, 정확한 목표시장을 몰라 우왕좌왕하거나 실효성 없는 거대 규모의 광고에 많은 비용을 소모할 필요가 없어진다. 자사 고객들이 각각 개인적으로 무엇을 원하고 바라고 있는지를 정확히 파악하고 있다면 그것이야말로 기업의 부 창출을 위한 보고가 될 것이다.

따라서 개인 중심의 개별 마케팅 콘셉트(individual marketing concept)인 일대일 마케팅을 통한 소비자 개인에 의한 접근이 이루어지고 개인이 세분화의 단위가 된다. 개인 중심의 개별 마케팅이 가능한 것은 정보기술의 발달, 즉 IT(Information Technology) 또는 ICT(Information Communication Technology)의 혁신적 성장 때문이다. 이에 기업들은 이미 개인 중심의 마케팅 콘셉트를 위한 BI(Business Intelligency)를 속속 도입하고 CRM(Customer Relationship Management)을 통한 고객관리 수행 등을 전개하고 있다. 이는 고객과의 일시적인 거래가 아닌 지속적인 유대관계를 형성・유지・발전시키는 마케팅활동이다.

이처럼 기업은 변화에 유연하고 빠르게 대처함으로써 서비스의 핵심을 이루는 개별 소비자의 기술과 능력을 가치창출의 핵심으로 활용해야 한다. 이를 위해서는 유연하고 탄력적인 비즈니스 프로세스와 데이터분석이 선행되어야 한다.

고객의 욕구는 끊임없이 변한다. 고객관련 패러다임의 변화를 아래 표와 같이 기존과 새로운 패러다임으로 비교할 수 있다. 이렇듯, 고객의 지속적인 요구변화에 따른 유대 관계을 형성하기 위해서는 패러다임(paradigm)을 이해하여야 한다. 토마스쿤(1970)의 『과학혁명의 구조』에서 새롭게 제시한 의미로 패러다임은 한 시대를 지배하는 과학적 인식・이론・관습・사고・관념・가치관 등이 결합된 총체적인 틀 또는 개념의 집합체라 하였다. 프라할라드와 크리슈난(2009)의 『새로운 혁신의 시대』에서 과거 100년 동안 기업들은 가치를 '창조'하고 소비자는 가치를 수동적인 자세로 '소비'하는 이분법적 구조를 전제로 한 경영패러다임 안에서 움직였다고 전제한다. 과거에 기업은 수동적인 소비에 머물고 있던 고객에 대해서 차별화된 상품이나 서비스, 마케팅 등의 일상적인 방법으로 고객을 대할 수 있었으나. 최신의 정보통신기술의 혁명은 기업의 경영환경을 완전히 바꿔놓았고, 가치의 창조과정에서 고객의 역할을 새롭게 규정할 필요성이 제기되었다. 이러한 경영패러다임의 변화는 기존 매스마케팅에서 마이크로마케팅으로 변화된 과정을 설명할 수 있다.

최근 글로벌 금융위기와 불황을 계기로 소비자들의 소비패턴이 변화하고 있다. 전체적으로 소비를 줄이고 꼭 필요한 제품만 사는 '가치소비 형태'가 나타나면서 시장의 사용자 품질과 브랜드 등에서 우위를 점한 기업으로 몰리고 있다. 이러한 고객관련 패러다임의 변화를 인지하고 기업은 고객만족 강화전략을 강구해야 할 것이다. 기업들이 지속적으로 고민해야 할 과제는 일대일 전략, 고객참여 프로그램, 밸류마케팅, 컨버전스마케팅 등이라고 할 수 있다.

마케팅지향은 더 이상 경쟁시장에서의 거대한 사업에서 선택이 아니다. 실제에서 정확한 마케팅 목적은 사업에서 현재 운영부서들의 이해관계를 가진 통합구조, 전반적인 목적에 대한 실제 수행을 평가하고 특정 사업집단에 대한 통제시스템, 전략적인 시장목적에 대한 목표집단을 평가하는 수단과 직원들과 다른 이해관계자들에게 조직의 목적과 성취를 전달하는 수단으로 볼 수 있다.

표 1-1 패러다임 변화와 기업의 과제

기존 패러다임	소비자의 변화	뉴 패러다임	새로운 과제
매스마케팅	니즈의 정교화와 다양화	마이크로마케팅	• 초시장 세분화 • 개인화, 대량화 • 1대1 대화, 마케팅
교환마케팅	상품개발과 확산과정에 참여하려는 니즈증대	콜라보레이션마케팅	• 얼리어답터 파악 • 개인화, 대량맞춤 • 오픈 이노베이션
프리미엄마케팅	영리해진 고객, 뚜렷한 효용추구	밸류마케팅	• 현재 제품, 서비스 가치분석 • 가치혁신 • 디자인, 엔터테인먼트, 체험마케팅전략
온·오프라인마케팅	온라인, 오프라인을 넘나들며 소비	컨버전스마케팅	• 소비자의 온·오프라인 구매행동 분석

출처 : 김계수, 성공을 부르는 고객관계경영, 도서출판 청람, 2010, p.30.

2 마케팅관리 과정

관리를 현상을 분석(analysis)하고 차후 과업수행을 위한 계획을 수립(planning)하고 그에 따라 수행(implementation)을 하며, 끝으로 수행 결과를 통제(control)하는 일련의 과정으로 본다면 마케팅관리는 앞에서 정의한 마케팅 과정 내지는 행위를 분석·계획·수행 및 통제하는 것으로 볼 수 있다. 마케팅관리 전반적인 과정은

그림 1-4 ▌전반적 마케팅 프로세스

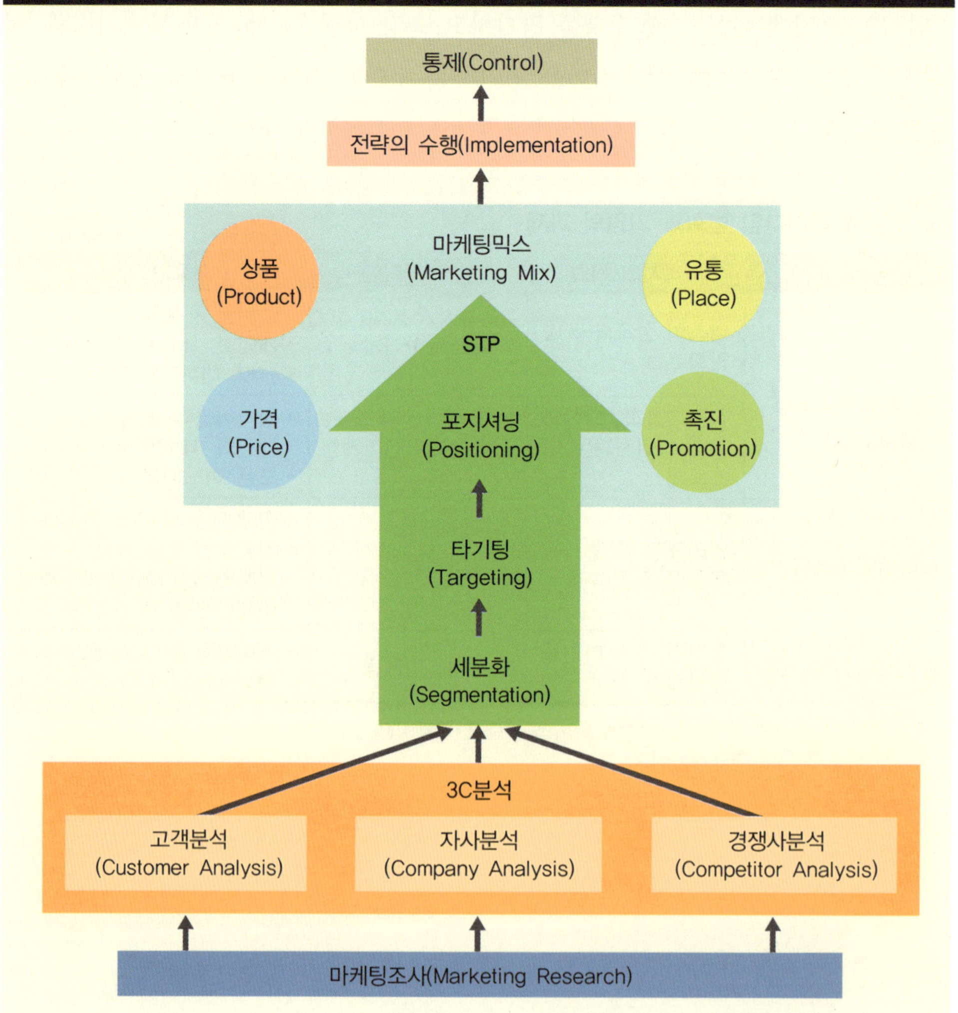

[그림 1-4]와 같이 여섯 단계의 기본적 업무로 구분·요약정리할 수 있다.

마케팅전략 수립 시 어떻게 경쟁할 것인가? 무엇을 경쟁할 것인가? 누구와 경쟁할 것인가?를 명확히 해야 할 것이다. 이와 같은 내용을 과학적으로 분석하고 파악해서 주어진 환경에 가장 효과적으로 경쟁할 수 있는 방법을 선택하여 수행하는 것이 근간이라 할 수 있는 마케팅조사가 이루어지고 여기서 획득한 자료를 3C, 즉 Customer(고객), Company(자사), Competitor(경쟁사) 중심으로 분석하게 된다. 이러한 분석작업을 통하여 도출한 정보를 토대로 시장을 감지(sensing)하게 되고, 이렇게 감지된 시장에 자사의 역량과 경쟁상황을 고려하여 최적의 STP와 4P의 마케팅믹스를 전개하여 이를 수행하며, 끝으로 수행 결과를 통제하고 피드백하는 일련의 과정이 마케팅관리 과정 및 마케팅전략의 핵심이다.

사례 **우버의 공유경제마케팅**

2008년 하버드대학교의 로런스 레식(Lawrence Lessig) 교수가 처음 사용한 용어로, 제품이나 서비스를 소유하는 것이 아니라, 필요에 의해 서로 공유하는 활동을 공유경제라고 한다. 2008년 세계 경제위기로 저성장, 취업난, 가계소득 저하 등 사회문제가 심해지자 과소비를 줄이고 합리적인 소비생활을 하자는 인식이 등장했다. 또, 소셜네트워크서비스와 인터넷을 중심으로 하는 IT기술의 발전은 개인 대 개인과의 거래를 편리하게 만들어 공유경제의 활성화를 가능하게 하였다.

이에 따라 많은 기업들이 등장을 하였으며, 이 기업들은 관광산업에 신바람을 불러일으키고 있다. 공유경제를 활용한 기업들의 특징은 가격이 저렴하지만 높은 만족도 그리고 소비자들이 생산자가 동시에 될 수 있는 특징을 가지고 있다. 또한 공유경제 기업들은 기존의 산업을 대체하고 자신들이 새로운 산업의 리더로 성장을 하고 있다는 점이다. 대표적으로 기존의 택시산업과 렌트카산업을 흡수한 우버가 있다.

우버는 경제위기 당시에 자가용을 사용하지 않는 사람들(주로 실직자)에 주목하여 그것을 사용할 수 있도록 기준을 만들어 다양한 공급자들이면서 동시에 소비자들을 끌어왔다. 즉, 이는 공유경제의 특징을 살린 마케팅 전략으로, 서로의 필요에 따라 소비자가 공급자 혹은 판매자가 되거나, 그 반대로 판매자가 소비자가 될 수 있는 시스템이다.

우버의 마케팅 기법을 살펴보면, 우버는 먼저 기존의 미국 대중교통의 시장을 세분화하였다. 미국의 대중교통은 외국에 비해 요금이 높으며 택시의 경우에는 팁(tip)을 요구한다. 그렇기에 차별화 전략으로 기존의 대중교통 수단과 달리 저렴한 가격과 팁을 옵션으로 두고 소비자에게 즉각적인 운전기사(공급자)의 평점을 매길 수 있도록 하였다. 또한 젊은 층은 다른 연령층에 비해 스마트폰 보급률과 활용률이 높다는 것에 주목하였다. 이에 우버는 스마트폰의 애플리케이션을 통해 가격, 차량위치, 호출 등 모든 기능을 간편하게 함으로써 젊은 층을 겨냥하였었다.

또한 우버는 총 3개의 상품을 내놓고 있다. 첫 번째, 우버 엑스(Uber X)는 우버에 등록한 개인 차량을 공유하는 서비스이며, 두 번째 우버 블랙(Uber Black)은 렌터카 업체와 제휴한 프리미엄 우버 서비스로 고급 리무진 차량을 중계해준다 . 마지막으로 우버 택시(Uber Taxi)의 경우 일반 및 법인 택시와의 제휴를 통해 승객에게 택시 차량을 중계해주는 서비스이다. 즉, 사용되지 않은 차량 모두를 최대로 활용하여 고객과 연결을 해주고 있다. 이는 서비스마케팅 믹스인 물리적 증거로, 고객의 대기시간을 최대로 낮추어 불편함을 해소시키고 있다.

최근의 미국 여행경비관리 소프트웨어 업체인 서티파이(Certify)의 조사결과에 따르면 미국을 찾는 출장자가 가장 많이 이용한 교통수단은 우버라는 결과가 나왔다. 지난해 4분기 기준 우버(41%)가 렌터카(39%)와 택시(20%) 이용객을 앞지른 것으로 나타났다. 우버는 기존의 렌터카나 택시 혹은 대중교통산업을 흡수할 뿐만 아니라 이제는 관광운송산업의 리더로 자리매김하였다. 이를 통해서 새로운 마케팅의 트렌드가 나타나면 기존의 산업을 대체할 수 있는 기업이 등장할 수 있다는 것을 알 수 있다. 특히나 최근에는 우버뿐만 아니라 다양한 공유경제마케팅을 하고 있는 기업들이 기존의 관광업체들을 대체하고 있다.

출처 : [네이버 지식백과] 공유경제(Sharing Economy) (두산백과)
[네이버 지식백과] 우버(Uber) (두산백과)
[출처: 중앙일보] [이번 주 경제용어] 우버 모멘트(Uber Moment)
http://news.joins.com/article/20938565
http://techadvisor.lk/2015/12/10/uber-love-or-uber-hate

마케팅은 생산 및 판매라는 단일기능이 아니며, 기업과 시장을 적합시키기 위한 여러 활동들을, 통일된 사상을 기본으로 조합시켜 판매시스템을 구축하는 것이다. 이를 마케팅믹스(marketing mix)라고 하며, 그것을 효율적으로 관리하는 것이 마케팅관리이다.

마케팅믹스란 기업이 표적시장으로부터 원하는 반응을 얻을 수 있도록 하기 위해서, 기업이 사용하는 통제 가능한 마케팅 수단인 4P(Products, Place, Price, Promotion)

의 최적배합을 뜻한다. 통제 가능한 변수는 학자에 따라 조금씩 다르게 제시되었으나 E.J. McCarthy가 이들을 4P라고 불리는 4개 요소로 분리 정리하여 4P가 오늘날 마케팅 변수의 대명사처럼 되었다.

4P는 마케팅 콘셉트(marketing concept)를 형성하는 4대 요소이며, 업무상 여러 국면에서도 항상 의식하고 있어야 한다. 예를 들면, 제품정책의 경우에 그것은 제품개발부문에만 해당되는 것이라고 생각해서는 안 된다. 실제 제품을 만드는 것은 개발부문 및 생산부문이지만, 그것을 시장에 투입할 경우는 제품정책에 맞게 촉진정책 및 가격정책을 수립해야 하며, 어떤 판매경로를 사용할 것인가 하는 유통정책도 수립해야 한다. 이와 같은 4P는 각각 독립된 것이 아니고 상호 간에 밀접한 관련을 지니고 있으며 이들은 환경의 변화, 예산상의 제약, 산업관습, 경쟁관계 등을 고려하여 배합되어야 한다.

기존의 4P를 기업 입장이 아닌 보다 고객 입장에서 바라보기 위해 새롭게 명명한 명칭이 4C, 즉 Customer value, Costs to customer, Convenience, Communication이다. 이 두 가지 개념 모두 기업의 마케팅전략 목표 달성을 위한 기업에서 통제가 가능한 변수를 의미한다.

그림 1-5 ▌ 마케팅믹스(4P)

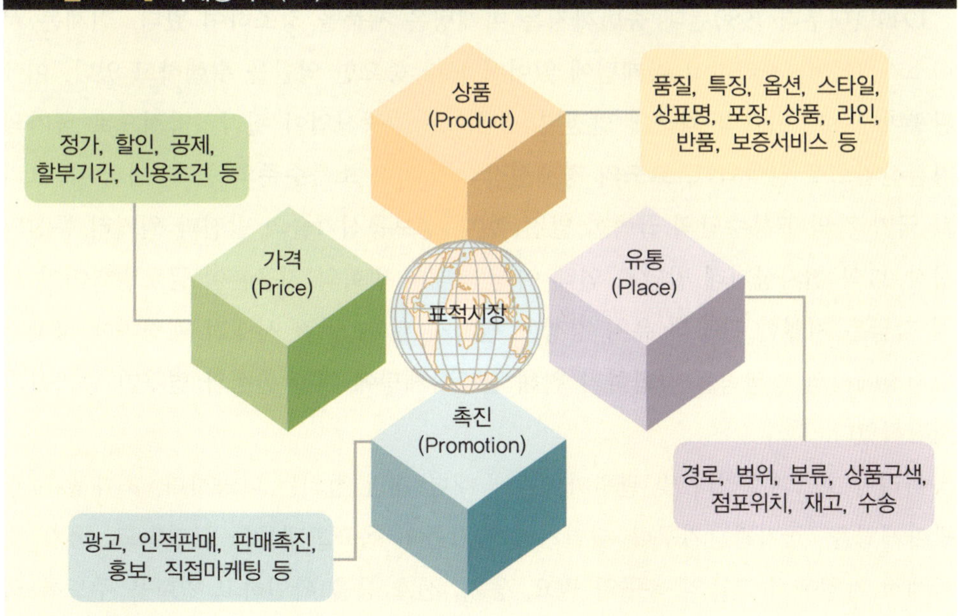

Product(Customer value)는 고객이 가장 필요로 하는 것이 무엇인지, 고객이 어떤 것을 원하는지에 대한 욕구를 파악하고 그것을 충족시킬 수 있는 제품을 의미하고, Price(Cost to customer)는 과거엔 단순히 제품의 가격을 의미했지만, 고객의 입장에서 바라봤을 때는 엄연히 '비용'이기 때문에 고객이 충분히 지불할 용의가 있는 수준이 어느 정도 선인지를 판단하여 책정하는 가격을 의미한다. Place(Convenience)는 고객과 기업의 접점, 즉 어떤 곳에서 만나는지를 고려해야 하는지에 대한 내용으로 단순한 유통의 장소가 아닌, 직접적인 고객과의 접점이기 때문에 고객의 편의를 최우선의 가치로 삼아야 한다고 하여 Convenience라고 한다. 마지막으로 Promotion (Communication)은 일반인들이 알고 있는 일반적인 마케팅의 의미와 같아 어떻게 홍보하고 판매를 촉진할 것인가에 대한 내용이지만, 이는 고객과 기업의 상호작용을 통해 이루어지기 때문에 Communication이라고 한다.

3 관광마케팅 정의

1940년대부터 1980년대 중반까지는 마케팅은 제품을 강조하여 왔다. 현재는 서비스가 제품을 능가하고 마케팅에 있어서 보다 중요한 역할을 수행하고 있다. 이에 관광마케팅은 비교적 최근에 발전된 개념으로 관광산업이 질적·양적으로 국가의 기간산업으로 인식되고, 고도의 경제성장과 소비자 소득수준의 증가, 자국 내 그리고 국가 간의 교통수단의 급속한 발전, 현대 정보통신기술의 발전과 원거리 통신의 성장, IT와 전자상거래 발달로 인해 여행 형태의 변화와 지구촌이 글로벌화되어 세계 각국은 치열한 관광객 유치 경쟁을 펼치게 된다. 이런 시대적 배경하에 국제관광시장에서의 경쟁력을 강화하기 위해 관광마케팅에 대한 관심과 연구가 증가하기 시작하였다.

이러한 호스피탈리티 및 관광마케팅에 대한 개념 정의는 다양하다. 최태광은 관광마케팅을 "국가관광기구나 개별기업이 그들의 목표고객들을 규명하고, 국가 및 국제적 차원에서 그들의 욕구와 필요, 동기, 선호 등을 확인하고 영향을 주도록 의사를 소통하며, 목표를 달성하면서도 고객들을 최대한 만족시킬 의향으로 관광상품을 구성하고 적응시키려는 일련의 경영과정"이라고 하였다. 김성혁은 관광마케팅을 "교환을 통하여 관광조직의 목표를 달성하기 위해 제품 및 서비스, 아이디어를 사용하여 상품화, 가격결정, 유통 및 촉진을 계획 · 실시하는 전략적 조직활동"이라고 하였다. 한편, UNWTO(World Tourism Organization : 세계관광기구)는 관광마케팅을 "최대한 편익을 얻으려는 관광조직의 목적에 부합하기 위하여 관광수요의 측면에서 시장조사 · 예측 · 선택을 통하여 자사의 관광상품을 시장에서 가장 좋은 위치를 차지하도록 노력하는 경영철학"이라고 하였다.

관광 및 호스피탈리티마케팅 관련 제 개념들을 살펴본 결과 호스피탈리티 및 여행산업과 관련된 관광마케팅은 "관광고객의 욕구와 필요, 조직의 목표를 충족시키도록 고안된 활동을 계획(planning), 조사(research), 실행(implementation), 통제(control), 평가(evaluation)하는 지속적이고 순차적인 과정"이라 정의할 수 있다.

이러한 호스피탈리티 및 관광산업에서의 관광마케팅이 제조업과 같은 속도로 발전하지 못하고 20년이나 뒤쳐진 이유는 다음과 같다.

첫째, 대부분의 마케팅 교재들이 제조업을 대상으로 쓰여졌다.

둘째, 전통적으로 호스피탈리티 및 관광산업의 일부는 매우 강력한 규제를 받아왔다. 이는 서비스산업과 경영이 가지는 특성과 관련이 있다.

셋째, 호스피탈리티 및 관광산업이 가지는 규모의 문제이다. 가족이 운영하는 소규모 레스토랑, 모텔, 리조트, 여행사 등 대부분이 소규모 사업이 지배적이었다. 최근에 와서야 대규모 리조트와 큰 체인 및 프랜차이즈 사업이 발달하기 시작했으나 규모가 작다보니 정규직의 마케팅관리자를 고용할 여유가 없을 뿐더러, 마케팅 예산 또한 부족한 실정이었다. 그리고 대부분의 항공사와 여행사, 렌터카회사, 여행업 및 테마파크 등이 시작한지는 불과 40여 년이 채 안된 일이다.

넷째, 기술적이고 운영지향적(operation-oriented)인 사람들이 호스피탈리티 및 관광조직의 중추적 역할을 하고 운영해 온 역사적 경향 때문이다.

따라서 제품에 대한 마케팅 접근방식이 서비스산업, 즉 호스피탈리티 및 관광산업에 맞게 수정되어야 하기 때문에 호스피탈리티 산업에 있어 관광마케팅의 이해가 중요하다. 예를들어 제품의 패키징은 상품을 용기에 담아 판매하는 것을 의미하며 시각적인 상품판매효과를 가지나 호스피탈리티 및 관광서비스의 패키징은 관련

서비스의 조합이다. 유통시스템 또한 제조업자에서 소비자에게로 가는 생산품의 물리적 운송과는 매우 다르다. 고객이 서비스를 이용하기 위해서는 호텔이나 공항으로 가야만 한다는 호스피탈리티 및 관광산업의 고유한 특성 때문이다.

호스피탈리티 및 관광산업은 최근 들어 급속한 변화를 경험하고 있으며, 마케팅은 이러한 변화에 대처하는 데 핵심적인 역할을 수행한다 할 수 있다. 경쟁이 심화되고, 시장이 세분화되며, 고객들이 보다 많은 경험을 하고 있기 때문에 마케팅의 중요성은 더욱 커지고 있고 보다 전문적이고 공격적으로 변하고 있다.

마케팅은 기업이 고객에게 제품을 판매하여(즉, 교환에 의하여) 고객의 욕구를 충족시킴으로써 기업의 목적을 달성하고자 하는 행위라고 하였다. 또한 마케팅활동은 고객의 집합인 시장을 대상으로 이루어진다. 그러므로 관광마케팅을 이해하기 위해서는 관련 기본개념인 판매자, 구매자 및 시장에 대하여 이해하여야 한다.

3.1 판매자

판매자(seller)는 판매를 위해 무엇인가를 소유하고 있는 사람을 말한다. 판매자에는 대기업체, 소기업체 및 개인도 포함된다. 관광산업에 있어서 판매자는 교통(항공기, 렌터카, 여객선, 철도, 전세버스회사)의 공급업자, 호텔과 모텔 등의 숙박업, 음식업, 관광지, 여행사 등이 있으며 정부, 지방자치단체, 민간단체 등의 관광촉진 기관들도 판매자에 속한다고 할 수 있다.

3.2 구매자

구매자(buyer)는 관광객 또는 여행객이다. 관광산업에 있어서 여행하는 이유를 기초로 해서 상용여행객과 위락여행객의 두 그룹으로 고객을 분류할 수 있다. 상용여행객(business travelers)이란 직무를 수행하는 과정에서 여행을 하게 되는 사람을 지칭하며 위락여행객(pleasure or leisure travelers)은 여행을 반드시 필요로 하지는 않지만 즐기고 피로를 풀고 새로운 곳을 방문하기 위해서 여행을 한다. 친구나 친척을 방문하는 여행객들은 이러한 위락여행객 그룹 가운데 가장 큰 집단을 형성한다. 한편, 특별한 목적(대학입학 및 졸업, 가족의 사망 및 질병관련)에 의해서 여행을 하는 사람들도 있지만 이러한 목적으로 여행을 하는 사람들은 호스피탈리티 및 관광마케팅에 크게 영향을 받지 않기 때문에 대부분의 관광조직들은 주로 상용여행과 위락여행에 초점을 맞추고 있다.

3.3 시장

관광상품에 대한 전체적 시장은 위에서 언급한대로 상용여행객과 위락여행객으로 구성되어 있다. 가끔 어떤 그룹은 연령, 성별, 지리적 위치, 소득, 라이프스타일 등과 같은 특성에 의해서 전체적 시장에서 구별되어진다. 호스피탈리티 및 관광마케팅 전문가들은 이러한 요소들을 개별적 혹은 혼합하여 전체 시장의 특정 부분을 표적으로 삼아 마케팅 노력을 집중시키기도 한다. 예를 들어 항공업의 할인좌석 탑승시장은 다른 연령대에 비해 상대적으로 여행비용에 민감한 대학생들이 그 대상이 된다고 할 수 있다.

4 관광마케팅 특성

20세기 대부분의 마케팅 이론에서 개발된 제품 마케팅과 현재 선진국의 경제를 좌우하는 서비스마케팅 간의 차이가 존재한다는 것에 대한 의견은 일치한다. 서비스의 이러한 특징으로 인해 여러 가지 관리적 이슈가 제기된다. 차이가 나는 이러한 특징들은 [그림 1-6]의 유형성 스펙트럼처럼 연속적인 개념으로 정리될 수 있다. 서비스는 재화보다 이질적이고, 무형적이며 재화보다 평가하기가 어렵다. 그러나 이들 차이는 흑백으로 구분할 수 있을 만큼 명확한 것은 아니다.

그림 1-6 ▌유형성 스펙트럼

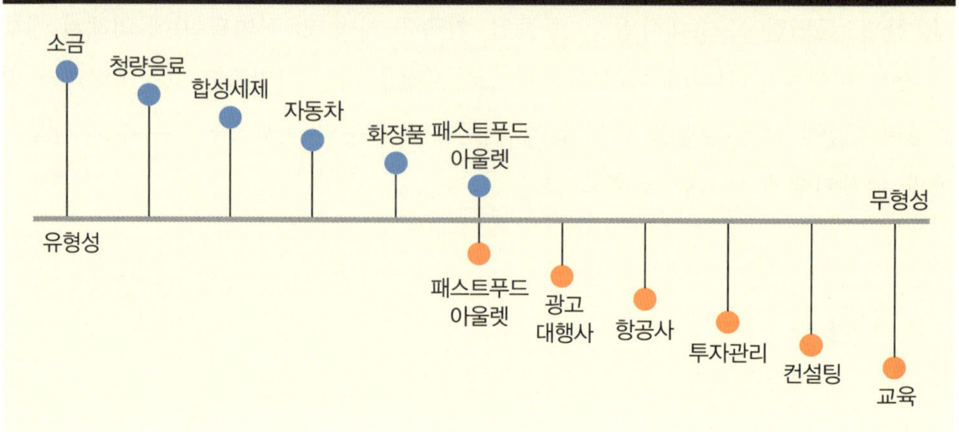

[표 1-2]는 재화와 서비스 간의 차이 그리고 이런 특징들의 시사점을 요약하고 있다. 본서에서는 1980년까지 마케터에 의해 무시되었던 이러한 특징들을 설명하기 위해 수많은 전략, 수단 그리고 기본틀을 개발한다. 최근에는 이렇게 구분되는 특징들이 서비스만의 독특함이 아니라 재화와 관련된 것으로 보기 시작했는데, 즉 "모든 상품은 서비스다", "경제적 교환은 근본적으로 서비스 제공이다"와 같은 주장이 이를 대변해준다. 비록 이러한 주장이 추상적이지만, 모든 유형의 조직들이 호

▌표 1-2 ▌재화와 서비스 간의 차이 및 시사점

제품	서비스	내용
유형성	무형성	• 저장이 불가능함 • 서비스의 모방이 쉬움(특허를 통한 보호가 어려움) • 진열 및 커뮤니케이션을 할 수 없음 • 가격설정기준이 모호함 • 표본추출이 곤란함
표준성	이질성	• 표준화가 어려움(직원에 따라 제공서비스가 달라짐) • 품질통제가 어려움(서비스제공 절차상 다양한 통제 불가능 요인이 존재함)
분리성	비분리성	• 생산과 소비가 동시에 일어남 • 대량생산이 어려움 • 고객이 생산에 참여하거나 영향을 줌 • 고객이 다른 고객의 서비스 만족에 영향을 줌 • 직원이 서비스 만족에 영향을 줌
비소멸성	소멸성	• 서비스는 저장할 수 없음(반품과 재판매가 어려움) • 수요 및 및 공급에 대응하기 어려움

스피탈리티 및 관광마케팅의 기본틀, 도구, 그리고 전략으로부터 가치 있는 통찰을 얻을 수 있음을 제안하고 있다.

4.1 무형성

서비스의 가장 독특한 특성이 바로 무형성(intangibility)이다. 왜냐하면 서비스는 객체(objects)라기보다는 행위이고 성과이기 때문에 유형적 제품과 달리 서비스는 판매시점에 쉽게 측정되거나, 시각, 미각, 촉각 등을 사용하여 평가할 수 없다. 예를 들어 의료서비스 제공자는 환자나 그 가족을 위해 수행하는 수술, 진단, 검사, 치료 등의 행위를 한다. 환자나 장비, 입원실과 같은 서비스의 일부인 유형적인 요소를 보거나 만질 수는 있을지라도 실제 서비스는 그럴 수 없다. 사실 의료를 비롯한 많은 서비스는 소비자가 이해하기가 쉽지 않다. 비록 절개, 붕대감기, 통증과 같은 서비스의 유형적 증거가 꽤 분명할지라도 심지어는 진단이나 수술이 환자에게 행해진 뒤에도 수행된 서비스를 완전히 이해하지 못할 수 있다. 따라서 서비스는 상품과 달리 행위인 것이다. 서비스를 구매하는 것은 소유권을 제공하지 않는다.

4.2 이질성

서비스는 대부분 사람의 행위에 의해 생산되는 성과이기 때문에 정확히 똑같은 서비스란 존재하기 어렵다. 서비스를 제공하는 직원들의 행위는 오늘과 내일이 다르고 또한 시간마다 달라질 수 있다. 이러한 이질성(heterogeneity)은 고객도 똑같지 않기 때문에 생기는 결과이기도 하다. 각 고객은 독특한 요구사항을 가지고 있고 독특한 방식의 서비스 체험을 원한다. 이와 같이 서비스와 관련된 이질성은 직원과 고객 사이의 상호작용의 결과이며 그때 발생할 수 있는 모든 변이성(變異性)을 말한다. 예를 들어 세무사가 같은 날 두 명의 다른 고객에게 서비스를 제공한다면 고객의 개인적인 욕구와 개성에 따라 또는 세무사가 상쾌한 아침에 상담을 하는지 아니면 피곤한 퇴근시간 무렵에 하는지에 따라 서비스 체험은 달라질 수 있다.

4.3 생산과 소비의 동시성

대부분의 재화가 먼저 생산되고 그 다음 팔리고 소비되는 순서를 거치는 반면, 서비스는 먼저 팔리고 다음으로 생산과 소비가 동시에 이루어진다. 예를 들어 자동차는 디트로이트에서 생산되어 샌프란시스코로 운송된 뒤, 2개월 후 팔리고 나머지 기간 동안 소비된다. 그러나 식당서비스는 서비스가 판매되기 전까지는 공급될 수 없으며 생산과 소비가 동시에 이루어진다. 이러한 '생산과 소비의 동시성' 혹은 '비분리성'으로 인해 서비스가 생산되는 현장에 소비자가 존재하며 생산되는 모습을 바라볼 수도 있고 심지어는 생산과정에 참여할 수도 있다.

또한 생산과 소비의 동시성은 서비스제공 중에 고객이 다른 고객과 상호작용하여 다른 사람의 서비스 체험에도 영향을 미칠 수 있음을 암시한다. 예를 들어 비행기 안에서 모르는 사람끼리 서로 옆자리에 앉았을 때 그들은 상호 서비스체험에 영향을 미칠 수 있다. 업무차 비행기를 탄 사람이 이러한 사실을 미리 알고 있다면 어린아이를 데리고 탄 가족과 최대한 거리를 두고 앉으려 할 것이 분명하다. 또한 생산과 소비의 동시성으로 인해 서비스제공자 자신이 서비스 자체일 뿐만 아니라 소비자의 서비스체험에 중요한 영향을 미치는 역할을 하기도 한다.

4.4 소멸성

소멸성(perishability)이란 서비스는 저장하거나, 재판매하거나, 돌려받을 수 없음을 말하는 것이다. 사용하지 않은 비행기나 식당의 좌석, 변호사의 시간, 전화선의 용량 등은 이후에 재활용하거나 다시 판매할 수 없다. 반면에 재화는 재고로 저장할 수 있고 훗날 재판매할 수 있으며 심지어 소비자가 불만을 느낄 때는 회수할 수도 있는 것이다. 그러나 소비자가 방금 다듬은 헤어스타일이 맘에 안 든다고 반환하거나 다른 소비자에게 다시 팔아버릴 수 있는가 그렇기 때문에 소멸성은 서비스에 바람직하지 않은 결과를 가져올 가능성을 내포하고 있다.

5 서비스 마케팅믹스

마케팅에서 가장 기본적인 개념인 마케팅믹스는 고객을 만족시키거나 고객과 소통하는 데 사용할 수 있는 요소 중 조직이 통제할 수 있는 요소로 이미 앞장에서 설명하였다. 전통적인 마케팅믹스인 4P의 각 영역별 주요 전략적 의사결정 항목이 [표 1-2]에 나와 있다. 마케팅믹스에 대한 신중한 의사결정이 서비스마케팅의 성공에도 필수적임은 분명하다. 그러나 4P전략이 서비스에 적용될 때는 다소 수정될 필요가 있다. 예를 들어 전통적으로 촉진은 인적판매, 광고, 판매촉진, 그리고 홍보와 관련된 의사결정으로 생각되어 왔다. 서비스에서도 이러한 요소들은 중요하다. 그러나 호텔 프론트 직원, 식당 종업원, 간호사, 티켓 판매원 등과 같이 서비스는 생산과 소비가 동시에 이루어지기 때문에 서비스제공자가 서비스가 제공되는 현장에서 촉진에 관여하게 된다.

사례 관광상품의 특징 : 소멸성

의류업계의 재고처리, 흔히 말하는 땡처리가 관광업계에도 존재한다. 마감 직전까지 안 팔려 싸게 내놓는 비행기표나 호텔방, 패키지상품 등이 대표적이다. 이러한 상품만 모아 전문적으로 중계해주는 인터넷사이트도 생길 만큼 업계에서는 흔히 볼 수 있는 일이다. 이는 일반적인 제품과 비교했을 때 서비스가 갖는 소멸성 때문에 발생한다.

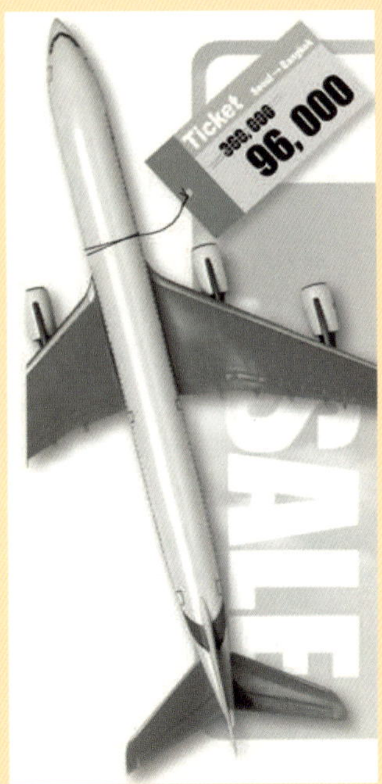

(1) 항공권

'하드 블록'이란 게 있다. 항공사가 선금을 받고 비행기 좌석 전체를 몇 개 여행사에 '뭉텅이'로 넘기는 것이다. 보통 마케팅 능력이 떨어져 직접 좌석을 팔기 힘든 동남아·중국계 항공사들이 애용하는 방식이다. 한번 거래된 '하드 블록' 좌석은 교환·환불이 안 된다. 팔든 못 팔든 무조건 여행사 책임이다. 출발 때까지 좌석을 못 채우면 앉아서 돈을 날려야 한다. 그래서 여행사들은 어떻게든 좌석을 팔려고 한다. 헐값에라도 좌석을 채우는 게 그나마 손해를 덜 보는 길이기 때문이다. 정상가의 반값을 밑도는 항공권이 시중에 나오는 이유다.

이런 땡처리항공권은 여행사에서 직접 '떨이'에 나서는 경우도 있지만 제값 주고 먼저 비행기표를 산 소비자들의 항의를 받기 십상이다. 그래서 보통은 전문적인 중개업체에 맡기는 편이다. 땡처리항공권(www.ttangcheori.co.kr)은 지난해 말 문을 열었다. 하루 평균 50여 장 이상의 땡처리항공권이 거래되고 있다. 여태껏 가장 쌌던 경우는 9만 9,000원짜리 중국 베이징행 티켓. 정상가가 30만 원 대, 할인특가상품이 20만 원대인 것을 고려하면 파격적인 가격이다. 아시아전문여행사에서 운영하는 072에어(072air.com)도 있다. 생긴 지 얼마 안 됐지만 거래는 상당히 활발하다. 현재까지 최저가 기록은 정가 36만 원짜리 태국 방콕행 티켓이 9만 6,000원에 나온 것으로 할인율이 무려 70%가 넘는다.

엄밀하게 말하면 땡처리와는 다르지만 아시아나항공(flyasiana.com)의 '한정 항공권'도 비슷한 개념이다. 출발 날짜가 2주 안쪽으로 남은 것 중 판매가 부진한 티켓을 싸게 내놓는다. 일정 변경이 불가능한 대신 할인율이 평균 10~15%대에 이른다. 같은 할인티켓이라도 '실속 항공권'이 5% 안팎을 깎아주는 것에 비하면 할인율이 꽤 높은 편이다. 대한항공(kr.koreanair.com) 홈페이지에 땡처리 전용 '파이널-e항공권' 메뉴가 있었지만 현재는 운영하지 않고 있다.

(2) 호텔

호텔방에도 땡처리가 있다. 물론 출발일이 지나면 아예 휴지가 되는 항공권처럼 급하진 않다. 최소한 시간을 넘긴다고 방이 없어지진 않기 때문이다. 그래도 투숙일 가깝도록 손님을 받지 못한 빈 방은 골칫거리가 된다. 이런 방들이 싼 값에 나오게 된다. 보통 여행사에 맡겼다가 안 팔리거나 예약이 취소돼 호텔에서 다시 회수한 방들이다.

이런 땡처리 객실도 전문 중개업체를 통해 구할 수 있다. 체면을 중시하는 호텔업의 특성상 직접 '떨이판매'에 나설 수는 없기 때문이다. 영국에 본사를 둔 다국적호텔 예약 사이트 옥토퍼스트래블(www.octopustravel.co.kr)의 '라스트 미닛(Last Minute)호텔'은 투숙날짜가 얼마 남지 않은 전 세계 호텔의 객실정보를 제공한다. 예약일 기준으로 최대 20일 이내. 두세 달 전 호텔을 예약하는 것이 보편화돼 있는 서양 기준으로 볼 땐 '땡처리' 대상이다. 할인율은 지역과 시기에 따라 다르지만 정상가 기준으로 최대 70%까지 이루어진다.

(3) 패키지

땡처리항공권이 등장한 것은 해외여행 트렌드의 변화와 관련 있다. 스스로 여행 스케줄을 짜고 비행기표, 숙소를 직접 고르는 소위 '개별여행(FIT)'이 늘면서 땡처리항공권이 주목 받게 된 것이다. 반면 전통적인 해외여행 형태인 패키지관광쪽은 땡처리가 좀 더 일찍부터 보편화됐다. '하드 블록'을 잡아 패키지로 만들었다가 팔리지 않은 상품을 통째로 내놓는 것이다. 최근엔 이런 땡처리상품 정보만 e-메일로 알려주는 서비스가 등장해 인기를 얻고 있다. 여행상품 비교 사이트인 투어캐빈(www.tourcabin.com)은 '긴급모객파발마' 서비스를 운영중이다. 30여 곳의 거래처 여행사로부터 땡처리상품 정보를 받아 그때그때 회원들에게 e-메일로 전해준다. 동남아·중국 등 자신이 관심 있는 지역을 등록해 놓으면 해당 지역의 땡처리상품이 나올 때마다 알려준다. 하루 평균 1~2통, 많게는 4통까지 메일이 온다. 현재 5만여 명의 회원이 이 서비스를 이용하고 있다.

출처 : http://article.joinsmsn.com/news/article/article.asp?total_id=2853860&cloc

마케팅믹스의 4P는 기존의 실제품을 중심으로 한 제조업에 적합한 형태이기 때문에, 최근의 서비스업이나 IT산업에 부적합하다고 생각하여 요인 3개를 추가한 것이 확장된 마케팅믹스 7P로 서비스의 특성으로 비롯되는 프로세스(Process), 사람(People), 유형적 증거(Physical evidence)이다.

Process는 마케팅전략 수립과 관련된 모든 과정을 '고객관리'라는 최우선 가치에 맞추어 어떻게 흐름을 관리할 것인가에 대한 변수를 의미하며, People은 직·간접적으로 기업과 고객의 접촉하는 과정에 연관된 모든 사람들을 의미하고, 마지막으로 Physical evidence는 내부와 외부의 모든 환경을 의미한다. 예로 서비스를 수행하는 직원의 복장, 제품의 포장상태, 고객과의 접촉이 이루어지는 매장 분위기, 회사 홍보를 위한 판촉물 등을 들 수 있다.

서비스는 무형성이란 특징을 갖기 때문에 소비자가 느끼게 될 서비스 체험을 미리 이해시킬 수 있는 어떤 유형적인 단서를 보여줄 수도 있다. 예를 들어 호텔업에서는 직원의 태도나 행동 이외에도 호텔의 설계와 장식이 고객의 지각과 체험에 영향을 미치게 된다.

이러한 기업의 통제범위 내에 있으며 부가적으로 고객의 만족과 재구매는 물론 이거니와 초기 구매의사결정에 영향을 미칠 수 있어 서비스마케터는 [표 1-3]과 같은 '확장된 마케팅믹스(expanded mix for services)'라는 새로운 개념을 수용하였다.

그림 1-7 확장된 서비스믹스(7P)

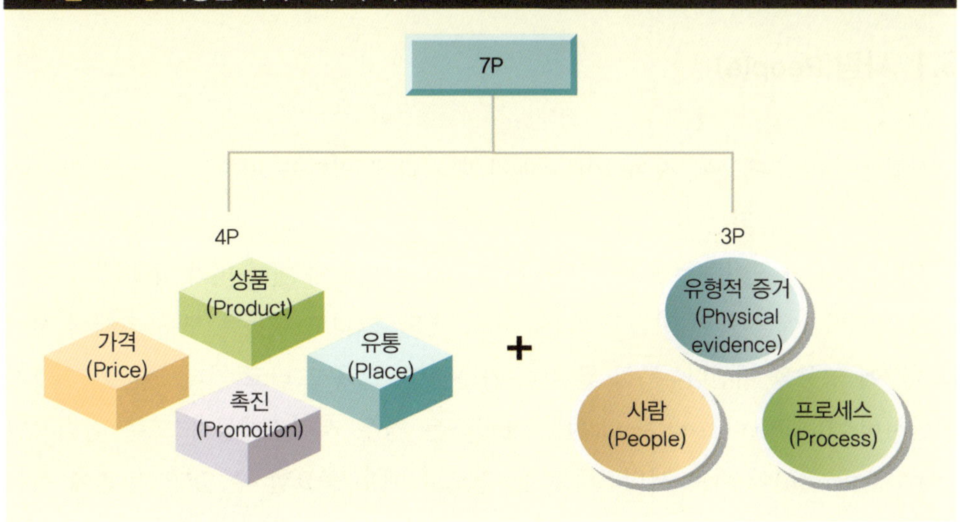

표 1-3 서비스 마케팅믹스 : 확장된 마케팅믹스

제품	유통	촉진	가격
• 물리적 제품 특징 • 품질수준 • 액세서리 • 포장 • 보증 • 제품계열 • 브랜딩	• 경로유형 • 노출 • 중간상 • 점포입지 • 수송 • 보관 • 경로관리	• 촉진믹스 • 판매원 • 선발 • 훈련 • 인센티브 • 광고 • 매체유형 • 광고유형 • 판매촉진 • 홍보 • 인터넷/웹전략	• 유연성 • 가격수준 • 조건 • 차별화 • 할인 • 공제
사람	**물리적 증거**	**과정**	
• 직원 • 리크루팅 • 훈련 • 동기부여 • 보상 • 팀워크 • 고객 • 교육 • 훈련	• 시설설계 • 장비 • 표식 • 직원의상 • 기타 유형단서 • 보고서 • 명함 • 연설문 • 보증	• 활동의 흐름 • 표준화 • 고객화 • 단계의 수 • 단순 • 복잡 • 고객 • 관여도	

서비스에 적용되는 확장된 마케팅믹스란 전통적인 4P에 추가하여 사람(People), 물리적 증거(Physical evidence), 과정(Process) 등을 포함한다.

5.1 사람(People)

사람은 서비스제공에 참여하여 구매자의 지각에 영향을 미치는 모든 행위자로, 즉 서비스가 제공되는 순간에 존재하는 직원, 고객 그리고 여타 고객들이다.

서비스제공에 참여하는 모든 행위자는 고객이 서비스에 대해 미리 감을 잡게 하는 단서가 된다. 예를 들면 이들의 패션, 외모, 태도, 그리고 행동은 모두 고객의 서비스지각에 영향을 미친다. 특히 컨설팅, 카운슬링, 교육 그리고 기타 전문적인 관계기반서비스(relation-based service)를 제공하는 경우 서비스제공자 또는 접점직원(contact person)이 바로 서비스라고 할 정도로 매우 중요할 수 있다. 반면에 접점

직원이 서비스제공에서 상대적으로 작은 역할을 하는 경우도 있는데, 예를 들면 인터넷설치자, 항공사의 화물처리인, 장비 발송원 등을 들 수 있다. 하지만 여러 선행연구에서 이들 서비스제공자들조차도 서비스접점에서 중요한 역할을 할 수 있다고 한다.

또한 많은 서비스에서 고객들 자신이 서비스를 제공받는 데 영향을 미침으로써 서비스품질과 자신들의 만족에 영향을 줄 수도 있다. 예를 들어, 컨설팅 기업의 고객은 컨설턴트가 제공하는 추천사항들을 실행하고 요구한 정보를 적시에 제공함으로써 서비스품질에 영향을 줄 수 있다.

고객들은 자신이 지각하는 서비스성과에 영향을 미칠 뿐만 아니라 다른 고객들에게도 영향을 준다. 극장, 야구장, 그리고 강의실의 경우 고객들은 다른 고객의 체험을 강화하거나 저하시킬 수가 있어 그들이 지각하는 서비스품질에 영향을 줄 수 있다.

5.2 물리적 증거(Physical evidence)

물리적 증거는 서비스가 제공되는 접점에서 서비스의 수행이나 소통을 촉진하는 유형적인 요소이다. 즉 서비스가 제공되는 접점에서의 기업과 고객이 상호작용하는 환경이다.

서비스의 물리적 증거는 서비스와 관련된 모든 유형적인 요소, 예를 들면 안내책자, 편지서식(letterhead), 명함, 보고서 형식, 표식, 장비 등 유형적인 모든 것을 포함한다고 볼 수 있다. 그리고 어떤 경우에는 서비스가 제공되는 물리적 공간설비, 예를 들면 은행의 점포시설 등을 포함한다. 이러한 물리적 시설(physical facility)을 따로 구분하여 서비스스케이프(service scape)라고 부르기도 한다. 서비스와 같은 경우 물적 공간설비는 별 관련이 없을 수 있는데 청구서, 수선차량의 외양 등과 같은 다른 유형적인 요소가 품질의 중요한 지표가 될 수 있다. 특별히 소비자가 서비스의 품질을 판단할 만한 별다른 대리지표가 없을 때, 이러한 단서가 중요한 역할을 한다. 물리적 증거 단서는 기업이 자사의 목적, 세분시장, 서비스의 본질과 관련하여 일관성 있고 강력한 메시지를 고객에게 보낼 수 있는 기회를 제공해준다. 물리적 증거는 자동차수리처럼 신뢰품질 속성을 갖는 서비스를 제공하는 데 특히 중요하며, 또한 체험품질 속성을 갖는 호텔, 병원, 테마파크의 서비스에서도 중요하다.

5.3 과정(Process)

과정은 서비스가 제공되는 실행절차, 메커니즘, 그리고 활동의 흐름이다. 다시 말해 서비스제공 및 운영시스템이다.

고객이 체험하는 제공절차나 서비스의 운영흐름 또한 고객이 서비스를 판단하는 증거가 된다. 일부 서비스는 매우 복잡해서 제공과정을 완료하기 위해서는 고객에게 복잡하고 포괄적인 행동을 요구하기도 한다. 매우 관료화된 서비스조직에서 흔히 이러한 패턴을 볼 수 있으며 이렇게 지루한 절차 때문에 고객을 놓칠 수도 있다.

제공과정과 관련된 또 하나의 특징은 과정이 표준화되어 있는지(productionline/standardized), 고객화되어 있는지(empowered/customized)의 여부이다. 어떤 접근법이 본질적으로 보다 우월한가에 대한 정답은 없지만 이는 소비자가 서비스를 판단하는 데 사용하는 단서로 작용할 수 있다. 예를 들어 성공적으로 운영되고 있는 두 항공사인 사우스웨스트항공사와 싱가포르항공사의 경우 완전히 서로 다른 서비스제공 모형, 즉 서비스 청사진을 가지고 있다.

사우스웨스트항공사는 운항횟수가 많은 단거리 국내 항공편에만 주력하면서 '음식 제공, 좌석 예약이 없는 표준화된 무장식(no-fills)의 서비스'를 저가격으로 제공한다. 반면에 싱가포르항공사는 상용여행자를 초점으로 하면서 이들의 개별적 여행 욕구에 특히 관심을 기울이고 있다. 상당히 판이한 서비스제공 과정을 갖는 이 두 항공사는 모두 성공적으로 운영되고 있다.

사람, 물리적 증거, 과정이란 세 가지 요소가 마케팅믹스에 확장 포함되는 이유는 이들은 기업의 통제범위 내에 있으며 고객의 만족과 재구매는 물론이거니와 초기 구매의사결정에 영향을 미칠 수 있기 때문이다.

CHAPTER

02

관광에 영향을 미치는 역동적 환경

1. 경제적 환경
2. 기술적 환경
3. 사회·문화적 환경
4. 정치·법률적 환경
5. 자연 환경

사례

코레일 관광열차

5대 철도관광벨트 관광열차가 2013년 운영을 시작한 뒤 운영 3년 만에 누적수입 200억 원을 돌파하고 이용객 160만 명에 육박하는 실적을 올렸다. 또한 관광열차를 타기 위해 새마을과 무궁화호 등 다른 일반열차를 이용한 경우도 150만 명에 달하는 등 새로운 부가수요 창출과 지역경제 활성화를 이끄는 데 한몫했다. 아울러 이에 따른 코레일의 적자폭 및 이미지 개선과 함께 미래성장의 틀을 마련한 것으로 분석하고 있다.

* 관광열차 : O-train(중부내륙 관광열차), V-train(백두대간 협곡열차), S-train(남도해양열차), DMZ-train(경의선, 경원선), A-train(정선아리랑열차), West Gold Train(서해금빛열차)

적자노선의 변신

산업화와 함께 철도는 교통 오지를 도시와 연결하는 역할을 했지만, 도로 중심의 정책에 따라 태백, 영동, 충북 등의 간선노선 주변은 점차 낙후돼 갔다. 특히 중부내륙지역은 석탄산업이 쇠퇴함에 따라 지역은 쇠락하고 사람들이 떠나면서 철도 이용객도 줄어 적자노선이 되었다.

코레일은 흑자구조 실현을 위해 적자노선의 수익성 개선이 필요했다. 낙후된 철도노선이 갖고 있는 천혜의 자연경관을 활용, 또한 여행, 레저활동에 대한 관심이 늘어나는 라이프스타일 변화에 착안하여 전국에 5대 철도관광벨트를 조성키로 했다.

관련 사업을 전담할 조직을 확대 개편하고, 지자체, 여행사와 함께 다양한 연계상품을 개발했다. 자연경관이 빼어난 철길, 간이역에 지역 관광자원과 문화를 결합해 관광노선을 개발하고, 형형색색의 디자인과 개방형 전망창, 온돌마루실, 족욕카페 등 특화된 설비를 갖춘 관광전용열차만의 새로운 콘텐츠를 만들었다.

지역경제 활성화 역할

관광열차가 다니면서 잊혀져가는 간이역을 명소화하는 사업도 큰 성과를 올렸다. 계절별 축제, 다양한 볼거리로 변신한 간이역은 연중 관광객이 찾는 비수기 없는 관광지로 부상했다. 동하계산타마을의 경북 봉화의 분천역뿐만 아니라 전남 보성의 득량역은 추억거리와

'추억의 코스프레 축제'로 관광객을 불러모았고, 민통선 내 위치한 경의선 최북단의 도라산역은 통일염원을 담은 테마공간 '통일플랫폼'을 개장해 새로운 안보관광 콘텐츠로 국내외 관광객을 맞고 있다. 이들 역에는 2015년 한 해 47만 명이 다녀갔고, 관광열차가 다니는 양원역, 승부역, 연천역, 선평역의 지역 특산물 반짝 장터는 열차 관광객들에게 특히 인기다.

이런 성과들이 더해져 관광벨트 구축으로 인한 지역경제 파급효과는 생산유발 1,456억 원, 취업유발 1,840명에 이르러 창조경제의 새로운 패러다임을 만들어갔다. 관광열차가 다니면서 시골마을에 관광객이 몰리고 일자리가 생기는 등 지역에 돈이 도는 선순환 구조가 만들어졌다. 적자노선에서 새로운 철도관광과 지역경제 활성화를 돕는 미래성장동력의 토대를 마련하였다.

관광열차가 다니면서 새로운 철도관광과 지역경제 활성화를 돕는 미래성장동력의 토대를 마련하였다.

관광에 영향을 미치는 역동적 환경 – 에어비앤비의 디지털 기술을 이용한 마케팅

에어비앤비는 숙박시설을 찾는 여행객과 자신의 공간을 임대하려는 사람 사이의 중개자 역할을 하는 가장 성공적인 디지털 플랫폼 중 하나이다. 2008년 설립되어 오늘날 192개국, 33,000개의 도시, 50만 개의 리스트를 가지고 있다. 이 회사는 간단한 아이디어로 수익을 창출하고 효과적으로 적용하여 누적이용객 7,000만 명 이상, 기업가치 300억달러를 넘어선 기업으로 성장했다.

디지털기반 고객유치전략

■ Craigslist(크레이그리스트)와의 통합

크레이그리스트(Craigslist)란 지역을 중심으로 주택, 구인구직, 중고판매 등의 정보가 밀집되어 있는 온라인 지역 생활정보 커뮤니티이다. 미국의 지역 생활정보 사이트에서 시작돼 현재 전 세계 80여 개국에 서비스되고 있는 온라인 벼룩시장이라 할 수 있다.

에어비앤비는 사업을 구상할 당시 사람들에게 단기로 주택을 제공할 수 있고, 또 찾을 수 있도록 하는 비슷한 플랫폼이 크레이그리스트에 있는 것을 발견했다. 이들은 크레이그리스트를 활용하여 에어비앤비 웹사이트(http://www.airbnb.com)로 사람들을 끌어올 수 있을 것이라 생각하고, 두 플랫폼이 호환될 수 있도록 설계하였다. 따라서 현재 누구든지 에어비앤비에 숙박시설을 등록할 때마다 크레이그리스트에도 게시할 수 있는 옵션을 만들었고, 사용자에 대한 추가 인바운드 링크를 생성하여 에어비앤비 웹사이트에 더 많은 트래픽이 몰리게 되었다.

크레이그리스트(Craigslist)란 전 세계 80여 개국에 서비스되고 있는 온라인 벼룩시장이라 할 수 있다.

Pricing Tips는 에어비앤비가 호스트에게 제공하는 숙박수요 예측툴이다. 즉 설정한 숙박가격을 놓고 봤을 때 어느 정도 가능성으로 예약이 있을지 하루 단위로 표시된다.

에어비앤비의 호스트는 수익을 높이기 위해 공실을 내거나 지나치게 저렴한 가격으로 방을 빌려주는 것은 피해야 한다. 그러나 에어비앤비를 막 시작한 호스트는 자신의 방의 상태를 제대로 판단하기는 매우 어렵고, 또한 숙박수요가 급증하거나 계절에 따라 수요가 크게 바뀌는 것 등은 미리 알 수 없다. Pricing Tips툴은 이러한 과제를 해결하는 것을 목적으로 한다. 에어비앤비는 공식 블로그에서 툴이 제시하는 가격의 5% 이내로 가격을 설정함으로써 4배의 에약을 받을 수 있다고 한다.

■ 빅데이터 Pricing Tips을 활용

Pricing Tips는 수백 개의 파라미터에 기초한다. 각각의 파라미터가 어떻게 가격에 영향을 미치는지가 모델화되고 예측에 사용되고 있다. 예를 들어 다음과 같은 것이 있다.

- **입지** : 자동으로 영역을 구분하는 알고리즘이 이용되어 지역별 가격차를 반영하고 있다.
- **사진** : 에어비앤비는 기계 학습에 의해 어떤 사진이 예약되기 쉬운지를 알려준다.
- **리뷰의 평균과 총수** : 리뷰의 평균과 총수는 게스트가 판단하는 기준이 된다. 가격이 높아도 리뷰가 높은 호스트는 게스트를 확보하기 쉽다.

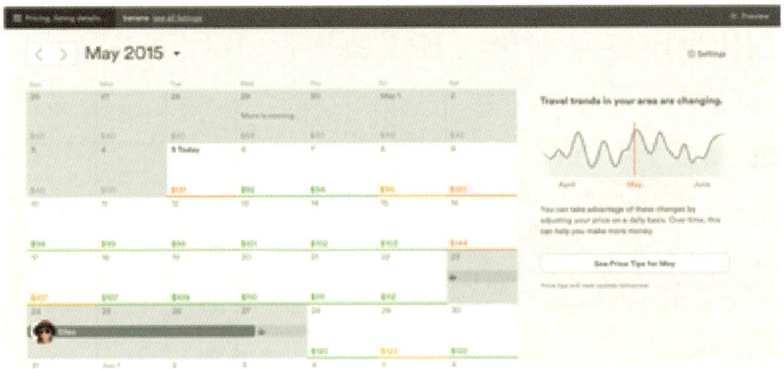

• **로컬 이벤트** : 이벤트가 열리는 기간에는 숙박시설 가격이 몇 배나 뛴다. 이처럼 이벤트는 매우 중요한 지표이다.

에어비앤비에게 있어 이러한 수요 예측은 호스트와 게스트(숙박자) 양쪽 모두에게 큰 장점이 있다. 호스트는 적정한 가격 및 효율적으로 방을 운용함으로써 수익을 높일 수 있고, 게스트 입장에서도 방의 공급이 늘어나는 것은 큰 장점이다.

소셜미디어 활용

■ 소셜미디어 참여

2013년 에어비앤비는 시나리오를 작성하고, 모바일 비디오 애플리케이션만으로 4분 30초짜리 짧은 영화를 만들었다. 이로 인해 트위터 팔로워수 42명에 그쳤던 회사에서 크라우드 소싱에 직접 뛰어든 회사가 되었다. 결과는 대성공이었고, 에어비앤비는 '소셜미디어는 예측할 수 없는 성공결과를 가져다주는 도구'라고 여기고, 이후 소셜미디어를 통해 더욱 명확하게 자신의 브랜드 메시지를 전달하고자 노력하고 있다.

Airbnb Short :: Dallas

■ 소셜 커넥션을 통한 신뢰 확보

머무를 곳을 찾을 때 나의 페이스북 친구들이 머물렀던 집을 찾아주거나 또는 자신이 머물기를 원하는 호스트의 페이스북이 나와 연결된 사람과 연결이 되어 있는지 또는 나와 동일한 학교 출신인지 등 실제적인 연결 접점을 확인하는 작업을 통해 일시적인 관계를 지속적 관계기반으로 변형시켜

2차적 확인 작업을 거칠 수 있도록 한다. 이미 1억 680만 건 이상의 소셜 커넥션을 확보하고 있다. 또한 에어비앤비는 페이스북의 연결관계를 '추천' 기능, 즉 SNS를 통한 평판 확보와도 연결짓고 있다.

| 출처 |

미디어대전(2016.3.22). '코레일 관광열차, 미래성장의 새 모멘텀으로 부각, 코레일 이미지 적자폭 개선, 여행 패러다임 변화 이끌어.'
http://www.mediadj.kr/news/articleView.html?idxno=8182

비즈니스포스트(2016.3.24). '코레일 관광열차, 적자 감축과 이미지 개선의 1등 공신'.
http://www.mediadj.kr/news/articleView.html?idxno=8182

코레일 http://www.letskorail.com

현대에는 관광산업이 다양하게 나타나고 있다. 따라서 관광여행의 유형도 다양하다. 일반적인 관광에서부터 시작하여 전문 컨벤션 관련 관광, 의료관광, 성지순례 등 특정한 목적을 가지고 진행되는 관광의 유형도 많다. 다양한 유형을 모두 분석하려고 하기보다는 대상을 두고 사례분석을 하는 것이 효율적이라 본다. 이러한 가운데 마케팅환경을 분석하는 목적은 시장에서 기회와 위협요소를 찾아내고 자사의 강・약점을 파악하여 마케팅의 전략적 과제를 밝혀내는 데 있다. 관광 및 호스피탈리티마케팅 환경이란 관광기업의 목표달성에 영향을 미치는 것으로 내부와 외부환경요인으로 일반적으로 과업(미시)환경과 일반(거시)환경으로 분류된다.

내부환경은 과업환경이라고도 하며 경영활동의 수행에 정기적으로 영향을 미치는 일부분의 환경요소로 주주, 경쟁업자, 유통업자, 채권자, 소비자, 매스미디어 등이 이에 속하며 자사의 경영자원을 분석하는 것이다. 이에 반해 일반환경은 모든 외부환경을 포함하는 것으로 경쟁환경, 경제적 환경, 사회・문화적 환경, 기술적 환경, 정치적・법률적 환경 등 더욱 광범위한 환경이다. 기업이 외부환경 변화에 적응하지 못하면 세계적인 기업이라 할지라도 부도가 나게 되며 이에 잘 적응하는 기업은 대기업이 될 수 있는 좋은 기회를 얻게 된다. 따라서 기업은 끊임없이 외부환경을 주시하고 분석하여 기업에 유리하도록 계획을 세워야 한다.

환경분석은 결코 쉽지 않은데 그 이유는 다양한 환경요인들이 서로 영향을 미치면서 기업을 둘러싸고 시시각각 변화하기 때문이다. 따라서 호스피탈리티 및 관광

그림 2-1 ▌타깃마켓과 기업환경

마케팅담당자는 특히 외부환경 요인의 변화에 주목하고, 그 변화에 대한 대응방안을 경쟁자보다 한발 먼저 마련해야 경쟁에서 승리할 수 있다.

마케팅 관점에서 보면 외부환경 분석을 통해 시장기회와 위협요인을 파악할 수 있고, 경쟁자의 장·단점을 분석할 수 있으며, 내부환경 분석에 의하여 자사의 강·약점을 파악할 수 있다. 이러한 마케팅환경 분석을 일명 SWOT분석이라고 하는데 자사 내부의 강점(Strength)과 약점(Weakness), 자사 외부의 기회(Opportunity)와 위협(Threat)요인을 분석하여 적절한 마케팅전략을 수립하기 위한 것이다. 한편 외부환경분석 중 거시환경분석(PEST : Political, Economic, Social and Technological analysis)은 전략관리 구성요소 중 환경 파악에 사용되는 거시적 환경요소를 묘사한다. 일부 학자들은 이 내용에 법적(legal) 특성을 추가하여 SLEPT로 부르기도 하며 환경(environmental) 분야를 추가하여 PESTEL 혹은 PESTLE로 칭하는데 영국에서 주로 사용된다. 시장조사나 전략분석을 할 경우 특별히 거시경제요소에서 기업이 의사결정을 내려야 할 때 사용하는 기법으로 시장 성장과 축소, 사업 포지셔닝, 사업 방향 등을 파악하는 데 효과적인 도구이다. 본장에서는 기업환경 중에서 중요한 요소인 일반환경에 중점을 두어 살펴보기로 한다.

1 경제적 환경

경제적 환경이란 구매력과 소비패턴에 직접적인 영향을 미치는 요인 등을 의미한다. 시장이란 단순히 사람들로 구성되기보다는 사람들의 구매력으로 구성된다. 총구매력은 현재의 소득·가격·신용에 의해 결정된다. 마케팅관리자는 소득의 변화추세와 소비자의 소비패턴의 변화에 대해 각별히 관심을 가져야 한다. 이러한 경제적인 환경은 경기순환, 인플레이션, 실업사태, 개인소득 등이 있다.

관광은 세계 각국 및 자국의 경제는 물론 개인 가계소득 및 지출 등 경제적 환경에 의하여 크게 영향을 받는다. 따라서 관광 마케팅담당자는 국·내외 경제 및 관광동향을 장·단기로 전망하여 그에 따른 대비책을 준비해야 한다.

1.1 경기순환

경기순환은 대체로 경기수축, 경기침체, 경기회복, 호황의 4단계로 나누어진다. 각 순환단계마다 소비자 구매형태는 다르게 나타나기 때문에 기업은 그에 알맞은 마케팅전략을 세워야 한다.

호황의 단계에서는 소비자의 지출이 꽤 활발하다. 이 단계에서는 제품의 종류를 늘리고 판매촉진과 유통조직을 증대시키며 좋은 제품에 대한 판매가격을 올릴 수 있는 기회가 된다. 이때는 관광객 역시 증가하는 한편 호텔 및 외식산업도 활성화된다.

반대로 경기 침체기에서는 소비자의 구매력이 떨어지게 된다. 따라서 소비자들은 가격이 저렴하고 꼭 필요한 상품만 사게 되어 이때엔 값싼 상품이 붐을 이루게 된다. 또한 여행객이 감소하고, 여행객 역시 씀씀이가 줄어 호텔 및 외식산업 관련 업체에서의 소비도 감소하게 된다. 따라서 이 단계에서는 값을 내리고 제품의 종류를 줄이는 전략이 필요하다.

1.2 인플레이션(inflation)/실업사태

인플레이션 시기에는 물가는 상승하나 소비자의 실질소득은 늘어나지 않아 소비자의 실질구매력을 감소시킨다. 따라서 소비자들은 값이 싼 저급품을 찾게 되고 용량이 크게 포장된 것을 선호하며 집수리 등을 자기 스스로 하게 된다.

1.3 소득의 변화와 소비변화

국민복지와 행복추구라는 면에서 기업은 국민들의 소비패턴과 생활양식은 매우 중요한 정책적 요인이 되기도 한다. 소득이 높아지면 소비가 증가하는 반면 소득이 낮아지면 소비가 하락한다. 예를 들어 1997년대 말 몰아닥친 IMF 한파는 관광산업을 꽁꽁 얼게 했을 뿐만 아니라 외화낭비의 주범으로 지목하는 분위기였다. 최근 중국의 경제성장은 한류문화 열풍과 함께 중국인의 한국 방문과 깊은 관련이 있고, 그에 따른 항공기의 중국노선 확대, 중국어 관광안내원 양성, 쇼핑점, 음식 및 관광

코스 개발 등이 필요하다.

일반적으로 변화된 소비양식은 오늘날 소비생활에서의 개성중시, 생활에 있어서의 정신적 만족추구, 소비자의 행동범위 확대, 타인지향적 소비에서 자기중심적 소비 등으로 표현된다.

사례 벤쿠버 그랜빌 아일랜드(Granville Island)

밴쿠버 시내 남쪽에 위치하고 있으며, 그랜빌로다리(Granville Street Bridge) 바로 남쪽에 자리잡고 있는 작은 섬이다. 1915년 밴쿠버항의 급속한 발전으로 인해 공업지역으로 변화하였고, 밴쿠버의 남쪽 끝에서부터 철도와 도로 등으로 섬을 연결하여 개발된 곳이다.

그랜빌 아일랜드는 1930년대에 이르면서 고용인력이 1,200명에 달할 정도로 번성했지만, 대공황시기에 몇몇 제재소들이 문을 닫고 그곳에 불법 점유자들이 거주하기 시작하면서 쇠퇴의 길로 들어서게 된 지역이다. 1970년대의 급격한 수요의 감소는 그랜빌 아일랜드 지역의 급속한 쇠락을 초래하였으며, 이후 인근 공장들에 의한 쓰레기 투기로 인한 환경오염이 심해지면서 그랜빌 아일랜드는 점차 사람이 살기 힘든 공간으로까지 전락하게 되었다.

이 그랜빌 아이랜드는 중공업의 쇠퇴로 인한 도심지의 쇠퇴를 극복하기 위해, 공장 부지를 복합문화상업공간으로 변화시켰다. 캐나다 주택금융사(CMHC : Canada Mortgage and Housing Corporation)의 총 계획 아래 1978년 연방정부와 밴쿠버시가 함께 참여하여 개발에 착수하였고, 매립을 통해 생성된 과거의 공업지역을 재생시키기 위해, 42acre의 면적에 공영시장(Public Market)과 같은 상업시설, 예술학교 등의 교육문화시설, 레스토랑, 영화관, 하우스 보트, 수변 산책로 및 간이공연장 등 다양한 시설들을 만들었다.

예술작품으로 재탄생한 상업시설(출처 : 플리커 Granville Island)

도시의 흉물스러운 공간으로 방치되었던 중공업 지역이 상업, 교육, 문화활동이 가능한 복합문화상업공간으로 재탄생하게 되면서 지역주민들뿐만 아니라 해외에서 방문한 여행객들도 이 문화상업공간들을 즐길 수 있게 되었다.

이처럼 쇠퇴하였던 지역이 일상생활과 문화가 어울리는 공간으로 변화되면서 연간 1,200만 명 이상의 방문객들이 방문하는 관광명소가 되었으며 현재는 밴쿠버의 랜드마크로 자리매김하고 있다.

현재 그랜빌 아일랜드에는 300개 이상의 업소가 존재하고, 스튜디오, 단과대학과 부속기관 등이 입지해 있다. 이에 따라 약 2,500여 명의 근로자들의 일자리가 창출되었다. 즉, 그랜빌 아일랜드의 도시재생사업은 그랜빌 아일랜드를 문화적으로 발전시켰을 뿐만 아니라 그랜빌 아일랜드의 지역경제를 활성화시킨 것이다.

출처 : 문화예술협력네트워크, "[지역재생] 문화공간 조성을 활용한 도시 재생 성공사례 ①, 밴쿠버 그랜빌 아일랜드," 2015. 11. 17.

2 기술적 환경

기술적 환경이란 기업에 영향을 미치는 기술의 수준 또는 그 상태를 말한다. 기술 수준과 상태는 그 나라의 경제발전과 성장에 중요한 요인 중에 하나이다. 그러므로 기술수준의 고저는 제품의 품질수준을 나타내는 것이므로 국제 간 또는 기업 간의 경쟁력의 주요 전략대상이 되는 것이다.

새로운 기술은 창조적인 파괴(creative destruction)의 요인이 되고 있다. 신기술은 새로운 제품을 탄생시키며 기존제품의 질을 높이기도 하고 생산비용을 줄일 수 있도록 해준다. 그뿐 아니라 기존제품을 퇴화시키기도 한다.

첫째, 모든 새로운 기술은 주요한 산업을 탄생시킬 가능성이 있다. 트랜지스터의 발명은 진공관을 도태시켰고, 복사기의 출현은 카본 종이의 산업을 도태시켰으며, 컴퓨터의 탄생으로 모든 산업에 새로운 혁신이 일어났다. 과거 30년 동안 신기술은 컴퓨터산업, 레이저산업, 복사기산업을 탄생시켰다. 또한 계산기는 주판을, 트랜지스터는 진공관산업을, 복사기는 복사지(carbon-paper)산업을 퇴화시켰으며, 자동차의 발명은 철도업을, TV는 영화산업을 퇴장시켰다. 최근 들어 고속열차(KTX)와 스마트폰 등 새로운 교통통신의 발달은 새로운 관광환경을 만들어 나가고 있다.

둘째, 새로운 기술은 항상 예견할 수 없는 주요한 장기적 영향을 초래한다. 예로 피임약의 보급은 자녀의 수가 줄게 하였고, 보다 많은 여성들이 일을 할 수 있게 되었고, 여행 및 여가에 보다 많은 지출을 하게 하였다. 그러나 항공회사는 이 피임약의 보급이 교통량을 증가시키리라고는 예측할 수 없었다. 그리고 피임약의 보급은 보다 큰 사이즈의 브래지어를 요구하게 되었으나, 여성의류업체는 이런 것을 예측치 못하여 사업이 도탄에 빠진 적도 있다. 이 같은 환경에서 이들 신기술을 받아들이기보다 이를 무시하거나 이에 대응하여 싸우는 기업은 결국 몰락하고 말 것이다.

정보통신기술이 발전함에 따라 우리의 생활이 변하고, 대신 기업에도 영향을 준다. 수만 페이지 분량으로 책장을 꽉 채웠던 백과사전이 두께 2mm의 CD한 장에 담은 CD롬 백과사전이 일반화되고 있다. CD로 된 백과사전이 수십 권의 책으로 된 백과사전 가격보다 저렴하며, 찾아보고 싶은 부분을 쉽게 찾을 수 있는 검색 기능이 있어서 더 편리하다. 또한 무선통신기술의 발전으로 휴대전화는 소비자의 편리한 요구를 충족시켜 사용량이 폭발적으로 증가하고 있다.

급격한 신기술의 발전은 항공기·호텔·외식업 등의 관광공급 시설뿐만 아니라 관광 인프라까지 첨단화·고급화로 바뀌고 있다. 컴퓨터예약시스템(computer reservation system)은 빠른 예약 처리와 업체 간의 제휴마케팅을 가능하게 하였고, IT산업의 발전은 인터넷을 통한 실시간 마케팅(realtime marketing)을 가능하게 만들었다. 따라서 관광산업도 기술적 환경 변화에 빠르게 대응하여 첨단 서비스를 제공해야 한다.

새로운 기술은 새로운 시장과 기회를 창조하므로 마케팅관리자는 기술환경에 있어서 기술변화 속도의 가속화, 무한한 혁신의 기회, 기술개발 예산의 증대, 부분적인 개선의 증시, 규제의 증가와 같은 추세를 살펴보아야 할 것이다.

기술로 얻을 수 있는 몇 가지의 이점은 생산성과 생활수준의 향상, 여가시간의 증가, 상품의 다양화 등을 들 수 있다. 그러나 이와 같은 기술의 이점은 교통의 혼잡, 대기 및 수질오염, 에너지 부족, 컴퓨터 기술의 활용으로 인한 사생활의 상실 등 기술진보에 따른 문제점을 고려하여 평가하지 않으면 안 된다. 여기서 경영자는 기술의 이점은 최대로 받아들이고, 동시에 역효과는 최소화시키는 균형적인 접근방법을 취해야 한다.

사례 쉽고 빠른 여행 애플리케이션

가장 먼저 스마트폰과 관광산업의 관계에 관심을 둘 필요가 있다. 스마트폰이 현재 젊은 층에 주고 있는 영향은 어마어마하고 그 영향력은 계속 커질 것으로 보인다. 하루 종일 스마트폰을 쥐고 있어서 손목에 관절염이 생기고 뻐근함을 느낄지언정 사람들은 스마트폰을 놓지 않는다. 스마트폰을 통해 특정한 대상이 없더라도 새로운 정보를 얻길 원하고 그렇지 않으면 뒤떨어진다는 불안감을 느끼기 때문이다. 이미 관광산업은 스마트폰을 이용하고 있기도 한다. QR코드를 스캔하면 관광지, 숙박, 맛집 등을 한눈에 볼 수 있다. 이 외에도 다양한 애플리케이션이 있다. 현재에는 기차나 비행기와 같은 교통수단, 숙박시설 모두 스마트폰을 통해 예약하고 여행 패키지마저도 간편하게 할 수 있다.

예를 들어 '마이리얼트립'이라는 애플리케이션은 현지여행을 가장 많이 보유하고 있고, 여행지에서 즐길 수 있는 투어, 명소 입장권, 교통패스, 액티비티, 현지 문화체험 등 모든 것을 직접 검색하고 예약할 수 있다.

마이리얼트립 메인화면

마이리얼트립 세부화면

3 사회 · 문화적 환경

사회 · 문화적 환경이란 사회나 집단을 구성하고 있는 개인의 행동에 영향을 미치는 문화나 가치관, 생활양식, 관습 등과 같은 사회적 제도나 사회적 태도 등을 의미한다. 사회 · 문화적 환경 중 기업과 관련된 중요한 환경요인은 가치관, 소비, 생활양식, 인구문제, 소비자 중심주의, 노사관계 등의 변화이다.

한국은 급속한 경제성장으로 먹고살기 위해 노력하던 과거와는 달리 이제는 사회 · 문화적 환경에도 관심이 늘어 선진국을 닮아가는 경향이 두드러지고 있다. 오늘날 사회 · 문화적 환경은 도시화의 진전, 인구구조의 변화, 여가시간의 증대, 다양한 개성과 삶의 질 추구 등으로 요약할 수 있는데, 이러한 환경변화는 관광과 밀접한 관계가 있다.

사례 **세계서 가장 비싼 공유경제 … 30억 원에 200시간 '하늘의 우버' 인기**

지난 3월 김포공항 비즈니스 항공기 시설을 둘러보기 위해 토마스 플로어 비스타젯 회장이 한국을 찾았다. 김포공항에서 만난 그는 "한국의 열정적인 기업인과 한류스타, 아시아를 오가는 금융자산가가 우리 고객이 될 것"이라고 말했다.

개인 비즈니스 제트기 '비스타젯'과 플로어 회장 [중앙포토]

"내 사업은 세계에서 가장 비싼 공유경제 모델이다. 30억 원으로 200시간 사용하는 자유 이용권이 인기 상품이다."

토마스 플로어 비스타젯 회장은 지구촌 상위 0.1%를 위한 공유경제 모델을 제시해 큰 성공을 거둔 인물이다. 그가 찾은 모델은 개인항공기 시장이다. 세계 각국의 많은 부호는 자가용 비행기를 가지고 있다. 자가용 비행기의 장점은 많다. 비행기 시간에 늦을까 걱정할 일도, 다른 사람과 뒤섞여 복잡한 입출국 과정을 거칠 일도 없다. 마음먹은 대로 원하는 시간에 세계 어디로든 이동할 수 있다. 단점도 있다. 은근히 비용이 많이 든다. 1년 유지비가 60억 원에서 100억 원 정도 나온다. 사용하지 않을 때에도 조종사와 승무원 월급은 나간다. 정비도 직접 해야 하고 공항 격납고 비용도 따로 들어간다. 여기에 세금과 보험료도 부담해야 한다.

플로어 회장은 합리적인 가격에 똑같은 비행기를 자가용처럼 이용하는 사업모델을 구상했다. 그는 "캐나다산 봄바르디아 항공기 승차감은 빌려 타는 것이든, 보유해 타는 것이든 어차피 다 똑같다"며 "시간과 돈을 효율적으로 사용할 줄 아는 수퍼리치가 타깃고객"이라고 말했다.

그는 2004년 스위스에서 사업을 시작했다. 개인 제트기를 구매하기엔 자산이 조금 부족한 부호가 타깃이었다. 24시간 전에만 알려 주면 유럽 주요 공항에서 개인항공기 서비스를 받을 수 있었다. 가격은 2,000만 원 수준이었다. 비즈니스석보다 고가였지만 비행기를 혼자서 이용할 수 있는 장점에 사람이 몰렸다. 가능성만 믿고 도전한 사업은 황금알을 낳는 거위로 성장했다. 매년 20%대의 가파른 성장을 기록했고, 글로벌 항공사가 성가셔 하는 존재로 자랐다.

비스타젯의 주력기인 '봄바르디아 글로벌 6000'의 모습[사진 비스타젯]

비스타젯이 성장해 온 지난 10년간 유럽에선 서브프라임, 유럽발 경제위기, 그리스 경제위기, 러시아 우크라이나 사태, 오일과 원자재가격 폭락 등 각종 경제위기가 연이어 발생했다. 처음엔 플로어 회장도 걱정했다. 그런데 의외의 일이 벌어지곤 했다. 오히려 고객이 늘어난 것이다.

매출이 줄면 기업은 불필요한 자산을 정리한다. 0순위가 기업 전용기였다. 불황엔 부자도 소비를 줄인다. 불필요한 사치품을 먼저 경매시장에 내놓았다. 자가용 비행기도 그 중 하나다. 불황마다 고객이 늘어난 이유다. 회사 전용기를 팔고 난 CEO에게도 급한 비즈니스 미팅이 끊이지 않는다. 비스타젯은 상대적으로 저렴한 가격에 확실한 서비스를 제공한다. 플로어 회장은 "우리 항공 서비스를 경험한 기업인과 부자들 사이에서 난 입소문이 성장에 큰 도움을 줬다"고 말했다.

숫자로 본 비스타젯

36분	비스타젯 항공기가 이륙하는 간격
139%	2015년 미국 시장 성장률
190개국	비스타젯 취항 국가 수
1480개 공항	비스타젯 취항 공항 수
1만5000달러	시간당 요금
8만5000번	무사고 비행 횟수(현재 진행형)

※자료: 비스타젯, 매출은 비공개

설립 12년 만에 비스타젯은 60대의 항공기를 운영 중이다. 190개국 1,480개 공항을 이용하고 있다. 지금까지 이용고객수도 24만 명에 달한다. 유럽을 시작으로 미국과 중국, 인도에서 큰 성공을 거뒀다. 그리고 지금 플로어 회장은 한국 시장을 바라보고 있다.

지난 5월 서울 김포공항엔 자가용 비행기를 위한 국내 최초의 비즈니스 항공기 전용 공항시설(FBO)이 문을 열었다. 김포공항 FBO는 2만 6,446㎡(약 8,000평) 규모로 보잉 B737 항공기 4대를 수용할 수 있는 격납고와 터미널, 보세창고가 들어섰다. 운항허가, 출·입국, 정비 등 모든 서비스를 원스톱으로 진행할 수 있는 장소다. 플로어 회장은 지난 3월 전용기를 타고 김포공항을 다녀갔다. 당시 김포공항 활주로에서 만난 플로어 회장은 "한국의 열정적인 기업인과 한류스타, 홍콩을 오가는 자산가가 우리 고객이 될 것"이라고 자신했다. 만남 이후 그와 이메일로 연락을 주고받으며 그의 전략을 더 들었다.

플로어 회장은 한국이 개인 제트기 시장의 성공요인을 충분히 갖춘 지역이라 생각한다. 서울에서 비행기로 두 시간이면 인구 수백만 명의 도시 10여 곳에 도착할 수 있다. 삼성·현대·LG 같은 글로벌 기업이 있고, 중국·일본·동남아를 오가는 투자자들도 상당수다. 그가 예상한 한국 고객수는 100~200명이다. 그는 "5년 전 인도에서 개인용 비즈니스 제트기를 사용하는 사업가는 한 명도 없었지만 지금은 수백 명이 비스타젯을 애용하고 있다"고 강조했다.

한국 고객에 대해 묻자 비스타젯 관계자는 "대기업 관계자와 금융자산가 등이 한국의 주요 고객"이라고 말했다. 업계에서는 전용 항공기를 처분한 삼성 같은 기업이 주요 고객일 것이라고 추측하고 있다. 실제로 그는 전용기를 처분한 기업을 대상으로 마케팅을 강화해 왔다. 비행기를 직접 운영하며 관리하는 것보다 훨씬 저렴한 가격으로 임직원이 출장을 다녀올 수 있다. 미국과 인도에선 이런 기업을 찾아 비스타젯의 장점을 소개하며 고객을 늘려 나갔다.

비스타젯의 또 다른 강점으로 플로어 회장은 단순함을 꼽았다. 사용이 간단하다는 것이다. 인터넷이나 전화로 상품을 선택하고 회원에 가입한다. 비행기를 타고 싶을 때 전화하면 세계 어디에 있든지 가장 가까운 공항에서 24시간 이내에 탑승할 수 있다.

성공의 비결을 그는 "항공산업의 상식을 거부한 것"이라고 설명했다. 기존 항공사와 비스타젯은 사업철학이 다르다. 항공사는 안전과 시간엄수를 중요하게 여긴다. 개인 항공 사업은 시간을 안 지켜야 성공한다. 시간과 장소에 개의치 않는 파격이 오히려 경쟁력이라는 것이다. 소형 제트기는 착륙 가능한 공항수가 더 많다. 대형 국제 공항이 아니라 작은 지방 공항에 내릴 수 있다. 원하는 장소에 더 가까이 갈 수 있다는 의미다. 그는 업무에 시간을 집중하고 이동시간을 최소화하는 것이 훨씬 효율적이라고 거듭 강조했다. 때로는 한 시간의 가치가 엄청날 수 있다. 단 몇 시간이 기업의 운명을 바꿀 수도 있다. 그는 "우리 사업의 핵심은 시간"이라며 "사업가들이 자신의 시간을 원하는 대로 사용할 수 있도록 공간의 제약에서 풀어 주는 역할"이라고 설명했다.

레스토랑 분위기의 기내에서 식사와 차를 즐길 수 있다 [사진 비스타젯].

"왜 비행기가 정해진 시간에 반드시 출발해야 하는가. 중요한 일이 생기면 일정을 바꿀 수도 있지 않은가. 비행시간에 맞춰 허겁지겁 공항으로 향하지 마라. 일 마치고 느긋하게 우리 항공기 타고 가라. 그게 오히려 남는 장사다."

플로어 회장은 당분간 시장에 적수가 없을 것이라고 자신했다. 그는 "우리가 선두주자고, 2등이 누구일지도 모를 정도로 격차가 심하다"고 말했다. "지금은 2.5%인 글로벌 항공시장 점유율을 2025년까지 5%로 올리는 것이 우리 목표다. 지켜보면 알 것이다."

미 · 유럽 중저가 전세기도 성업 중… 20만 원 특가상품까지

초고가 전용기뿐 아니라 중저가 전세기 서비스도 요즘 뜨는 신 틈새시장이다. 스마트폰으로 영화 예약하듯이 개인 전세기를 예약할 수 있다. 공유경제 서비스 우버를 보고 힌트를 얻는 사업자들이 이를 개인 전세기에까지 적용하기 시작했다. 개인항공기 회사 빅터(Victor)의 창업자 클리브 잭슨은 2013년 영국에서 처음으로 모바일 예약 서비스를 시작했다. 사용자가 모바일 앱에서 출발지와 출발시간, 도착지를 입력하면 개인전용 항공기가 준비된다. 예약 후 1시간 후면 비행기에 오를 수 있다.

빅터 외에도 미국 · 유럽에선 '하늘의 우버'를 자처하는 제트스마터와 서프에어, 빅터, 루나제츠, 스트라다제트 등이 성업 중이다. 빅터는 지난 3년간 두 자리대 성장을 기록하고 있다. 스위스의 스트라다제트는 올해 새로운 취항 공항 50곳을 확보했다. 미국에서 최초로 서비스를 시작한 제트스마터는 유럽 진출을 선언했다.

개인항공기 예약 앱은 합리적인 가격과 간편한 공항 이용으로 주목받는다. 6인승 자가용기를 운영하는 제트스마터의 연회비는 1만 달러다. 회원들은 회비와 별도의 요금을 내고 개인 일정에 맞게 비행기를 빌려 쓴다. 원하면 항공편의 좌석 1개만을 추가비용 없이 사용할 수도 있다. 특가상품도 인기다. 항공기가 승객을 수송하고 돌아올 때 이용하는 옵션이다. 20만 원에 자가용 비행기를 사용할 수 있다. 개인용 터미널을 이용하는 장점도 크다. 루나제츠는 이륙시간 15분 전에만 공항에 도착하면 된다. 터미널에서 직원과 비행기로 향하는 중에 탑승절차를 끝낸다.

출처 : 중앙일보, 네이버 뉴스
http://news.naver.com/main/read.nhn?mode=LSD&mid=sec&oid=025&aid=0002662307&sid1=001&lfrom=mail

3.1 도시화의 진전

인구증가와 기술의 발전은 과거의 지리적인 경계를 뛰어넘어 급속한 도시화를 초래하고 있다. 도시화는 생활에 있어서 시간과 공간의 부족을 가져오게 하였다. 도시에 사는 사람들은 일상생활에서 항상 치열한 경쟁 속에 바쁘게 살면서 시간과 공간의 부족을 가져오게 된다. 이런 현상은 관광산업에도 영향을 주어 핵가족화에 따라 과거 집에서 행하던 각종 잔치는 호텔 등의 연회장에서 하게 되었고, 여성의 사회진출에 따라 외식의 비중이 높아져 외식업이 발달하게 되었다.

또한 복잡한 도시를 떠나 휴식을 취하고 싶은 욕구로 인하여 일탈형 관광객이 증가하고 있다. 도시화의 진전에 따라 환경오염과 문화의 훼손현상이 지속되면서 21세기의 주요 사업테마인 환경과 문화의 중요성은 관광상품에도 깊이 적용되어 기업의 마케팅활동에도 이를 적극적으로 반영하고 있으며, 이에 대한 고객들의 관심도 고조되고 있다.

3.2 라이프스타일 변화와 소비문화 변화

사회의 변천과정에서 생활수준의 측정기준은 바뀌어 왔다. 즉 농경사회에서는 논과 밭, 산업사회에서는 상품의 양, 후기산업사회에서는 건강과 레크리에이션의 활동이 생활수준의 측정기준이 되었다.

예를 들어 산업사회에서는 부의 측정이 집의 크기, 가전제품의 양, 자동차 등이었으나 21세기 후기산업사회에서는 점차 직장보다는 직업에 더 큰 비중을 두게 되어 사람들의 라이프스타일(life style)이 변하고 있다. 라이프스타일이란 행동(action), 관심(interest), 의견(opinion)으로 표현되는 사람들의 삶의 방식으로 한 시대의 흐름을 보여준다.

오늘날은 다양한 개성과 삶의 질 추구 현상으로 인하여 해외여행, 스포츠, 취미활동 등 건강과 여가활동이 주요 관심사가 되고 있다. 사람들은 자신의 라이프스타일을 존중하고 다른 사람들에게 자신의 삶의 방식을 표현하려고 한다.

그래서 관광 마케팅담당자는 관광객의 다양한 개성과 삶의 질이 반영된 라이프스타일에 맞는 각종 관광상품의 개발이 요구된다. 관광 마케팅담당자들은 그러한 라이프스타일 추세에 민감해야 할 뿐만 아니라, 더 나아가 라이프스타일을 이끌어가는 선도자의 역할을 해야 한다.

3.2.1 여성 취업의 증대

소매업에 크게 영향을 주는 여러 가지 환경 변화 중에 여성의 취업을 들 수 있다. 대부분의 신세대 여성은 자기 직업을 갖고자 한다. 결혼 전에는 물론이고 결혼 후에도 직업을 계속 유지하기를 원하며 여성 자신뿐만 아니라 자기 부인이 직업 갖기를 원하는 남편도 점점 늘어나고 있다.

3.2.2 레저욕구 증대

주5일 근무제 등 근로시간 단축에 따른 여가시간의 증대는 관광수요로 연결되며, 관광여행 형태도 변화되었다. 정적인 활동에서 동적인 여가활동이 늘어나면서 가족 중심의 여행・모험이나 체험관광 활동이 선호되면서 자연친화 및 건강추구 형태와 같은 체류형 관광객이 증가하고, 다양한 방법으로 취미생활이나 자기 자신을 개발시키는 여가수요가 더욱 증대되고 있다.

라이프스타일의 변화로는 취미, 스포츠의 관심증대, 가계에 있어서 서비스 지출비율의 증대 등으로 정리할 수 있다. 실제로 이러한 소비・생활양식의 변화는 사회목적 실현의 하나인 생활의 질을 높이는 것이라고 볼 수 있다. 1인당 GNP 3만 달러에 도달하게 됨에 따라서 레저(leisure)의 욕구는 더 늘어나고 레저를 위하여 시간을 보내다 보면 쇼핑의 시간은 더욱 더 없어진다. 예로 미국의 경우 1988년에는 사람들이 대형 쇼핑몰(shopping mall)에서 보내는 시간이 90분이었으나, 1991년에는 68분으로 현저하게 줄어들었다.

한국의 신세대는 구세대보다 비교적 풍요로운 가정에서 자랐다. 따라서 추가근무를 하여 보수를 더 받기보다는 자신만의 시간을 갖고 싶어 한다. 이러한 현상은 주말마다 2~3시간을 소비하며 서울을 빠져나가려는 자동차의 행렬을 보면 우리나라 사람들도 레저욕구가 어느 정도 강한지 짐작할 수 있다.

3.2.3 웰빙문화 선호

최근 사회・문화적 트렌드로 웰빙(well-being) 선풍이 불고 있다. 도시의 거리에는 새벽에 운동을 하는 사람들로 북적이는 한편, 요가와 명상 등 정적인 고요와 심적 평화를 얻으려는 사람들도 늘고 있다. 또 새로운 시장에 나타나는 상품마다 웰빙이란 옷을 입고 있다.

사전적인 뜻을 살펴보면 웰빙이란 '행복・안녕'이라고 해석한다. 그러나 웰빙이 우리 사회에 부각되면서 사람들마다 조금씩 다른 정의를 내리고 있는데 이를 종합해보면 웰빙은 '정신적・사회적・영적으로 건강한 상태'를 말한다. 건강에 대한 관심은 전부터 이어져왔지만 지금까지의 건강한 삶이 주로 신체적인 건강에 중점을 두었다면 웰빙은 여기에 심신의 조화, 특히 내면의 건강을 중시하고 있다. 예를 들어, 영국에서는 스트레스가 너무 많은 고소득 종사자들이 보수는 적지만 근무시간이 적고 여유를 가질 수 있는 곳으로 자리를 옮기는 '다운 시프트(down shift)'가 새롭게 떠오르고 있다.

그러나 웰빙에 대한 비판도 적지 않다. 일부 사람들이 고급 헬스클럽에 다니고 비싼 스파(spa)를 하는 것이 웰빙인양 오해하고 있다는 지적에서부터 새로운 소비를 창출하려 애쓰는 기업들이 웰빙이란 포장지를 들고나와 빚어낸 교묘한 마케팅이란 지적도 있다. 이런 비판에도 불구하고 몸과 마음의 건강과 조화를 추구하는 현대인들의 소망은 계속되고 있다.

3.2.4 원스톱쇼핑점 및 편의점(convenience store)의 발달

요즘은 백화점에 슈퍼마켓이 없으면 장사가 안 된다고 한다. 그런 이유에서인지 슈퍼마켓이 없는 백화점은 거의 없을 정도이다. 이런 스타일의 백화점은 식품과 공산품을 함께 구매할 수 있는 전형적인 원스톱(one-stop)쇼핑으로 볼 수 있다. 또한 도시 외곽에 거주하는 소비자들은 도시 중심지까지 오고 가는 시간낭비를 줄이기 위해 근래에는 도시 외곽에 위치한 대형할인마트가 성시를 이루고 있다. 반면 시간 부족으로 멀리 슈퍼마켓까지 가는 것보다는 가깝고 편리한 편의점에서 구입하여 시간을 아낀다.

그리고 카탈로그나 케이블 TV, 홈쇼핑 등을 통하여 상품을 주문・구입하고, 대형할인마트에 직접 가지 않고 해당 웹사이트에서 주문을 하면 집으로 배달해주는 '대형할인마트 인터넷 쇼핑몰'도 나타나게 되었다.

3.3 정보화사회의 다양화와 전문점의 발달

3.3.1 공업화사회와 생활의 표준화

공업사회에서는 기계의 사용이 필수적이다. 기계는 단순하여 여러 가지 일을 하지 못하고 같은 일을 여러 번 반복하는 데 능숙하다. 기계와 같이 일하는 근로자들도 기계의 움직임에 따라서 작업이 단순하고 표준화된다. 이러한 표준화된 작업행동은 사고방식과 생활방식에도 영향을 주어 이들도 표준화된다. 사람들은 같은 사고방식, 같은 생활방식을 갖게 되고 기호와 취미도 유사하게 되어 대중 사고방식 제품의 종류가 다양하지 않아도 소비자들은 쉽게 만족할 수가 있다. 이러한 대중 사고방식, 대량생산으로 인하여 같은 메시지를 대량으로 전달하는 매스미디어가 발달하게 되었다.

3.3.2 정보화사회와 다양한 소비문화

미국의 경우 1955년 사무실근로자(white collar) 수가 공장근로자(blue collar) 수를 상회하게 되었다. 그 후 사무실근로자는 점점 그 수가 늘어나고 있다. Alvin Toffler는 이 시기를 미국의 '제3의 물결(The third wave)시대'라고 부르고 있다. 즉 정보화시대가 열린 것이다.

여기서 정보를 취급하는 사람은 전산실 근무자뿐만 아니라 경리, 교사, 의사, 변호사 등 여러 가지 정보를 취급하는 모든 사람을 말한다. 즉 화이트칼라 근로자의 대부분이 이에 속한다고 할 수 있다. 미국의 경우 1982년 사무실근로자들이 전체 근로자의 65%를 차지하게 되었다.

사무실근로자는 공장근로자와 달리 기계의 작동에 얽매여 있지 않는다. 즉 앞에서 말한 바와 같은 공장근로자의 표준화된 작업방식으로부터 벗어나 작업방법이 한결 자유스럽게 되었다. 따라서 이들의 사고방식, 생활방식도 자유스러우며 다양해지게 된다. 다양한 생활방식은 또한 상품에 대한 욕구도 다양하게 되어 소품종 대량생산에서 다품종 소량생산 체제로 변화하게 되었다.

3.3.3 다양한 소비문화와 전문상품점(specialty store)의 발달

이와 같이 다양화된 소비문화에 영향을 받아 같은 상품이라도 그 크기, 모양, 성능, 색상, 가격 등에서 소비자들은 천차만별의 욕구를 나타낸다. 십인일색(十人一色)이 아니라 십인십색(十人十色), 일인십색(一人十色)으로 사회가 변화하고 있는 것이다. 따라서 상품의 구색이 종전의 공업화시대보다 훨씬 중요하게 대두되고 있다.

예를 들어 미국 제1의 장난감회사는 TOYSRUS사이다. 이 장난감회사의 장난감 종류는 18,000여 종에 달하고 있다. 미국인들에게는 토이저러스에 없는 장난감은 다른 곳에도 없다는 인식이 되어 있을 만큼 다양한 장난감을 진열해 놓고 있다. 그리고 근래에 단기적·세계적으로 불과 수년 만에 폭발적으로 성장한 산업이 휴대전화산업이다. 그리고 21세기의 성장산업은 문화산업과 시스템산업이다. 한마디로 첨단 서비스산업이라 할 수 있다.

3.3.4 인구구조의 변화

노령화 인구구조가 현대사회의 큰 특징을 이룬다. 통계청 자료에 따르면 우리나라는 65세 노령인구가 2007년 7월을 기준으로 전체 인구의 7.1%에 집계되어 고령화사회로 접어들었으며, 2016년 현재 13.53%에 달하고 있다. UN은 한 나라의 전체 인구 중에서 65세 이상의 인구가 전체 인구의 7% 이상이면 노령화사회로 규정하고 있다. 고령화가 급속하게 진행되는 것은 출생률이 가파르게 하락하고 있는 데다 의학의 발달로 평균수명이 늘었기 때문이다. 이와 관련하여 실버산업(silver industry)이 성장하고 있다.

전체 인구의 증가와 감소, 특정 연령층의 변화, 혼인이나 관습의 변화 등은 관광기업의 경영환경에 많은 영향을 준다.

3.3.5 신세대, 신문화, 새로운 소비문화

60대 이상의 기성세대는 일제식민지하에서 군대식 교육을 받았고, 50대는 그러한 부모 밑에서 자라며 살아왔다. 또한 이들 기성세대들은 대부분 엄격한 가부장적 제도하의 대가족 속에서 전통적인 문화의식을 주입받으며 살아왔다.

한편, 6·25전쟁을 겪으면서 냉전체제와 안보논리에 젖었고, 4·19, 5·16을 겪으면서 보릿고개라는 배고픈 시절을 살아왔다. 이에 따라 가난극복이 최대의 목표였던 그 시절에는 근면, 성실, 극기와 같은 것이 덕목으로 생각되었으며, 군대입대는 필수적인 요건이라고 생각하고 있다. 그러나 신세대는 전쟁과 가난 등을 겪지 않았고, 핵가족 사회에서 가정과 학교교육을 통해 민주적인 합리주의를 배웠다. 기성 세대가 농경사회에서 자란 반면, 신세대는 산업사회에서 자란 것이다. 이러한 결과로 인해 신세대는 개인주의와 합리주의, 보편주의가 그들의 정신적 근간이 되고 있다. 즉 신세대는 사회적 신분보다는 가치있는 일을, 출세보다는 행복을, 조직보다는 개인과 가정을, 희생적 정신보다는 개인주의로 기울어지고 있다.

신세대를 영상(TV)세대라고 한다면 구세대는 문자(신문)세대라고 할 수 있다. 문자세대와 영상세대의 차이점은 다음과 같다.

표 2-1 문자세대와 영상세대의 차이점

문자세대	영상세대
• 이성적	• 감정적
• 옳고 그름으로 판단	• 옳고 싫음으로 판단
• 논리적 심사숙고	• 감각적 판단
• 미래의 득실기준	• 당장의 좋고 싫음이 기준
• 동일지향 가치관	• 이질지향 가치관
• 남들처럼 살고 싶음	• 남과 다르게 살고 싶음
• 자기절제	• 자기표현
• 남이 창조한 가치에 동의함	• 스스로 가치 창조함
• 타인인식	• 자기에게 충실
• 억제된 감정	• 해당된 감정
• 문화의 수동적 향유	• 문화생산 소비에 참여
• 소유가치 중시	• 사용가치 중시

4 정치 · 법률적 환경

정치적 환경과 법률적 환경은 매우 밀접하게 얽혀 있어서 구별하기 어려운데 이는 정치적 환경을 구성하고 있는 정치가나 행정가, 입법부의 종사자들이 갖는 태도나 활동에 따라 법률이 제정되기도 폐지되기도 하기 때문이다. 정부는 사업의 활동을 돕는 후원자 역할을 할뿐만 아니라 기업의 활동을 규제하는 규제자가 되기도 한다.

관광기업은 정부의 정치 · 법률적인 환경에 큰 영향을 받는다. 특히 관광관련법규 및 공정거래에 관한 법률을 들 수 있는데 법률의 해제 및 완화, 강화 등은 관광기업의 활동범위나 지침에 직접적인 영향을 미친다.

또한 정부는 기업의 활동을 규제하기도 하고, 자금지원, 연구개발 활동의 지원, 조세감면, 외국과의 무역촉진 등을 펼침으로써 기업을 지원하는 후원자의 역할도 한다. 이에 따라서 기업은 법을 준수하고, 정부방침에 자발적 협력을 할 책임을 져야 하지만 정부도 기업활동이 경제성장과 직결될 수 있도록 정책을 펴나가지 않으면 안될 것이다. 법률이란 사회질서를 확립하고 분쟁을 조정하여 사람들이 부당하게 피해를 입지 않도록 보호하여 주는 바탕이 되며, 기업이 수행하는 활동의 옳고 그름에 대한 판단기준이 되기도 한다.

5 | 자연환경

5.1 관광과 기후변화의 이중관계

기후는 관광 시즌과 소비자의 목적지 선택을 결정하는 주요 요인이다. 따라서 기후변화는 직·간접적인 경로를 통해 관광에 영향을 미친다. 기후변화가 관광에 미치는 영향이 부정적인 것만은 물론 아니다. 위도와 고도가 높은 지역에서는 기후가 따뜻해져 관광시즌이 길어지는 긍정적인 효과를 줄 수 있다. 이렇듯 관광은 기후변화의 중요한 유발요인이며 변화된 기후는 다시 관광산업에 영향을 미친다. 관광은 원인자(vector)이면서 피해자(victim)인 것이다.

그림 2-2 | 관광과 기후변화의 관계

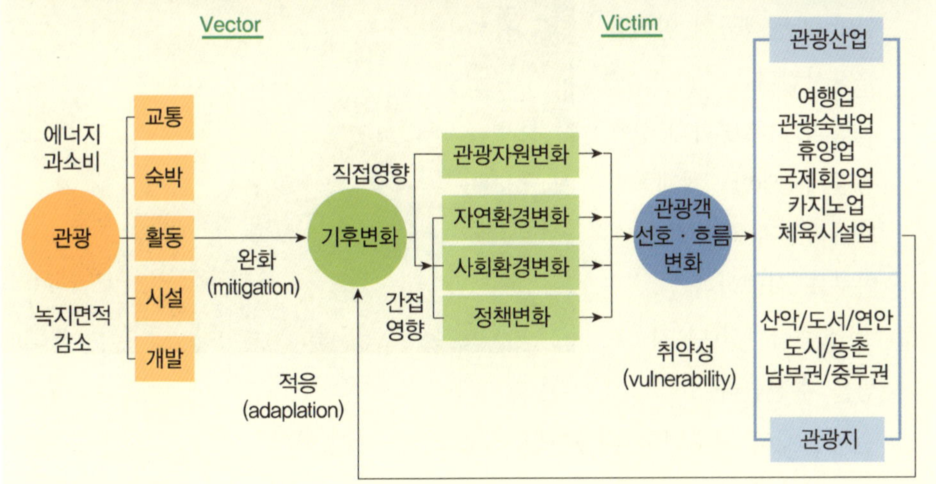

출처 : UNTWO & UNEP(2008)

5.2 기후변화에 대한 관광산업의 대응방안

세계는 지금 '포스트 교토의정서'를 정하기 위해 협상 중이다. 우리나라는 '교토의정서'에서 선진국으로 분류되지 않아 2012년까지 온실가스 의무감축 대상 국가에서 제외되었다. 온실가스감축 의무국가로 지정될 경우 경제 및 사회전반에 미치는 효과는 적지 않다. 기후변화는 에너지의 문제이고 에너지는 우리 일상과 직결되어 있기 때문이다. 앞으로 온실가스 감축목표를 구체적으로 정해야 할 것이고 경제적 충격을 적게 가져오면서 온실가스 배출을 완화할 수 있는 방안을 찾아야 한다. 또한 빠르게 진행되고 있는 기후변화의 영향에 대해 효과적으로 적응하여 그 피해를 최소화할 수 있도록 해야 한다. 이에 대한 대응방안으로는 관광산업 전반의 기후변화 대응체계를 구축하거나 지속 가능한 지역관광을 추진할 수 있을 것이다.

기후변화 대응체계 구축방안으로는 다음의 6가지가 있다.

① 관광과 기후변화의 관련성에 대한 정부, 업계, 일반 관광객들의 인식을 증진시킨다.

② 관광과 기후변화의 상호영향에 대한 체계적인 모니터링과 과학적 조사연구를 실행한다.

③ 탄소중립관광(단)지 조성을 추진한다.

④ 관광업계의 기후변화 대응지원 프로그램을 시행한다.

⑤ 탄소상쇄프로그램을 도입한다.

⑥ 관광부문의 기후변화 대응 실행계획을 수립한다.

사례 에버랜드의 날씨마케팅

에버랜드는 자연친화적 프로그램 구성으로 놀이공원뿐만이 아닌 자연과 사람의 조화를 추구하여 서비스를 실천하고 있다. 외곽의 넓은 부지를 이용하여 놀이공원뿐만 아니라 동물원을 보유하여 자연학습을 가능하게 하고 있으며, 각종 시즌축제를 활용하여 꽃을 이용한 자연친화적 프로그램을 보유, 활용하고 있다. 스폰서 기업과 연계하여 이벤트를 벌이는 등 다양한 마케팅전략으로 고객접근을 유도하고 있다. 에버랜드의 대표적인 마케팅 프로세스로는 '날씨마케팅'이 있다.

에버랜드는 연 8백만 명을 웃도는 관람객으로 붐비는 한국의 대표적인 놀이공원이다. 하루 평균 2만 명이 이곳을 찾고 있는 셈이다. 관람객은 특히 주말과 공휴일에 몰린다. 주말과 공휴일 장사를 못하면 한해 장사를 기약할 수 없는 구조다. 장마철처럼 날씨가 급변하는 시즌에는 웃고 울 수밖에 없다. 변화무쌍한 날씨는 마케팅 외부환경 중에서도 특히 큰 영향을 미쳐 입장객 감소는 물론 경영수지에 악영향을 미치는 대표적 요인이다.

맑은 날과 비오는 날 주말의 입장객 추이를 보면 이를 잘 알 수 있다. 지난 1998년 4월 11일 맑은 토요일의 입장객은 42,422명이었다. 한해 뒤인 1999년 4월 10일 비가 내린 토요일의 입장객은 15,885명. 비 때문에 무려 63%의 관람객수가 줄었다는 얘기다. 관람객 자연증가분까지 포함하면 비로 인한 피해는 더욱 커진다.

비만 오면 풀이 죽는 이유가 다른 데 있는 게 아니다. 에버랜드는 이 같은 단점을 극복하기 위해 발상의 전환을 했다. 날씨 변화를 '두려워하기보다 즐기는' 쪽으로 생각을 바꾸었다. 1999년 날씨보험에 들어 안전장치를 해두었다. 4~6월 주말과휴일에 서울 기상청발표 서울지역기준 이상 비가 온 탓에 매출이 급격히 줄면 최근 3년 평균매출액의 70%를 보상해준다는 내용이었다. 서울지역 강수량을 보상기준으로 삼은 것은 에버랜드가 있는 용인지역에 비가 안 와도 서울에 비가 내리면 관람객이 줄어드는 경험법칙을 감안한 것이었다.

에버랜드는 이처럼 날씨요인을 적극 이용, 관람객을 끌어들이는 적극적인 마케팅 기법을 도입했다. 이와 함께 관람객들이 갖고 있던 고정관념을 깨뜨리고 자연스레 참여해 즐길 수 있는 독특한 상품 및 이벤트 개발에 주력했다.

6, 7월의 레인보우 페스티벌은 장맛비를 관광상품으로 바꾸어버린 대표적 사례다. 이 기간 동안 에버랜드를 찾는 관람객들에게 빨강, 파랑, 노랑 등 무지개를 나타내는 7가지 색깔의 우산 중 하나를 주었다. 특히 연인들에게는 빨강과 노랑으로 디자인한 우산을 빌려주고 색깔에 따라 다른 혜택을 제공했다.

연인용 우산을 대여받은 커플은 우주 관람차를 무료로 이용하며 주황색 우산의 주인공은 우주탐험, 노란색은 물개쇼, 초록색은 지구마을을 무료 이용할 수 있도록 한 것이다. 또 '무지개 속에서 춤을', '스타와 함께 거리산책'을, '아마추어 댄서콘테스트', '통기타공연' 등 비가 와도 즐길 수 있는 이벤트로 관람객을 끌었던 것이다. 갑자기 비가 오는 경우에 하는 '레인체크'도 주효했다. 레인체크는 관람객의 입장 뒤 비가 올 경우 다음에 언제라도 에버랜드를 찾을 수 있도록 재입장권을 주는 제도이다. 이는 관람객의 호응과 함께 에버랜드의 이미지를 높이는 데 큰 공헌을 하고 있다는 평가를 받았다.

출처 : http://jobdahan.net/8357

CHAPTER 03

관광객 행동의 이해

사례

갯벌을 국립공원으로 보존하는 독일 : 관광객 유치 연간수익 4조 원 거둬

갯벌산책

2006년 3월 16일 우리 대한민국의 대법원은 400㎢에 해당하는 하구 및 하구 갯벌을 영원히 육지로 변형시키는 새만금간척사업을 추진하는 쪽에 '어리석은 손'을 들어주었다. 새만금 하구 갯벌은 남한 전체 갯벌의 10분의 1, 전북 갯벌의 65%에 해당하는 면적이다. 21세기에, 그것도 OECD국가인 우리나라가 이런 어처구니없는 일을 벌이고 있다는 사실에 경악하지 않을 수 없다.

미국에서는 이미 간척사업이 거의 불법화돼 있으며 오히려 해안습지를 복원하는 프로그램이 활발히 진행되고 있다. 새만금사업의 당위성을 위해 정부가 그토록 간척의 나라로 홍보했던 네덜란드도 2000년까지 국토면적의 1.76%에 이르는 연안습지를 복원했다.

특히 독일은 간척사업을 불법화한 것은 물론 전체 갯벌을 국립공원으로 지정해 엄격하게 관리하고 있다. 여기에서는 독일의 국립공원 관리와 경제적 가치창출에 대하여 살펴보고자 한다.

독일은 갯벌을 국립공원으로, 네덜란드와 덴마크는 와덴해 규약과 자연보전법에 따라 와덴해 갯벌을 엄격하게 관리보호하고 있다. 독일에서는 1985년에 북부의 슐레스비히 홀스타인주의 갯벌이, 1986년에 남부의 니더작센주의 갯벌이, 1990년에 나머지 함부르크 지방의 갯벌이 각각 국립공원으로 지정·관리되고 있다. 슐레스비히 홀스타인 국립공원의 통계치를 보면 1987년 이후에 갯벌을 방문한 체류형 관광객의 평균숫자는 연간 120만~160만 명이었는데, 이들은 평균 8~10일 갯벌 공원 주변에 체류했다. 하루 숙식과 기타 유흥비를 1인당 하루 10만 원으로 계산하면 전체 관광수익은 연간 1조 2,000억~6,000억 원에 달한다. 숙박하지 않고 지나치는 관광객의 수도 연 3,000만~4,000만 명에 이른다. 니더작센 국립공원에 체류하는 관광객의 수는 연간 260만 명으로 홀스타인보다 2배 이상의 관광수익을 얻고 있다고 한다. 규모가 가장 작은 함부르크의 갯벌공원을 제외하더라도 관광수익은 연 4조 원 규모다. 수익의 대부분은 지역민에게 직접 돌아간다. 까닭에 갯벌국립공원 주변에 거주하는 주민들은 어업 제한과 갯벌출입 제한에도 불만을 제기하지 않는다.

이들 갯벌공원의 관광수익을 갯벌 내에 구조물의 설치 등과 같은 직접적 개발에서 얻는다고 생각하면 오산이다. 이들 공원은 3개의 구역으로 나누어 관리되고 있으며 그 어떤 구역도 자연훼손을 허락하지 않은 채 보존되며 일부 구역은 기획된 관광으로 활용되고 있다. 자연상태 그대로 놔두고 관광객을 유치하는 것이 가장 효율적이며 미래지향적이라는 판단 아래 기획·관리하고 있는 것이다. 아니 실제로는 훼손된 갯벌 염습지는 국가가 주도적으로 복원해 아름다운 갯벌, 사계절 꽃이 피는 갯벌로 만드는 한편, 해수면에 갯벌이 따라 올라가는 기능을 확대, 지구온난화에 의한 해수면 상승에도 대비하고 있다. 이제 우리도 세계 5대 갯벌이라는 허명에 머물러 있을 것이 아니라 갯벌에 대한 적극적인 보존과 활용을 통해 이와 같이 세 마리 토끼를 잡아야 할 때이다.

요하네스버그 : 야간관광

'야간관광'이라 하면 그 범위가 광범위하다. 야간관광이라는 것은 관광객 스스로 어떻게 느끼냐에 따라 그 관광지의 하나의 관광문화가 될 수 있다고 본다. 그렇게 관광문화가 되기 위해서는 그만큼의 인프라도 중요하기 때문에 '요하네스버그'가 야간관광을 위한 인프라가 잘 갖추어져 있다고 생각했다. 먼저 잘 알려지지 않은 '요하네스버그'에 대해 간단한 소개를 하고자 한다. 남아프리카공화국 하우탱주에 있는 도시로서 남아공 최대의 도시이자 아프리카에서 가장 번영한 상공업도시이다.

일반적으로 줄여서 '요버그(Joburg)'라고도 하는 요하네스버그. 포웨이즈에 있는 몬테카지노센터는 요하네스버그의 축소판이라고 할 수 있다. 토스카나 스타일의 몬테카지노 센터에는 카지노, 20여 개의 레스토랑, 카바레, 화려한 공연장, 재미있는 상품을 파는 가게, 극장 등이 들어서 있다. 또한 요하네스버그에는 사람들이 밤에 모여 즐길 수 있는 '빌리지'가 여러 곳 있다. 예를 들어 '리틀할리우드'라고도 불리는 멜빌은 남아공의 유명인, 음악가, 창작인들이 주로 모이는 장소이다. 야외 카페, 고풍스런 서점, 정통 레스토랑, 음악을 들을 수 있는 장소와 수공품 판매상 등이 항상 관광객을 기다리고 있다.

'놀우드'라는 또 다른 빌리지는 세계를 맛볼 수 있는 곳으로 유태 식당에서 인도 식당, 이탈리아 식당과 일본 식당에 이르기까지 다양한 레스토랑이 운집해 있다. 그리고 '로즈뱅크'는 수공예 시장 과 멋진 레스토랑, 전 세계 영화를 관람할 수 있는 극장, 최신 유행의 고급 상점들로 유명해진 요하네스버그의 중심지다. 이와 더불어 '파크허스트 4번가'는 해질녘에 사람을 만나기에 이상적인 곳이다. 인도는 저녁을 먹으러 나

온 사람들로 가득하고 유선형의 멋진 차들이 굉음을 내며 지나다닌다. 고풍스런 실내 장식의 가게들이 가득한 이곳에서는 피자 같은 음식부터 생강과 샬롯 절임 소스의 오리고기도 맛볼 수 있다.

공항 근처에 있는 '시저스'는 라스베이거스의 '시저스'호텔을 모델로 한 곳으로 도박장, 무희, 카바레쇼 등을 한 곳에서 즐길 수 있다. 또한 요하네스버그에는 우리나라 인천처럼 '차이나타운'이 있다. 요하네스버그의 차이나타운은 요하네스버그 동쪽의 '시릴딘'에 위치해 있다. 거리 하나를 전부 차지하고 있는 차이나타운은 구경하기도 좋다. 이곳에는 길가에 즐비한 도매상과 레스토랑 사이로 빵집, 정육점, 약국 등이 자리하고 있고 맛있는 게요리와 오징어, 오리, 국수요리 등을 저렴한 가격에 즐길 수 있다. 최근 넬슨 만델라 광장으로 이름이 바뀐 샌드톤 광장은 고급 레스토랑이 광장을 마주보고 밀집해 있는 곳이기도 하다.

또한 샌드톤 광장에는 넬슨 만델라 동상과 여름의 더위를 식혀주는 아름다운 분수가 있다. 여기서 그리 멀지 않은 '멜로즈아치'도 레스토랑이 밀집해 있는 곳이다. 멜로즈아크에 있는 레스토랑 중 가장 유명한 곳은 고급 아프리카 레스토랑인 '모요'다. 이곳에서는 아프리카 전역의 전통 음식을 맛보면서 라이브 음악과 페이스 페인팅 등도 즐길 수 있다.

그 옆의 '미트주식회사'라는 레스토랑에서는 우수한 품질의 스테이크와 뛰어난 레드 와인을 맛볼 수 있다. 이외에도 다양한 문화가 공존하는 뉴타운지구, 생기 넘치는 야간관광을 즐길 수 있는 '소웨토' 등 남아공 오하네스버그 전 지역, 요하네스버그 자체가 하나의 인프라라고 해도 과언이 아니다. 요하네스버그는 일부러 야간관광을 위해 이러한 인프라를 갖춘게 아니다. 문화 자체가 야간관광의 인프라가 되었다.

이곳의 사람들은 함께 즐기기를 좋아하고 음악이나 영화 같은 문화를 같이 접하는 곳을 좋아한다. 라이브 광장, 문화의 광장, 길가에 즐비한 음식점, 레스토랑, 카페, 노천극장, 예술인, 우리가 흔히 상상하는 야간의 그러한 분위기가 이곳에서는 실현되고 있다. 관광객들은 그러한 이상을 가지고 이곳에 방문을 하게 되고 스스로 만족을 넘어선 감동을 받음으로 또 다시 찾게 되고 지인들에게 추천을 하게 되며 점점 더 많은 관광객들이 모여드는 것이다. 그렇게 되면서 점점 그 인프라도 더 커지게 되고 그곳의 문화도 더 다양하게 되는 것이다.

| 출처 |

[환경문제 해결사례 8선] "실천하지 않으면 세상은 병든다." 주간경향(2006. 4. 21)

http://blog.naver.com/rwun6665?Redirect=Log&logNo=120052999637

http://www.tidalflat.go.kr/images/world_flat/deuch_usestatus_img02.gif

http://cfile26.uf.tistory.com/image/166357474E28DED919A81A

http://pds8.egloos.com/pds/200805/18/59/d0005159_483029ef2ba92.jpg

1 관광분야에서 소비자 이해

여행시장의 규모가 작았을 때에는 관광객의 욕구가 주로 경영자의 주관적 판단, 또는 경험에 의존하여 파악되었으나 시장환경이 점차 복잡해짐에 따라 마케팅관리자의 주관적 판단만으로는 관광객의 욕구를 정확히 파악해내기 어려울 뿐만 아니라 자사의 마케팅활동에 대한 그들의 반응을 정확히 확인하기 어렵게 되었다.

관광객 행동연구는 관광객들이 여행관련 상품과 서비스에 대해 시간, 자금, 노력과 같은 이용 가능한 재원을 어떻게 사용할지 결정을 내리는 방법에 대해 이해하고 설명하는 것이며 관광객의 몸과 마음이 환경으로부터 받은 피드백을 이해하려고 하는 것이다. 관광객을 잘 파악하고 이해하지 못하면 시장세분화도, 목표시장의 선정도, 마케팅믹스의 활용도 효과를 거둘 수 없다. 그러므로 관광기업 마케팅관리자는 급변하는 여행시장 환경 속에서 다양하고 개성 있는 관광객의 욕구를 탐색해내고, 이를 만족시킬 수 있는 마케팅전략을 수립하기 위해 관광객을 체계적으로 이해해야 한다.

소비자행동을 연구하는 학자들은 소비자들이 상품을 구매하는 과정을 몇 개의 개별적인 행위의 집합이 아닌 하나의 과정(process)으로 보고 있다. 이들에 의하면 소비자가 상품을 구입하는 과정은 실제의 구매행위 훨씬 이전에 그가 구매의 필요성을 느낄 때부터 시작해서 구매를 한 후의 행동까지 포함한다. 그러므로 업계와 학계에서는 마케팅 자극과 소비자 반응 사이의 관계연구에 많은 정력을 쏟고 있다.

그들의 출발점은 [그림 3-1]의 자극-반응모델(Stimulus-Response Model)로서, J. B. Watson을 대표로 하는 행동주의심리학에 그 근거를 두고 있다. 이 그림은 마케팅 자극과 기타 다른 자극이 소비자의 '블랙박스'로 들어간 다음 구매자의 반응이 나온다는 것을 보여준다.

지난 10여 년간 소비자들의 구매과정에서 작용할 것으로 생각되는 다양한 심리학적 · 사회학적 변수들을 독특한 방법으로 연결한 몇 가지 모델이 알려져 있다.

그림 3-1 ▌ 단순화한 소비자행동모델

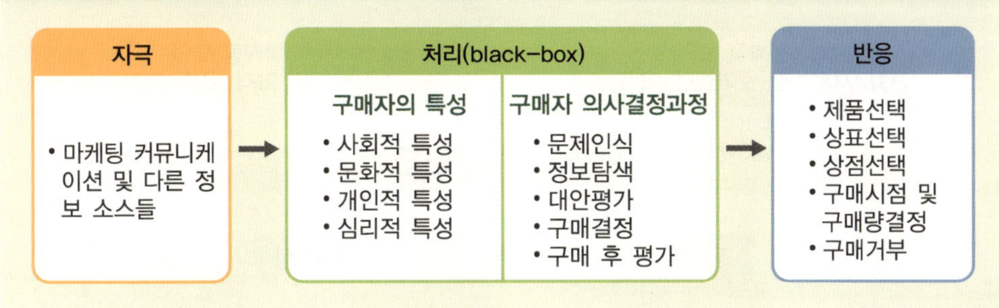

심리학, 사회심리학, 사회학이 갖는 제 개념과 연구와 이론은 복잡한 소비자행동의 블랙박스(black-box)를 규명하는 데 유용한 것이다. 이러한 행동과학의 발전은 소비자행동모델의 일반화와 그 변종을 만들어내려고 하는 마케팅 연구의 발전에 기여할 것이다. 그러나 행동과학 자체도 아직 가설적 이론 형성과 그 개별적인 검증의 단계를 넘지는 못하고 있으므로 소비자행동론도 아직은 가설적 이론탐구를 위해 노력하는 과정이라 하겠다. 그러므로 소비자행동모델의 의의를 다음과 같이 요약해 볼 수 있다.

첫째, 소비자행동을 이해하는 데 나침반의 역할을 한다.

둘째, 여러 분야에서 이루어진 행동과학의 지식을 포괄한다.

셋째, 모델을 통해 가설을 이론화할 수 있다.

넷째, 행동결정변수와 이들 사이의 관계를 설명하고 상황의 변화에 따른 결과를 예측할 수 있게 해준다.

이렇게 소비자의 구매행위에 영향을 미치는 요소와 그들 구매과정을 통합하면 [그림 3-2]에서 보는 바와 같은 종합적인 소비자행동모델을 만들 수 있다. 그러면 소비자의 구매행위에 영향을 끼치는 요인들을 알아보자.

그림 3-2 ▮ 종합적인 소비자행동모델

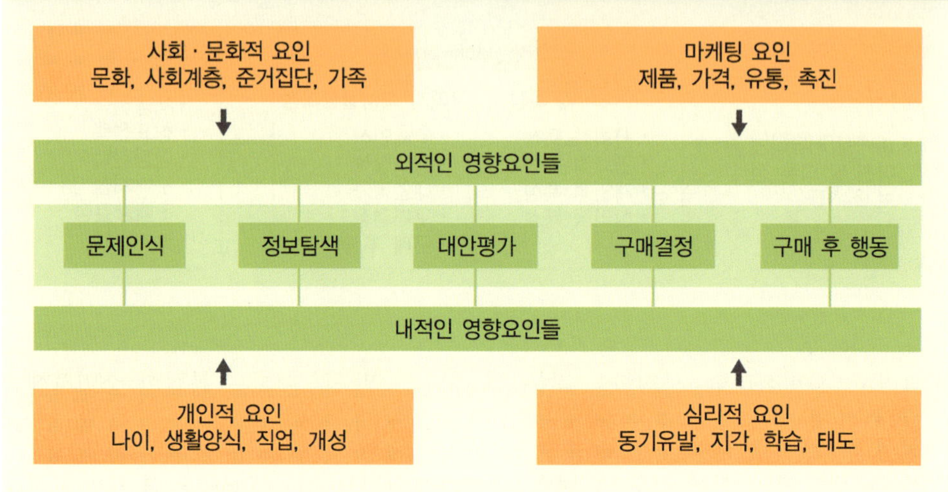

2 관광 소비자행동의 주요 영향요인

소비자가 특정의 제품이나 상표, 점포를 선택하는 행위는 여러 가지 요인들의 영향을 받아서 이루어진다. 잠재적인 관광객은 외부환경으로부터 자극을 받는다. 그들은 정보를 습득해서 상품 이미지를 그리는데, 마케팅 커뮤니케이션, 친구, 가족, 미디어, 여행계획 등 모든 것은 그 이미지를 완성시키는 데 영향을 미친다.

소비자는 사회 · 문화적, 개인적, 심리적, 환경적 요인과 마케팅 자극에 의해서 의사결정에 영향을 받는다. 소비자는 이러한 요인과 자극에 의해 의사결정을 하게 되며, 이러한 의사결정과정은 제품과 사람에 따라 상이하다.

[그림 3-3] (a), (b)는 소비자의 구매의사결정이 소비자의 독특한 사회 · 문화적, 인적 및 심리적 요인에 의해 크게 영향을 받는다는 것을 나타낸 것으로 이에 대해 세부적으로 설명하고자 한다.

그림 3-3 ▌소비자행동에 영향을 미치는 요인

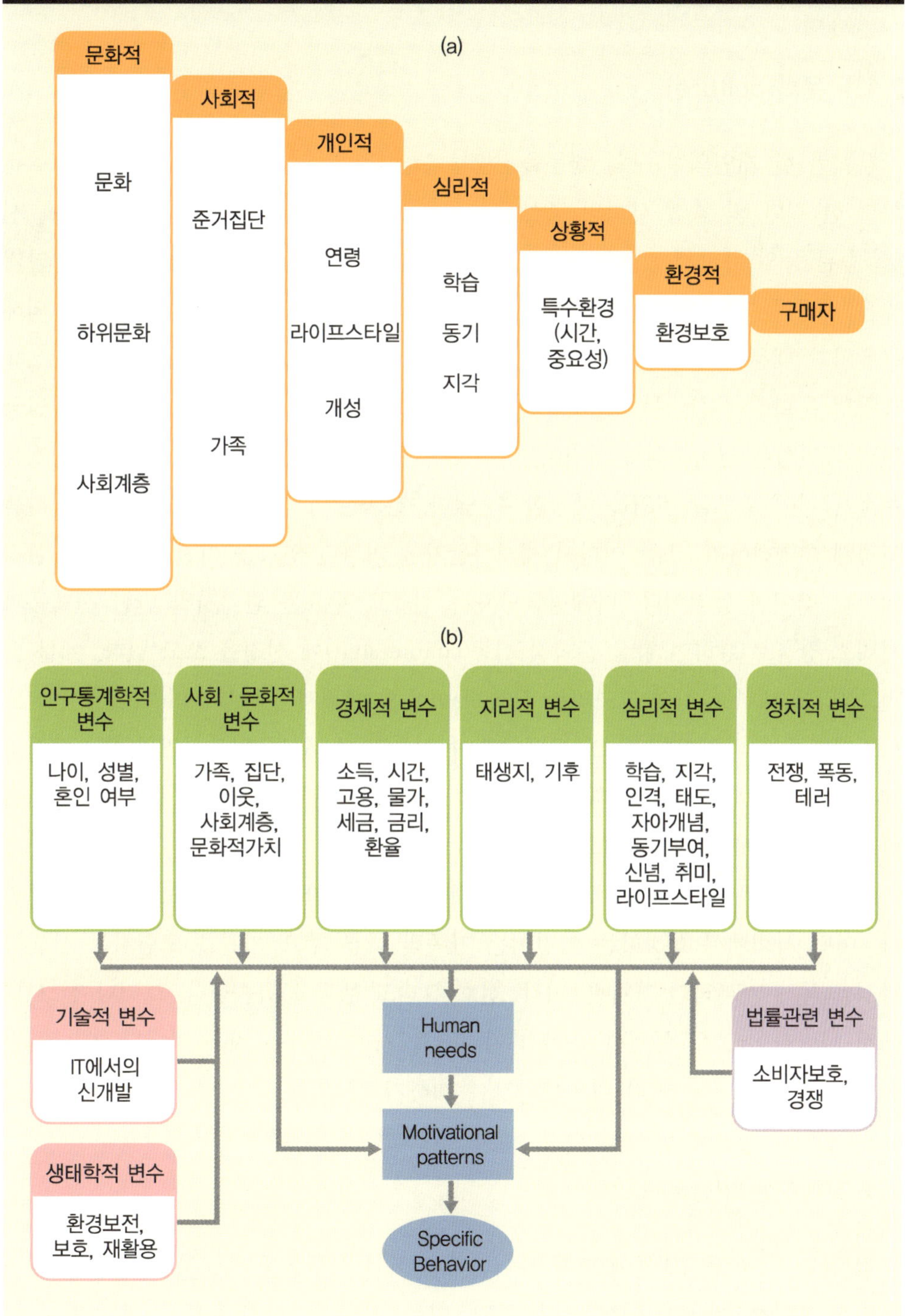

2.1 사회 · 문화적 요인

2.1.1 문화(culture)

문화란 한 개인의 욕구와 행동을 결정하는 가장 기본적인 결정요소이다. 즉, 문화란 한 집단 및 특정 사회의 구성원들이 공통으로 지니고 있는 가치관, 태도, 신념, 습관 등의 복합체를 말한다. 문화는 사람들이 여러 시대를 거치는 동안에 남겨 놓은 사회적인 유산이다. 따라서 문화는 사회적으로 학습되고 사회구성원에 의해 공유되기 때문에 욕구충족의 기준이 되고 행동의 규범을 제공한다.

특정 문화권에서는 독특한 성격유형이 형성되는 징후가 있다. 이를테면, 독일국민의 국민성은 권위주의적 성격이 강하므로, 이러한 문화권에서의 여행 의사결정은 주로 남편이 주도할 것임을 예상할 수 있다. 문화는 우리들이 무엇을 먹고 어디를 어떻게 여행하는가, 또한 어디서 체재하는가에 커다란 영향을 미친다. 문화는 환경에 순응적이며 동적이다. 마케팅담당자는 신규로 수요를 환기시킬 만한 신제품과 서비스 창출로 향하여 항상 문화적 이동(culture shift)에 신경을 쓰고 있다. 예를 들면, 건강에 대한 관심의 고조라는 문화적 이동에 대해서는 대부분의 호텔에서 휘트니스센터를 설치하기도 하고, 호텔고객이 이용할 수 있는 인근지역의 헬스클럽과 제휴하여 이용하게 하고 있다. 또한 저칼로리식과 자연식을 선호하는 고객에 대응한 레스토랑 메뉴가 개발되고 있다.

하등동물들은 주로 본능에 의해서 지배되지만, 인간의 행동은 보통 학습되어진다. 어떤 사회에서 성장하는 어린이는 가족과 다른 주요 기관을 포함하는 사회화 과정을 통해 기본적인 가치관, 지각, 선호 그리고 행동을 학습한다. 그러나 한 사회에서 사람들이 모두 동일한 문화적 가치관을 가지고 있는 것은 아니다. 왜냐하면 한 문화권 내에서도 여러 하위문화가 존재하기 때문이다.

2.1.2 하위문화(sub-culture)

각 문화는 그 구성원들에 대해 특이한 동일화와 사회화를 제공하는 더 작은 하위문화를 포함하고 있다. 이는 국적, 종교, 인종, 라이프스타일에 따른 네 가지 유형의 하위문화로 구분할 수 있다. 즉, 하위문화는 크게는 하위문화가 속해 있는 전체

문화의 속성을 지니고 있지만 범주 내에서 나름대로 각각의 고유의 특성을 가진 세분화를 말한다.

이와 같이 하위문화는 시장의 특성을 나타냄으로써 시장세분화의 기준으로 사용할 소비자의 가치관 및 태도를 형성하기 때문에 소비자행동 연구의 중요한 요인이 되고 있다. 이러한 하위문화는 지역 간 뿐만이 아니라 세대 간에서도 찾아볼 수 있다. 근래에 우리는 사고방식이나 의・식・주, 기타 생활양식에서 많은 세대 간의 차이를 발견할 수 있다. 젊은 세대는 기성세대에 비해 '자유'를 소중히 여기고 있는데, 이러한 가치관이 생활 깊숙이 배어 있어서 그들의 상품구매 및 사용에 대한 마케팅 담당자의 새로운 기준요인으로 등장하고 있다.

때로는 어느 하위문화가 전국적 차원 또는 국제적 차원에 보편적인 것으로 받아들여지고 있는 일도 있다. 예를 들면, 멕시코 레스토랑은 런던・몬트리올・오클랜드・싱가포르 등의 다양한 도시에서 찾아볼 수 있는데, 모든 레스토랑은 그 지역 고객의 미각에 알맞게 음식을 만든다. 뉴멕시코주 산타페(Santa Fe)에서 온 여행자는 오클랜드에서 제공한 멕시코요리에는 약간 실망할지 모르나, 오클랜드의 멕시코요리 레스토랑은 멕시코요리라는 하나의 문화를 다른 문화의 미각에 알맞게 연구하여 사업을 전개하고 있다는 것이다.

2.1.3 사회계층(social class)

사회계층이란 사회적으로 신분이나 소득 등이 비슷한 사람들의 집단 또는 계층으로 구분되고, 그 구성원들이 동일한 가치관, 관심 그리고 행동을 공유하는 어떤 사회 속에서 상대적으로 동질적이며 지속적인 부분들을 의미한다. 즉, 한 사회 내에서 거의 동일한 지위에 있는 사람들로 구성된 집단이라 할 수 있다. 이는 직업, 교육, 소득원천, 주택의 유형, 주거지역, 재산, 가문, 사회적 유대관계 등 여러 변수를 종합적으로 사용하여 구분한다. 실제적으로 모든 인간사회는 사회계층을 갖는다. 계층은 서로 다른 계층의 구성원들이 어떤 역할을 하도록 권장하거나, 그들의 소속계급을 변화시킬 수 없는 어떤 시스템의 형태를 취할 수도 있다. 흔히 계층은 사회계층의 형태를 취한다.

사회계층은 여러 특징을 가지고 있다. 첫째, 각 사회계층의 구성원들은 상이한 사회계층의 구성원들보다 서로 유사하게 행동하는 경향이 있다. 이는 동일계층 내의 사람들이 신념, 태도, 가치관 등이 유사할 뿐만 아니라 사고방식과 행동도 많은 공통점을 가진다는 것이다. 둘째, 사람들은 사회계층에 따라 열등한 또는 우월한 위치를 획득하는 것으로 인식된다. 셋째, 어떤 사람들의 사회계층은 어떤 유일한 변수에서가 아니라, 직업, 소득, 재산, 교육 및 가치지향성과 같은 여러 변수에 의해서 나타난다. 넷째, 사람들은 일생 동안 보다 높은 사회계층으로 올라가거나, 낮은 계층으로 전락할 수도 있다. 이러한 유동성의 정도는 어떤 사회 내의 사회계층이 분명한가에 따라 차이가 있다. 특히 사회계층은 의복, 가구, 여가활동 그리고 자동차와 같은 영역에서 독특한 제품 및 상표 선호성을 보여준다. 따라서 마케팅관리자는 자사제품의 주 사용자가 어느 계층의 사람인지를 파악할 필요가 있다.

소비자행동에 관련하여 살펴보면 각각의 사회계층은 서로 차이가 많음을 알 수 있다. 예를 들면 제품 구매 시 상류층은 제품 및 서비스의 상징적 의미를 강조하는 반면에 하류층은 실용성에 강조점을 두고 있으며, 고소득 상류층일수록 가지고 있는 재산이 많아 과시성 소비가 오히려 적다. 또한 상류층은 의·식·주를 즐기는 경향이 있으며, 여가선용으로는 동적인 스포츠나 취미활동을 좋아하며, 하류층은 널리 알려진 상표를 좋아하며, 육체적 노동을 하는 경우가 많기 때문에 정적인 여가선용을 즐긴다. 상류층은 광범위한 정보탐색을 하기 때문에 제품의 품질 등을 자세하게 평가하는 반면, 하류층은 제한된 정보에 접하기 때문에 가격으로 상품의 품질을 평가하는 경우가 많다. 그리고 상류층은 고급 점포를 선호하는 반면에 하류층은 대중을 상대로 하는 백화점, 할인점 및 재래시장을 선호하고 있음을 알 수 있다. 따라서 마케팅담당자는 마케팅믹스인 제품의 디자인, 유통경로, 가격, 광고메시지 등을 사회계층에 따라 달리 해야 한다. 예를 들어 계층마다 애용하는 매체와 프로그램이 다르므로 매체와 프로그램의 선택도 달라야 한다. 즉, 서민층에 대한 광고는 드라마를 많이 보므로 그들을 상대로 제품을 팔 때는 드라마 전후에 끼어서 광고를 내보내야 하며, 상류층의 경우 그들이 많이 보는 TV교양강좌, 경제신문에 주로 광고해야 할 것이다.

사회계층을 측정 분류하는 방법으로는 학자들 간에 아직 의견통일을 보지 못하고 있지만 대체적으로, 첫째 자신이 계층적 지위를 스스로 평가하게 하는 주관적 방법, 둘째 타인이 계층적 지위를 평가하도록 하는 평판적 방법, 셋째 사회구성원의 객관적 속성을 근거로 계층을 평가하는 객관적 방법이 있다. 사회계층에 대한 종합지표로 가장 많이 이용되는 지표는 W.L. Wanner의 지위특성지표(ISC : Index of Status Characteristics)가 있으며, 이 지표는 직업(4), 소득의 원천(3), 주거형태(3), 주거지역(2) 등 4개 항목으로 보고 각 항목의 중요도에 따라 가중치를 두어 ISC점수를 산출하도록 하였다. 이렇게 산출된 점수를 가지고 해당 점수의 사회계층을 분류한다.

표 3-1 우리나라의 사회계층구조

상・상층 (upper-upper class) 승계된 명문재벌	전체 인구의 0.5%를 차지. 승계된 명문재벌로 2대 이상 부를 세습하여 오거나 당대에서 사회적인 명성을 얻어 전국민의 존경과 신임을 받고 있는 계층이다. 고급승용차, 각종 회원권, 골동품 등에 대한 수요가 많고, 일반적으로 교육수준이 높으며, 자신의 신분에 어울리는 제품을 구매하는 성향이 있다. 재벌급 그룹이나 전통 명문집안이 이 계층에 속한다고 할 수 있다.
상・하층 (lower-upper class) 신흥부호	전체 인구의 5%를 차지. 준재벌급이나 자신의 노력으로 사회의 지도층으로 입신한 사람들로서 고급공무원, 전문경영인, 법조인, 군인, 의사 그리고 교수들 중에서 성공한 사람들로 구성된다. 이들은 자신과 자녀의 지위를 상징할 수 있는 것들을 구매하며, 고급빌라, 대형 아파트에 주로 거주한다. 이들 중에는 눈에 띌 정도의 과소비를 통하여 자신을 과시하려는 벼락부자도 있다.
중・상층 (upper-middle class) 전문직종사자	전체 인구의 10%를 차지. 이들은 교육수준이 높고 전문직종사자들로서 사회적인 부 그 자체보다는 자신의 경력관리를 더 중시하는 사람들로 성취욕이 남보다 뛰어나며 상층사회의 규범이나 가치관을 추종하려고 한다. 중소기업 소유자들도 이 계층에 속한다고 할 수 있다. 일반적으로 교육에 대한 관심이 높고, 유명상표의 의류나 가구 등의 주고객이 된다.
중・하층 (lower-middle class) 일반사무종사자	전체 인구의 34%. 기업의 일반사무직 및 기술직의 중간관리자 모두를 포함한다. 대체로 보수적인 가치관을 가지고 있으며 현 사회의 일반적인 가치관을 대표하는 계층이다. 제품구매에 있어서도 유행에 관심이 있으며, 지명도가 있는 제품을 선호하는 경향이 있다. 학군을 중시하며, 좋은 이웃과 평수가 넓은 아파트에 대한 동경이 있다.
하・상층 (upper-lower class) 숙련노동자	전체 인구의 36%. 일반적으로 기업의 하부근로자들로서 교육수준이 낮은 편이다. 자기 집을 소유하고 있지 못하며, 이에 대한 욕구가 대단하다. 이사를 자주 하는 편이며 엥겔지수가 높아서 문화생활은 거의 하지 못하는 편이다. 생활필수품에 대한 소비의 비중이 높으며 상표선호도는 없는 편이다.
하・하층 (lower-lower class) 미숙련노동자	전체 인구의 15%. 집이 없고 항시 직업을 찾아 나서는 사람들로 도시빈민층이나 농어촌의 빈민들로서 정부의 혜택을 필요로 하는 사람들이다. 교육수준은 낮은 편이며, 자기의 일상생활에 필요한 상품 이외에는 구매할 능력이 없으며, 소비수준은 매우 낮다.

2.1.4 준거집단(reference group)

많은 집단들이 한 개인의 행동에 영향을 미친다. 준거집단은 개인의 태도와 행동에 직접적(대면적) 혹은 간접적인 영향을 미치는 모든 집단이다. 한 개인에 대해 직접 영향을 미치는 집단들을 회원집단이라고 하는데, 그 개인이 소속하고 상호작용하는 집단들이다. 1차적 집단으로서 꽤 지속적으로 상호작용을 하는 가족, 친구, 이웃 및 직장동료들과 같은 집단으로 비공식적인 경향이 있고, 2차적 집단은 좀 더 공식적이며 덜 지속적으로 상호작용을 하는 집단이며 종교조직, 전문가단체 그리고 노조와 같은 집단들이 이에 속한다. 사람들은 자기가 속하지 않은 집단에 의해서도 영향을 받는데, 개인이 소속하기를 원하는 집단으로 열망집단이라 한다.

마케팅관리자들은 표적고객들의 준거집단을 확인하려고 노력하는데, 그 이유는 준거집단이 적어도 세 가지 면에서 사람들에게 영향을 미치기 때문이다. 첫째, 준거집단은 사람들을 새로운 행동과 생활습관에 노출시킨다. 둘째, 준거집단은 사람들의 태도와 자아개념에 영향을 미친다. 왜냐하면 사람들은 보통 준거집단과 일치하려는 욕망을 가지고 있기 때문이다. 셋째, 준거집단은 사람들의 실질적인 제품과 상표선택에 영향을 미치는 순응에 대한 압력을 발동한다. 근래 성행되고 있는 해외효도관광, 해외신혼여행, 성지순례여행, 그리고 산업시찰여행 등은 준거집단의 영향이 대표적으로 나타나는 사례가 된다.

집단의 응집력이 크면 클수록 집단의 의사소통은 더욱 효과적이다. 그리고 사람이 그 집단을 존경하면 할수록 그 사람의 제품선택과 상표선택 결정에 더욱 강력하게 영향을 미친다. 이렇게 개인이 자발적·비자발적으로 준거집단의 태도와 행동을 따르다가 보면 그는 자연히 제품이나 상표의 선택에서 그 집단의 영향을 받게 되는 것이다. 이러한 현상은 특히 자동차, 전축, 가구, 의복 등 비교적 값이 비싸거나 남의 눈에 띄는 상품의 선택에서 많이 나타난다. 또한 제품수명주기(product life cycle)의 초기단계에 소비자들이 새로 나온 제품에 대해서 잘 모를 때 신제품 구매여부는 준거집단 내의 의견선도자(opinion leader)의 영향을 특히 강하게 받는다. 따라서 기업은 표적시장 고객들에 대한 준거집단의 특성을 파악해야 하고, 특히 준거집단 내 의견선도자의 인구통계적, 심리분석적 특성을 알아내어 그들에게 어울리는 광고메시지를 그들이 애용하는 매체를 통해 전파시켜야 한다.

2.1.5 가족(family)

개인이 장기간에 걸쳐서 귀속하고 있는 소집단 중에서 가족이야말로 개인의 지각과 행동에 가장 강하고 지속적인 영향을 주고, 가장 중요한 소비단위이며, 구매단위이다. 우리는 소비자의 생활에서 두 가지 가족으로 나눌 수 있다. 첫째, 지향가족으로 지향가족은 그의 부모로 구성된다. 즉 부모로부터 한 인간은 종교, 정치, 경제, 개인적 야망감, 자아가치 그리고 사람에 대한 방향을 습득한다. 비록 소비자가 더 이상 자기의 부모와 상호교류를 하지 않더라도 소비자의 무의식적인 행동에 대한 부모의 영향은 매우 중요할 수 있다. 부모가 자녀들과 계속 살아가는 나라에서는 부모들의 영향은 절대적이다.

둘째, 매일 매일의 구매행위에 대해 직접적으로 영향을 미치는 집단인 생식가족으로, 소비자의 배우자와 자녀들이 해당된다. 가족은 사회에서 가장 중요한 소비자 구매조직이므로 광범위하게 연구되어 왔다. 마케팅관리자들은 여러 가지 다양한 제품과 서비스의 구매에 있어서, 남편과 부인 그리고 자녀들의 역할과 상대적인 영향력에 관심을 갖는다. 그러므로 가족의 구매행동을 이해하고, 가족이 소비자에게 미치는 영향을 파악하는 것은 매우 중요하다. 따라서 마케팅관리자는 구성원이 구매과정에 참여하는 상황 및 가족의 생활주기(family life cycle)를 알아야 한다.

1) 가족구매 의사결정의 역할

가족구성원은 의사결정 및 구매행동에 있어서 여러 가지 역할들을 수행하게 된다. 따라서 소비자들의 구매 시 역할을 인식한다는 것은 소비자들의 구매행위를 이해하는 데 도움이 된다. 즉, 의사결정과정에서 수행되는 역할은 [그림 3-4]와 같이 다섯 가지로 구분할 수 있다.

가족은 준거집단 중에서 개인의 구매행위에 가장 큰 영향을 끼친다. 이들의 결정은 각각 상이한 사람들에 의해서 수행될 수도 있고 한 사람 내지 여러 사람들에 의해 공동으로 수행될 수도 있다.

그림 3-4 ▌의사결정단계에 따른 가족의 역할

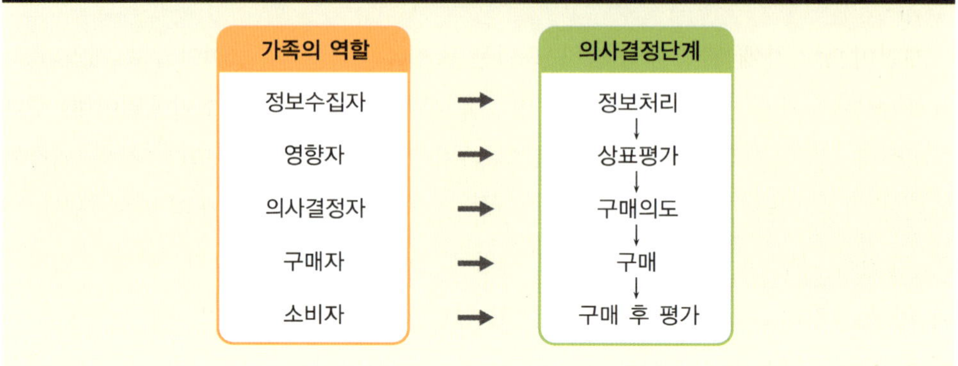

2) 가족생활주기(family life-cycle)

가족생활주기는 가족이 변해 가는 단계에 따라 필요한 제품과 소비성향이 다르기 때문에 자연적으로 시장이 세분화된다고 할 수 있다. 즉, 소비·구매단위로서 가정의 형성, 자녀의 출산, 노부부에 이르기까지 가정의 구성원수가 변화하며 가족이 필요로 하는 상품도 달라진다. 그러므로 마케팅담당자는 가족의 생활주기에 따라 가정의 구매행동이 어떻게 변화하는가를 분석하는 것은 중요하다. 가족생활주기의 기준과 단계는 학자에 따라 다르지만 W.D. Wells와 G. Gubar는 가족생활주기를 9단계로 세분하였다. 이에 대해 살펴보면 [표 3-2]와 같다.

Plog는 외로운 노인기 사람들을 표적집단으로 조사를 실시한 바 있다. 연구결과 외로운 노인들은 해외 항공여행에는 관심이 적은 대신 자녀동반 여행과 친지방문, 그리고 자동차 여행을 선호하는 것으로 밝혀졌다. 또 그들은 예상 외로 자아실현의 수단으로 강한 인상이 남을 여행에 관심을 많이 두고 있는 것으로 조사되었다.

가족은 공동제품뿐만 아니라 개인용 제품의 구매에도 서로 많은 영향을 미친다. 따라서 마케팅담당자는 제품구매에 있어 남편, 부인, 자식의 역할과 이들의 상대적인 영향력 정도를 파악할 필요가 있다. 또한 기업은 상품 구매자가 누구냐, 가족생활주기가 어떤 시기냐에 따라 제품개발, 가격, 유통경로, 촉진에 관한 마케팅전략을 적절히 세워야 한다.

예를 들어 자녀를 하나 또는 둘만 둔 가정이 증가함에 따라 젊은 부부가 아이에게 쏟는 정성은 옛날과는 비교가 안 된다. 따라서 어린이를 상대로 하는 아기용품, 어린이용품의 시장규모가 크게 확대되었다. 더욱 중요한 것은 상대적으로 아이들

표 3-2 가족생활주기 단계별 특징

단계	특징
1단계 독신기	직장생활 초기의 미혼남녀로서 수입은 다소 적지만 가처분소득이 높은 시기이다. 유행선도자, 오락지향자로 구매 시 기본적 생활용품, 자동차, 남녀 게임도구, 휴가용품, 시간절약형 제품, 인스턴트식품을 선호한다.
2단계 신혼기	결혼 초기에는 많은 공동 의사결정이 일어나는데 자녀의 양육방법, 주택, 가구 등과 같은 주요 구매에 관한 장기계획이 토론된다. 가까운 미래보다 현재 금전적으로 좋은 형편이다. 내구재를 구입하는 비율과 평균구입액이 가장 높다. 자동차, 냉장고, 스토브, 내구성가구, 휴가용품 등을 구매한다.
3단계 보금자리 1기	막내 6세 미만. 첫 아이의 출산 후 아내는 대개 직장을 그만두고 유아를 위한 가구나 옷, 우유, 비타민 등이 새로 구입되고 점차 장난감, 스케이트 등을 사게 된다. 이때 아내는 대개 돈 문제로 불만을 표시한다. 신제품에 관심이 높으며 광고된 상품을 좋아한다.
4단계 보금자리 2기	막내 6세 이상. 금전사정이 호전, 일부 주부 직장에 복귀, 광고에 의한 영향이 적어진다. 구매단위가 높아지며 구매 시 여러 가지 식품, 세제, 자전거, 음악공부, 피아노 등에 관심을 가진다.
5단계 보금자리 3기	노장 기혼층으로 자녀 있고 금전사정이 더욱 호전된다. 더 많은 주부가 직장을 가지고 일부 자녀가 직장을 가진다. 내구재 상품의 평균구입액이 높다. 구매 시 새롭고 취미에 맞는 가구, 자동차여행, 필수품이 아닌 가전기기, 치과치료, 잡지 등의 구입비중이 높아진다.
6단계 노부부 1기	자녀별거, 가장 재직 중. 주택소유율이 가장 높다. 금전사정과 저축액에 가장 만족한다. 여행, 여흥 및 독학, 선물주기와 기부금 내기. 신제품에 별로 관심이 없으며, 휴가용품, 사치품, 주택개량 등에 관심 많다.
7단계 노부부 2기	자녀별거, 가장은퇴. 급격한 소득격감, 주택의 현상유지 시기이다. 건강, 수면, 소화에 도움을 주는 의료기구, 치료 및 약품 등에 관심을 둔다.
8단계 외로운 생존자 1기 (노령독거)	부부 중 한 명이 살아 있는 시기이다. 소득은 아직 있으나 주택을 팔려고 한다.
9단계 외로운 생존자 2기	은퇴. 소득격감, 의료제품 및 진료, 애정, 안전 및 정신적 보살핌이 각별히 요구된다.

의 발언권이 커서 그들의 의견이 구매결정에 많이 반영되고 있다는 것이다. 소득은 늘고 자녀의 수는 적으니까 아이들이 원하는 것은 무엇이든지 사주려고 하는 풍조는 앞으로 계속될 전망이다.

한편 의사결정의 영향력 자가 누구인지는 마케팅담당자들에게 매우 중요한 의미를 지닌다. 예컨대 "잡혀 사는 게 편합니다," "아내의 이름을 불러 주세요," "아내가 편안해야 가정이 편안합니다," "아내의 치수를 알아두면 편안합니다" 등과 같은 아내의 인격을 강조하고 있는 일종의 페미니즘 시리즈 광고인 S기업의 광고카피처럼 속옷과 같은 제품은 주로 구매자가 주부이기 때문에 주부에게 호소할 수 있도록 광고를 한 것들이다.

이러한 내용을 토대로 마케팅믹스 개발의 예를 들어보면 다음과 같다.

첫째, 제품개발 전략과 관련하여 구매 주요 결정자가 어린이이고, 자녀가 자라는 가정을 표적시장으로 했다면, 자녀의 정신적·육체적 성장을 도와주는 상품을 중심으로 제품개발을 해야 한다. 예를 들면 기업에서는 어린이가 좋아하는 프리미엄(경품, 오려 붙이기)을 첨부하는 것도 효과적일 것이다.

둘째, 가격은 가정의 자녀가 용돈으로 구입하여 사용할 수 있는 제품이라면 용돈의 액수에 알맞은 가격을 책정해야 한다. 예로 Y제약사는 비타민 C를 제조해 여고생의 용돈 규모인 500원 미만으로 구매할 수 있는 포장단위와 가격으로 출시하였다.

셋째, 유통전략에서는 백화점의 남성용 장신구 부분은 흔히 지상 일층 출입문에 가까이 설치한다. 그 이유는 남성고객이 붐비는 장사진 속을 헤매지 않고 신속한 구매가 가능하도록 하기 위함이다.

넷째, 촉진전략은 최근에 승용차 구매에 주부의 영향력과 구매결정 및 승용차의 사용자로서 지위가 향상되고 있다. 그래서 여성이 좋아하는 자동차의 색상, 액세서리 등 여성고객을 초점으로 하는 광고메시지, 광고매체의 선택이 이루어지고 있다.

2.2 개인적 요인

2.2.1 연령(age)

사람들이 구입하는 제품과 서비스는 일생 동안에 걸쳐 변화한다. 어릴 때는 유아식품을 먹고, 성장기와 성숙기에는 대개의 음식을 섭취하고, 말년에는 특별한 식이요법을 한다. 즉, 옷과 가구 그리고 오락 등에 대한 사람들의 기호도 연령과 관련이 있는 것이다. 이와 같이 사람들이 구매하는 상품은 나이에 따라서 차이가 있으며, 구매력에 있어서도 차이가 나타난다. 뿐만 아니라 같은 연령층의 집단들은 가치관이나 생활태도 그리고 소비행동에도 비슷한 유형을 보여준다.

관광행동에 있어서도 차이를 보이게 되는데 여름휴가지 선정을 예로 들면, 청년기에 접근할 수 있는 목적지와 경제적인 여력이 있는 중년층이 선택할 수 있는 목적지는 다르게 선택될 수 있다. 동일한 목적지를 선택하여 방문하더라도 나이와 계층에 따라 동적인 관광활동을 하거나 정적이고 안정적인 관람중심의 활동으로 관광행동도 다르게 나타난다. 이는 같은 연령에 있는 사람들은 사회·경제적 수준이 비슷한 시기에 살기 때문에 소비행동에 영향을 많이 주는 교육수준과 소득수준이 비슷하고, 특징적인 사회적인 사건도 함께 겪기 때문에 동질성을 형성할 수 있다. 또한 결혼 여부, 자녀 유무, 아이들의 나이에 따라서도 영향을 받는다.

2.2.2 직업(occupation)

직업에 따라 개인의 소비패턴은 크게 달라진다. 따라서 특정의 직업집단을 확인해야만 목표고객이 명확화될 수 있으며 이에 전문화될 수도 있다.

공장근로자, 사무직근로자, 전문직종사자, 상업종사자, 기업경영자의 소비행태는 다르다. 같은 액수의 돈을 소비하더라도 공장근로자는 호텔 식당에서 식사하지 않으며, 사업을 하여 돈을 번 사람과 주식투자나 땅투자를 하여 돈을 번 사람의 소비행태는 다르기 때문에 직업에 따라 특정한 직업집단별로 수요가 있는 상품의 특화가 필요하다. 학생들의 경우 방학을 이용하여 배낭여행상품에 참여한다든지, 고소득 전문가집단의 경우 고비용에도 불구하고 현지의 고급 호텔과 레스토랑에서 분위기 있는 식사를 선호한다든지, 한편 교원의 경우 다른 집단보다는 동질집단에서 참여하는 상품에 합류하여 여행을 하는 경우가 많아 공급자가 이에 대비하는 것도 필요하다.

2.2.3 생활양식(life-style)

동일한 하위문화, 사회계층 그리고 심지어는 동일한 직업을 가진 사람일지라도 서로 다른 생활양식을 가질 수 있다. 생활양식은 자신의 환경과 상호작용하는 전체적인 인간을 설명하는 것이기 때문에, 한편에서는 사회계층이나 개성보다 더 많은 어떤 것을 반영한다. 여행에 대한 관심도가 크고 적극적인 의향을 지닌 사람들은 그렇지 못한 사람들보다 여행지향적이고 여행추구적인 생활양식을 갖고 있다고 할 수 있다.

생활양식은 고정된 것이 아니고 개인의 가치, 태도, 신념 및 외부의 사회·문화적

| 표 3-3 | 소비자 행동분석에 있어서 라이프스타일 연구의 장·단점

장점	단점
• 생활이라고 하는 구체성을 강하게 지니고 있으므로 분석이 용이함 • 동태적(動態的)인 표현이 가능하며, 설득력이 있음 • 생활이라고 하는 현실적인 어프로치이므로 다방면의 전문가가 참여할 수 있음 • 마케팅전략에 연결시키기가 용이함 • 발상법으로서 마케팅전략에 많은 자극을 줄 수 있는 개념임	• 영향요인이 많음 • 분석자에 따라서 생활의 평가가 다르기 때문에 공통성이 적고 이론적 체계화가 어려움 • 이해가 용이한 개념이지만 깊이 있는 분석이 어려움 • 지나치게 넓은 개념이므로 이론적 겉핥기로 끝나는 경향이 있음

환경의 영향에 의해 변화될 수 있기 때문에 마케팅담당자는 표적소비자들의 생활양식을 수시로 분석·평가하지 않으면 안 된다.

생활양식을 측정하기 위해 널리 이용되고 있는 하나의 기법이 사이코그래픽스(psychographics)이다. 이 기법은 AIO(Activity, Interest, Opinion) 세 가지 변수에 의하여 측정된다. 구체적으로 살펴보면 어떻게 자신의 시간을 활용(activity)하는가, 자신의 주위환경에서 중요하게 생각하고 있는 것은 어떠한 것들이며, 주된 관심사(interest)는 무엇인가, 그리고 자신과 주위세계에 대하여 어떻게 생각하고 있는가 하는 의견(opinion)의 총체로 나타낼 수 있다. 이러한 생활양식은 개인의 욕구와 태도 등에 영향을 미치기 때문에 소비행동에도 영향을 미친다.

한편 MICE산업에 있어서도 심리적 변수나 행동적 변수를 활용한 클러스터 분석을 통한 소비자의 라이프스타일 분석은 MICE산업 발전을 위해 필수적이라 할 수 있다. 기존 MICE산업의 소비자 관련 선행연구들이 인구통계학적 변수와 지리적 변수에 국한된 분석의 한계점을 갖고 있다면, 김이태 외(2015)의 연구는 2014년 BEXCO에서 개최된 MICE행사 참가자 총 52,993명의 신한카드 이용고객을 대상으로 전시컨벤션 참가자들의 라이프스타일 분석을 실시하였다.

MICE 참가자들의 라이프스타일 분석을 위해 기존의 신한카드에서 빅데이터를 활용하여 고객 분석을 위한 분석 틀인 'CODE 9'을 활용했다. 'CODE 9'은 거시적으로 2,200만 신한카드 고객의 소비패턴 분석과, 미시적으로 SNS, 뉴스, 기사 등을 통한 최신 유행 및 소비 트렌드를 반영하여 남성과 여성을 각각 9개의 라이프스타일 집단으로 세분화하였다. 참가자들의 라이프스타일 분류를 위해 기본변수를 [표 3-4]와 같이 5가지 카테고리를 다차원 클러스터링 분석기법을 통해 분류하였다.

표 3-4 ▌라이프스타일 분석을 위한 기준변수

구분	내용
기본변수	성별, 연령 등
소비주체변수	직업, 소득수준, 거주지역, 직장지역 등
소비형태변수	이용업종의 빈도, 이용금액, 소비지역, 소비채널, 반복구매, 소비규모 등
소비지향성변수	브랜드선호도, 문화지향성, 트렌드수용도, 교육지향성, 해외소비지향성, 동질집단경향성 등
업종변수	이용업종 및 가맹점(신한카드 240만 가맹점, 239개 업종)

[표 3-4]를 이용하여 각 성별에 따른 MICE 참가자들의 라이프스타일 분석결과는 [표 3-5], [표 3-6]과 같다.

표 3-5 ▌남성 MICE 참가자의 라이프스타일 분석결과

분류	정의	이용특성	
Rookie	새롭고 다양한 분야에 관심이 많은 사회초년생	편의점, 택시, 앱구매, 회외직구, 해외가맹점, 커피, 양식, 일식, 스키 기부	19.3
LOEL	외모를 잘 꾸미고 패션 브랜드와 명품에 관심이 많은 남성	택시, 해외직구, 해외가맹점, 국내고가여행, 일식, 유흥고급주점, 골프, 미술관, 명품가맹점, 명품아울렛	13.7
Frend Daddy	자녀와 친밀감을 중시하는 엄마만큼 가까운 친구 같은 아빠	세탁소, 골프, 스키, 테마파크, 워터파크, 자녀병원, 유아교육, 예능/취미/체육, 음악/미술/무용	29.5
Smart Saver	가격효용성 높은 제품을 선호해 합리적 소비를 추구하는 그룹	보험, 공과금, 온라인쇼핑, 주유, 자가교통, 음식배달서비스, 골프, 캠핑, 테마프크, 노인병원	17.6
BOBOS	일을 즐기며 자신만의 독특한 소비감각을 가진 여유로운 남성	택시, 뷔페, 음식배달서비스, 일식, 고급유흥주점, 일반유흥주점, 골프, 캠핑	8.1
Mr. Routine	생활 속 작은 일탈로 소소한 행복을 찾는 평범한 직장인	대중교통, 자가교통, 국내실속여행, 뷔페, 음식배달서비스, 수산물, 중식, 고급유흥주점, 경기관람, 아웃도어	2.6
Bravo Life	젊은 감성의 사회활동에 적극적인 중년 남성	외식, 택시, 대중교통, 앱구매, 해외가맹점, 국내실속여행, 고급유흥주점, 보청기, 기부	1.7
Realist	웰빙에 관심이 많고 편리한 생활을 추구하는 남성	보험, 주유, 자가교통, 수산물, 건강제품, 골프, 아웃도어, 노인병원, 보청기	6.2
Gray Gentleman	필수적 소비만 하는 시니어그룹	통신, 보험, 할인점, 외식, 주유, 보청기, 자가교통, 의료, 아웃도어, 노인병원	1.3
합계			100.0

표 3-6 여성 MICE 참가자의 라이프스타일 분석결과

분류	정의	이용특성	
It-Girl	럭셔리 소비로 활발한 대외활동을 하는 매력적인 젊은 여성	택시, 해외직구, 면세점, 커피, 미술관, 명품가맹점, 장식품, 네일, 성형/피부	8.9
Prima Donna	문화와 여가를 즐기는 싱글 직장여성	백화점, 택시, 대중교통, 해외직구, 커피, 유기농식품, 도서, 영화, 공연, 미술관, 장식품, 네일, 성형/피부	5.0
Trend Setter	사교적이고 감각적인 소비 빈도가 높은 여성	커피, 양식, 유기농식품, 명품가맹점, 백화점명품, 장식품, 네일, 성형/피부	22.2
RUBY족	자신을 위한 투자를 아끼지 않는 여성	렌탈, 세탁소, 유기농식품, 미술관, 명품가맹점, 네일, 성형/피부, 어학, 예체능/취미, 음악/미술/무용	14.6
Alpha Mom	단단한 정보력과 체계적 학습으로 자녀교육에 매진하는 엄마	렌탈, 교육, 도서, 자녀병원, 유아교육, 보습/교육, 어학, 예체능/취미, 음악/미술/무용, 교육기타	26.6
Queen of House	가계소비결정권을 가진 살림하는 주부	공과금, 렌탈, 홈쇼핑, 교육, 유기농식품, 성형/피부, 보습/교육, 어학, 자격증, 교육기타	10.1
줌마렐라	외모와 건강 및 대외활동에 적극적인 중년여성	할인점, 홈쇼핑, 아웃도어, 레저용품, 보험, 성형/피부, 의류, 창업/취업/취미, 노인병원	7.4
Grace Woman	은퇴 이후 소비 및 여가생활을 즐기며 사회활동에도 적극 참여하는 여성	할인점, 의류, 식재료, 의료, 건강 제품, 아웃도어, 레저용품, 노인 병원, 보청기, 기부	2.9
Silver Lady	건강하게 여생을 즐기는 시니어	통신, 할인점, 의료, 아웃도어, 레저용품, 자격증, 창업/취미/취업, 보청기	2.3
합계			100.0

라이프스타일 분석결과 남성은 30대 Frend Daddy나 Rookie를 대상으로 새롭고 다양한 분야나 자녀와 함께할 수 있는 공간을 마련할 필요가 있는 것으로 밝혀졌다. 한편 30대 여성 타깃으로 전시/이벤트관람을 문화/여가생활로 인식할 수 있는 다양한 로열티프로그램을 마련할 필요가 있으며, Trend Setter나 Alpha Mom을 대상으로 집중적인 마케팅 노력이 필요한 것으로 나타났다.

이외에도 월트 디즈니 월드 파크앤리조트(Walt Disney World Park and Resorts)는 관광객의 테마파크와 호텔 이용관련 빅데이터를 BA(Business Analytics)를 활용하여 분석함으로 기존 이용고객에게 아이들과 부모들이 원하는 캐릭터가 디즈니랜드에서 활동할 수 있게 하는 등 맞춤형 상품과 서비스를 제공하였다. BA를 활용하여 고객의 니즈를 파악하고 이를 경영일선에 활용한 첫해의 고객 재유치 비율은 기존 대비 10배 이상 상승하였다. 이와 같은 경영일선에서 빅데이터의 활용은 고객의 니즈를 정확하게 파악하여 고객의 기호에 맞춘 제품과 서비스를 제공함으로써 불필요한 시행착오에 수반되는 비용과 시간을 절약하고 고객만족과 함께 매출액 상승을 가져올 수 있을 것이다.

표 3-7 사이코그래픽 유형에 따른 여행성격

자기중심적 관광성향자 : 사이코센트릭형(psychocentrics)	타인중심적 관광성향자 : 알로센트릭형(allocentrics)
• 친밀한 여행목적지를 선호 • 여행목적지에서 평범한 행동 • 긴장완화를 위한 일광욕과 유흥지를 선호 • 승용차로 갈 수 있는 여행목적지 • 대형 호텔, 훼밀리형 레스토랑, 쇼핑시설과 같은 관광객 편의시설이 갖추어진 곳 • 가족적인 분위기, 친숙한 유흥장과 이국적인 분위기가 없는 곳 • 전적으로 활동이 계획된 패키지여행	• 관광객이 찾지 않는 지역을 선호 • 다른 사람들이 방문하지 않았던 지역에서 새로운 경험을 발견하는 즐거움을 추구 • 새롭고 신기한 여행목적지 • 비행기로 갈 수 있는 여행목적지 • 관광편의시설은 적당히 좋은 호텔음식이 제공되며, 초현대식이나 매력 타입의 호텔은 아니며, 관광객매력물이 거의 없는 곳 • 이방인과 외국문화를 접할 수 있고 만날 수 있는 곳 • 기본적인 교통수단과 호텔에 관한 것만 준비하고 비교적 자유롭고 융통성이 있음.

관광객의 개성유형을 구분한 대표적인 학자가 Plog다. 그는 인간의 개성과 관련하여 완벽지향성(psychocentrics), 모험지향성(allocentrics), 중간지향성(midcentrics)의 세 유형으로 분류하고 그 특징을 다음과 같이 설명하고 있다.

먼저, 완벽지향성 관광객은 사교성이 부족하여 주의나 관심을 내적·주관적 세계에 두고 자기중심적인 활동과 고독을 즐기는 특성을 가지고 있어 가족적인 분위기와 안정감을 주는 유명 관광지를 선택함과 동시에 보편적이며 위험이 따르지 않는 활동을 선호한다고 한다. 이에 반해 모험지향성 관광객은 사교적이고 활동적이어서 주로 객관적인 세계에 관심을 두는 적극성을 보이고 있어 항상 신기하고 새로운 지역과 모험적인 경험을 추구하면서 자신의 계획에 따라 자유롭고 융통성 있는 여행을 즐기고, 또 그 활동을 선호한다고 설명하고 있다. 이러한 유형 간에는 유사성이 중복되는 경우가 존재하는데, 두 유형이 중첩되어 나타나는 것이 바로 중간지향성관광객이다. 이 유형은 모험적이거나 이국적이고 친근하지 않은 관광지를 선호하지만 항상 그러한 성향을 보이는 것이 아니라 경우에 따라서는 두 유형이 혼합된 형태의 성향을 나타낸다.

대부분의 위락여행객들은 이 성향을 보이고 있어 유명관광지는 이들의 목적지가 되고 있음과 동시에 이 유형의 집단이 위락관광의 주 시장을 형성하고 있다. 예를 들어 소비자는 자신이 관심을 갖는 제품은 값이 비싸더라도 기꺼이 구매하려고 하며, 좋아하는 활동을 위해서는 시간을 투자한다. 만약 건강에 관심이 많은 사람은 이와 관련된 제품정보에 보다 많은 관심을 가지며 구매의도도 높을 것이다. 따라서 한 사회의 생활양식 유형을 파악하면, 마케팅담당자는 각 유형별로 나타나는 소비행동에 있어서의 특징과 이들을 구성하는 인구통계적 특성을 알아내어 이들을 세분시장으로 나누고 이에 적합한 마케팅믹스를 개발할 수 있다.

2.2.4 개성(personality)

사람은 각자 자신의 구매행동에 영향을 주는 독특한 개성을 갖고 있다. 개성이란 자신의 환경에 대하여 상대적으로 일관성 있고, 지속적인 반응을 초래케 하는 그의 독특한 심리적 특성으로 자기과신, 우월감, 자율성, 사회성, 방어성, 적응성, 과대망상 등 여러 가지 속성에 의해서 설명된다. 심리학자들과 마케팅 리서처들이 측정한 심리적 특성들은 다음과 같다.

자신감에 차있는가, 신중한가? 사교성이 좋은가, 혼자 놀기 좋아하는가? 적극적인가, 순종적인가? 신경질적인가, 온화한가? 긴장하는가, 여유로운가? 모험적인가, 그렇지 않은가? 위험을 즐기는가, 아니면 위험을 회피하는가?

이러한 개성에 따라서 의사결정 시 차이가 있게 마련이다. 독립심이 강한 사람과 의존적인 사람을 예로 들면, 독립심이 강한 사람은 모든 의사결정에서 타인의 영향을 덜 받으며, 독자적으로 결정해 나간다. 이러한 개성의 소유자는 합리적 구매결정을 거치거나 비합리적 과정을 거치는 경우라도 충동구매 쪽으로 갈 가능성이 높으나, 의존적인 구매자는 타인의 평가와 결정에 영향을 받는 모방적 구매결정을 선호하는 때가 많다. 또한 운명론자와 비운명론자를 예로 들면, 운명론자는 자신의 운명을 비롯하여 자신에게 일어날 모든 일은 절대자에 의해 결정된다고 보기 때문에 그저 되는대로 살아가는 사람이다. 따라서 이러한 생활태도가 소비생활에도 연장되어 상품을 구입할 때도 될 수 있으면 현명한 선택을 하겠다는 생각을 갖지 않는다. 반면, 비운명론자는 자기생애의 주인은 바로 자기라고 믿고, 따라서 자신의 노력 여하에 따라 일을 현명하게 처리할 수도 있고 그르칠 수도 있다고 생각한다. 이러한 사람들은 상품의 선택에 있어서도 현명한 선택을 하기 위해 많은 노력을 기울일 확률이 높다. 그러므로 정보도 충분히 얻고 이를 바탕으로 구매결정과정을 조심성 있게 진행해 나간다.

많은 연구에 따르면 사람 성격과 관광행동 사이에 의미 있는 연관성들이 있다. 예를 들어 렌터카로 여행하는 관광객들은 매우 사교적이고 자신감이 많은 반면 기차여행을 선호하는 사람들은 상대적으로 수동적이고 의존적인 성격을 지니고 있다. 성격과 관련된 개념인 자기개념(자기이미지, self-concept)도 흔히 사용되고 있는데, 이는 개인은 각기 복잡한 자기상(自己像)이라는 것을 가지고 있으며, 이러한 자기 이미지에 알맞게 행동하는 경향이 있다는 것이다. 자기가 외향적이고 활동적이라 생각하는 사람에게 크루즈 투어가 소파에서 무료하게 시간을 보내는 고령자의 소일 같은 이미지를 풍긴다면 크루즈 투어보다 오히려 스쿠버 다이빙이나 스키 쪽을 선택할지 모른다.

이와 같이 개성이 마케팅 적용에 주는 시사점은 동일한 속성을 가진 사람이 많을 경우 마케팅관리자는 광고 메시지를 이들에게 소구하도록 개발하여 포지셔닝을 해야 한다는 것이다.

신분(Image)

소비자는 자기의 신분(image)을 지키거나 높이기 위하여 자기의 신분에 걸맞은 상점에서 상품을 구입하려 한다. 따라서 상점과 상품의 이미지는 자사의 주요 고객 이미지와 일치하여야 한다.

미국의 유명한 백화점 Sears Roebuck이나 J.C. Penney는 그들의 백화점 이미지를 한 등급 높이기 위하여 상품의 질을 높이고 수천만 달러를 지출하여 실내장식을 보다 화려하게 하였다.

그러나 과거 수십 년 동안 중급품을 팔던 백화점 이미지 때문에 고소득층은 이들 백화점에서 상품을 구입하지 않았으며 고급품 위주의 판매 때문에 중급품의 고객도 잃어 버렸다. 따라서 경쟁사에서 고급스러운 상품을 팔고 실내장식을 화려하게 하였다 하여 '나도 그렇게(me-too)한다는 것'은 실패하기 쉬운 일이다.

2.3 심리적 요인

고객의 구매동기는 천차만별이다. 같은 상점에서 같은 물품을 구입했다 하더라도 그 구매동기는 다를 수 있다. 소비자의 구매행위는 동기유발 동인(motivation), 지각(perception), 학습(learning), 태도(attitudes)의 네 가지 심리적 요인에 의해서도 영향받는다.

2.3.1 동기유발 동인(motivation)

사람은 어떤 주어진 시간에 많은 욕구를 가진다. 어떤 욕구는 생리적인 것으로서, 생리적 욕구는 배고픔, 목마름, 불편함과 같은 생리적인 긴장상태에서 일어난다. 다른 욕구는 정신적인 것으로서, 인식, 자부심, 소속감에 대한 욕구와 같은 심리적인 긴장상태에서 나온다. 이들 욕구의 대부분은 즉각 사람들의 행동을 유발할 만큼 충분히 강렬하지는 못하지만, 그러나 욕구가 강렬하고 충분한 수준으로 일어나게 되면 욕구는 동기가 된다.

동기란 행동을 강요하는 개인 내부의 충동력(driving force) 또는 어떤 목표를 달성하기 위하여 개인의 에너지가 동원된 상태를 말한다. Kotler는 동기를 사람으로 하여금 욕구를 충족시키도록 충분한 압력을 가하는 욕구라 하였다. 그 욕구가 만족되면 긴장은 감소된다. 즉, 충동력 및 에너지를 활성화시키는 힘이란 긴장된 상태(state of tension)에 의해 발생된 것이며 그러한 긴장은 다시 미충족된 욕구(unfilled needs)에 의해서 야기된 것이다. 다시 말해 미충족욕구가 발생하면 긴장의 상태로 되어 충동력, 즉 에너지를 활성화시키는 힘이 나타나 행동을 유발하게 된다. 예를 들면 목이 마를 때 목을 축이려는 강력한 욕구가 바로 동기이다. 이와 같은 상황을 그림으로 표시하면 [그림 3-5]와 같다.

관광동기는 관광객들을 구체적인 관광행동으로 유도하는데 다음의 역할을 수행한다. 첫째, 관광동기는 잠재관광객에게 영향력을 행사한다. 관광동기는 잠재관광객들이 필요로 하는 기본적인 노력을 개발해줌은 물론, 그것을 식별할 수 있도록 그들에게 영향력을 발휘한다. 둘째, 관광목표를 식별한다. 관광기업들이 제공하는 서비스에 어떤 특성을 부여하느냐에 따라 관광객들은 그것을 관광목표로 인식할

그림 3-5 ▌동기유발과정

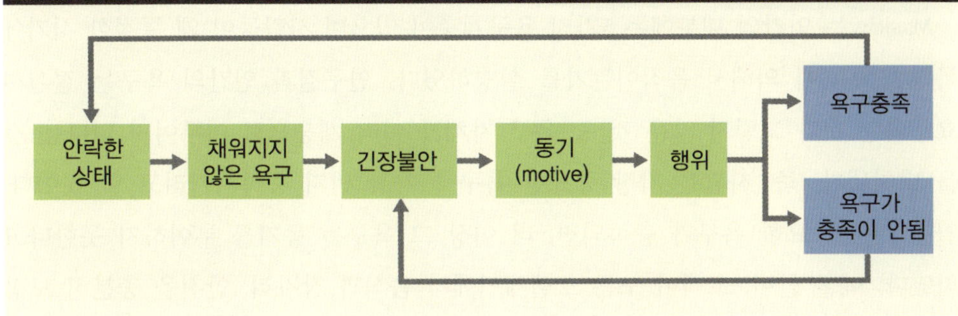

것인가, 관광목표의 달성 수단에 불과할 것으로 볼 것인가에 영향을 미친다. 셋째, 관광상품 선택기준을 결정하는 것이다. 관광동기는 관광객들이 관광서비스 상품의 품질평가를 위한 기준을 설정하는 것에도 영향을 미치므로 관광기업 마케터들은 관광객들의 관광상품 선택기준에 영향을 줄 수 있는 입장에 있음을 망각해서는 안 된다.

이외에도 관광동기는 보다 근본적으로 인간의 지각·성격·태도와 관광정보의 처리 등에 포괄적으로 영향을 미치며, 이들은 다시 그들의 관광행동의 방향결정에 영향을 준다. 이를테면, 관광동기는 잠재관광객들의 관광정보 처리에 영향을 주고, 이는 다시 개인들이 환경을 어떻게 해석하고, 또 반응을 보이느냐를 규제하게 된다. 심리학자들은 인간의 동기에 대한 이론을 발전시켰다. 가장 유명한 세 가지 이론(S. Freud와 A. Maslow 및 F. Herzberg의 동기부여이론)은 소비자 분석과 마케팅 전략에 있어서 다른 시사점을 갖는다.

1) Freud의 동기부여이론

Freud는 사람들은 자신의 행동을 형성시키는 실질적인 심리적 힘에 관해서는 거의 무의식이라고 보고 있다. 사람은 사회적 규범을 지키거나 또한 받아들이는 과정에서 많은 충동을 억제하며 살아가고 있다. 그러나 이러한 충동은 결코 제거되거나 완전히 통제될 수 없어 그것들은 꿈속에서 나타나며 말로써 표현되기도 하여 부주의한 일에서, 강박관념에 사로잡힌 행동에서도 나타날 수 있다.

2) Maslow의 욕구단계론

Maslow는 인간의 내부에는 5가지 욕구계층이 있으며 사람들이 왜 특정한 시기에 특정한 욕구에 의해서 움직이는가를 설명하였다. 연구결과 인간의 욕구는 절실히 요구되는 것과 그렇지 않은 것 등 욕구 자체가 여러 계층으로 이루어져 있다는 것을 밝혀냈다. 즉, 사람은 가장 중요한 욕구를 가장 먼저 충족시키려고 할 것이다. 일단 어떤 중요한 욕구가 충족되면, 더 이상 그 욕구는 동기를 부여하지 못한다고 하였다. 예를 들어, 고객이 모든 호텔체인에서 음식과 잠자리, 안전을 충분히 보장받을 수 있다고 생각한다면 생리적 욕구와 안전의 욕구는 더 이상 중요하지 않다. 이는 보다 높은 단계의 욕구에 호소하는 것이 더욱 효과적임을 의미한다. 물론 사회적 욕구가 충족되면 자존의 욕구를 만족시키려 할 것이다. 이상 자아실현의 욕구를 충족할 수 있는 사람들을 위하여 추가적으로 2개의 인식욕구(cognitive needs), 즉 알고 이해하고자 하는 욕구(needs to knowledge and understand)와 미적 만족에 대한 욕구(needs for esthetic satisfaction)를 보완하였다.

Maslow의 욕구단계는 오르기 위한 것뿐만 아니라 내려오기 위한 것이기도 하다. 우리는 끊임없이 높은 단계의 욕구를 추구하지만, 주위에서 발생하는 문제들로 인해 낮은 단계의 욕구를 필요로 할 수 있다. 1985년에 엄청나게 많은 미국인들이 유

그림 3-6 ▌Maslow의 욕구 5단계

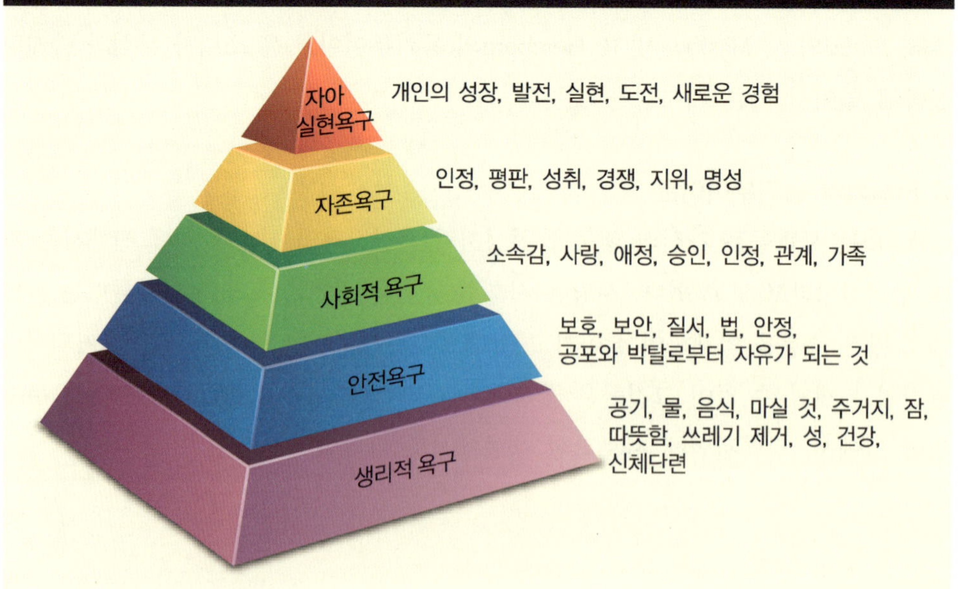

▌표 3-8 ▌욕구단계에 의한 관광형태

매슬로우의 5단계욕구	동기	관광여행 욕구	관광여행 유형
생리적 욕구	음식 · 휴식	• 탈출과 휴식 • 심신의 긴장 해소 • 위락, 희망	식도락관광, 스파/미용관광, 테마파크 방문, 유흥문화 즐기기, 소풍, 주말여행
안전욕구	안전	• 질서, 보호, 안전선호	여행보험가입과 패키지 관광여행, 의료관광
사회적 욕구	사랑 · 조직	• 가족, 친족 유대강화 • 우정, 사교, 대인관계 • 동호인 가입과 활동	가족관광, VFR, 졸업여행, 수련회, 모국방문 관광, 인센티브투어
자존의 욕구	성취 · 신분	• 신분, 지위, 명예존중 • 직무와 관련된 자기계발	호화유람선 관광, 맞춤관광, 고급해외여행, 일등석 사용, 전문적인 컨벤션 참가
자아실현욕구	삶의 본질 성찰	• 자아실현과 신앙심 등 개인의 내재된 창조적 성장 욕구의 만족	생태 및 문화관광, 오지탐험, 성지순례, 템플스테이, 배낭여행, 특별테마관광

그림 3-7 ▌Maslow의 욕구위계와 다양한 욕구수준에서의 정보추구

럽여행을 취소한 것이 그 좋은 예가 된다. 미국과 리비아의 갈등이 악화되자 테러리스트들이 상업용 비행기, 공항 터미널, 그리고 크루즈 선박을 공격하였으며, 이로 인해 모두들 유럽과 중동 지방으로 여행하는 것이 매우 위험하다고 인식하였다. 이로 인해 많은 사람들은 두 번째 단계인 안전의 욕구 단계로 내려 유럽여행을 취소한 것이다.

물론 이 이론은 예외적인 것이 많아 이론 전부를 그대로 수용하기는 어렵다. 어떤 사람은 바로 위의 단계가 아닌 몇 단계 위의 욕구를 충족시키려고 한다. 예로 집(생리적 욕구)은 없어도 자동차(자존의 욕구)는 사서 타겠다는 젊은 중산층이 꽤 있다고 한다. 또 여러 욕구를 차례로 만족시키려고 하는 대신 이들을 동시에 충족시키려고 하는 경우도 있다. 예컨대, 빚을 내서 고급 아파트를 사는 경우로 몸이 머무를 곳을 확보한다는 생리적 욕구에서부터 자존, 자아실현의 욕구까지 충족시키려고 하는 것인지도 모른다. 그럼에도 불구하고 Maslow의 이론은 동기이론의 기초를 제시했다는 점에서 아직도 높이 평가된다.

그림 3-8 ▌ Maslow의 욕구위계이론(1990)

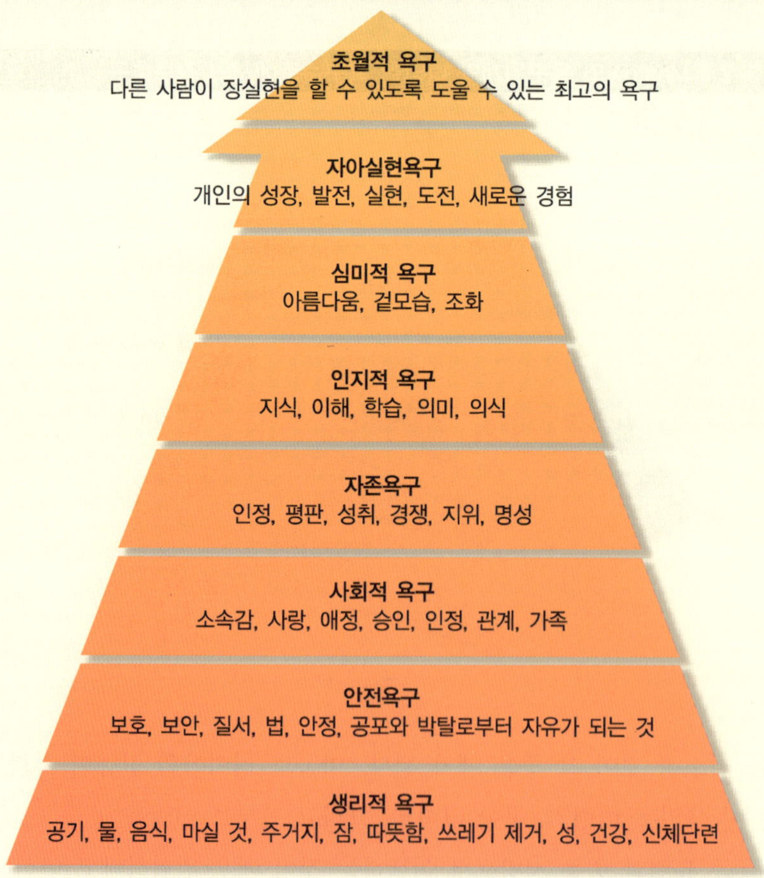

이 이론은 마케팅에 있어서 실재적인 행위전략을 수립하기는 어려우나 소비자의 욕구구조를 설명하며, 일정시점에서 소비자의 어떤 욕구가 더욱 강한 힘을 가지는 것에 대한 통찰을 제시해준다. 또한 마케팅관리자로 하여금 자사의 여러 제품이 잠재적 고객의 목표체계와 생활 속에서 어떤 의미를 갖고 있는가를 파악하는 데 도움을 준다.

동기부여이론과 욕구계층이론 이외에 욕구를 다루고 있는 대표적 이론으로는 F. Herzberg의 동기위생(mMotivation-hygiene)이론, ERG이론, 학습욕구(Learned needs)이론 등이 있다. [표 3-9]는 각 이론들이 제시하는 욕구의 특질을 제시하고 있다.

▌표 3-9 ▌제 동기이론의 개요

이론명 및 주창자	욕구 구분	특징
동기-위생이론 Frederich Herzberg	위생요인 동기요인	• 위생요인(hygiene factor)은 회사정책, 작업환경, 관리감독 등과 같이 업무의 환경과 관련된 요인이고, 동기요인(motivation factor)은 책임, 성취감, 인정, 승진 등과 같이 업무 자체와 관련된 요인이다. • 위생요인은 부족하면 불만족의 원인이 되지만 만족을 가져다주는 요인은 아니며, 동기요인은 만족을 가져다주는 요인이지만 부족하다고 해서 불만족을 느끼는 것은 아니다. 즉, 두 개의 요인은 보완적이 아니라 독립적이다.
ERG이론 Clayton P. Alderfer	생존욕구 관계욕구 성장욕구	• 욕구계층이론의 5단계를 5단계로 축약 : 생리적 욕구 & 안전욕구 → 생존욕구, 사회적 욕구 & 존경욕구 → 관계욕구, 자아실현욕구 → 성장욕구 • 욕구계층이론의 주장과 같이 하위의 욕구가 충족되면 보다 상위의 욕구에 초점이 맞추어지지만, 욕구계층이론과 다른 점은 상위최 욕구가 충족되지 않으면 다시 하위의 욕구에 초점이 맞추어진다. 즉, 만족 → 진행의 과정도 있지만, 좌절 → 퇴행의 과정도 발생한다.
학습욕구이론 David McClelland	성취욕구 소속욕구 권력욕구	• 인간의 욕구는 선천적으로 주어지는 것이 아니라 학습되어지는 것으로 보았으며, 학습된 욕구를 성취욕구, 소속욕구, 권력욕구로 구분하였다. • 성취욕구와 소속욕구는 주로 영업사원의 성과와 관련이 있으며, 권력욕구는 주로 영업관리자의 상과와 관련이 있다.

2.3.2 지각(perception)

동기가 유발된 사람은 곧 행동할 준비를 한다. 동기가 유발된 사람이 어떻게 행동하는가 하는 것은 사람이 그 상황을 지각하는 것에 의해 영향을 받는다. 동일하게 동기가 부여된 두 사람도 그러한 상태와 객관적 상황에 처해 있으면 전혀 다르게 행동할 수 있다. 왜냐하면 그들은 그 상황을 다르게 지각하기 때문이다. 왜 이들은 동일한 상황을 다르게 인식하게 되는 것일까? 우리는 감각(sensations)을 통해 자극 대상에 관한 정보를 얻게 되는데, 우리는 저마다 이러한 감각정보(sensory information)를 다른 방식으로 받아들이고 편성하여 해석하기 때문에 다른 행동을 하게 되는 것이다.

지각이란 어떤 개인이 투입된 정보를 세상의 의미 있는 것으로 만들기 위해서 선택하고, 조직하고, 해석하는 과정이라고 정의할 수 있다. 사람들은 동일한 자극물(stimulus object)을 다르게 지각할 수 있는데, 그 이유는 세 가지 지각과정, 즉 선택적 주의, 선택적 왜곡 및 선택적 보유 때문이다.

1) 선택적 주의(selective attention)

현대인들은 매일 많은 양의 자극에 노출되고 있다. 그러나 이 모든 정보에 대해 관심을 기울일 수 없으며, 관심을 가지고 주의를 기울이는 것은 극히 일부분이다. 이는 지지정보에 대해서는 더 많은 주의를 기울이게 되고 반대되는 정보는 회피하는 결과를 초래한다는 것을 의미한다. 즉, 소비자들은, 첫째 그들의 현재의 욕구 및 관심사와 관련이 있는 자극일 경우, 둘째 보통의 자극보다는 자극량이 클 때(20% 할인보다는 50%의 할인)는 주의를 기울이겠지만 그렇지 못한 경우에는 주의를 억제할 가능성이 많다고 한다. 그러므로 소비자의 욕구를 충족시키는 제품이나 용역의 광고는 눈여겨보지만 광고메시지는 무시해 버린다.

한 조사에 의하면 미국인의 경우 하루 평균 무려 300~600개의 광고에 노출되지만 주의를 가지게 되는 것은 불과 76개에 그쳤다고 한다. 따라서 마케팅담당자는 창의성 있는 제품 디자인, 특이한 광고, 기억에 쉽게 남는 메시지 등으로 자사의 제품이나 광고가 소비자의 주의를 끌도록 해야 한다.

2) 선택적 왜곡(selective distortion)

사람들은 그들이 일단 주의하여 받아들인 정보를 자기들이 미리 가지고 있던 선입관(preconception)에 맞추어서 해석하는 경향이 있다. 즉, 일반적으로 사람들은 기존관념과 어긋나는 방향보다는 그것을 지지하는 쪽으로 정보를 해석하려는 성향이 있다는 것이다.

예컨대, 어떤 상표에 대해 강한 이미지를 가지고 있는 소비자는 판매점의 주인이 경쟁 상표품의 장・단점을 아무리 말해도 그것을 왜곡하여 그러한 상품정보를 그 제품의 구매를 합리화하는 방향으로 해석하려고 한다.

3) 선택적 보유(selective retention)

사람들은 그들이 들은 것의 대부분을 잊어버린다. 그러나 그들은 대체로 그들의 행동, 태도, 신념을 뒷받침하여 주는 정보를 오랫동안 기억하는 경향이 있다. 이 때문에 소비자는 자기가 구입하기로 한 상표품의 장점은 잘 기억하나 반면 경쟁품의 그것은 곧 잊어버리게 되는 것이다. 이러한 선택적 보유(selective retention)에 따라 쉐라톤호텔에서의 숙박을 희망하는 소비자는 쉐라톤호텔을 칭찬한 잡지기사를 기억 속에 간직하고 있다. 한편 힐튼호텔을 단골로 삼고 있는 사람에게는 그런 기사 같은 것은 곧 잊어버리고 만다. 사람들은 자기의 신념에 합당한 정보를 기억하는 것이다.

이러한 세 가지 지각요인 때문에 메시지가 의도한 대로 소비자에게 전달되지 않는다. 그러므로 많은 회사들이 광고에서 연출효과와 반복광고를 통해서 메시지 내용이 제대로 전달 지각되도록 하는 것도 이러한 이유 때문이다.

이와 같은 선택적 지각이 갖는 마케팅적 의미는 자못 크다. 마케팅 측면에서 보면 제품이나 서비스는 그 자체로서는 존재하지 않으며, 그 자체로는 어떠한 의미도 가지지 않는다. 제품은 소비자가 자신의 욕망을 충족시켜준다고 지각할 때 비로소 마케팅상의 존재의미를 지니는 것이다.

마케팅담당자는 자회사의 제품을 무한히 광고에 노출시킬 수 없기 때문에 그들은 목표시장의 지각범위에 들어가게끔 선택적 노출에 노력하지 않으면 안 된다. 따라서 광고메시지는 소비자의 선택적 보유과정에 자리할 만큼 충분한 의미가 있어야 하고 강력한 것이어야 한다.

2.3.3 학습(learning)

학습이란 경험이나 외부정보에 의하여 어떤 대상에 대한 지식, 태도 혹은 행동을 형성하거나 변경하는 것을 말한다. 대개의 인간행동은 학습되어진다. 유아기의 어린이가 레크리에이션 활동에 참여해서 학습한 것은 그가 성인이 되어 레크리에이션 활동에 참여할 때 반복되어 나타난다. 그러나 병세, 정상적 성숙과정, 약물이나 알코올, 동기의 과격한 변화, 질병 등에서 온 행동의 변화는 포함되지 않는다.

학습이론가들은 어떤 개인의 학습은 동인, 자극, 단서, 반응 그리고 강화의 상호작용을 통해서 이루어진다고 말한다. 마케팅담당자에게 있어 학습이론의 중요성은 마케팅관계자들이 제품을 강한 동인과 관련시키거나, 동기를 부여하는 단서를 사용하거나 또한 긍정적인 강화를 제공함으로써 어떤 제품에 대한 수요를 창출할 수 있다는 것이다. 이러한 학습이론은 자극과 반응의 연결에 의하여 발생한다는 행동주의적 접근방법과 사고과정에 의해 일어난다는 인지적 접근방법이 있다.

행동주의적 학습은 고전적 조건화와 수단적 조건화로 구성되어 있다. 고전적 조건화(classical conditioning)는 I. Pavlov의 조건반사에 근거를 두고 있다. 고전적 조건화에 의한 소비자 학습은, 예를 들어 소비자가 좋아하는 광고모델이 출연하거나 즐거운 분위기를 연출하는 광고에 반복적으로 노출되면 그때의 호감이나 즐거움이 제품에도 그대로 전가(transfer)되어 그 제품에 대해 호의적인 태도가 형성되는 것을 말한다. 수단적 조건화(instrumental conditioning)에 의한 소비자 학습은 B.F. Skinner의 강화이론에 근거를 두고 있는 것으로 자극과 반응 간의 연계에 토대를 두고 있는 점에서는 고전적 조건화와 동일하지만 이 경우는 자극에 대한 반응이 결과에 따라 그 반응을 다음에도 똑같이 보이는지 아니면 다른 반응을 보이는지 살펴보는 것이다. 예컨대, 소비자가 외부자극에 대하여 적절한 반응을 한 결과, 즉 어떤 광고를 보고 그 제품을 시험삼아 소비·사용해보고서 만족스러우면 그 제품을 다시 재구매하는 경우와 같이 자극(제품광고) – 반응(소비·사용) – 보상(만족) 간의 관계에 의하여 이루어지는 학습이다.

한편 인지적 학습(cognitive learning)은 W. Kohler의 실험결과를 토대로 한 것인데, 학습이 자극과 반응 사이의 강화의 결과가 아니라 심사숙고와 문제해결에 대한 통찰의 결과임을 제시하였다. 따라서 인지적 학습과정을 활용하여 소비자를 학습시키기 위해서는 광고 캠페인이 단순히 상표명을 반복하거나 식별시키는 것 이상이 되어야 한다. 즉, 그들이 바라는 목표가 무엇인지를 파악해서 새로운 라이프스타일을 제시하거나, 동료나 사회로부터 인정을 받고 상위사회로의 이동 등을 보장하는 등 목표와 관련된 정보나 아이디어 등을 제공함으로써 그들이 목표지향적 행동을 하는 데 도움이 되도록 하여야 한다.

2.3.4 태도(attitudes)

행위와 학습을 통해 사람들은 신념과 태도를 형성한다. 그리고 이러한 신념과 태도는 사람들의 구매행동에 영향을 미친다. 신념은 지식, 견해 또는 신뢰에 근거를 두고 있으며 이러한 신념들은 제품이미지와 상표이미지를 형성하게 하고 사람들은 이러한 이미지에 따라 행동한다. 태도는 어떤 대상이나 아이디어에 대해 어떤 개인이 계속적으로 갖고 있는 긍정적 또는 부정적인 인지적 평가, 감정적 느낌 및 행동경향 등을 말한다. 즉, 사람은 어떤 대상에 대한 태도를 형성하면 그 대상물에 대해서 좋아하거나 싫어하는 감정을 갖게 되고 비슷한 사물에 대해서도 상당히 일관성 있게 행동을 하는 경향이 있다는 것이다. 관광객들이 어떤 특정한 관광목적지에 대해 호의적인 태도를 형성하고 있다는 말은, 그 관광목적지에 대해 호의적인 인지와 신념을 갖고 있으며, 또 그 관광목적지를 방문하고자 하는 행동욕구도 동시에 가지고 있음을 의미한다.

여행을 자주 하는 사람이라면 그의 삶에 있어서 여행이 차지하는 비중이 높기 때문일 것이다. 관광선진국인 유럽의 경우, 특히 프랑스는 삶의 중요한 의미를 바캉스에 상당한 비중을 두고 살아간다. 그래서 바캉스는 그들이 인생에 있어서 가장 중요한 삶의 표현이 된다. 즉 여름휴가인 바캉스는 가장 중요한 삶의 방식인 관광행동이다. 그래서 가장 의미 있고 즐거우며 행복하게 보내려고 노력하게 된다. 선진국이 상대적으로 후진국보다 관광에 대한 신념과 태도가 강하고 긍정적이라고 할 수 있다. 또 태도는 일단 형성이 되면 좀처럼 바꾸기가 힘들다. 따라서 기업은 소비자들의 태도를 바꾸려고 하기보다는 자사의 제품을 그들의 기존의 태도에 끼어 맞추는 편이 낫다. 한편으로는 기업은 자사제품에 대한 긍정적인 태도가 형성되도록 꾸준히 적극적으로 노력해야 한다.

3 구매의사결정과정

지금까지 우리는 소비자행동에 영향을 끼치는 여러 가지 요소들을 살펴보았다. 즉, 소비자들의 선택이 많은 문화적, 사회적, 개인적, 심리적 요인들의 복잡한 상호작용의 결과인 것을 알게 되었다. 마케팅관리자는 이런 영향요인뿐만 아니라, 실제 소비자가 어떤 제품(또는 서비스)의 필요성을 어떻게 인식하며 어느 회사 제품을 어떤 소매상에서 어떻게 구입하는가, 구입과정에서 누구와 어떻게 교환하는지 그 과정을 파악해 두면 그 소비자를 자기의 고객으로 만드는 데 보다 용이할 것이다. 이러한 소비자 구매과정은 [그림 3-9]와 같이 5단계로 이루어진다.

소비자 구매과정의 유형은 소비자의 제품에 대한 관여도(關與度, involvement)와 구매경험의 정도에 따라 달라진다. 관여도는 구매하려고 하는 사람이 구매할 것을 고려하고 있는 제품에 부여하는 주관적인 관심 및 중요도라고 할 수 있다. 즉, 관여도는 구매하고자 하는 제품이 자신에게 얼마나 중요한지를 의미하는 개념이라고 할 수 있다. 따라서 관여도가 높을수록 보다 신중하게 구매의사결정을 하게 된다. 관여도는 제품이나 서비스의 구매와 관련된 지각된 위험(perceived risk)에 의해 결정되는데, 지각된 위험에는 재정적 위험, 사회적 위험, 그리고 신체적 위험 등이 포함된다. 즉, 구입하는 데 드는 비용이 클수록, 자신의 소비활동이 다른 사람에게 노출될 가능성이 높을수록, 또한 잘못된 구매로 인해 신체적 위해를 입을 가능성이 높을수록 관여도는 높아진다.

여기서 의사결정 경험은 과거에 동일한 제품이나 서비스에 대한 구매의사결정을 얼마나 많이 하였는가를 의미한다. 소비자가 특정 제품군에 대한 의사결정 경험이 많은 경우에는 자신이 선호하는 제품에 대해 잘 알고 있기 때문에 동일한 브랜드에 대한 반복적인 구매가 이루어질 가능성이 높다. 이러한 소비자 구매의사결정과정은 [그림 3-9], [표 3-10]과 같이 5단계로 이루어진다.

한편 관여도와 의사결정 경험의 정도에 따라 소비자의 구매 유형은 네 가지로 분류될 수 있다. 즉, 관여도가 높고 구매경험이 적은 경우의 포괄적 구매, 관여도가 높고 구매경험도 많은 경우의 브랜드충성형 구매, 관여도가 낮고 구매경험이 적은

그림 3-9 ▌소비자 구매의사결정과정

1. **문제인식**
   - 구매의 필요성을 인식하여 구매욕구가 발생함
   - 마케팅담당자는 소비자의 잠재욕구를 자극함으로써 현 상황과 이상적 상황과의 괴리를 크게 하여 문제를 인식하도록 유도하여야 함
2. **정보의 탐색**
   - 점포, 상품 및 구매에 관한 더 많은 정보를 얻으려고 노력함
   - 내부탐색과 외부탐색, 적극적 탐색과 소극적 탐색이 있음
3. **대안의 평가**
   - 정보탐색을 통하여 최종적으로 도출된 상표나 상품을 평가함
   - 소비자 욕구에의 부합 정도에 따라 상품의 성능, 디자인, 가격 등의 평가기준이 사용됨
4. **대안의 선택**
   - 구매의사를 결정함
   - 구체적인 상표나 상품은 물론 구매할 점포와 구입방식을 결정함
5. **구매 후 행동**
   - 자신이 상품으로부터 기대한 효용과 실제 지각된 효용을 비교하여 차이가 클 경우 소비자는 심리적 부조화를 느끼고 이를 해소시키려 노력함
   - 상품 사용 후 불만족하게 되면 심리적 부조화가 발생함

▌표 3-10 ▌소비자 구매의사결정과정과 마케팅전략

소비자결정과정 단계	마케팅전략 암시	선택사항
문제인식	• 마케팅 캠페인의 타깃 설정	• 소비자와 새로운 것들이 존재하는 타깃은?
정보의 탐색	• 선전의 유통, 웹사이트 디자인, 링크와 포털사이트에 올리기	• 직접 혹은 중간상을 통한 판매? • 온라인 혹은 전통적 경로?
대안의 평가	• 상품디자인, 홍보메시지	• 소비자의 비판에 적응한 상품? • 메시지에 적응?
대안의 선택	• 소매상에 마케팅 • 비교적 쉬운 온라인 예약	• 판매 인센티브 적용을 보장
구매 후 행동	• 세일즈서비스 후에 관계관리	• 신속하고 효율적인 서비스 • 좋은 소비자와의 관계

경우의 제한적 구매, 그리고 관여도가 낮고 구매경험이 많은 경우의 관성적 구매등으로 구분될 수 있다. 포괄적 구매는 대안의 선정, 평가, 선택의 의사결정과정이 매우 뚜렷하게 나타나는 반면, 제한적 구매는 이러한 과정이 나타나기는 하나 구매하

려는 제품이 그다지 중요한 제품이 아니기 때문에 포괄적 구매에 비해 매우 피상적으로 나타난다. 관성적 구매는 라면이나 티슈와 같은 저관여 제품을 구매할 때 평소에 구매하던 브랜드를 습관적으로 구매하는 경우를 의미하며, 브랜드충성형 구매는 고급화장품, 오디오 등 고가의 제품을 구입할 때 로열티를 가지고 있는 특정 브랜드를 구매하는 경우를 의미한다. 따라서 관성적 구매나 브랜드충성형 구매에서는 대안의 설정, 평가, 선정이라는 의사결정과정이 거의 나타나지 않는다.

소비자의 구매의사결정과정은 먼저 문제인식에서 출발한다. 어떠한 욕구가 채워지지 않았을 때 소비자는 그것을 채우려고 하며, 그것을 채울 수 있는 방법에 대하여 알아보려고 한다. 이와 같이 소비자는 어떤 문제에 부딪치게 되면 먼저 이를 해결할 수 있는 방법을 생각하여 정보를 수집하고, 몇 가지의 대안을 선정하여 일정 기준에 따라 평가하여 최종 선택된 것을 구매할 것이다. 그리고 평가과정을 거친다. 이와 같은 일련의 과정을 소비자의 구매의사결정이라고 한다.

3.1 문제인식(problem recognition)

제1단계에서는 관광욕구가 지각(perception)된다. 그리하여 여러 욕구 중에서도 여행하고자 하는 욕구를 느끼며, 그 중요성을 평가한다. 잠재고객은 자신이 관광활동에 참여하고 싶어 한다는 것을 깨닫게 된다. 예를 들어 어느 기업의 간부는 앞으로 참석해야 할 회의를 위하여 항공권을 예약해야 하고, 어떤 가족은 그들이 해마다 떠나는 휴가에 대하여 생각하기 시작할 것이다.

이러한 욕구는 내적 또는 외적 자극에 의해서 발생될 수 있다. 소비자가 해결해야할 욕구가 있다고 인식하는 것을 문제인식이라고 하며 이것이 의사결정을 거쳐 구매로 이어지기 위해서는 실제 상태와 바라는 상태의 차이가 크고, 발생된 문제가 매우 중요한 경우라야 한다. 또한 금전, 시간과 노력 등의 비용도 영향을 준다. 이러한 문제는 네 가지로 구분할 수 있다.

첫째, 실제 상태와 바라는 상태 간의 차이가 발생될 것이 기대되고 문제가 발생하면 즉각적으로 해결이 필요한 일상적인 문제, 둘째 문제발생이 기대되지만 즉각적인 해결이 필요하지 않은 계획적 문제, 셋째 기대하지 않았던 문제가 갑자기 발생하고 즉각적으로 해결이 요구되는 긴급한 문제, 넷째 소비자가 기대하지 않은 문제이며 즉각적인 해결이 요구되지 않는 점증적 문제로 구분된다. 일반적으로 매일 소비하는 식품이나 가정용품이 떨어져 구입해야 하는 것은 일상적인 문제이고, 갑자기 사고가 발생하여 의료용품을 사야 하는 것은 긴급한 문제 등이 된다.

문제인식 단계에서의 마케팅 역할은, 첫째 회사는 소비자가 당면하고 있는 문제점들을 소비자조사를 통해서 알아내야 한다. 만일 조사결과 소비자들이 현재 상표들에 대해서 불만족하다면 그들이 원하는 유형의 상품을 개발할 필요가 있다. 예를 들면 미국의 어느 화장품회사는 소비자조사 결과 젊은 여성들이 기존의 샴푸가 머리의 기름기를 잘 제거하지 못한다는 사실을 알고, 기름기를 잘 없애주는 샴푸를 개발하여 큰 성공을 거둔 바 있다.

둘째, 회사는 광고 등의 마케팅활동을 통해서 소비자들로 하여금 문제가 있다는 것을 깨닫게 하고 그 문제를 자사제품이 해결해 줄 수 있다는 것을 알릴 수 있다. "나이가 들면 뼈에서 칼슘이 빠져나가 약골이 된다"는 칼슘 보급제 오스칼의 동화약품 광고를 예로 들 수 있다.

셋째, 회사는 또한 제품개선 등의 마케팅활동을 통해서 인위적으로 현재 상태와 이상적인 상태 간에 간격(gap)을 만들어 낼 수 있다. 이것은 이상적인 상태 자체를 변형시켜 소비자들로 하여금 현재의 상태에 불만을 느끼게 하는 방법이다.

그림 3-10 ▌ 문제인식 단계

3.2 정보탐색(information search)

관광상품에 대한 욕구나 욕망을 인식한 후에 사람들은 여러 가지 정보를 탐색하게 된다. 소비자는 욕구와 관련된 정보를 전혀 탐색하지 않을 수도, 약간 탐색할 수도 또는 적극적으로 탐색할 수도 있다. 잠재관광객은 개인적 지식과 외부자료를 참고로 할 수 있다. 개인적 지식은 과거의 경험 및 친구나 매체를 통하여 얻은 정보로 구성된다. 예를 들면, 친구로부터 특정 휴양지에 대해서 듣고 또 그곳의 사진을 본 사람은 그 휴양지에 대한 개인적 지식을 갖는다. 특정 관광상품이 어느 정도 욕구를 충족시킬 수 있는지 그 여부를 결정하는 데 개인적 지식이 불충분한 경우에는 외부자료가 참고가 된다. 외부자료에는 여행사, 책, 신문, 잡지, 비디오 등 관광상품에 대한 정보가 되는 모든 것이 포함된다.

마케팅관계자의 주요 관심사 중의 하나는 소비자가 의존하는 중요한 정보원천이고, 다른 하나는 이러한 정보원천 각각이 계속적인 구매의사결정에 미치는 상대적인 영향력이다. 이는 수집되는 정보의 양과 종류는 제품과 소비자에 따라 다르기 때문이다. 예컨대 자동차, 스테레오, 주택과 같은 고가품인 경우는 소비자는 여러 원천으로부터 많은 정보를 수집할 것이며, 치약, 아이스크림, 화장비누 등과 같이 싸고 자주 구입하는 제품인 경우는 극히 적은 양의 정보만을 수집할 것이다.

정보탐색 활동의 유형은 내적 탐색과 외적 탐색으로 분류한다. 내적 탐색(internal search)이란 기억 속에 저장되어 있는 정보 중 당면한 문제를 해결하는 데 도움이 되는 정보를 기억으로부터 회상해 내는 활동을 말한다. 내적 탐색의 결과를 만족하면 구매과정의 다음 단계로 나아가고, 내적 탐색의 결과가 불만족하면, 즉 내적 탐색에 의해 의사결정을 할만큼 충분한 정보를 가지고 있지 않거나 회상할 수 없을 때는 외부에 있는 정보를 탐색하는 외적 탐색(external search)을 하게 된다.

그림 3-11 ▌내적 탐색과 외적 탐색의 관계

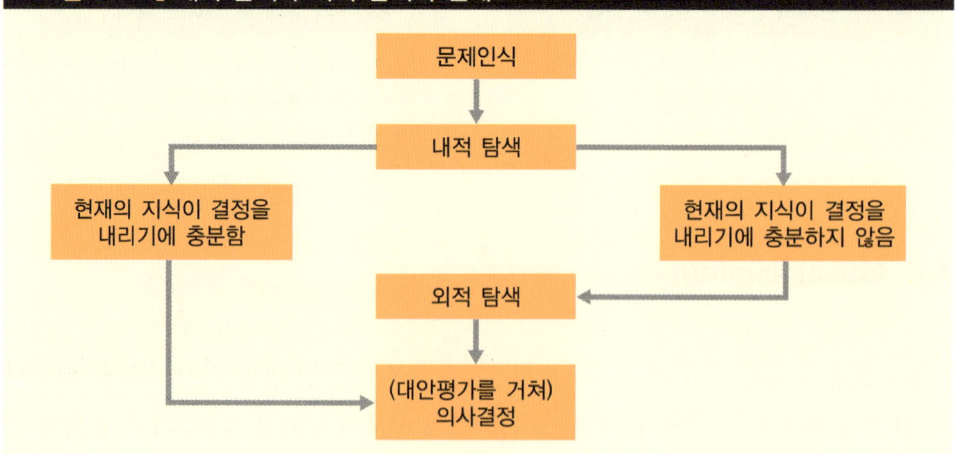

외적 탐색은 특히 제품이 중요한 것이거나 제품이 고가일 때 증가하게 된다. 소비자가 외적 탐색으로 정보를 얻을 수 있는 정보원천은 네 개 집단으로 나누어진다.

① 개인적 원천 : 가족, 친구, 이웃, 친지
② 상업적 원천 : 광고, 판매원, 상인, 포장, 진열
③ 공공적 원천 : 대중매체, 소비자 조직체
④ 경험적 원천 : 취급, 조사, 제품사용

마케팅관리자는 각 정보원의 상대적인 중요성을 평가해야 한다. 소비자가 어떻게 처음 우리 상표에 대해서 알게 되었고, 그 후에 우리 상표의 어떤 점을 알게 되었으며, 여러 정보원의 상대적인 중요성은 어떤지 등에 관한 정보를 회사가 갖고 있으면 표적시장에 대한 효과적인 커뮤니케이션전략을 수립하는 데 큰 도움이 될 것이다.

3.3 대안평가(evaluation of alternatives)

여러 가지 정보를 입수한 후 잠재관광객은 여러 관광시설 및 여행상품을 비교하여 자신에게 맞는 대안을 찾으려고 하고 각각의 대안을 평가하는 데 시간과 노력을 기울일 것이다. 불행하게도 모든 소비자가 모든 구매상황 속에서 사용하는 간단하고도 유일한 평가과정은 없다. 즉, 여기에는 여러 가지 의사결정 평가과정이 있다.

이때 사람들의 태도와 신뢰성은 그들이 상품에 부과하는 가치와 여행 및 숙박이 그들의 욕구를 얼마나 충족시켜 줄 것인가 하는 가치에 대하여 영향을 미친다. 사람들은 그들이 상품을 구매함으로써 얻게 되는 이익을 기준으로 하여 상품에 가치

그림 3-12 ▮ 대안평가와 구매의사결정 사이의 단계

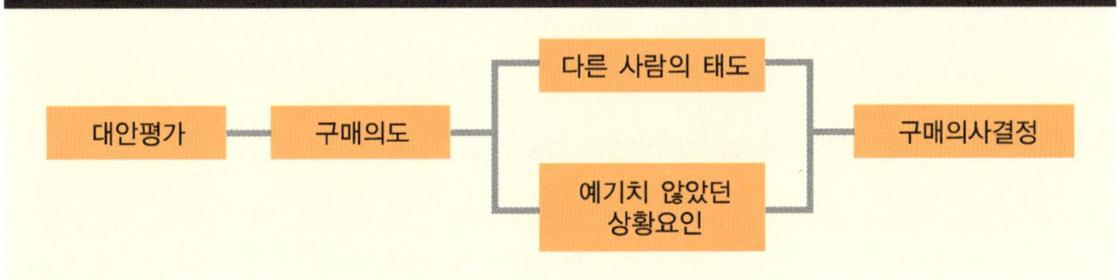

를 부여한다. 일부 사람들은 상품의 다른 특성에 더 큰 가치를 부여하기도 한다. 소비자 평가과정에 대한 대부분의 최근 모델들은 인지지향적이다. 즉, 모델들은 소비자들이 주로 인식적이며 합리적인 기준에 따라 제품을 판단하는 것으로 제시한다.

정보수집의 결과, 소비자는 몇 개의 상표를 놓고 각 상표를 평가하게 된다. 소비자가 대안을 평가할 때 시중에 상표가 많다 하더라도 실제로 고려하는 상표의 수는 비교적 적다(많은 상표 중 고려대상 상표수는 7개를 넘지 않는다).

3.4 구매의사결정(purchase decision)

이 단계에서 관광객은 여행목적지와 이용하게 될 교통수단과 숙박시설의 형태를 결정하고, 관광지에서 행할 활동 등을 확정한다. 관광객은 앞의 평가단계에서 대체 가능한 여러 호텔의 선호순위를 결정할 수 있다. 그런 뒤에 관광객은 가장 선호되는 호텔을 선택하려는 의도가 형성될 것이다.

그러나 이 구매의향은 반드시 최종적인 구매로 연결되는 것이 아니라 다음 요인에 의해 영향을 받는다. 즉, 구매의도와 구매의사결정 사이에는 두 가지 요인이 발생될 수 있는데, 첫째 요인은 다른 사람의 태도이다. 관광객 본인은 비즈니스급 호텔을 선호하나 동료 관광객은 보다 고급스런 호텔을 선택하려는 경우와 같은 호텔 선정 사례에서 어떤 관광객이 호텔선정에 대해 가지는 선호도는 구매참여자의 간섭 때문에 위축될 수도 있다. 둘째 요인은 구매의도, 자신의 수입, 호텔예약의 예치금(deposit) 조건, 예약 용의성 등과 같은 예측이 가능하거나 그렇지 못한 상황의 발생에 의해서도 영향을 받는다. 예기치 못한 상황적 요인에 의해서도 영향을 받는다. 이렇게 최종적인 구매결정은 예기치 못한 상황요인과 타인의 태도에 의해 좌우되므로 대안평가에 의한 구매의향은 잠정적인 구매결정(tentative purchase decision)으로 보아야 할 것이다.

3.5 구매 후 행동(postpurchase behavior)

구매가 이루어지고 여행이 끝난 후 구매과정의 마지막 단계는 구매를 평가하는 것이다. 호텔은 고객의 기대에 부응하는 행동을 하였는가, 항공사는 즐거운 탑승시간을 제공하였는가, 휴양지는 약속한 대로 즐거운 시간을 제공하였는가 등의 평가단계는 기업의 이미지 향상과 다음 구매로 연결되므로 특히 중요하다. 제품을 구입한 후, 소비자는 만족과 불만족을 경험하게 되고, 마케팅관계자에게 관심이 되는 구매 후 행동과 제품 사용에 관여하게 된다.

마케팅관계자의 직무는 그 제품이 판매되었을 때 끝나는 것이 아니라, 구매 후기 간에도 계속된다. 구매자의 만족은 구매자의 제품에 대한 기대(E)와 그 제품에 재대한 지각된 성과(P) 간의 관계의 함수이다. 즉 S=f(E・P)이다. 일반적으로 관광객들은 관광활동 이전에 가졌던 기대와 관광활동을 끝낸 후 경험한 가치의 차이를 통해 만족이나 불만족의 두 가지로 최종평가를 내린다. 만약 제품이 기대에 일치한다면 소비자는 만족한다. 만일 제품이 기대를 초과하면 소비자는 매우 만족하지만, 미달한다면 불만족한다.

제품에 대한 소비자의 만족 또는 불만족은 차후의 행동에 영향을 미친다. 만족하게 되면 그 소비자는 다음번에도 그 제품을 구매할 가능성은 매우 높게 나타난다. 만족한 소비자는 다른 사람에게 그 제품과 기업에 대해 좋은 점을 이야기하는 경향이 있다. 어느 마케팅 학자의 말처럼 '고객을 만족시키는 것이 가장 좋은 광고 선전'이 되는 것이다.

또한 새로운 고객을 확보하는 것은 기존고객을 그대로 유지하는 것보다 5배 이상의 시간과 비용이 든다고 한다. 따라서 상품을 구입한 고객이 새로운 고객에게 미치는 영향을 고려하지 않을 수 없다. 만족한 고객은 단골고객이 되며 경쟁사가 가격을 인하하더라도 크게 영향을 받지 않는다. 어느 연구에 의하면 상품구입 후 만족을 느낀 소비자는 그 사실을 자신의 동료에게 4~5번 이야기하고, 불만스러운 소비자는 그 사실을 9~10번 말한다고 한다. 고객의 불만족 원인은 품질의 불만족, 불충분한 불만처리, 종업원과의 다툼, 서비스부족 등이다. 따라서 소비자의 불만족 요인을 제거하고, 만족요인을 극대화시키는 것이 중요하다.

일상적・반복적 구매를 제외한 대부분의 구매 후 소비자들은 불안감을 느끼게 된다. 이러한 심리적 불안상태를 가리켜 인지적 부조화(cognitive dissonance)라고 한다. 구매 후 인지적 부조화는 구매한 상품과 거부한 상품에 대해 소비자가 지니는 심리적 불균형 때문에 발생한다.

L. Festinger는 인지부조화는 다음과 같은 상황에서 증대한다고 하였다.

① 구매금액이 큰 상품일 때

② 거부상품의 상대적 매력이 클 때

③ 구매결정의 상대적 중요성이 클 때(과자류보다 자동차 및 가옥 구입 시)

사례 **왜 사람들은 디즈니 월드로 가는가?**

디즈니 월드에는 매년 2,500만 명이 방문한다. 이 방문객수는 미국의 Yellowstone 국립 공원 방문객수의 열 배가 넘고, 더 중요한 것은 방문객의 60%는 재방문하는 사람들이다.

무엇이 디즈니 월드에 이렇게 많은 방문객을 끌어들이는가?

그것은 여러 가지 볼거리가 있기도 하지만 그보다는 공원의 청결함과 디즈니 월드 직원의 단정하고 친절함에 있다고 말하는 사람이 많다. 점점 세상은 거칠고 혼잡하고 각박하고 부패해지는 데 반하여 디즈니는 따뜻하고 질서정연함을 보여준다. 모든 것이 깨끗하고 안정되어 있으며 쇼의 품질과 서비스가 최고로 꼽힌다. 디즈니 월드 관람관에는 전보다 오래 줄을 서서 기다리게 되는데 디즈니 월드에 대한 만족도는 높아만 간다.

이러한 고객만족은 어디서 오는가?

디즈니는 "고객은 항상 옳다(The customer is always right)"는 생각에 그 뿌리를 두고 있다. 조그만 어트랙션 시설을 건설할 때도 언제나 이 시설에 대하여 고객이 어떻게 생각할 것인가를 미리 염두에 둔다. 고객이 여기에 들어올 때 이 시설에 대하여 어떻게 이야기할 것인가 그리고 그 결과는 어떠할 것인가를 심사숙고한다.

고객들이 사진촬영을 하는 것을 보면 고객의 요청이 없어도 스스로 촬영을 해주어 사진에 전 가족이 나오게 해준다. 손님이 많아 팝콘을 정신없이 파는 도중에도 가까운 음식점이 어디냐, 화장실이 어디냐고 물으면 팝콘 파는 것을 일시 중단하고 어느 건물 모퉁이를 돌아서 곧장 가다가 오른쪽으로 가라고 친절히 알려준다. 나는 바쁘니 다른 사람에게 물어보라는 말은 디즈니에서는 들을 수 없다.

잠시 디즈니 울타리를 떠나 다시 입장하려고 하면 손바닥에 재입장 스탬프를 찍어준다. 어린아이들은 자기 손바닥에는 물론 팔뚝에까지 10개의 스탬프를 찍어 달라고 졸라댄다. 손님이 죽 늘어선 바쁜 중에도 어린이의 뜻을 다 받아주며 싫은 표정을 읽을 수가 없다.

미키마우스와 같이 사진을 찍지 못하여 울고불고 하는 어린이가 없도록 언제나 미키마우스가 있는 미키마우스 랜드가 설치되어 있다.

백설공주에 나오는 일곱 난장이 중 둘째 이름이 무엇이냐고 물으면 모든 직원이 친절히 대답해준다. 나는 담당이 아니라는 말은 디즈니에서는 들을 수가 없다. 디즈니 직원 모두가 공원 안에서 쓰레기를 보면 즉시 집어서 쓰레기통에 넣는다. 모든 직원이 합심해서 디즈니 월드를 만들어내는 것이다. 디즈니 직원들은 고객을 즐겁게 해주는 데는 자신이 있어 공원 안 매점에는 상품의 가격표가 붙어있지 않다. 고객이 말을 걸어오게 하여 친절하게 설명하기 위한 것이라 한다.

이러한 디즈니의 친절과 미소는 어디서 오는가?

디즈니에서는 직원들끼리는 물론 임원들에게도 존칭을 사용하지 않는다. 직원들 간에 서로 친밀함을 북돋아주기 위해서이다. 임원들도 가끔 미키마우스 등의 복장을 하고 손님을 맞아야 하며 1년에 1주일은 티켓이나 팝콘을 팔거나, 놀이시설에서 손님을 태우고 내리는 작업을 한다. 특히 팀워크를 강조하고 있다. 디즈니에서는 사원을 가능하면 해고하지 않고 다른 작업장으로 전근시키는 것을 원칙으로 한다. 사원도 디즈니의 고객으로 보고 있기 때문이다.

이러한 화목한 분위기로 매년 300명 채용에 70,000여 명이 몰려들고 시간제 임시직 사원에 130개 대학의 학생들을 채용한다. 남자 사원은 콧수염을 기르면 안 되며 긴 머리는 금물이다. 여자 사원은 길고 색깔이 짙은 손톱 매니큐어를 금지하고 눈 화장은 너무 짙지 않게 하며 귀걸이는 커서 달랑거리면 안 된다. 즉 깨끗하고 단정하며 명랑한 인상을 주어야 한다.

이러한 모든 훈련은 디즈니 대학(Disney University)에서 가르치고 있다. 미국의 일류기업 GM, GE, AT&T 등에서도 이 디즈니 대학에 자기 기업 간부들을 유학보낼 정도이다. 디즈니에서는 고객을 고객이라고 부르지 않고 손님(guest)이라고 부른다. 타고 노는 놀이시설을 단지 놀이시설(rides)이라고 부르지 않고 어트랙션(attraction)이라고 부른다. 청원경찰은 안전을 위한 안내자(security host)이며, 운전수는 운전안내자(transportation host), 식당직원은 음식점주인(food and beverage host) 등으로 불려 모든 직원이 디즈니의 주인(host) 역할을 한다.

모든 사원은 직원이라고 부르지 않고 쇼 무대의 배우(cast member)라고 불리며 사원이 작업을 수행하는 것은 일을 한다고(working) 하지 않고 무대에서 공연하고(on stage) 있다고 말한다. 즉 모든 사원이 합심하여 디즈니 월드라는 쇼를 연출하는 것이다. 이러한 결과 디즈니 월드는 과거 6년 동안 매출이 2배 이상 되었고 이익은 5배 증가하였다.

소비자는 자신의 구매결정에 대하여 심리적 불안감을 가져 나름대로의 방법으로 이를 해소하려 한다. 이러한 부조화적 소비자들은 두 가지 행동 중 하나를 택하여 행함으로 이들은 제품을 버리거나 반품을 함으로써 부조화를 줄이려고 애쓰거나 높은 가치를 확신시켜 주는 정보를 탐색함으로써 부조화를 줄이려고 애쓴다. 이렇게 함으로써 소비자들은 가능하면 자기의 선택을 합리화하려고 하거나 일반화하려고 노력한다. 즉, 선택한 특정 비즈니스급 호텔에 대한 부정적인 정보를 입수하였거나, 또는 투숙한 뒤에 느끼게 되는 경험이 투숙 전에 가졌던 기대와 일치하지 않기 때문에 감지되는 관광객의 심리적 불안상태를 인지부조화라고 하는데, 관광객은 이러한 부조화를 제거하기 위해 일부러 부정적인 정보를 무시하기도 한다.

자신이 산 상표의 좋은 점만 자꾸 찾거나 아니면 자신이 산 물건이 다른 제품과 다른 점이 하나도 없기 때문에 결과적으로 자신은 현명한 선택을 했다고 믿음으로써 심리적인 안정을 찾으려 한다. 이러한 것들이 인지부조화 감소를 위한 노력이다. 기업의 입장에서도 자사제품을 구입한 소비자들의 인지부조화를 줄여줌으로써 재구매를 유도해야 하므로 인지부조화 감소를 위한 활동을 해야 한다. 이는 그들이 지니고 있을 인식부조화를 감소시킬 뿐만 아니라 그들의 자사제품에 대한 불리한 구전행위를 미연에 방지하는 데도 효과가 있을 것이다.

4 고객관리

4.1 고객관리의 의미와 중요성

고객관리는 기존고객과의 관계를 유지하거나 혹은 더욱 활성화시키는 활동을 의미한다. 기존고객의 관리는 신규고객의 확보와 더불어 영업활동의 근간을 이루고 있다. 1990년대 들어서 우리나라의 대다수의 기업들도 고객관계관리(CRM : Customer Relationship Management)의 개념을 도입하면서 기존고객의 관리를 위해 노력하고 있다. 미국 등 선진국에서 실시된 연구들은 업종에 관계없이 기존고객을 관리하는 것이 아래와 같은 중요성을 지니고 있음을 보여주고 있다. 즉, 기존고객의 유지 및 활성화는 회사의 매출 및 이익증가에 결정적인 역할을 할 수 있으며, 기존고객의 관리 소홀로 인한 고객불만의 증가나 고객이탈은 회사에 파괴적인 영향을 가져올 수 있음을 보여주고 있다.

기존고객관리의 중요성이 증가하고 있는 가장 주된 이유로 시장의 포화와 경쟁의 심화를 들 수 있다. 이 두 개의 조건이 형성되면 신규고객의 확보를 위해서는 대부분 타사 고객의 자사로의 이탈을 유도해야 하기 때문에 마케팅비용이 많이 들고, 따라서 비용적인 측면에서 신규고객의 확보보다는 기존고객의 관리를 통해 고객을 유지하고 활성화시키는 것이 훨씬 유리해진다. 우리나라의 경우에도 대부분의 산업에서 시장포화와 경쟁심화라는 시장환경이 조성되고 있기 때문에 기존고객관리의 중요성은 점점 더 커지고 있다.

4.2 고객유지관리활동

고객의 유지활동은 고객관리활동의 가장 중추가 되는 활동이라고 할 수 있다. 이는 앞에서 언급한 바와 기존고객의 관리를 통하여 재구매를 유도하는 데 소요되는 비용이 신규고객 한 명을 확보하는 데 드는 비용에 비해 훨씬 적고, 또한 이탈률을 낮춤으로써 기업의 수익률을 획기적으로 증가시킬 수 있기 때문이다. 기존고객 유지 활동은 기족고객의 존속기간(longevity)을 늘려주는 것이 그 핵심적인 내용을 이룬다. [그림 3-13]에서와 같이 존속기간이 2, 3, 4, 5년으로 증가함에 따라 유지율이 급격히 증가하기 때문에 신규고객의 확보에 소요되는 비용을 절감할 수 있을 뿐만 아니라, 안정적인 관계를 바탕으로 향후에 교차판매나 상승판매와 같은 고객활성화를 위한 기반을 마련하는 데도 유리하다.

그림 3-13 ▌ 고객존속기간과 고객유지율과의 관계

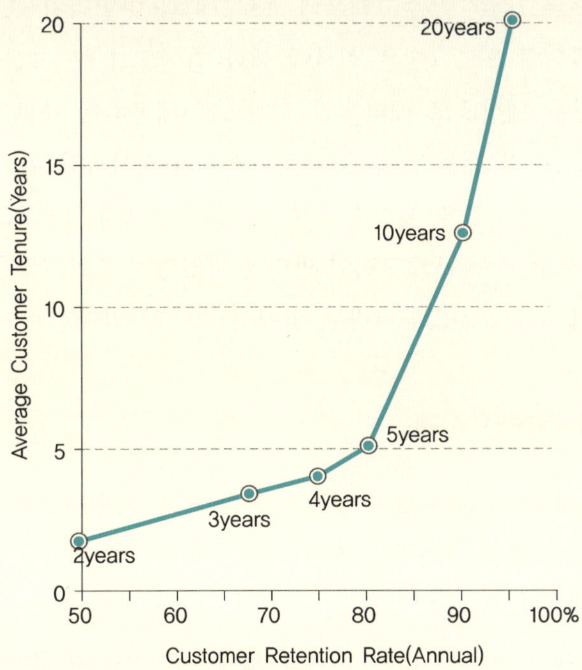

출처 : Reichheld, Frederick F.(1999), *The Loyalty Effect, The Hidden Force Behind Growth, Profits, and Lasting* Value, Harvard Business School Press, 53.

기본적으로 높은 고객유지율의 달성을 위해서는 이에 상응하는 높은 수준의 고객만족도를 달성하는 것이 중요하기 때문에 고객만족도를 제고시키기 위한 모든 기업활동이 고객유지를 위한 활동이 된다고 할 수 있다. 예를 들어 제품 및 서비스 품질의 개선, 생산성 향상을 통한 경쟁력 있는 가격의 제시, 이미지 차별화를 위한 광고 캠페인의 전개, 편리한 쇼핑환경 조성을 위한 판매채널의 다각화 등 제품, 가격, 프로모션, 유통 등의 4P믹스 변수를 활용한 모든 마케팅활동은 곧 고객유지율 제고를 위한 활동이라고 할 수 있다. 이러한 활동에는 로열티 프로그램의 운영, 이탈방지 캠페인의 전개, 맞춤서비스의 제공, 인간적 유대강화 등을 들 수 있다.

4.2.1 로열티 프로그램 운영

고객유지는 로열티(충성도)를 나타내는 가장 주요한 지표 중의 하나이며, 따라서 기업에서 운영하는 모든 로열티 프로그램은 고객유지를 위한 중요한 활동이 된다. 기업의 로열티 프로그램은 우수고객우대 프로그램과 마일리지 프로그램으로 나누어진다. 우수고객우대 프로그램은 회사에 대한 기여도가 큰 고객을 우수고객으로 선정하고, 이들만을 대상으로 배타적인 서비스를 제공하는 프로그램을 의미한다. 마일리지 프로그램은 고객들의 반복적인 구매를 증진시키기 위해 다양한 형태의 인센티브를 제공하는 일련의 활동을 의미한다. 우수고객우대 프로그램이 소수의 우수고객을 대상으로 하는 프로그램인 반면에 마일리지 프로그램은 대다수의 고객을 대상으로 전개되는 프로그램이라는 점에서 차이가 있다.

4.2.2 이탈방지 캠페인 전개

고객유지를 위해서는 고객이탈이 줄어야 하기 때문에 많은 B2C 기업들이 고객들의 이탈을 방지하기 위한 캠페인을 전개한다. 포화된 시장에서의 마켓리더의 경우에는 특히 고객의 이탈을 방지하는 것이 가장 중요한 경영전략이 된다. 왜냐하면 포화된 시장환경에서는 가장 많은 고객을 보유하고 있는 마켓리더로부터 고객을 탈취해 오는 것이 모든 경쟁업체들의 가장 주된 시장확대전략이 되기 때문이다. 이탈을 방지하기 위한 캠페인을 전개하기 위해서는 캠페인의 대상, 제안(offer), 커뮤니케이션 방법 등의 세 가지 사항이 결정되어야 한다. 이 가운데 성공적인 캠페인의 전개를 위해서는 무엇보다 이탈을 방지할 가치가 있는 고객군을 선정하는 것이 가장 중요하다. 이를 위해 필요한 분석은 고객의 수익기여도에 대한 분석과 이탈가능성에 대한 분석이라고 할 수 있다.

4.2.3 맞춤서비스 제공

'고객의 개별적이 니즈에 부합하는 개별화된 제품이나 서비스를 제공하는 것'을 의미하는 '맞춤(커스터마이제이션)'은 고객의 니즈를 충족시킴으로써 고객유지율을 제고시킬 수 있는 매우 유용한 수단이다. 서비스 분야에서는 생산과 소비가 동시에 이루어지는 특성이 있기 때문에 제조업에 비해 맞춤이 보다 더 활발히 이루어지고 있다.

그런데 핵심이 되는 제품이나 서비스에 대한 맞춤은 물론, 그에 수반되는 부수적인 서비스(auxiliary service)를 맞춤화하는 정도로도 고객유지율을 획기적으로 제고시킬 수 있다. 부수적인 서비스의 맞춤화가 부각되는 것은 핵심적인 제품이나 서비스의 차별화가 힘들어지면서 상대적으로 부수적인 서비스의 중요성이 커졌기 때문이다.

4.2.4 인간적 유대 강화

고객유지를 위해서는 로열티 프로그램, 이탈방지 캠페인의 전개, 맞춤서비스의 제공 등 고객에게 혜택을 부여할 수 있는 프로그램을 운영하는 것도 중요하지만, 그에 뒤지지 않게 중요한 것으로 고객과의 인간적인 유대를 강화하는 것이다. 인간적인 유대감을 강화하기 위해서는 고객과의 접촉 과정에서 고객에게 당신이 우리 회사를 지탱하게 해주는 매우 중요한 인물이라는 메시지와 당신이 원하는 것에 부응할 수 있도록 최선의 노력을 기울이겠다는 메시지를 전달하는 것이 무엇보다 중요하다. 호텔 등에서 실시하고 있는 고객인지프로그램은 고객과의 인간적인 유대감을 강화시키기 위한 의식적인 노력이라고 할 수 있다.

B2C 부문에서는 물론 B2B의 경우에도 결국 비즈니스에 대한 의사결정을 하는 것은 사람이기 때문에 고객들과의 인간적인 측면에서의 유대 강화는 비즈니스의 성과에 큰 영향을 미칠 수 있다.

사례 리츠칼튼호텔의 고객인지 프로그램

1989년 프랑스 파리에서 설립되어 현재는 미국 조지아주 아틀랜타에 본사를 두고 있는 리츠칼튼호텔은 전 세계에 약 40개의 체인을 가지고 있다. 이 호텔은 상위 5%의 고객을 목표시장으로 하여 최상의 개별화서비스를 제공하고 있는 것으로 유명하며, 호텔로서는 유일하게 미국 상공부가 수여하는 최고 권위의 Malcolm Baldrige National Quality Award를 두 차례(1992년 및 1999년)에 걸쳐 수상하였다.

이 호텔의 주요 전략 중의 하나는 고객유지율을 100%를 달성하는 것이며, 이를 실현하는 가장 주된 수단으로 '고객인지 프로그램(customer recognition program)'을 운영하고 있다. 이 프로그램은 두 개의 정보시스템(COVIA과 Encore)에 기반하고 있다. COVIA는 본사에서 관리하는 전 세계의 예약시스템이며, Encore는 각 개별 호텔에서 예약을 기록하고 고객들의 선호를 관리하는 지역시스템이다. 고객이 어느 지역의 호텔에 예약을 하면 호텔의 고객인지 관리자(guest recognition manager)는 COVIA로 고객선호 파일을 요청하여 Encore시스템에 다운로드할 수 있다. 이때 개별호텔은 일정액의 수수료를 본사에 지불한다. 고객인지관리자는 매일 아침의 회의를 통해 예약고객에 대한 정보를 층별책임자, 객실관리자, 식음료부 관리자 등의 관계자들에게 제공한다. 이러한 시스템을 통해 고객에 대한 정보를 전달받은 모든 직원은 고객의 선호에 부합하는 서비스를 능동적으로 제공하기 위해 노력한다.

예를 들어 객실유형, 침대유형, 베개의 유형 및 숫자, 음료수나 크리넥스와 같은 소모품, 장식품 등은 물론 음식에 대한 취향, 모닝콜 시간, 운동종목과 시간, 회의장 유형 및 장비 등에 대해 고객이 일일이 요청하지 않아도 확보된 정보에 의해 준비하여 제공한다. 종업원은 관찰이나 대화를 통해 새로이 파악된 고객의 선호에 대한 정보를 항상 소지하고 다니는 고객선호수첩(guest preference pads)에 기록한다. 여기에는 베개를 어떻게 사용하는지, 시계는 어디에 두는지 등과 같은 매우 사소한 것까지도 기록하고, 이를 층별책임자에게 제출한다. 층별책임자는 이를 취합하여 다시 고객인지관리자에게 제출하며, 고객인지관리자는 Encore에 입력하는데 이 정보는 COVIA에도 전송되어 전 세계의 체인에서 공유할 수 있게 된다. 이러한 고객인지 프로그램을 통해 고객들의 만족도를 제고시키고, 높아진 고객만족도가 높은 고객유지율로 이어질 수 있도록 도모하고 있다.

출처 : 오준석(2010), "The Rits-Carlton Case : 'We are Ladies andGentlemen Serving Ladies and Gentlemen,'" 專門經營人硏究, 13 (1), 1-19.
나눔자리, 리츠칼튼호텔의 고객지향전략, 2008년 4월 21일
http://blog.naver.com/su12192000/80050994806

CHAPTER

04

관광시장에서의 시장세분화

1. 시장세분화전략 기초와 내용
2. 시장세분화의 방법 및 기준
3. 제품차별화와 시장세분화

사례

하나투어(Hana Tour Service Inc.) 관광사업의 마케팅전략 사례

하나투어(Hana Tour Service Inc.)는 전국 4,000여 개 소매여행사와 판매제휴한 국내 최대 Wholesale 여행사로 여행시장의 No.1 Market leader를 차지하고 있다.

하나투어의 수익구조는 패키지 68%, 항공권 24%, 기타 알선(국내관광수익, 옵션투어수익, 쇼핑커미션) 8%로 구성되어 있다.

하나투어 SWOT분석

- Strength : 확고한 브랜드 입지, 높은 서비스 품질, 안정적 온라인시스템
- Weakness : 적극적이지 못한 광고, 타 브랜드에 비해 높은 가격대
- Opportunity : 소득증대에 따른 여가활동 증가, 소비자심리지수 안정
- Threat : 환율 및 유가상승, 중형 여행사 간의 합병, 여행의 DIY(Do it yourself) 열풍

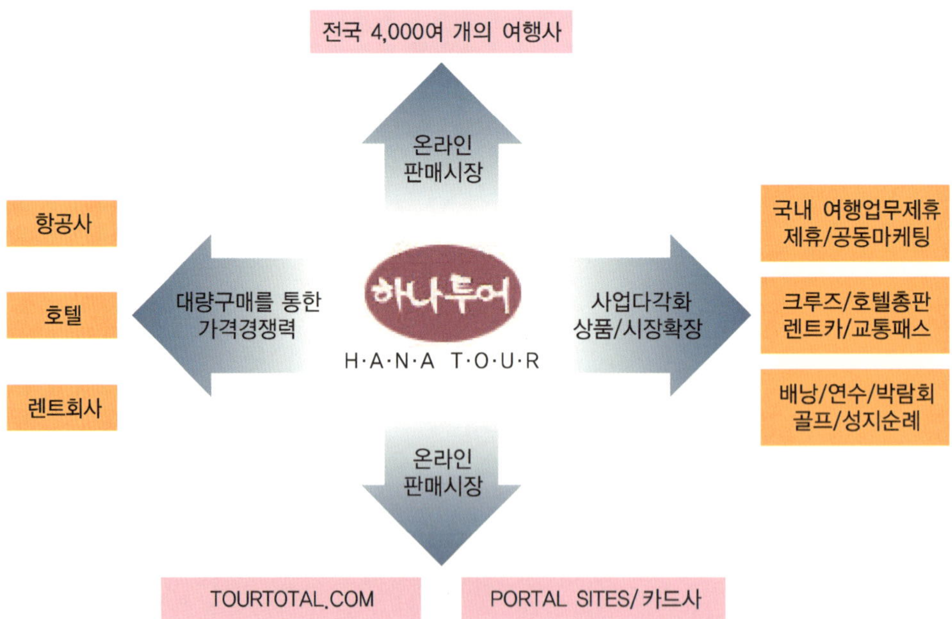

하나투어의 STP분석

■ Segmentation

- 20대 : 개별관광, 자유로운 여행선호. 예)배낭여행
  - 저렴한 가격, 도전적이고 개성 있지만 저렴한 상품이 필요
- 30~40대 : 아이들 교육, 가족과의 추억
  - 개별관광 혹은 패키지관광을 원하며, 모험과 안정을 동시에 추구
- 50대 : 도전보다는 안정, 가족보다는 부부동반
  - 가격이 조금 비싸더라도 편안하고 고급스러움을 추구

■ Targeting : 열정과 패기의 20대

- 안정보다는 도전과 모험, 다양한 체험활동을 추구, 미래의 잠재적 핵심고객
- 경제적으로 자유롭지 못해 가격이 가장 큰 영향을 미침

하나투어의 7p분석

■ Product

하나투어는 폭넓고 다양한 영업망을 통해 단체 및 개별 패키지 해외여행상품을 비롯하여 전 세계 할인 호텔, 할인 항공권, 교통패스, 렌터카 등 자유여행객(FIT)을 위한 상품과 국내여행, 허니문, 리조트, 에어텔, 배낭여행, 어학연수, 크루즈, 박람회, 골프여행, 성지순례 등 다양한 전문상품들을 경쟁력 있는 가격과 수준 높은 서비스로 제공한다.

해외여행

크루즈

골프여행

자유여행

패키지

항공

호텔

허니문

배낭여행

■ Price

- 시중가 성인 1인당 85만 원
- 가족패키지 신청 시 85만 원+85만 원+76만 원+76만 원(성인의 10%)
- 이 가격에 5% 정도 할인된 가격 제공

■ Place

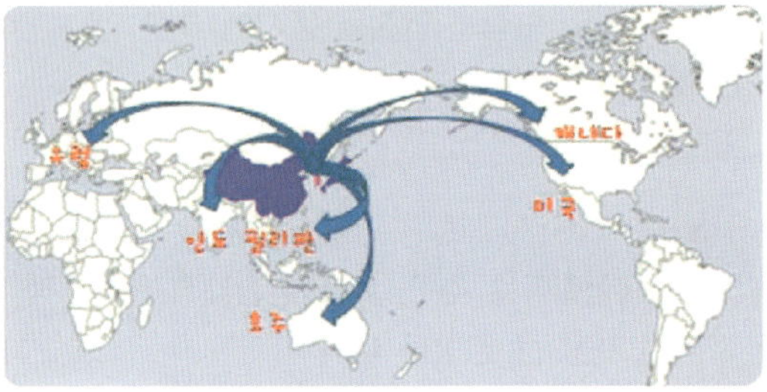

■ Promotion

하루 평균 3~4회의 이벤트 진행으로 여행상품권을 증정함.

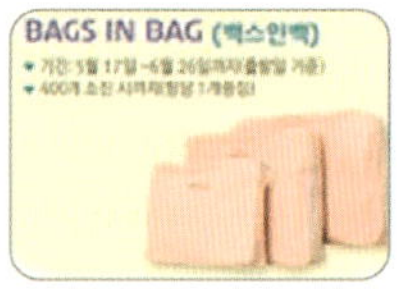

- **TV광고** : TV광고를 통해 디즈니랜드에서 가족들이 행복해 하는 모습을 내보내고 하나투어를 통해 예약할 것을 권유한다.
- **여행사 비치** : 사진 등 상세 일정을 각 여행사에 비치하여 고객들이 원하는 경우 자세한 일정을 볼 수 있도록 잘 정비해 둔다.

■ Process

하나투어 홈페이지 접속 → 여행상품 검색 → 마일리지 회원가입 → 예약 → 결제 → 여행권 등기배송 → 여행 → 재구매

하나투어는 순수 홀세일러로서 전국 4,000여 개 여행사를 통한 오프라인 판매와 자회사 투어토탈닷컴 및 인터넷 포털사이트, 각종 카드사와 제휴를 통한 온라인 판매로 안정적인 영업망을 구축하고 있다.

■ People

지식노동자, 종업원, 경영진, 소비자들은 전체 제품이나 서비스의 제공에 중요한 가치를 더함.

■ Physical evidence

- 국내 최대 여행사
- 국내 점유율 28% 1위 여행사
- 여행사 최초 한국거래소 코스닥 상장업체

| 출처 |

윤대순, 여행사마케팅, 대왕사, 1999.
정익준, 여행사경영론, 형설출판사, 2000.
박호표 외, 관광사업의 이해, 학현사, 2001.
이선희, 여행업경영개론, 대왕사, 2002.
윤대순, 여행사경영론, 기문사, 2002.
하나투어 홈페이지 WWW.HANATOUR.CO.KR
한국관광공사 홈페이지 WWW.VISITKOREA.OR.KR
yjchoi@wowtv.co.kr
painmi@stockdaily.co.kr
jbleec@moneytoday.co.kr
한국관광신문, 매일경제신문, 한국경제신문 참고
연합인포맥스

1 시장세분화전략 기초와 내용

1.1 시장세분화의 개념 및 정의

1.1.1 시장세분화의 의의

고객들의 욕구가 다양해지면 다양해질수록 매스마케팅은 부적절한 전략이 된다. 그러나 대량생산을 해야 하는 기업의 입장에서는 고객 한 사람 한 사람의 욕구를 충족시키는 맞춤생산(또는 주문생산)을 할 수도 없다. 그렇다면 일종의 타협으로 비슷한 욕구를 갖고 있는 고객들을 묶어서 하나의 작은 시장으로 간주하고, 만일 이 작은 시장이 어느 정도의 규모가 된다면, 이 작은 시장의 욕구에 맞는 상품을 마케팅할 수 있을 것이다. 이 '작은 시장'을 세분시장(market segment)이라고 부른다. 그리고 어떤 시장을 이렇게 여러 개의 세분시장으로 나누는 것을 시장세분화(market segmentation)라고 부르고, 각 세분시장의 욕구에 맞는 상품을 마케팅하는 것을 세분시장마케팅(segment marketing)이라고 부른다.

시장세분화(market segmentation)의 개념은 1956년 W.R. Smith에 의해 소개된 이후 마케팅 분야에서 정착하여 왔다. 이는 기업활동이 불특정 다수의 시장(mass-market)에 대하여 이루어져서는 안 되며, 표적으로 선정된 특정 유형의 고객층(특정 세그먼트)의 특유한 욕구나 기대에 합치하는 전략을 전개해야 한다는 것이다. 또한 기업은 소비자의 욕구를 충족시키는 데 공헌해야 할 것이 무엇인가 하는 것은 물론 누구의 욕구를 충족시킬 것인가를 고려해야 한다. 이에 따라 기업과 소비자 간에 제품시장 영역을 일치시키기 위한 전략으로써 시장세분화를 통한 접근방법은 유용한 것이라고 본다. 특히 소비자의 제품혜택에 대한 다양한 욕구를 지역별, 용도별 또는 이익별 등 전체 시장을 다양한 구획으로 분류하여 이 중에서 자신들의 표적시장 영역을 설정하고 이를 소비자의 제품시장 영역과 비교해서 불일치되는 것을 해소시키기 위하여 마케팅믹스를 사용하는 것도 바람직하다.

이와 같이 마케팅전략의 수립 이전에 표적시장 영역을 선정하기 위해서 이루어지는 시장세분화의 개념들을 열거해보면, 시장세분화는 "선정된 부분(혹은 부분들)에 있어서 개인들의 욕구에 정확하게 일치되는 마케팅믹스(믹스들)를 설계할 목적에서 상대적으로 비슷한 상품구매욕구를 가지고 있는 사람들로 구성되는 시장 그룹별로 하나의 전체 시장을 분할하는 과정"이라고 Pride & Ferriell은 정의하였으며, Kotler는 "시장의 고객을 동질적인 하위그룹으로 세분하는 것이며, 이런 하위그룹은 마케팅믹스에 적합한 시장표적으로 선정될 수 있는 것"이라고 하였고, McCarthy는 시장세분화를 "적당한 마케팅믹스의 개발과 표적시장 선정을 목적으로 시장에서 동종의 하위시장이나 또는 좀 더 분할하여 동일시하는 과정"이라고 하였다. 즉, 소비자를 포괄적인 개념으로 파악하지 말고 그 이질성을 따라 몇 개의 특정 집단으로 분할하는 것이라는 것이다.

위에서 살펴본 시장세분화의 개념들을 요약해볼 때 시장세분화란 "시장을 소비자의 필요와 욕구의 이질성에 따라서 동질적인 소비자집단으로 분할하는 활동"이라고 할 수 있겠다. 이렇게 볼 때 관광분야에서의 시장세분화는 "모든 방문자의 필요와 욕구의 이질성에 따라 동질적인 시장으로 분할하는 과정 혹은 휴가여행이나 비즈니스여행과 같이 시장을 유사한 집단으로 구분하는 활동"이라 할 수 있다.

한편 시장세분화 목적으로 Mattews는 다음 2가지를 제시하고 있다.

① 경쟁상품으로부터 자사상품을 차별화하여 차별화된 상품으로 선택적 수요를 창조하려는 것
② 특정 구분마다 직접적으로 소구할 상품을 제공하기 위한 것

이러한 시장세분화의 목적은 전략적 도구인 마케팅믹스를 통하여 선정된 세분시장에 도달하려는 것으로 통합적인 노력이 필요하다. 그러므로 단순한 기준에 의한 시장세분화가 아닌 고객의 특색에 의한 세분화, 구매행동에 의한 세분화, 인지도(perceptual mapping)에 의한 세분화 등이 아닌 비가격적인 세분화 등을 포함하는 새로운 다차원적 세분화로 파악된 분할시장에 매체, 가격과 제품디자인 등의 마케팅믹스도 고려하는 다차원적 구매행동모형을 이용한 시장세분화의 새로운 접근법과 세분화 구조의 영역을 확대하여 여러 관련변수를 동시에 고려하여야 시장세분화의 적정화를 이룰 수 있을 것이다.

1.1.2 시장세분화의 이점 및 한계

1) 시장세분화의 이점

마케팅관리자는 시장세분화 없이 그 회사의 정확한 마케팅 목적을 설정하기 위한 제품계열(product line)을 계획하고 광고전략이나 판매경로를 결정하기 위하여 판매경쟁력과 취약점을 평가하는 데 관한 일을 훌륭히 해 나갈 수 없다. 특히 시장세분화 분석은 마케팅담당자에 대해 다음과 같은 도움을 준다.

① 자기시장으로서 가장 잠재력이 큰 세분시장에 대해 촉진적 관심과 비용을 적절히 배분할 수 있다.

② 무리했거나 결여된 어떤 지역에 공급(bulk)하는 대신에 잠재적으로 이익을 가져온 부분시장에 대한 수요를 균형 있게 할 제품계열을 설계할 수 있다.

③ 급속한 시장변화에 있어서 주요 추세의 첫 징조를 파악할 수 있고, 그에 대한 유익한 방책을 강구할 시간을 마련할 수 있다.

④ 회사의 재고활동에 있어서 가장 효과적인 소구(appeals)를 결정할 수 있다.

⑤ 광고매체를 더 잘 설정할 수 있고 예상되는 내용에 비추어 각 매체에 배정할 예산의 비율을 결정할 수 있다.

⑥ 재고의 시기와 판촉의 효과를 정확히 할 수 있고 판매저항이 적고 매상을 최대로 할 수 있을 때 주별, 월별 또는 계절에 따라 판매력을 집중시킬 수 있다.

⑦ 시장정보를 이해하고 이에 알맞은 새롭고 효과적인 여러 방법을 적용할 수 있다. 요컨대 시장세분화는 서로 상이한 구매욕구, 구매동기를 지닌 소비자군을 탐색하는 과정으로서 경쟁전략 및 시장계획과 분석의 중요한 도구가 되는 것이다.

또한 시장을 세분화했을 때 얻을 수 있는 이점으로는 다음과 같다.

① 세분화하는 입장에서 보면 소비자의 욕구를 파악함으로써 시장에 대한 보다 명확한 정의를 내릴 수 있다.

② 경영자가 소비자의 욕구를 이해하면 이러한 욕구에 부합되는 마케팅 프로그램을 구사해 나갈 수 있다. 그래서 미래시장에 대한 체계적인 계획을 수립할 수 있다.

③ 시장세분화에 의한 지속적인 프로그램은 변화하는 시장수요에 대처할 수 있는 경영자의 역량을 강화시킨다.

④ 경영자는 경쟁자의 강점과 약점을 평가하여 유익한 시장을 선택할 수 있다.

⑤ 세분화는 마케팅 자원을 보다 효율적으로 할당하게 한다. 즉, 제품과 재고가 보다 쉽게 관리되어질 수 있으며 또한 매체계획의 경우 과잉노출로 인한 낭비를 최소화하도록 개발될 수 있다. 이렇게 함으로써 소비자들에게 보다 강력한 이미지를 줄 수 있으며 소비자들은 제품과 광고소구를 인식하고 구별할 수 있게 된다.

2) 시장세분화의 한계

호스피탈리티 및 관광산업의 90% 이상은 시장세분화를 하고 있으며, 대부분의 조직들은 세분화된 마케팅전략이 가장 효과적임을 안다. 시장을 세분화한다는 것은 일정기간에 걸쳐서 특정 제품의 마케팅활동에 대한 예상반응이 유사한 예상소비자들을 집단화함을 뜻한다고 하였는데 여기에는 두 가지 중요한 점이 내포되어 있다. 첫째, 어떤 소비자들은 그들의 취미, 소득, 나이, 지식수준 등 판촉활동에 대한 반응이 비슷한 군별로 분류할 수 있어 유리한 점이 많기 때문이고, 둘째 어떤 집단도 시간의 경과에 따라서 구매활동의 양상이 변화하므로 시장세분화에는 필연적으로 시간적 제약조건을 내포하게 된다는 것이다.

이러한 시장세분화에는 일정한 한계를 갖게 되는데 이 한계를 넘어서는 경우에 경제성의 원칙에 어긋나게 된다. 즉, 일정한계를 넘어 시장을 작게 세분한다면 그에 따라 생산규모가 축소되고 생산원가가 높아지며 유통원가도 영향을 받게 되어 투입하는 노력과 자금에 상당한 이익을 얻을 수 없는 것이다. 이에 관해 D.W. Twedt도 상품 및 서비스를 고객 한 사람 한 사람의 필요에 합치시키고자 한다면 생산규모의 비경제성과 유통 면에서의 문제점을 야기하기 때문에 실제로 이는 불가능하다 하였으며 시장세분화의 한계를 다음과 같이 제시하고 있다.

① 세분시장은 시장에 판매하기 위해 필요한 투자를 행할 가치가 있는 충분한 크기여야 한다. 너무 협소한 시장을 세분화하는 것은 적당하지 못하다. 사용빈도가 높은 상품 중에 한두 가지 상표만으로 시장유지가 가능한 경우가 있는데, 이러한 유형의 상표는 전체 시장에 소구되기 때문에 제품 포지셔닝이나

마케팅전략에 대한 의사결정에 있어 전체 시장분석을 고려해야 한다.

② 세분시장에서는 상품을 구매할 수 있는 경제적 능력을 가지고 있어야 한다. 비중 있는 소수의 소비자가 판매량의 대부분을 차지하는 경우에는 이들을 목표로 마케팅 노력을 집중해야 한다. 비중 있는 대량구매자의 크기나 구매량, 그리고 구매빈도가 파악되지 않은 채 행해지는 판에 박힌 소비자행동분석은 별 의미가 없다.

③ 세분시장은 지리적 공통의 이해 및 의사소통경로 등에서 완전히 동질적인 것으로 마케팅관리자가 마케팅 목적을 충분히 달성할 수 있어야 한다. 시장을 독점하다시피 하여 시장지배적인 상태에 있는 제품이나 상표가 존재하는 시장을 목표로 할 경우 설령 시장세분을 하였다 하여도 여기에 투입된 비용 이상으로 수익을 얻기는 어렵다.

이러한 점을 살펴볼 때 시장세분화를 하는 데 있어서, 첫째 시장세분화를 단순히 차별화전략으로만 생각하지 말고 고객을 정확하게 이해하는 방법으로 생각하여야 할 것이며, 둘째 시장세분화는 순간적인 전략보다는 전체적이고 장기적인 전략하에서 이루어져야 하며, 마지막으로 시장을 지나치게 세분화한다거나 집중화해서는 안 된다. 시장을 너무 지나치게 세분화하면 의외로 소비자의 불평이 생길 수 있으며 이러한 세분화는 소비자의 욕구와 불평을 지나치게 세분화하여 소비자 개인으로 볼 때는 자신과 관계없는 제품이 너무 많다는 사회적 문제를 야기하게 하는 것이다. 또한 세분화된 시장의 제품재고도 너무 다양해짐에 따라 특정 소비자와 관계없는 제품정보에 불평을 터뜨리게 된다.

1.2 시장세분화의 요건

시장세분화를 하는 궁극적인 목적은 선택된 세분시장 내에 있는 동질적인 소비자들에게 맞는 차별적인 마케팅믹스전략을 개발하는 데 있다. 어느 세분시장이 충족되지 못하고 있거나, 불충분하게 충족되고 있다는 사실만으로 그것이 표적시장의 대상이 된다고 할 수 없다. 그것이 표적시장으로서의 자격을 갖추기 위해서는 최소한 다음 세 가지 요건이 구비되어야 한다.

1.2.1 측정가능 요건(measurability)

세분시장의 크기, 인구, 구매력을 측정할 수 있어야 한다. 또한 시장에 관한 정보의 유무, 시장에 관한 정보의 획득가능성 여부를 알아야 한다.

각 소비자들의 경제적 능력, 사회적 신분이나 가격민감도에서 같은 특성을 가진 소비자의 수나 분포를 정확히 측정할 수 있어야만 이에 따른 표적시장의 설정이 효율적으로 이루어질 수 있다. 만약 이들 각각의 소비자들을 측정하기 곤란하다면 그 기준으로서는 시장세분화를 할 수 없다.

1.2.2 접근가능 요건(accessibility)

세분시장에 있는 소비자들에게 효과적으로 접근할 수 있는 적절한 수단이 존재해야 한다. 소비자들이 현재의 유통수단으로는 접근할 수 없는 농촌지역에 살거나 TV, 신문의 보급률이 낮아 광고를 거의 접하지 못한다면 이런 세분시장은 마케팅의 입장에서는 의미가 없다. 예로 어떤 의류회사에서 농촌지역 거주자를 세분시장으로 보았을 때 이 세분시장은 이익을 볼 수 있는 규모는 되지만 유통경로가 발달되지 않아서 접근하기가 어렵다면 접근가능 요건이 충족되지 않는다.

1.2.3 실체성(수익성)의 요건(substantiality)

세분시장에 대한 마케팅활동은 많은 비용과 노력을 필요로 하는데 이를 충분히 보상할 정도로 그 세분시장이 크고 수익성이 있느냐 하는 문제이다. 예로 난쟁이를 위한 자동차를 개발한다고 하자. 난쟁이는 이런 자동차를 환영하지만 그들의 숫자는 극소수이기 때문에 회사는 값을 아주 비싸게 매길 수밖에 없고, 그 가격에 자동차를 살 난쟁이는 거의 없을 것이다. 이러한 세분시장은 시장성이 없을 것이다.

2 시장세분화의 방법 및 기준

2.1 시장세분화의 방법

시장세분화의 일반적 접근방법으로는 다음 [그림 4-1]과 같다. 즉 자연상태는 시장세분화 이전 6명의 구매자로 시장을 구성하고 있는 것을 나타내며, 그 각 구매자들은 독특한 욕구와 필요를 지니고 있기 때문에 잠재적으로 시장을 분할한다. 이상적으로 기업은 구매자의 필요에 따른 마케팅 프로그램을 세우기 위하여 각 구매자를 연구할 필요가 있으며, 만약 고객의 수가 적다면 개별적 마케팅을 할 수 있는 것이다. 예로 항공기 제작회사나 조선회사 등은 이같은 경우에 해당하므로 시장세분화의 최종단계는 가로 세 번째 원(완전세분화 상태)과 같이 된다.

그림 4-1 ▌ 시장세분화 방법

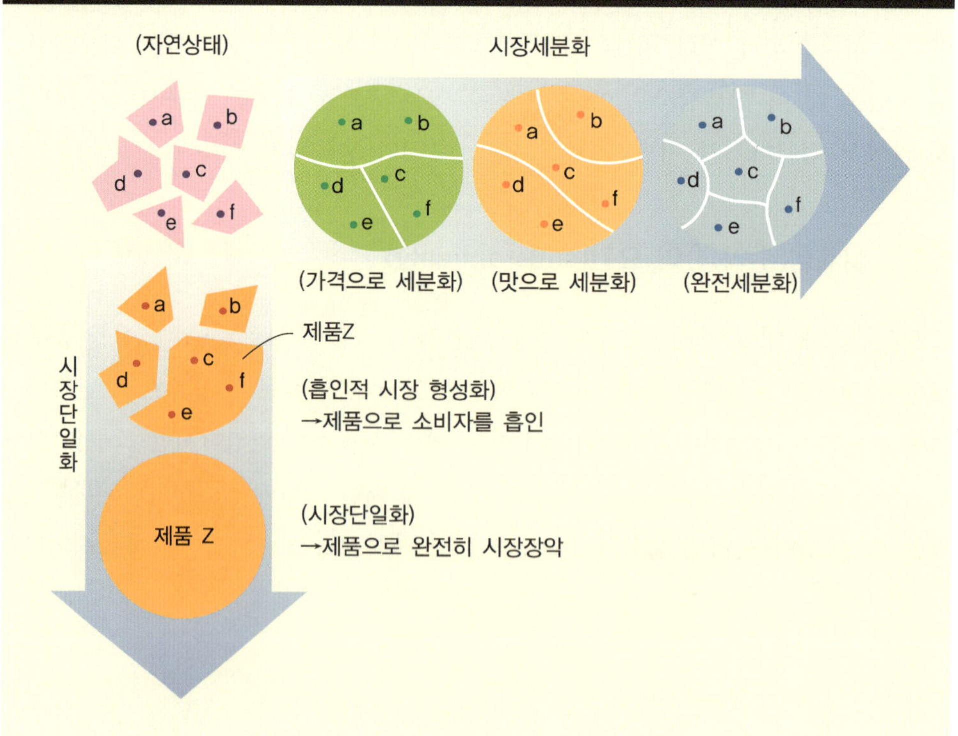

그러나 대다수의 기업은 제품에 대한 관심이나 마케팅활동에 대한 감정이 다른 불특정 다수의 소비자를 대상으로 하고 있어서 대부분의 경우 구매자 개개인의 구체적인 욕구를 충족시키기 위하여 이들의 주문에 따라 제품을 생산하거나 개량하는 것은 불필요하다. 따라서 다음에 기술하는 바와 같은 여러 시장세분화 기준 중에서 가장 유의의한 하나 혹은 그 이상의 세분화 기준을 합리적으로 택하여 이를 기초로 하여 시장 또는 소비자를 상이한 제품선호나 혹은 마케팅활동에 대해 상이한 감정을 갖는 보다 광범위한 계층으로 구분하는 것이 유용할 것이다.

가격수준에 따라 소비자의 구매행위나 패턴이 다르다면 가로 첫 번째 원과 같이 3개(a, b; d, e; c, f)의 가격수준별로 세분화할 수 있는데, 선은 각 구매자의 가격차이를 식별하기 위해 사용한 것으로 동일계층의 가격차이를 선호하는 구매자들을 표시하여 준다. 한편 구매자들은 맛에 따라서 구매행위나 패턴에 많은 차이가 있을 수 있는데, 가로 두 번째 원은 시장을 맛의 차이(b; a, c, f; d, e)에 따라 세 개의 시장으로 세분한 것이다. 만일 가격과 맛 모두 중요한 요소로 인정되는 경우에는 흡인적 시장 형성에서와 같이 시장을 세분할 수도 있다. 그림에서 제품 Z는 3명의 구매자로 구성되어 있고 나머지 시장부문에서는 각 1명의 구매자로 구성되어 있음을 알 수 있다.

일반적으로 한 시장을 공동특성에 따라 세분화하게 되면 각 시장부문에 대해 정확한 정보를 입수할 수 있는 장점이 있으나 그렇게 되면 세분의 수가 많아져 아무런 의미가 없게 된다. 기업이 가능한 모든 특성에 따라 시장을 세분한다면 가로 세 번째 원과 같이 될 것이다. 그러므로 이러한 여러 가지 방법 중 어느 하나가 다른 방법보다 우수하다고 단정할 수는 없다. 제품에 따라 어느 한 가지 방법을 사용할 수도 있고 두 가지 혹은 이상의 방법을 혼용해서 사용할 수도 있다. 따라서 세분화의 여러 요인들을 검토하여 제품에 따른 시장세분화가 이루어져야 한다. 그리고 시장세분화 적용의 방법은 시장상황에 따라 다를 수밖에 없는데, 대략 다음과 같은 기준을 통해서 세분화 작업이 진행되어진다. 그리고 조사하는 데 있어 뒤따라야 할 연구는 신제품에 대한 콘셉트를 개발해야 하며 제품테스트, 카피(copy)테스트, 상품이미지조사, 매체조사 등을 해야 할 것이다.

2.2 시장세분화 기준의 분류

2.2.1 제 학자들의 분류

시장을 세분화하는 데 유일한 방법이나 최적 방법이 존재하는 것은 아니다. 다만 시장세분화를 적절히 하려면 시장을 일련의 변수를 기준으로 하여 구분해야 한다. 따라서 이하에서는 제 학자들의 분류기준을 살펴보고 이를 다시 정리하여 보았다.

1) P. Kotler의 분류

Kotler는 시장세분화의 기준을 크게 지리적, 인구통계학적, 사이코그래픽 그리고 행동적 변수로 세분화하였다.

① 지리적 세분화 기준 : 지역, 도시규모, 인구밀도, 기후

② 인구통계적 세분화 기준 : 연령, 성, 가족수, 가족생활주기, 소득, 직업, 학력, 종교, 인종, 국적

③ 사이코그래픽 세분화 기준 : 사회적 계층, 라이프스타일, 개성

④ 행동적 세분화 기준 : 사용할 시기, 추구하는 이점, 사용 여부, 사용률, 충성도, 사용의도, 마케팅요인 민감도

2) Engel, Fiorillo and Graley의 분류

Engel, Fiorillo, Graley는 시장을 세분화하는 기준으로는 크게 소비자의 욕구, 필요, 성격, 제품, 선호 등과 같이 소비자의 특성을 시장수요와 연결하여 세분하는 경우와, 기업의 마케팅활동에 대한 소비자의 행동 반응을 기준으로 세분하는 경우의 두 가지로 구분하였으며, 그리고 흔히 사용되는 빈도에 따라 기준을 여섯 가지로 정리하였다.

① 사회경제적 및 인구통계적 기준(socioeconomic and demographic bases)

② 지리적 기준(geographic bases)

③ 심리적 기준(psychological bases)

④ 제품사용량 기준(product usage bases)

⑤ 인식 기준(perceptual bases) : 이익(benefit) 및 선호(preference) 기준

⑥ 상표충성도(brand loyalty)

3) Pride & Ferrell의 분류

Pride와 Ferrell은 크게 소비자시장의 세분화를 위한 기준과 산업시장과 중개시장의 세분화를 위한 기준으로 나누었다.

소비자시장에 접근하기 위해서 세분화전략을 사용하는 마케팅담당자는 가능한 변수들의 많은 분류로부터 한 가지 혹은 몇 가지 변수들을 선택할 수 있다.

소비자시장의 세분화 변수들은 다음과 같다.

① 사회경제적 변수(socioeconomic variables)

② 지리적 변수(geographic variables)

③ 심리적 변수(psychographic variables)

④ 제품한계 변수(product-related variables)

그리고 산업시장과 중개시장의 세분화 변수로는

① 지리적 위치(geographic location)

② 조직의 유형(type of organization)

③ 고객의 규모(customer size)

④ 제품의 사용(use of product) 등을 제시하였다.

위에서 제 학자들의 시장세분화에 관한 견해를 살펴보았는데 일반적인 세분화 기준 분류의 특성 변수는 상품에 대한 고객의 욕구, 사용량 또는 행동에 따라 관련이 있음을 알 수 있다. 즉 소비자의 욕구, 사용량, 그리고 행동특성 등이 선택되어진 세분화 지표에 따라 변화되어짐을 의미한다. 따라서 시장을 세분화하는 방법으로는 크게 둘로 구분할 수 있다.

첫 번째는 소비자의 특성분석을 기준으로 하여 세분화하는 방법으로 이것은 사회경제적 및 인구통계적 변수를 사용하여 소비자의 다양한 특성들을 측정해서 구매행동과 관련 있는 특성을 측정하는 방법이다. 두 번째는 소비자의 행동분석을 기준으로 세분화하는 방법으로 제품사용, 인지된 제품의 장점, 생활양식 등에 기초를 두고 소비자들의 행동을 유발토록 하는 공통된 속성이 무엇인가를 측정하는 방법이다. 이에 관해서는 [표 4-1]에 잘 나타나 있는데 이러한 각 변수의 특징 및 이용한계를 중심으로 세분화 변수들에 대한 이해를 돕기 위해 좀 더 상세하게 살펴보고자 한다.

▌표 4-1▐ 시장세분화 기준

세분화 기준		변수
소비자의 특성기준	지리적 변수	지역, 인구밀도, 도시의 크기, 기후
	인구통계적 변수	나이, 성별, 가족규모, 가족수명주기, 소득, 직업, 교육수준, 종교
	심리적 변수	사회계층, 생활양식, 개성
소비자의 반응기준	행태적 변수	구매동기, 추구하는 편익, 사용량, 제품에 대한 태도, 상표충성도, 상품구매단계, 가격에 대한 민감도

출처 : 김이태(1984), 마케팅전략을 위한 치약시장세분화의 실증적 연구, 청주대학교 대학원 석사학위논문

사례 **특산품을 이용한 도시마케팅**

나만의 취향대로 즐기고 싶어하는 소비자들의 욕구가 현대사회에 '수제' 열풍을 일으키고 있다. 이전에도 수제품에 대한 수요는 꾸준히 있었지만, 전 세계적인 현상으로 떠오르는 것은 이번이 처음이다. 영국의 BBC방송은 이 현상을 '수제혁명'이라 소개하며, 새로운 소비트렌드로 이야기하고 있다. 소규모 브루어리(맥주 양조장)에서 소량 제조되는 수제맥주는 만드는 재료와 방법에 따라 다양한 맛을 지니고 있기 때문에, 다양해진 소비자들의 입맛을 충족시킬 수 있었다. 여기에 술을 마시기보다는 맛과 분위기를 즐기는 음주문화의 변화도 수제맥주의 강세에 영향을 주었다고 할 수 있다. 이러한 현상에 맞물려 샌디에이고는 샌디에이고에 위치한 브루어리를 이용하여 대대적인 관광홍보를 하고 있다.

기존의 샌디에이고는 관광시장을 가족관광객으로 세분화하였다. 어린이들을 주 고객층으로 하여 대규모 테마파크를 활용하여 관광수익을 올리고 있다. 하지만 최근 20대 이상의 고객이 즐길거리가 부족하다는 불만족도를 해소하기 위해 이들이 즐길 수 있는 수제맥주를 이용하여 마케팅하고 있다.

샌디에이고 맥주 투어(출처 : http://mariaabroad.com)

특히 수제맥주가 가지고 있는 심리적 변수를 이용하여 젊은 도시의 이미지를 강조하기 위하여 지난 몇 년 전부터 수제맥주 투어를 실행하고 있다. 이 투어는 지역 내의 양조장들을

관람하는 투어로 단지 맥주만 마시는 것이 아니라, 지역 내에서 운영하는 레스토랑과 기념품 가게들을 방문한다. 그리고 샌디에이고에 위치한 100여 개의 양조장에 관하여 간략한 소개를 하고 있다.

이러한 맥주 투어는 캘리포니아의 주력산업 중 하나인 와인산업과 연관성이 있다. 샌프란시스코의 와인은 단지 와인만으로 홍보하는 것이 아니라 와이너리 투어를 이용하여 고급화 전략으로 자사제품을 홍보하고 있다. 이에 샌디에이고 맥주는 '경쟁제품에 의한 포지셔닝' 전략으로 와인의 대체품으로 포지셔닝하고 있다. 두 상품은 상당히 비슷하지만, 이면에는 투어 도중에 볼 수 있는 경관이 다를 뿐만 아니라 다양한 음식과 다양한 레포츠까지 보여줌으로써 샌디에이고의 맥주 투어는 샌프란시스코의 와이너리 투어에 비해 지속적으로 성장을 하고 있다.

그림 4-2 ▌ 센디에이고시 SWOT분석

Strength	Weakness
• 천연자연 • 대형 테마파크 • 레포츠 시설	• 다운타운을 제외한 곳은 주로 주거 구역 • 군대 도시의 이미지
Opportunity	**Threat**
• 수제맥주의 인기 상승 • 기존산업의 하락세로 관광산업에 투자	• 샌프란시스코의 와이너리 • 트럼프 이민정책으로 인건비 상승

또한 최근에는 '샌디에이고 비어 위크San Diego Beer Week'라는 이벤트를 통해 가격대가 높은 수제 맥주를 저렴한 가격에 구입할 수 있을 뿐만 아니라 샌디에이고의 관광자원 그리고 맥주 투어를 적극적으로 알릴 수 있는 계기가 되고 있다.

샌디에이고의 맥주 투어와 위크는 지역의 특산품을 이용한 마케팅전략으로 샌디에이고의 이미지를 한층 젊고 세련되게 함으로써 지역의 관광산업의 성장에 이바지할 뿐만 아니라 지역경제에 많은 도움을 주고 있다.

출처 : http://www.sandiegouniontribune.com/entertainment/beer/sd-me-beer-market-20161106-story.html
http://mnb.moneys.news/mnbview.php?no=2016082818098069040
http://brewerytoursofsandiego.com
http://www.sandiego.org/explore/things-to-do/tours-sightseeing.aspx
http://mariaabroad.com/craft-beer-tour-in-san-diego

2.2.2 인구통계학적 변수에 의한 세분화

인구통계학적(demographic)인 변수는 시장세분화의 기준으로 오래 전부터 가장 널리 사용되어 왔는데 구체적으로는 연령, 성, 가족수, 직업, 소득, 학력, 가정생활주기, 종교, 국적 등으로 이는 소비자의 욕구, 선호, 제품사용률 등과 밀접한 관련이 있을 뿐만 아니라 다른 세분화 변수에 비해 측정하기가 비교적 쉽기 때문에 가장 널리 이용되고 있다. 따라서 가장 기본적이면서 가장 중요한 변수라 할 수 있다. 그러나 이는 소비자의 심리적인 측면을 충족시킬 수 없는 약점이 있다.

1) 연령(age)

소비자는 연령에 따라 능력과 욕구의 차이가 있다. 따라서 같은 제품이라 하더라도 나이에 따라 변형된 제품을 제공해야 하며 마케팅 방법도 달리하여야 한다. 연령에 따라 세분되어지는 상품의 유형을 보면 장난감, 의류, 자동차 그리고 다이어트식품 등의 예가 있다. 비타민을 만드는 모 제약회사는 비타민을 나이에 따라 어린이용, 10대 청소년용, 성인 남자용, 성인 여자용으로 구분하여 4가지로 만든다.

그러나 연령 및 생활주기의 변수는 때로는 예상과 다른 결과를 나타내는 경우가 있으므로 변수 선택에 세심한 주의가 필요하다. 예로 Ford자동차회사는 최초의 Mustang차를 위한 표적시장을 선정하기 위해 구매자의 연령을 사용하였다. 이 차는 값싸고, 스포티한 차를 원하는 젊은층에게 소구하도록 설계되었다. 그러나 모든 연령층이 고루 구입된 일이 있다. 분석결과 그들의 표적시장은 연령이 젊은층만이 아니라 심리적으로 젊어지고 싶거나, 타인에게 젊어 보이기를 원하는 사람들이었음을 알 수 있게 되었다.

2) 성(sex)

의류나 잡지 등이 남녀를 구분하여 세분하고 있는 것을 우리는 흔히 볼 수 있다. 미국의 경우 다른 제품에서도 이러한 예를 볼 수 있는데 담배의 경우 종전 남녀 구분 없이 소비되어 왔으나 근래에는 여성을 표적으로 한 상표(Virginia Slim, EVE와 같은 여성용 담배가 여성 이미지를 강화시켜 주는 적절한 향, 포장 등 광고단서를 이용하여 점점 더 많이 도입되고 있다)를 개발하여 제품을 판매하기 시작했다.

3) 소득(income)

소득에 의해 세분화된 상품의 예로는 주택, 가구, 의류, 자동차, 식품 그리고 스포츠상품의 일부 종류들이 포함된다. 소득은 사람들의 상품구매 욕구에 강하게 영향을 미치기 때문에 시장을 세분화하는 데 종종 사용된다. 우리나라의 경우 승용차 시장을 세분화하는 데 적절한 변수로 이용하고 있다. 마티즈, 베르나, SM5, K5, 그랜저, 제네시스, 에쿠스 등의 포지셔닝은 소득에 의한 시장세분화를 전제로 한 것이다. 그러나 소득에 의한 세분화도 꼭 예측과 일치하는 것만도 아니다. 육체노동자가 시보레차를 사고, 관리자들은 캐딜락을 살 것으로 예측했으나 관리자들도 시보레를 많이 구입하고, 육체노동자들도 캐딜락을 구입하고 있다.

4) 가족생활주기(family life cycle)

이에 대한 예로는 주택, 가구, 식품, 자동차 등이 있는데 가족생활주기는 인간이 출생한 후 미혼단계를 거쳐 노년기에 이르기까지 각 주기에 따라 소비행동이 상이하게 나타난다는 데에 착안되어 다음과 같은 6단계로 구분해서 설명하고 있다.

① 미혼단계 : 젊은 독신자들
② 자녀 없는 젊은 신혼부부
③ 자녀 있는 젊은 신혼부부
④ 자녀 있는 장년부부
⑤ 자녀 없는 장년부부
⑥ 노년의 독신

이들 각 단계에 따라 사람들의 욕구와 관심은 각각 다르며 구매패턴도 다른데, 가령 어린 자녀가 있는 가정은 세탁기, TV, 유아용 식품, 장난감의 구매가 증가되고, 젊은 독신자의 경우는 생활에 필수적인 것이 아닌 가전품, 레크리에이션 용품, 잡지 등의 구매가 많게 되고, 자녀가 결혼한 노부부 가정에서는 여행용품, 고급상품, 여가선용 등의 상품이 더 필요할 것이다.

2.2.3 지리적 변수에 의한 세분화

지리적(geographic) 변수가 시장세분화의 변수로 이용되는 이유는 지리적 단위가 차별화 마케팅의 기초로 되는 경우가 많기 때문인데 기후, 지역, 인구밀도, 주변 문화의 척도 등과 같은 변수들이 소비자의 상품구매욕구에 영향을 미친다.

① 지역별 : 경기, 충청, 전라, 경상지방 혹은 해안, 내륙, 산간지방, 우편번호(ZIP code) 등

② 인구밀도 : 농촌지역, 교외지역, 도시 등

③ 도시의 규모 : 대도시, 중·소도시(인구수 : 10만 이하, 50만 이하, 100만이하, 100만 이상 등)

④ 기후 : 온난지역, 한랭지역 및 계절에 따라 기온의 변화가 큰 지역

우리나라의 경우 사계절이 뚜렷해서 기후에 의한 세분화는 중요하다. 몇 가지 예를 든다면 여름의 에어컨, 겨울의 난방장치 그리고 의류, 정원설비, 스포츠용품 등이 있다.

지리적 변수에 따른 세분화는 세분화 작업이 비교적 용이하고 적은 비용으로 세분시장에 접근할 수 있기 때문에 널리 이용되고 있으며 흔히 소비자의 욕구에 따라 세분하는 것이 아니라 단순히 비용을 절감하기 위해서 쓰이는 경우가 많다.

D. Yankelovich는 위에서 서술한 바와 같은 인구통계적 및 지리적 변수로 시장을 세분화하는 것은 상표선택 영향과 구매빈도 등에 있어서 차이점을 명확히 설명하지 못하는 경우가 많아 최선의 방법은 아니며, 구매자의 태도, 동기, 가치, 사용패턴, 미적 선호, 감수성의 정도 등에 있어서 중요한 차이점을 자세히 조사해야 한다고 서술하고 있다.

지역별 세분화전략

미국의 Maxwell house 커피는 제품을 전국적으로 판매하고 있으나 맛은 지역적으로 다르게 하고 있다. 즉, 강한 커피를 좋아하는 서부지역에는 진한 커피를 팔고, 동부지역에는 그보다 약한 커피를 판매한다.

또한 R.J. Reynolds 담배회사는 시카고 지역을 3개로 나누어 담배를 팔고 있다. 북쪽 지역은 높은 교육수준으로 건강에 많은 관심을 가지고 있기 때문에 타르가 적은 담배에 주력하고, 남동쪽 지역은 공장 근로자들이 많아 보수적이기 때문에 Winston을 집중적으로 판매한다. 한편 흑인이 많이 사는 남쪽지역은 흑인용 신문 등에 Salem을 광고하고 있다.

2.2.4 심리적 변수에 의한 세분화

소비자가 제품이나 서비스를 구매하고자 하는 욕망은 그 소비자의 생활양식(life style)이나 개인의 성격 및 사회계층에 따라 상이하게 형성된다. 즉 소비자가 어떤 성격과 구매관습을 갖고 있느냐에 좌우된다. 이러한 변수들은 앞의 인구통계적 변수들보다 더 구체적인 정보를 제공해주는 장점이 있다.

인구통계적으로는 같은 세분시장에 속한 고객들이라도 매우 다른 심리분석적 특성을 보이는 수가 많다. 이러한 경우에는 심리적 변수를 기준으로 세분화하는 것이 효과적이다.

1) 개성

마케팅관리자들은 소비자의 개성(자아상, 자기의식)에 소구할 목적으로 상품이미지나 상표개념을 개발하려 한다. 개성 변수는 하나의 상품이 많은 경쟁상품들과 비슷할 경우와, 소비자들의 욕구가 다른 세분화 변수들에 의해 아주 중요하게 영향을 받지 않을 경우에 유용하다.

2) 사회계층

제3장에서 살펴보았듯 사회적 계층은 자동차, 의복, 가구, 독서습관, 여가활동 등 소비자 행동에 강한 영향을 준다. 많은 기업들이 특정 사회계층을 위한 제품이나 서비스를 고안하고 있다. 예로 사회계층별로 의사소통 수단에서도 차이가 있는데 상위계층은 잡지와 신문에 더욱 접근가능성이 높으며, 하위계층은 잡지 구독 시 멜로물이나 영화잡지를 좋아하는 경향이 있다. 또한 TV 프로그램 선택에서도 차이가 있는데 상위계층은 현재 일어나고 있는 사건과 드라마를 선호하는 반면 하위계층은 드라마나 퀴즈를 좋아한다.

3) 생활양식

라이프스타일은 개인의 욕구, 동기, 태도, 생각들의 복합체이다. 생활양식 세분화는 사람들이 어떻게 그들의 시간을 보내고 있는가, 그들의 가정 또는 일, 그들 자신에 대한 확신, 그리고 소득, 교육 등과 같은 사회경제적 지표들의 중요성에 입각하여 개인을 그룹별로 구분하는 것이다.

표 4-2 AIO분석에 쓰여지는 변수들

활동(Activity)	관심(Interest)	의견(Opinion)	인구통계
일	가족	자기자신에 대한 의견	나이
취미	가정	사회적 이슈	성별
사회활동	직업	정치	교육수준
휴가	지역사회	사업	소득
오락	여가활동	경제	직업
클럽회원활동	유행	교육	가족규모
지역사회활동	음식	상품	가족생활주기
쇼핑	대중매체	미래	종교
스포츠	업적	문화	

General Food의 카페인 없는 커피 Sanka는 이 라이프스타일을 이용해 카페인 있는 커피와 차별화하여 또 다른 커피시장을 차지(reposition)하게 되었다. 이러한 심리적 세분화의 이점은 사회경제적 변수로 파악할 수 없는 심리적 특성을 파악할 수 있어 이를 제품의 이점과 결부시킴으로써 보다 과학적이고 합리적인 시장세분화를 할 수 있다는 점이다. 즉, 첫째 심리적 변수들로 고객을 묘사하면 그 고객에 대한 생생한 감을 잡을 수 있으며, 둘째 시장을 보다 효과적으로 세분화할 수 있게 해주며, 고객에 관하여 풍부한 정보를 제공해준다는 것이다.

여하튼 심리적인 차원은 시장을 세분화하기 위한 효과적인 기준임에는 틀림없다. 그러나 이들의 사용은 여러 가지 이유 때문에 계속해서 제한되어 왔다.

첫째, 다른 유형의 세분화 변수보다 실제적으로 측정하기가 곤란하다. 지리적 변수나 인구통계적 변수는 비교적 개념이 분명하여 세분화의 경계가 선명하지만, 심리적 분석 변수는 상대적으로 모호한 개념을 많이 다루므로 측정이 어렵다는 단점이 있다.

둘째, 심리적 변수들과 소비자욕구들 사이의 관계가 때때로 모호하고 입증되지 못하기 때문이다.

셋째, 심리적 세분화로부터 초래되어 추상적인 경우 분할되어 달성되느냐가 의문스럽다. 예를 들어 비누의 경우 찬물샤워와 청결감을 좋아하며 신체적으로 굳건한 체력을 지니고 있는 남자를 표적으로 했을 때 이들을 찾아내기란 매우 어렵고, 또한 이들에게 광고메시지를 전달하기란 그렇게 용이하지는 않다. 즉, 세분화의 개념이 추상적일 경우에 세분시장에 대한 효과적인 접근매체가 없는 경우가 많기 때문이다.

종합적으로 볼 때, 심리분석적 변수는 강력한 세분화 도구가 될 수 있으나 아직은 이 분야에 연구가 부족하여 기술상의 어려움을 많이 남기고 있다.

2.2.5 행태별 세분화

1) 사용량(quantity consumed)

제품을 사용하는 양 또는 사용횟수에 따라 판매자들을 구분하는 것으로 사용자들을 다량사용자, 적당량 사용자, 소량사용자로 분류할 수 있다. 맥주의 경우를 예로 들면, 조사한 소비자들의 68%가 맥주를 마시지 않는 데 비해 맥주를 마시는 사람 중에 조금 마시는 사람과 많이 마시는 사람의 수는 각각 16%로서 동일한 비율을 차지하나, 조금 마시는 사람들의 소비량은 12%에 불과한 반면 많이 마시는 사람들의 소비량은 전체의 88%에 달하고 있다. 따라서 많이 마시는 사람들을 주시하는 것이 보다 중요할 것이다.

흔히 기업은 다량사용자를 마케팅전략의 표적으로 삼는다. 그러나 한 상품을 생산・판매하는 여러 기업이 모두 다량사용자만을 표적으로 마케팅생활을 전개한다면 그 노력은 서로 상실되어 유효하지 못할 것이며, 비사용자나 소량사용자가 다량사용자로 변화할 수 없다는 확정적인 증거가 없는 한 마케팅 노력의 배분문제는 신중히 검토해야 할 것이다.

2) 상표충성도(brand loyalty)

소비자가 어떤 특정 상표를 일관성 있게 선호하는 정도로 소비자는 상표 외에 특정 점포나 특정 회사에 대해 충성심을 보이기도 한다. 따라서 상표에 대한 태도측정이나 판매상표의 연속성 측면에서 소비자를 세분(hard-core loyals, soft-core loyals, shifting, switchers)하고 각 집단에 판매 소구하는 마케팅전략을 구사하는 것이다.

(1) 핵심적 고객(hard-core loyals)

항상 하나의 상표만을 구입하는 소비자로 한 제품의 계속적인 구매 패턴은 그 상표에 대해 끊임없는 충성도를 가진 소비자를 나타낸다. 충성도가 높은 시장으로는 치약, 맥주 및 담배시장에서 볼 수 있다.

(2) 유연한 충성고객(soft-core loyals)

2개 또는 3개의 상표에 충성하는 소비자로 이러한 구매패턴은 상표 사이에 분열된 충성도를 가진 소비자를 나타낸다.

(3) 이동성 충성고객(shifting)

하나의 상표를 선호하다가 다른 상표를 선호하는 소비자로 상표 A에서 상표 B로 충성도가 바뀐 소비자를 나타낸다.

(4) 전환성 고객(switchers)

어떤 상표에도 충성을 표시하지 않는 소비자로 다양한 제품구매 패턴은 거래중심적이거나 다양성 추구인 충성심이 없는 소비자를 시사한다. 따라서 기업은 자기시장에서 충성도 패턴을 분석함으로써 많은 시사점을 발견할 수 있다.

그러나 이러한 부분 내에 동질성의 부족과 충성도가 낮은 소비자가 가격, 광고 등과 같은 마케팅활동 내지 전략에 대한 미온적 태도나 인구통계적 그리고 심리적 측면에서 구매전환자와 구분하기가 어려울 때 상표충성도를 시장세분화의 기준으로 삼는 것은 별 도움이 되지 않는다.

관계마케팅, 가까운 고객매출 주도

경제이론 가운데 '2:8법칙'이라는 파레토법칙이 있다. 기업마다 수많은 고객이 있지만 매출에 실질적으로 기여하는 우수고객은 불과 20%로, 이들이 전체 매출의 80%를 담당한다는 이론이다. 신규고객에게 물건을 팔 때는 기존고객에 비해 2.5배나 많은 마케팅비용이 들어간다는 분석도 있다.

우수고객의 확보, 다시 말해서 고객관리는 그만큼 중요하다는 얘기다. 고객관리의 중요성은 시장개방 등으로 경쟁이 치열해지고 고객쟁탈전이 뜨거워진 1990년대 들어 더욱 부각됐다. 기업들은 어떻게 하면 기존의 일반고객을 잘 관리해 우수고객으로 레벨업시키느냐 하는 데 마케팅의 초점을 맞추었다. 국내기업들이 가장 많이 사용하는 고객관리전략은 관계마케팅(relationship marketing)이다.

평상시 고객과 긴밀한 관계를 유지함으로써 자연스럽게 자기회사의 물건을 사거나 시설을 이용토록 유도하는 전략으로 신규고객 확보가 어려운 불황기에 특히 효력을 발휘한다.

3) 이익변수(benefit sought)

소비자들은 제품에서 어떤 장점이나 이익을 추구하기 때문에, 마케팅담당자들은 소비자들이 추구하는 장점에서 우선적으로도 기본적인 욕구를 파악하여야만 한다.

이익세분화는 고객들이 제품을 구매함으로써 얻을 수 있는 다양한 이익(또는 혜택)에 따라 시장을 분할하는 방법이다. 여러 세분화 방법들이 고객들의 욕구 사이에 모든 세분화 변수들이 사용되지만 이익세분은 고객들에 의해 구해지는 이익이 바로 그들의 상품구매욕구라는 점에서 구별되어진다. 따라서 마케팅담당자들은 소비자들이 원하는 이익에 따라 동종의 이익을 추구하는 그룹들로 구분할 수 있을 것이다. 그리고 이익세분화의 효과는 다음 조건에 따라 좌우된다.

첫째, 상품구매가 사람들의 추구하는 이익에 일치됨을 증명할 수 있어야 한다.

둘째, 하나 혹은 그 이상의 부분들은 회사의 마케팅 노력이 그 부분들에 접근되고 영향을 줄 수 있을 만큼 밀접한 것이어야 한다.

L. Haley은 소비자가 치약을 구매함에 있어서 추구하는 이점이 상이함을 지적하고, 이들 이익추구집단과 인구통계적 혹은 심리적 특성을 연결시키고 있다. 그의 조사에 따르면 치약 소비자들은 충치예방, 하얀치아, 향기, 가격 등 여러 가지 동기로 구매를 하게 되는데 충치예방을 추구하는 사람을 걱정 근심이 있는 사람, 하얀치아를 추구하는 사람을 사교적인 사람, 향기를 원하는 사람을 감각적인 사람으로, 저가격을 추구하는 사람을 자존 자립적이며 독립성이 있는 사람으로 각각의 특성에 이름을 붙였다. 이와 같이 마케팅담당자는 추구하는 이점과 관련하여 인구통계적 또는 개성과 심리적 특성을 확인하도록 노력을 기울여야 한다.

이 이익세분화에 관한 연구는 소비자들이 관심 있는 제품영역에서 여러 가지 다양한 상표에 관하여 고려하는 동시에 각 품목에서 소비자 가격체계를 측정할 수 있다는 것에 기초를 두었고, 인과적 분석에 역점을 둔다는 점에서 지금까지의 시장을 구성하는 소비자를 기술적으로 분석한 것에 비해 유용한 기준이라고 본다. 그러나 이익에 따라 세분화를 하는 데 있어서 몇 가지 문제점이 있다.

첫째, 전체 시장에 내재하는 각 이익집단의 규모를 측정하기가 어렵다.

둘째, 소비자가 추구하는 이익의 양면에는 전혀 다른 의도가 내포되어 있을 수 있다.

셋째, 소비자에 따라서 여러 개의 이익을 동시에 추구하는 경우도 있기 때문에 많은 이익을 결합하여 시장을 세분화해야 한다.

세분화에 따른 판매전략

시계업체가 비싼 시계를 금은방에서 팔고 있을 당시 Daniel Yankelovich라는 사람은 시계업체가 소비자들이 시계를 구입함으로써 얻게 되는 이익을 전혀 무시하고 있다는 것을 알게 되었다. Yankelovich의 조사에 따르면 시계를 구입하는 소비자의 1/3은 값싼 시계를 원하며 다른 46%의 소비자는 오래 사용할 수 있으면서 고급품인 시계를 원하고 있다. 이에 응하여 Timex시계는 값싼 제품을 만들어 값싼 상품을 취급하는 소매상에서 판매하였고 그 결과 세계 최대의 시계회사가 되었다.

Lever Brother회사는 옷에 자기 체취가 남아 있는 것을 염려하는 소비자들을 겨냥하였다. 미국인들은 운동을 많이 하고 또 인조 합성섬유로 된 옷을 많이 입기 때문에 옷에 체취가 오랫동안 남아 있었다. 여기에 초점을 맞춘 Lever Brother회사는 이 체취를 제거하는 세제 Surf를 개발하여 미국에서 두 번째로 잘 팔리는 세제가 되었다.

4) 구매동기(purchase occasion)

구매목적에 의한 세분화로 소비자들이 제품을 구매하는 동기를 기준으로 시장을 세분화하는 방법으로 예를 들면 비행기 탑승객을 비즈니스, 여행, 가족방문 등에 의해 분류할 수 있고 전화 이용동기를 비즈니스, 개인용무로 분류할 수 있다.

5) 사용자 신분(user's status)

소비자가 제품의 소비 여부 및 상태에 따라 비사용자, 잠재사용자, 과거사용자, 1회사용자, 규칙적 사용자로 분류할 수 있다.

6) 사용률(usage rate) 또는 수량세분화(volume segmentation)

시장은 소량사용자, 보통사용자, 다량사용자로 세분화할 수 있다. 사용량이 세분화의 기준으로 많이 사용되는 이유는 다량사용자(heavy users)의 중요성 때문이다. 다량소비자는 그들의 수는 적지만 그들의 소비량은 아주 큰 비중을 차지한다. 이와 같은 사실은 맥주뿐만 아니라 여러 제품에도 동일하게 적용된다. 그러므로 다량소비자에게 소구할 때는 그들의 공통적인 인구통계적 · 심리적 매체관습을 파악해야 한다.

7) 구매기준의 단계(stage of readiness)

어느 일정시점에서 볼 때 특정 제품에 대한 구매기준은 여러 개로 되어 있다.

① 제품의 존재를 전혀 모르는 사람

② 제품의 존재는 아나 제품 자체는 잘 모르는 사람
③ 제품의 존재는 아나 사용해 본 경험이 없는 사람
④ 구매하고 싶어 하는 사람
⑤ 실제 구매를 했고 단골고객이 된 사람

그 대안은
①의 경우 광고를 많이 해야 한다.
②와 ③의 경우 견본을 제공하는 것이 효과적이다.
④의 경우는 인적판매를 통해서 구입을 유도해야 한다.
⑤도 보다 효과적인 마케팅믹스를 이용하여 단골고객을 만들어야 한다.

8) 마케팅 요소(marketing factors)

시장은 소비자 등이 중요하게 여기는 마케팅변수(품질, 가격, 유통경로, 광고)에 따라서도 세분화될 수 있다.

소비자들 중에는 ① 품질변화에 민감한 사람도 있고, ② 가격의 변화에 관심 있는 사람도 있고, ③ 구매의 편의성(유통경로)을 따르는 사람도 있고, ④ 광고를 보고 상품구입을 결정하는 사람도 있다. 따라서 마케팅 요소 자체가 고객의 필요를 대변해주는 유용한 세분화변수가 될 수 있다. 예를 들면 ① 1.5리터짜리 청량음료는 용량에 비해 가격이 저렴한 편이므로 가격에 민감한 가족용 소비자들을 위한 것으로 볼 수 있으며, ② 화장품업계에서 널리 행해지는 방문판매는 구매의 편의성, 개인적 서비스를 바라는 소비자들의 욕구를 충족시켜 주는 것이다. 따라서 기업은 마케팅 요소의 어느 하나 또는 몇 개를 전문화하여 소비자욕구를 충족시킴으로써 시장을 세분화할 수 있다.

2.2.6 여행목적별 세분화

여행목적별 세분화(segmentation by purpose of trip)란 여행자를 업무 · 관광 · 휴양 · 신혼여행 · 회의참가 등과 같은 여행목적별로 전체 시장을 세분화하는 것을 의미한다. 이 세분화 기준에 따르면 관광시장은 비즈니스 여행시장과 관광목적 여행시장으로 구분되고, 그 두 세분시장은 [표 4-3]과 같이 더 세분화된다.

▌표 4-3▌관광시장의 여행목적별 세분화

비즈니스 여행시장	관광목적 여행시장
1. 상용 비즈니스여행 • 빈번한 비즈니스여행객 • 여성 비즈니스여행객 • 비즈니스여행객 • 국제 비즈니스여행객 2. 회합 및 회의참석 관련 여행객 • 국제협회 • 지역협회 • 국가단위협회 • 기업차원협회 3. 인센티브여행	1. 친지방문 2. 교외여행 3. 시내관광 4. 야외여행 5. 리조트휴가 6. 크루즈여행 7. 주제공원 방문, 박람회 또는 특별행사 참가

관광목적지로서 평판이 높은 싱가포르에 위치한 호텔들은 보다 많은 관광객의 유치를 위해 관광시장을 단체시장과 개인시장으로 구분하고, 전자는 다시 그룹투어(group tour), 국제회의(convention), 기업체 모임, 항공사 승무원 등으로, 그리고 후자는 개인여행객, 여행을 자주하는 여행객(frequent travelers), 단체포괄여행 등으로 세분화하고 있다. 이와 같이 관광기업이 여행목적을 관광시장의 세분화 기준으로 활용하는 방안은 국적과 소득 등을 세분화 기준으로 삼는 것보다 합리적이라는 것이 여러 면에서 입증되고 있다.

3 제품차별화와 시장세분화

지금까지 시장세분화전략에 대해 살펴보았으나 제품차별화 역시 시장세분화와 마찬가지로 불완전 경쟁(imperfect competition)이나 독점적 경쟁(monopolistic competition)으로 특징지어진 시장에서 경쟁에 대응하기 위한 비가격경쟁의 한 수단이라고 볼 수 있다.

똑같은 제품, 똑같은 품질, 똑같은 성능을 가지고 경쟁사와 판매경쟁을 한다면 그 제품의 판매는 쉽지 않을 것이다. 그러나 자사 제품이 경쟁사 제품보다 우수하거나 다른 용도가 있다면 판매가 용이하게 될 것이다.

제품차별화(product differentiation)전략은 자사와 경쟁사의 제품 간에 실제적 혹은 심리적 차이를 강조함으로써 자사 제품의 판매량을 증대시키기 위한 방안이라고 할 수 있는데, 이 전략의 전제는 하나의 제품에는 하나의 수요곡선만이 존재하며, 소비자들의 욕구의 차이는 집중광고와 판매촉진으로 최소화될 수 있는 데에 두고 있다. 이러한 제품차별화의 수단으로는 다음과 같은 것들이 있다.

① 서비스 : 제품의 판매와 관련된 품질보증, 수리, 교환, 배달, 반품 등 각종 서비스의 차별화
② 포장 : 내용물의 보호라는 전통적인 포장기능 이외에 포장의 외양을 차별화함으로써 판매저항을 순화시키고 판매촉진을 도모할 수 있음
③ 광고활동 등의 촉진활동을 차별화
④ 상표 : 상표의 이미지를 차별화함으로써 소비자선택을 용이하게 할 수 있음
⑤ 제품의 외관 : 제품의 색상, 디자인, 스타일 등의 차별화
⑥ 제품의 특성 : 제품의 고유한 기능 이외의 부수기능의 차별화

이러한 차별화전략은 특히 비누, 담배, 칫솔, 가솔린과 같이 대체로 제품이 표준화되어 있고 욕구가 동질적인 수평적 시장(horizontal market)에서 효과적이라고 할 수 있다. 오늘날 제품차별화전략은 다양한 시장의 욕구와 심화된 경쟁하에서 타 제품과의 실질적 내지 심리적 차이를 부각시킴으로써 경쟁에서 우위를 확보하고 판매량을 증대하기 위한 방안으로 채택되고 있다.

그러나 오늘날은 제품차별화전략만으로 시장을 크게 확대하기가 곤란한 경우가 많은데, 왜냐하면 시장이 방대하면 할수록 단지 차별화에만 의존하여 한 가지 제품만을 가지고는 모든 소비자들의 욕구를 충족시킬 수 없기 때문이다. 어느 제품이든 적어도 이 방대한 시장의 일부분만은 보다 정확히 충족시키고 있을 가능성이 높기 때문에 소비자들 간의 기호의 차이를 상쇄하기 위해서는 촉진지출의 증대나 가격인하와 같은 정책이 수반되지 않으면 안 될 것이다. 이렇게 볼 때 제품차별화는 시장세분화 없이는 그 효과를 완전히 발휘할 수 없다고 볼 수 있다.

제품차별화가 보다 일반적인 시장에서 폭(breadth)을 추구하는 전략이라면, 시장세분화는 제한된 깊이(depth) 있게 침투하려는 전략이라 할 수 있다. 그러나 여기

서 한 가지 유의할 점은 제품차별화는 처음부터 시장세분화전략에 부응하기 위해 행해진 전략은 결코 아니라는 것이다. 즉, 제품차별화전략이 판매지향시대를 배경으로 한 하나의 비가격경쟁인 데 반해 시장세분화전략은 마케팅 콘셉트 시대를 배경으로 한 이익증대전략이라 할 수 있다. 그렇다고 해서 오늘날 이 두 개념이 상충된다는 것은 결코 아니고, 후자는 전자를 수반하되 전자는 후자에 토대를 두고 행해져야 한다는 것이며, 이때 제품차별화는 종전과는 전혀 다른 개념하에서 이루어짐을 잊어서는 안 된다. 즉, 당초 시장세분화로 출발한 회사는 곧 제품차별화가 수반되어야 함을 인식하게 될 것이다.

세분화된 시장은 하나의 과도기적 현상이며 경쟁조건이 변함에 따라 새로운 시장세분화의 방안이 모색이나 제품차별화 전략에 의존하지 않을 수 없게 마련이다. 제품차별화전략을 채택하게 된 배경이야 어떻든 간에 오늘날 신제품 개발비용의 증가, 제품수명주기의 단축화, 그리고 기술혁신 필요성의 점증 등으로 인해 대부분의 회사는 시간과 비용이 많이 소요되는 제품혁신에 의존하기보다는 보다 신축적이고 비용이 적게 드는 제품차별화전략을 선호하는 경향이 두드러지게 나타나고 있는 것이 사실이다.

그림 4-2 ▌가격경쟁과 비가격경쟁

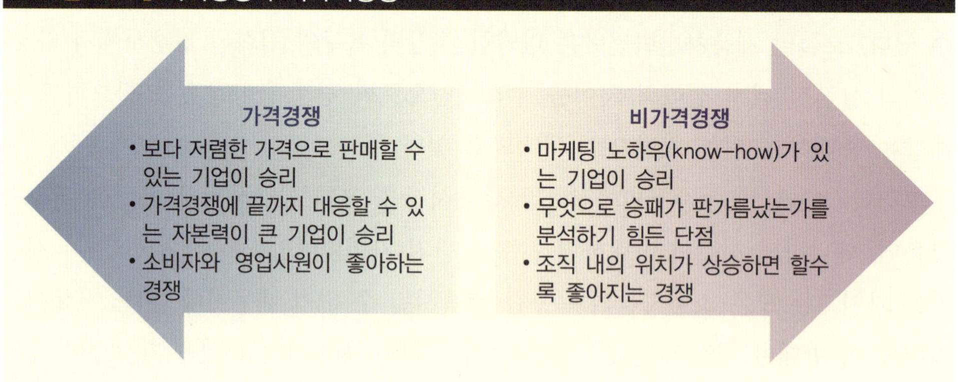

3.1 물리적 특성에 따른 차별화

샌프란시스코의 쉐라톤 플레이스(Sheraton Place), 시카고의 팔머 하우스(Palmer

House), 뉴욕의 웰도프 아스토리아(Waldorf Astoria), 싱가포르의 라플즈(Raffles) 등의 전통적인 호텔은 과거의 위엄을 살려서 스스로를 차별화하고 있다. 이러한 물리적 환경은 새로이 건설된 호텔이 대항할 수 없는 무엇인가를 제공하고 있다. MGM 항공은 1등석 승객만이 이용할 수 있게 설계된 항공여행을 제공하고 있다. 이 항공기는 대형 국내항공의 1등석에서는 찾아볼 수 없는 입석 바와 침대 및 그 밖의 물리적 시설을 정비하고 있다.

3.2 서비스에 따른 차별화

기업 가운데는 서비스를 중심으로 차별화하고 있는 곳도 있다. 예를 들면 쉐라톤은 객실 내에서 체크인 서비스를 제공한다. 레드 랍스터(Red Lobster)에서는 고객이 집에서 전화를 걸어 웨이팅 리스트에 자기들의 이름을 써넣게 하여 레스토랑에서의 대기시간을 없앴다. 몇 개의 레스토랑에서는 차별화의 일환으로서 직접 가정으로 배달하고 있다. 표적시장에 대하여 편익이 되는 서비스를 제공함으로써 기업은 차별화를 확보할 수 있다.

3.3 직원에 따른 차별화

기업은 타 경쟁사보다 우수한 직원을 채용하든가, 직원훈련을 통하여 강력한 경쟁적 우위성을 획득할 수 있다. 싱가포르항공이 탁월한 명성을 획득한 것은 주로 승무원(Flight Attendants나 Crewmen, Stewgrdess)이 우아하기 때문이다. 사우스웨스트항공사의 Herb Kelleher는 "타 경쟁사는 자기들의 저비용을 모방할 수는 있어도 결코 사우스웨스트항공사 직원의 정신과 유사한 서비스정신을 창조할 수 없을 것이다"라고 주장하고 있다. 직원에 따른 차별화는 기업이 그들의 고객과 접촉하는 사람들을 신중하게 선발하여 충분한 훈련을 거치게 해야 한다. 이러한 직원은 유능하지 않으면 안 된다. 이들에게는 필요한 기술과 지식을 갖추는 것보다 친절하고 우호적이며 예의바른 태도가 필요하다. 또한 고객에 대하여 시종일관 올바른 서비스를 제공하지 않으면 안 되며 고객의 입장을 이해하여 그들과 명쾌한 의사소통을 해야 하고, 고객의 요구와 문제에 대하여 신속하게 대응하지 않으면 안 된다.

3.4 입지에 따른 차별화

관광업계에 있어서 입지(location)는 강력한 경쟁우위성을 확보할 수 있다. 예를 들면, 뉴욕시티 센트럴 파크로 향해 있는 호텔은 이 공원을 볼 수 있고, 1블록 떨어져 있는 호텔에 비하여 경쟁적 우위성을 향유하고 있다. 고속도로 출구에서 나와 오른쪽에 위치하는 모텔은 1블록 떨어져 있는 호텔에 비하여 이용자의 비율에 있어서 2배의 우위성을 획득할 수 있다. 산 정상에 있는 레스토랑은 그 경관을 경쟁적 우위성으로 광고하고 있고, 바다경관을 조망할 수 있는 레스토랑도 이와 마찬가지로 광고를 하고 있다.

국제선을 보유한 항공회사는 국내시장의 여러 지점에 그 입지를 정하고 있다. 예를 들면 Qantas항공은 오스트레일리아 항공회사로서 국제시장에 판매촉진을 실시하고 있고, 국내시장에 있어서도 판매촉진을 강력하게 촉진하고 있다. 관광회사는 그 입지에 의하여 발생하는 이익을 추구하여 다른 시장과 구별하고 있고, 이러한 이점을 이용하고 있다.

3.5 이미지에 따른 차별화

경쟁상품이 동일한 것으로 보일 때에도 구매자는 기업이미지와 브랜드이미지에 따른 차이를 지각할지도 모른다. 따라서 기업은 타 경쟁사와 자기들을 구별할 수 있는 이미지를 확립할 필요가 있다. 기업이미지와 브랜드이미지는 제품의 주요 이점과 위치설정을 전달할 수 있는 유일의 명확한 메시지를 가져야 한다. 강력하면서도 명확한 이미지를 확립한다는 것은 창조적이고 곤란한 업무를 필요로 한다.

기업은 몇 가지 광고를 이용하여 하룻밤 사이에 일반대중의 마음속에 이미지를 심어 줄 수는 없다. 칠리즈(Chilis)는 평상복으로 갈 수 있는 즐거운 인근 레스토랑으로서의 이미지를 확립하였다. 이러한 이미지는 광고, 메뉴, 레스토랑의 분위기, 직원들에 의하여 전달된다. 이미지(image)라는 것은 기업이 주장하든가, 행동하는 모든 것에 의하여 키워나가지 않으면 안 된다.

Studebaker's는 자동차 후부에 자사의 명칭을 붙여서 25세 이상의 성인독신자용 나이트클럽으로서 위치를 설정하였다. 하지만 스튜드 베이커즈의 자동차를 이용하는 젊은층의 세분시장에게 그 명칭과 시설을 알리는 데 별 의미가 없었다. 시가지나 고속도로에서 이러한 자동차를 발견한다는 것은 거의 불가능하였기 때문이다. 따라서 스튜드 베이커즈는 그 표적시장에 대하여 무엇을 뜻하는지 젊은층 시장에 있어서 별 의미를 갖지 못하였다.

CHAPTER

05

관광마케팅전략

1. 마케팅전략 및 계획개발 과정
2. 마케팅전략 수립
3. 마케팅 목표

사례 에어뉴질랜드의 영화 〈호빗〉 활용기

뉴질랜드는 영화 〈반지의 제왕(The Lord of Ring)〉과 〈호빗(Hobbit)〉의 로케이션이 진행된 곳으로 알려지면서 전 세계에 흩어져 있는 영화 팬들이 방문하는 유명 관광지가 되었다. 뉴질랜드의 대표적인 항공사인 '에어뉴질랜드(Air New Zealand)'는 이를 놓치지 않고 영화 〈호빗〉을 활용하여 다른 항공사와의 차별화된 마케팅을 선보였다.

뉴질랜드 국가브랜드부터 항공사의 프로모션까지

〈반지의 제왕〉의 후속작으로 〈호빗 : 뜻밖의 여정〉이 2012년 개봉 확정되면서 뉴질랜드 정부는 〈호빗〉을 통한 국가 브랜드 제고를 위해 적극적으로 대응했다. 뉴질랜드에서 영화를 촬영할 수 있도록 노동법을 바꾸는가 하면, 개봉일자에 맞춰 수도 웰링턴(Wellington)의 도시명을 일정기간 동안 '중간계(Middle East)'로 바꾸어 사용하기도 했다.

에어뉴질랜드 항공사도 〈호빗〉과 콜라보레이션의 일환으로 〈반지의 제왕〉 속 등장인물이 등장하는 기내안내방송을 제작했다. 이 영상은 영화 〈반지의 제왕〉의 특수효과를 담당했던 WETA Workshop이 제작에 참여했고, 〈반지의 제왕〉을 연출한 피터 잭슨(Peter Jackson) 감독도 출연해 영화 속 명대사인 'My Precious'를 외친다. 많은 승객들이 기내 안내방송을 관심있게 보지 않는 것과 달리 이 패러디 영상은 승객들의 이목을 집중시켰을 뿐만 아니라 인터넷을 통해 전 세계에 알려지면서 화제가 되었다.

공항 곳곳에서 발견할 수 있는 호빗의 흔적

〈호빗〉의 프로모션은 뉴질랜드 웰링턴 공항 곳곳에서 발견할 수 있다. 〈호빗 : 스마우그의 폐허〉의 개봉을 기념해 에어뉴질랜드는 보잉 777-300기에 〈호빗〉에 등장하는 스마우그를 특별 도장해, LA공항으로 건너가 특별행사를 치루기도 했다. 또한 웰링턴 공항 내부에는 영화 속 캐릭터인 골룸과 간달프의 대형 조형물을 설치해 공항을 이용하는 여행객들의 시선을 끌었다.

| 출처 |

http://ddungsang.tistory.com/820

http://www.acrofan.com/ko-kr/detail_legacy.php?param1=ko-kr&param2=live&param3=content&param4=20121119&param5=0703050301

http://blog.naver.com/leonjuhee/150179803918

http://ddungsang.tistory.com/820

오지전문여행사 '혜초여행사'

'오지(奧地),' '두메,' 이 단어들을 들으면 어떤 이미지가 떠오르는가? 아마도 문명과는 거리가 먼, 그야말로 "요즘 세상에도 이런 곳이 있을까?"라는 생각이 들 것이다. 사전을 찾아보면 오지는 '해안이나 도시에서 멀리 떨어져 있는 곳'이란 뜻이다. 그만큼 도시문화와는 떨어져 천연의 상태가 유지되고 있는 곳이란 뜻으로 받아들여진다. 요즘 해외여행의 추세는 이같은 오지를 찾는 여행이 적잖은 비중을 차지하고 있다.

오지의 기준이 명확치 않아 정확한 통계는 잡히지 않고 있지만 과거 유명 관광지 일색의 여행에서 다양성이 강화되고 있는 추세다. 일부러 이런 곳들을 찾는 '오지여행 마니아'들도 속속 등장하고 있다. 과연 오지여행의 추세는 어떻고, 왜 어떤 사람들이 오지여행을 떠날까?

오지여행에 푹 빠진 사람들에게 오지여행의 매력을 들어봤다.

어느 50대 교사의 오지 예찬

서울에 있는 한 고등학교 교사인 박 모(53) 씨는 방학 때만 되면 아내와 함께 여행사를 찾는다. 수 개월 동안 학생들을 지도하면서 스트레스를 받은 박 씨가 이번 방학에 찾는 곳은 사람들이 많이 가는 동남아 등 휴양지가 아닌 티벳이다.

"매번 방학에 동남아나 유럽 등을 패키지여행으로 다녀오다가 지난해 우연히 실크로드여행에 관해 듣고 다녀왔다"며 "우리나라와는 전혀 다른 사막 기후에 거센 바람에 힘이 들었지만, 지금까지 다녀온 그 어떤 여행보다 기억에 남았다"고 말했다. 힘들었지만 그만큼 추억이 많이 남는 여행이었다는 얘기였다.

이후로 '오지여행'의 매력에 푹 빠진 박 씨는 올해는 아내에게 티벳에 가자고 제안했다. 도시문명과는 거리가 먼, 하지만 차분하고 사람사는 냄새가 날 것 같은 티벳에 갈 생각에 박 씨는 벌써부터 마음이 설렌다.

오지여행, 누가 갈까

과거 젊은 여행자들의 배낭여행지로나 여겨졌던 실크로드, 티벳, 인도 서북 레나닥 지역과 파키스탄, 우즈베키스탄 등 중동지역, 그리고 북아프리카 등지에 40~50대 이상 중년층은 물론 70대 노년층이 가기 시작한 것은 2~3년 전부터이다. '오지여행'을 기본으로 한 '오지/트레킹' 카테고리를 따로 분류하고 있는 한진관광의 이희오 과장은 "2~3년 전부터 카테고리를 따로 떼어냈다"며 "'일상적인 패키지가 재미없고 평이해서 싫증난다'는 중년들에게서 오지여행에 대한 문의가 늘고 있다"고 말했다.

오지여행 전문여행사인 혜초여행사의 원신희 부장도 중년층 이상을 중심으로 오지여행 인구가 늘고 있다는 데 의견을 같이 했다. 원 부장은 "여행 경험이 점점 늘어나고 있기 때문에 이미 경험한 국가 수가 늘다보니 다음 국가를 선정하다보면 오지 쪽을 보지 않을 수가 없다"고 말했다. 많은 여행을 경험한 사람들이 일반 패키지가 재미없다보니 사람들의 발걸음이 많이 닿지 않은 새로운 곳을 찾게 된다는 것이다. "여행은 중독과도 같아 안 갈 수는 없고 가다 보면 어느새 오지밖에 택할 수 없는 시기가 온다"는 것이 원 부장의 말이다.

패키지여행은 이제 신물나요!

여행사 관계자들의 말처럼 1989년 해외여행 자율화 이후 수많은 사람들이 해외여행을 다녀오다보니 이미 여행사 상품으로 나와 있는 흔한 휴양지나 관광지는 경험해 본 사람들이 많다. 왠만한 여행지는 가본 사람들이 흔하지 않은 여행지를 찾다가 발견하는 것이 결국 오지다.

오지여행은 과거에는 개인이 개척해 다녔고 이후 일반화되면서 패키지여행으로 정착되어 가고 있다. 일반 패키지여행과 가장 큰 차이점은 억지쇼핑이 없다는 것이다. 빠르게 이곳 저곳을 둘러보는 일반 패키지여행에 익숙한 중장년층을 위해 오지여행도 '스피디'하게 진행되지만 기념품 쇼핑이 빠진 것은 분명 여행자들에게는 희소식이다.

그러다보니 가격대가 다른 관광지에 비해 높은 것은 어쩔 수 없는 일이다. 원 부장은 "오지여행 지역은 쇼핑이나 옵션 투어가 불가능해 여행경비가 실비로 반영돼 있다. 일반적으로 경쟁이 치열한 관광지와는 가격 면에서 분명히 차이가 있다"고 말했다. 패키지상품은 싼 가격을 옵션투어나 쇼핑에서 더 충당하기 때문에 오지여행과는 다를 수밖에 없다는 얘기다.

하지만 최근 오지여행을 하기 시작한 사람들 대부분이 중년층 이상으로 어느 정도 경제적 안정을 찾은 사람들이어서 가격이 여행지 결정에 큰 영향은 없다는 것이 여행사 측의 말이다.

오지여행의 아이러니 '진짜오지 찾기'

오지여행의 매력은 결국 문명과의 거리감이다. 빠른 속도로 쉼없이 변하는 세상살이에 지친 사람들이 '느림의 미학'을 즐기는 것이 오지여행에 흔들리는 가장 큰 이유다.

하지만 역설적으로 오지여행이 인기를 끌다보니 오히려 이런 매력이 반감되는 일도 없지 않다. 그동안 개인적으로 개척해야 했던 여행지에도 여행사 상품이 많이 들어와 있어 여행자가 많아지니 결국 오지에도 문명이 들어오기 시작한 것이다.

지난 해 여행사 상품을 통하지 않고 남미 지역을 방문했던 또다른 교사 김모(38)씨는 "이 지역에도 한국인 관광객들이 늘고 있고 그러다보니 갖가지 부대시설들이 따라 들어오고 있다. 관광객을 대상으로 한 기념품 장사 등이 일반화된 동남아 지역과 비슷해지는것 아닌가 하는 생각이 들더라"며 걱정했다.

국내 오지여행도 마찬가지다. 특히 국내의 경우 오지 개발의 가장 큰 적은 텔레비전 프로그램이다. 국내 오지트레킹을 주로 하는 한 산악회 관계자는 "보석처럼 숨어 있던 국내 여행지들이 KBS의 '1박2일'이나 여행지를 소개하는 아침방송 등에 나온 지 하루면 관광지가 되어버린다"며 한적한 곳을 찾아들던 오지여행자들의 즐거움이 한층 줄어든 것을 아쉬워하기도 했다.

| 출처 |

[기획취재] 오지여행, 힘들어도 좋다!, 스포츠서울(2009. 7. 17)

http://www.sun1947.com/np/20110413-080.jpg

시장을 세분화하여 잠재 표적시장을 선정했다면 그 다음 단계는 찾기 힘든 장소나 접근하기 힘든 장소로 여행을 계획하는 것과 같다. 어떤 탐험가들은 지도, 선택한 루트, 공급품의 적절한 종류와 양, 목적지까지의 접근수단 또는 교통수단, 도와줄 몇몇의 사람들 그리고 일일 목표의 필요성을 중요하게 인식한다.

이 장에서는 호스피탈리티 및 관광산업에서 개인이 사용할 수 있는 전략대안과 다양한 제품수명단계에서 가장 효과적으로 작용하는 여러 다른 전략들을 살펴보고 관광 및 호스피탈리티산업의 선도자들과 그들을 따라가려는 이들을 위한 가장 효과적인 전략에 대해 설명한다.

1 마케팅전략 및 계획개발 과정

마케팅담당자들은 이들이 있고 싶어하는 위치에 어떻게 도달할 것인지에 대하여 계획을 세울 때, 마케팅전략 대안들을 검토하여 이들 기업과 자원에 가장 적합한 대안을 선택한다. 가장 큰 수익을 창출할 수 있는 활동(마케팅믹스)에 예산과 인적자원을 투입한다. 이로써 중간과정 단계(목표)는 정해지게 된다.

1.1 마케팅전략(marketing strategy)

마케팅전략은 특정 고객집단과 커뮤니케이션의 수단, 유통경로 그리고 가격구조를 포함하는 몇 가지 대안에서 실행과정을 선정하는 것이다. 대부분의 전문가들은 마케팅전략을 표적시장선정과 마케팅믹스의 결합이라고 말한다.

표 5-1 마케팅전략과 계획을 개발하는 과정

마케팅전략요소	단계	결과와 선택
1. 시장세분화분석	• 시장을 세분화시킴 • 기업을 위해 표적시장을 선정	• 표적시장 또는 시장
2. 마케팅전략 수립	• 시장초점 선택 • 산업위치 결정 • 제품수명주기단계 확립 (도입기, 성장기, 성숙기, 쇠퇴기)	• 단일표적시장, 집중, 종합 또는 비차별 • 선도자, 도전자 또는 추종자 • 도입기, 성장기, 성숙기, 쇠퇴기
3. 포지셔닝 접근	• 포지셔닝 접근 선택 (전체와 표적시장으로)	• 구체적인 제품 특징 혜택/문제, 해결/욕구, 구체적 사용, 상황 사용자 범주, 다른 제품과 상반됨, 또는 상품 등급 구분
4. 마케팅목적	• 각각 선택된 시장을 위한 마케팅 목적 표기	• 구체적인 표적시장/결과지향적, 양적 그리고 구체적 기간
5. 선택된 표적시장을 위한 마케팅 목적달성	• 7P가 어떻게 사용될 것인지에 대한 결정	• 제품, 파트너십, 인적요소, 패키지 프로그래밍, 유통, 촉진, 가격을 이용
6. 마케팅계획	• 합리적인 마케팅계획, 실행계획, 요약을 포함시킨 계획작성	• 마케팅계획 보고서

1.2 마케팅 목표(marketing objective)

마케팅 목표는 환대 및 여행 기업이 특정 기간, 일반적으로 1년 혹은 2년 내에 표적시장을 대상으로 달성하고자 하는 측정가능한 목적이다.

그림 5-1 표적마케팅

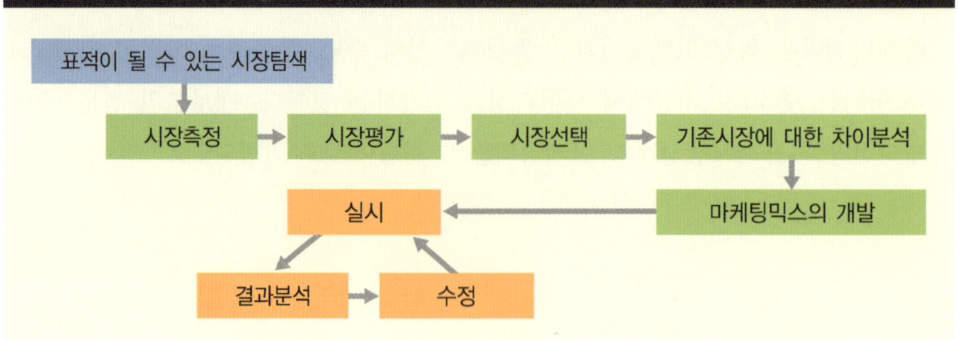

2 마케팅전략 수립

마케팅전략을 수립하기 위해서는 먼저 전략 대안을 선택해야 한다.

2.1 시장중심에 따른 전략 대안

환대 및 여행 기업 조직이 이용가능한 시장중심전략에는 4가지가 있다.

① 단일표적시장전략(single-target-market strategy) : 여러 세분시장에서 단 하나의 표적시장을 선정하여 독점적으로 마케팅을 시행한다.

② 집중마케팅전략(concentrated marketing strategy) : 여러 세분시장에서 몇 개의 표적시장을 선정하여 집중적으로 마케팅을 시행한다.

③ 차별적 마케팅전략(full-coverage marketing strategy) : 각 세분시장에 적합한 접근법을 가지고 전체 시장의 모든 세분시장에 마케팅을 시행한다.

그림 5-2 ▮ 표적시장의 유형

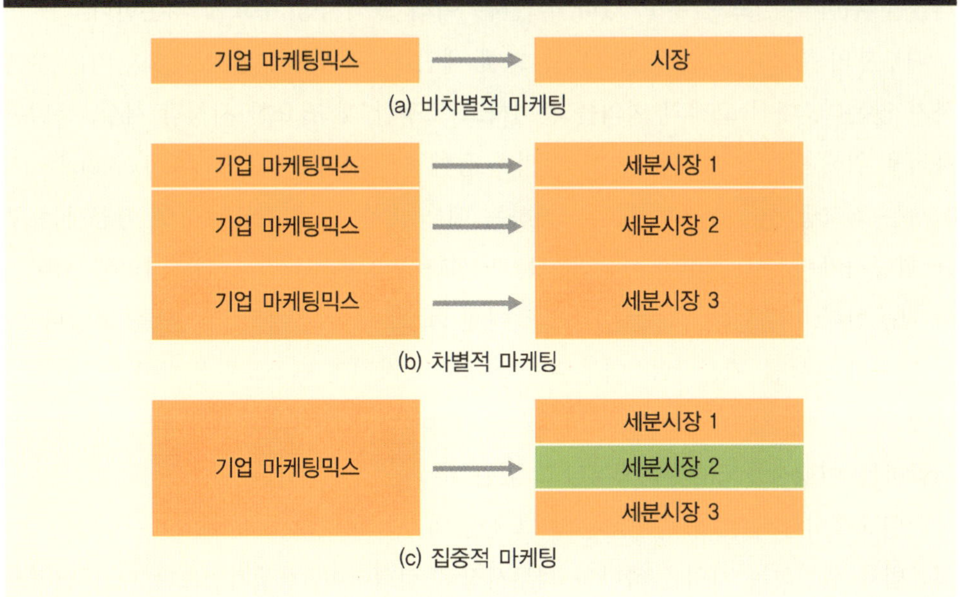

④ 비차별적 마케팅전략(undifferentiated marketing strategy) : 여러 다른 세분시장이 존재한다는 것을 알면서도 이러한 차이점을 무시하고 마케팅을 시행한다.

단일표적시장 접근법을 채택한 집단을 '틈새자(nicher)'라고 하고, 집중 및 종합전략을 이용하는 기업을 '세분자(segmenter)'라 부른다. 네 번째 전략을 이용하는 기업을 '결합자(combiner)'라 한다.

2.1.1 단일표적시장전략

틈새(niching)전략으로 알려진 이 전략은 소규모의 시장점유율, 즉 서비스에 대한 전체 수요가 낮은 기업에서 많이 이용된다. 환대 및 여행산업에서는 [그림 5-3]의 컨퍼런스센터(conference-center) 리조트가 그 좋은 예가 된다. 이 리조트의 개발 자들은 소규모 기업 및 협회 회의를 위한 서비스를 제공하는 전문적인 리조트가 필요하다는 것을 감지하였다. 그들의 접근법은 전문화(specialization)와 특정 표적시 장의 욕구에 세심한 주의를 기울였다는 강점을 지닌다. 대부분의 다른 호텔과 리조트는 모든 규모의 컨벤션 및 회의뿐 아니라 다른 비즈니스 여행객과 휴가 여행객들을 위한 시설도 갖추고 있다. 이들은 여러 표적시장 수요에 의존한다.

대부분의 주요 컨퍼런스 리조트는 호텔 체인 및 관광청과 달리 국제회의를 수행하지 않는다. 대신 고객의 회의를 준비하고 조정할 때 필요한 시청각 시설, 특별한 목적을 위해 만들어진 시설, 개별 서비스 등에 의존한다. 예를 들어, Abercombie & Kent는 최고급의 여행 패키지를 제공하는 데 노력한다. 소규모의 지역 항공사는 주요 항공사가 비경제적이라고 생각하는 노선과 스케줄을 가진 특정 지역에 서비스를 제공한다. Cinnabon은 패스트푸드 대신 계피롤빵에 몇 가지 음료를 포함한 매우 단순한 메뉴를 제공한다. 대부분의 소규모 독자적인 레스토랑은 뚜렷한 지역 시장에 서비스를 제공함으로써 전문화를 추구한다. 현재 크루즈여행만을 전문적으로 취급하는 여행사들도 많이 생겨나고 있는 추세이다.

단일표적시장 접근의 필수요건은 그 산업의 주도자와 경쟁을 피하는 것이다. 이 접근법을 선정하는 기업은 하나의 세분시장을 선택하며, 경쟁기업보다 더 포괄적으로 그들의 욕구를 충족시키는 서비스를 제공하고자 한다. 또한 장기적으로는 탁월한 서비스의 명성뿐만 아니라 표적시장과의 강한 유대를 형성하길 원한다.

그림 5-3 ▌컨퍼런스센터(conference-center) 리조트

2.1.2 집중마케팅전략

이 전략은 여러 세분시장을 추구한다는 점을 제외하고는 단일표적시장전략과 유사하다. 한 조직이 하나의 마케팅믹스를 통해 단일시장부분을 향해 마케팅 노력을 기울일 경우 그 조직은 집중화전략을 사용하고 있는 것이다. 예를 들면 Rolls Royce는 자동차시장의 고급차 시장분할에 집중하고 있다. 대부분의 독자적 호텔과 리조트는 이 접근법을 이용한다. 전국적인 체인호텔과 맞서 비즈니스 및 휴가 여행객들을 유인하기 위해 호텔과 리조트 시설을 독특하게 설계하고, 개별 서비스 등을 추가적으로 제공한다. 또한 여러 숙박 세분시장의 욕구를 충족시키는 단일상품을 제공한다. 반대로 많은 체인호텔들은 대부분의 세분시장에 매력을 줄 수 있는 여러 다른 브랜드의 호텔을 소유하고 있다.

이러한 집중화전략은

① 사회로 하여금 전문성을 띠게 한다. 즉 하나의 단일부분에 모든 마케팅 노력

을 집중함에 의해 그 사회는 고객들의 특성과 욕구들을 주의 깊게 분석하여 이러한 단일그룹의 욕구를 만족시키는데 그 사회의 모든 노력을 집중할 수 있는 기회를 가질 수 있다.

② 사회는 단일의 부분을 깊이 파악함에 따라 많은 판매량을 초래할 수 있다.

③ 단일부분에 집중한다는 것은 제한된 자원을 가지고 있는 한 회사를 다른 조직들과 경쟁할 수 있게끔 한다.

따라서 이와 같은 전략을 구사함으로써 나타나는 세 가지 이점은

① 표적시장 내 욕구를 정확히 파악할 수 있기 때문에 강한 시장지위를 획득할 수 있다.

② 생산・분배・촉진상의 전문화를 통한 비용절감의 장점을 살릴 수 있다.

③ 표적시장의 선정이 합리적으로 이루어지면 기업의 수익률을 얻을 수 있다.

2.1.3 차별적 마케팅전략

차별화전략은 각각 선택된 부분을 위해 마케팅믹스를 개발함에 있어 고객층을 세분화하여 특정 층을 상대로 제품을 만들고 거기에 알맞은 광고를 통해 판매하는 정책이다. 4가지 전략 중 가장 많은 비용이 드는 전략으로, 전국적인 체인호텔과 같은 선두기업들이 주로 이용한다. 모든 표적시장에 서비스를 제공하며 각 표적시장마다 독립적이고 독특한 마케팅믹스를 이용한다.

차별화전략은 대부분의 회사가 마케팅믹스를 좀 더 많은 사람들을 표적으로 하고 있기 때문에 하나 이상의 부분에 초점을 맞춤으로써 전체 시장에 있어서의 그 회사의 판매량을 증대시킨다. 즉 많은 제품을 가지고 있는 양의 제품을 처분할 수 있도록 하기 때문에 이는 다분할전략의 장점이 될 수도 있는 것이다.

숙박산업에서 브랜드 세분화(brand segmentation)라는 개념은 종합 마케팅전략을 적용한 것이다. Marriott International이 그 대표적인 예이다. 이 선두기업은 Procter & Gamble의 플레이북에 특급호텔인 J.W. Marriott, Ritz Carlton Hotel, 염가호텔인 Fairfield Inn 등 전 범위에 걸친 숙박서비스를 여행객에게 제공하였다.

이는 Choice Hotels International, Accor 등과 같이 하나의 Marriott가 모든 이들

을 충족시키는 것은 불가능하다는 것을 깨닫고 특정 세분시장에 강하게 매력을 끌 수 있는 호텔을 만들기로 결정한 것이다.

미국 항공사들은 1980~90년대에 전국 및 지역적 운송사업에 뛰어들었다. 그들의 목표는 설비와 인력, 노선과 운행시간을 증가시켜 모든 지역에 서비스를 제공하는 것이었다.

2.1.4 비차별적 마케팅전략

이는 일명 대량(대중)마케팅이라고도 하는데, 기업이 각 세분시장 사이의 차이를 간과하고 전체 소비자를 대상으로 하나의 마케팅믹스전략을 구사하는 것으로, 이 전략은 기업이 소비자들 사이의 차이점을 무시하고 공통점에 초점을 맞추어 한 가지 제품이나 용역, 마케팅믹스로 전 시장을 대상으로 마케팅활동을 수행하는 것이다. 이 전략은 소비자들 사이에 욕구의 차이가 그다지 크지 않고, 단일 마케팅믹스의 사용으로 인한 비용절감 효과가 아주 클 때 적당하다.

이러한 비차별적 마케팅을 이용하는 기업이 시장세분화 개념을 인지하지 못하기 때문에 생산지향적이라고 생각될지도 모른다. 이 중 일부는 처음에는 모든 사람들에게 모든 것을 제공하기 위해 노력하다가 끝내는 아무것도 이루지 못한 채 끝을 맺는다. 반면에 일부 선두기업들은 비차별적 마케팅전략을 매우 효과적으로 이용한다. 이 결합자(combiners)는 고객들 사이의 유사성에 초점을 맞추고 상품 선택의 폭을 넓힌다. 또한 하나의 마케팅믹스를 가지고 촉진을 한다. 이들은 다양한 표적시장에서의 욕구의 차이를 알고 있으나, 표적시장이 공유하는 공통적인 욕구에만 집중한다.

이 표적시장들을 결합하여 하나의 거대표적시장(super target market)을 만들어 적합한 하나의 마케팅믹스를 고안한다.

시장세분화는 추가적으로 비용이 들고 최적의 세분화 근거 선택이 어려우며, 얼마나 세밀하게 세분화할 것인지 그리고 실행 불가능한 세분시장에 어필하는 등의 결점이 있다. 결합자는 이러한 문제점을 줄일 수 있으며, 이는 하나의 마케팅믹스를 가지고 표적시장을 겨냥하기 때문이다.

McDonald's와 선두적인 패스트푸드 체인들은 부분적으로 비차별적 마케팅전략을 이용한다. 그들이 시행하는 전국적인 광고와 촉진은 여러 표적시장에 흥미를 끌도록 고안되었다. 외식을 하는 사람들에게 표준화되고 제안된 메뉴를 제공하고, 모든 계층의 전형적인 고객들을 다루는 TV광고를 비중 있게 이용한다. 부분적으로 비차별적이라는 점은 McDonald's와 그 경쟁사들이 지역 마케팅 프로그램을 개발하기 때문이다. 분명한 지리적 표적시장을 가지고 이에 대한 지역광고와 홍보 그리고 판매촉진을 위한 노력을 한다. 또한 McDonald's는 흑인과 히스패닉계와 같은 소수시장에 맞춘 광고 프로그램도 시행하고 있다.

KFC, Burger King, McDonald's가 각각의 세분시장에 진입하기 위해 신문과 잡지, 라디오, TV방송국에 광고를 할 때 그 엄청난 마케팅 비용을 상상이나 할 수 있겠는가? 이들에게는 폭넓은 프로모션을 이용하는 것이 더욱 경제적이다. 또한 고객들이 다시 방문하도록 하기 위해 새로운 메뉴를 추가하고 품목을 수정하기도 한다. 이와 같은 몇 가지 전략 중에서 기업은 자사에 가장 유리한 목표시장 선정전략을 선택해야 할 것인데 이를 위해서 다음과 같은 사항을 충분히 고려하여야 할 것이다.

① 기업의 자원 : 기업의 자원이 제한(부족, 절약)되어 시장 전체 범위를 포괄치 못할 때는 집중화전략이 적합하다.

② 제품의 동질성 : 제품의 동질성은 제품이 동일한 특성을 갖는 정도를 말한다. 동질성이 큰 생필품(쌀, 연탄, 소금, 간장, 설탕 등)의 경우 소비자들이 감지할 수 있을 만큼 물건을 차이나게 하기 어려우므로 비차별화 마케팅전략이 적합하다. 한편 동질성이 작은 제품(전화, 카메라, 자동차 같은 내구재)은 제품디자인 등에서 차별화의 여지가 많으므로 차별화・집중화 마케팅전략이 더 적합하다.

③ 제품수명주기 : 회사가 신제품을 처음 도입하는 시기에는 초기수요를 흡수하여 초과수익을 얻을 수 있으므로 비차별화 또는 집중적 마케팅전략이 적합하다. 또한 성숙기 및 쇠퇴기에 들어서면 경쟁자가 나타나므로 미개척 수요를 획득하기 위한 모델, 디자인 등의 차별화를 통한 전략이 적합하다.

④ 시장의 동질성 : 고객의 욕구・취향・구매동기 등이 유사해지고 기업의 다양한 마케팅믹스에 대해서 비슷한 반응을 보인다면 비차별화 마케팅전략이 적합하다. 반면 소비자들의 욕구가 다양한 경우 차별화 또는 집중화 마케팅전략

이 적합하다.

⑤ 경쟁적 마케팅전략 : 경쟁기업이 어떠한 전략을 추구하고 있는가를 고려해야 한다. 비차별화전략으로 경쟁기업의 차별화 마케팅전략을 이길 수 없다.

⑥ 시장의 크기 : 마케팅전략을 선택하려면 그 제품에 대한 잠재적 소비자의 수를 예측하여야 한다. 시장의 크기가 작은데 시장세분화를 한다는 것은 바람직하지 않다.

⑦ 소비자의 민감도 : 마케팅활동의 변화에 따른 소비자수요의 민감성을 말하는데, 민감도가 낮은 상품에 대해서는 비차별화전략이 좋고, 민감도가 높은 상품에 대해서는 차별화전략이 좋다고 볼 수 있다.

⑧ 경쟁자의 수 : 경쟁자의 수가 많을수록 차별화 내지 집중화 마케팅전략이 유리하다.

표 5-2 네 가지 시장전략의 특성 요약

시장전략	기업진단	주요 특성	사례
단일 표적시장 전략	틈새자	• 소규모 기업 • 특정 시장을 위한 전문화된 서비스 • 산업 주도자와의 경쟁을 피함	• Conference Center Resorts • Contiki • Couples Resorts • Spa Resorts
집중 마케팅전략	세분자	• 지역시장에 서비스하는 기업	• Local Hotels and Restaurants • Four Seasons Hotel & Resorts
차별적 마케팅전략	세분자	• 산업의 리더, 도전자	• Accor • Choice Hotels International • Marriott International
비차별적 마케팅전략	결합자	• 일반적으로 필요한 제품소유	• Major quick service/fast-food chains

2.2 산업 포지션에 따른 전략 대안

환대 및 여행산업을 자세히 살펴보면 시장 내의 선두기업들이 있으며, 그 예로는 패스트푸드 사업의 McDonald's, 테마파크 사업의 Walt Disney Company, 크루즈 사업의 Carnival, 여행목적지로는 Florida, California, Hawaii, 렌터카 사업의 Hertz 등이 있다. 이 외에 크게 성공하지는 않았지만 여전히 사업의 큰 부분을 차지하는 도전자(challengers)와 추종자(followers)라 불리는 다른 기업들이 있다.

Burger King, Wendy's, Hardee's, Avis, Budget, National 그리고 Six Flags 등이 이 범주에 속한다. 마지막으로 규모가 더욱 작고, 소수 혹은 오직 하나의 특정 표적시장을 목표로 하는 틈새자(nichers)라 불리는 집단이 있다.

산업 역할 및 포지션 범주에는 다음 4가지가 있다.

2.2.1 시장선도자(market leaders)

이기는 것은 습관적이다. 일단 기업이 그 분야에서 선도자가 되면 1위의 자리를 좀처럼 포기하지 않는다. 그러나 많은 경쟁자들 역시 1위의 자리를 차지하기 위해 시장을 점유하려고 한다. 최고의 자리에 오르는 것이 마케팅의 가장 큰 도전이고, 일부 기업들은 그것에 탁월한 능력을 발휘한다. 시장선도자를 위한 전략에는 다음 3가지가 있다.

1) 전체 시장 규모를 늘린다

전체 또는 1차시장을 늘리는 방식은 크게 3가지가 있다.

① 새로운 표적시장을 찾는다.

② 새로운 서비스 또는 시설의 용도를 개발한다.

③ 고객의 서비스 또는 시설에 대한 이용빈도를 높인다.

시장선도자는 서비스에 대한 전체 수요가 성장할 때 가장 많은 것을 확보할 수 있다. 시장선도자는 서비스에 대한 저이용 집단과 비이용 집단을 규명할 수 있다.

Marriott International은 상용고객의 점유율을 높이기 위해 1993년 초에 'Marriott Miles' 프로그램을 도입했다. 프로그램의 회원들은 매번 Marriott에 머무를 때마다 그들이 이용하는 항공사의 500마일리지를 받는다. 이 프로그램은 지금 더욱 활성화되어 'Marriott Rewards'로 발전하였다. Club Med는 크루즈 선박을 포함한 포괄적인 개념으로 운영되며, 1980년대 중반에는 Rent-a-Village 개념을 도입하였다. 이 프로그램에서 IBM과 Sony와 같은 회사들이 인센티브 투어 또는 회의를 위해 Club Med 빌리지 전체를 이용했다. 테마주말은 성수기를 전후(shoulder season)로 해서 선전이 필요한 리조트의 표적시장을 대상으로 판매촉진전략을 펼쳤다. 리조트의 새로운 이용자를 찾은 것이다.

1차시장을 확립하는 또 다른 방법은 서비스의 새로운 이용자를 찾아 촉진을 실시하는 것이다. 환대 및 여행산업에서 이러한 예가 몇 가지 있다. 많은 선두적인 크루즈 회사들은 기업 회의나 컨벤션이라는 새로운 용도를 촉진하여 성공을 거두었다. 전통적인 여름 리조트와 스키 리조트도 이와 같은 방법으로 가을 및 여름 행사를 위해 회의 기획자들을 대상으로 마케팅을 시행하였다.

세 번째 방법은 고객이 보다 자주 서비스를 이용하게 하는 것이다. 이 접근법의 대표적인 예로 1979년에 선보인 McDonald's의 Happy Meal 개념이다. 이 메뉴에 포함된 장난감을 얻기 위해 어린이들은 부모님과 함께 계속해서 황금아치(Golden Arches)로 오게 된다.

2) 시장점유율을 지킨다

시장선도자가 이용할 수 있는 두 번째 주요 접근법은 시장점유율을 지키는 것이다. 선도자들은 모든 경쟁자들 속에서 어떻게 고객을 지키는가? 가장 좋은 방법은 혁신적이고, 새로운 또는 개선된 서비스를 지속적으로 추가하는 것이다. McDonald's와 Bass Hotels & Resorts는 이러한 점에서 가장 두각을 나타낸 기업이다.

McDonald's는 치킨 너겟이라는 개념을 선보였고, drive-through window를 도입한 기업 중 하나이다. Holiday Inn은 상용고객우대프로그램을 개발하였으며, 전자통신시스템을 이용하는 데 있어서도 선두기업이었다. 선도자들에게 가장 추천할 만한 또 다른 방법은 지속적으로 다각화의 기회를 찾는 것이다. 하나의 바구니에 모든 계란을 담아두는 것은 위험한 사업전략이다. Marriott와 Holiday Inn은 시장점유율을 유지하기 위해 다각화한 숙박기업의 좋은 예이다. 이 두 회사 모두 1980년대와 90년대에 여러 개의 새로운 브랜드의 호텔을 도입하였다.

2) 시장점유율을 높인다

선도자는 새로운 서비스를 도입하고 서비스의 질을 개선시키며 마케팅에 많은 투자를 하거나 경쟁조직을 인수하는 등 시장점유율을 높이기 위한 노력을 할 수도 있다. Four Seasons Hotels과 Resorts는 Regent International을 인수하여 선도적인 국제적 특급 호텔 체인으로서의 위치를 강화하였다.

사례 핀에어의 아이패드

유럽 항공사 핀에어는 비즈니스 클래스 승객을 대상으로 하는 '아이패드(iPad)' 무료 사용 서비스를 실시한다.

앞으로 핀에어 비즈니스 클래스 승객은 홍콩-헬싱키 비행 구간과 헬싱키 공항의 '비아 라운지'에서 아이패드를 사용할 수 있게 됐다. 승객들은 아이패드에 사전 탑재된 신문, 잡지, 영화, TV드라마, 게임 등 다양한 엔터테인먼트 콘텐츠뿐만 아니라 수많은 애플리케이션을 즐길 수 있다.

핀에어의 아이패드는 엔터테인먼트 기능 외에도 고객의 피드백을 수렴하는 창구로도 사용될 예정이다. 핀에어는 자체적으로 개발한 애플리케이션을 아이패드 내에 설치, 승객들이 입력한 의견을 데이터로 분석하여 새로운 서비스 혹은 상품 개발에 적극 반영할 계획이다.

승객들은 핀에어 서비스 전반에 대한 항목 외에도 향후 아이패드를 기내 서비스에 안착시키기 위한 다양한 방안에 대해서도 의견을 개진할 수 있다. 핀에어는 아이패드 서비스를 통해 장시간 비행에 따른 승객의 스트레스 해소는 물론, 첨단기기를 활용한 혁신적인 항공서비스 경험에 기여할 수 있을 것으로 전망하고 있다.

야니 페우쿠리넨 한국 지사장은 "이번 아이패드 무료사용 서비스는 무엇보다 혁신적이고 새로운 서비스로 비즈니스 여행의 가치를 높이는 핀에어의 브랜드 이념과 맞닿아 있다"며 "앞으로도 승객의 관점에서 더 많은 만족감을 선사하는 고품격 항공사의 이미지를 더욱 강화할 방침"이라고 밝혔다.

출처 : "핀에어 '아이패드' 무료 사용? … 혁신적 비행 서비스 기대", 한경닷컴(2010. 11. 15)

2.2.2 시장도전자(market challengers)

시장도전자들은 시장점유율을 위해 선도자와 경쟁하고자 하는 조직들이다.

Hertz에 대항한 Avis는 가장 성공적인 포지셔닝의 예 중 하나로 이용된다. Avis는 2위 기업이기 때문에 고객을 만족시키기 위해 더욱 노력해야 한다고 하였으며, Virgin Atlantic은 British Airways에 대항해 얼마나 더 선호되는지를 여행사들에게 보여주기 위해 소비자 여행 잡지의 조사 결과를 이용하였다. 버거전쟁에서 Burger King, Wendy's, Hardee's 모두 McDonald's의 지배적인 시장점유율에 대항한 비교

광고 캠페인을 통해 선도자를 공격했다. Burger King은 '구운 것(broiled)과 튀긴 것(fried)'이라는 광고 캠페인을 포함하여 McDonald's의 메뉴와 여러 번 비교광고를 시도하였으며, Wendy's는 "쇠고기는 어디에 있는가?"라는 광고방송을 통해, Hardee's는 큰 경쟁자들에게 지지 않기 위해 이 버거전쟁을 패러디한 캠페인을 실시하였다.

도전자는 정면, 측면, 포위, 우회 그리고 게릴라라는 5가지 다른 형태로 선도자를 공격할 수 있다. Burger King의 '구운 것과 튀긴 것'이라는 광고를 통하여 McDonald's와의 햄버거 조리법을 정면공격하였다. 선도자를 공격한다는 것은 그들의 약점을 공격하는 것을 의미한다. 도전자는 선도자가 무시해버렸거나 우선권을 두지 않는 지역이나 세분시장에 집중한다. 포위공격은 사방에서 공격하는 것을 의미하는 반면, 우회공격을 시장선도자와 직접적인 대립을 피하는 방법이다. 게릴라 공격에서는 도전자가 시장선도자를 소규모로, 정기적으로 급습하는 방법을 말한다.

2.2.3 시장추종자(market followers)

시장도전자와 달리 추종자 기업은 시장선도자에 대해 직·간접적인 공격을 하지 못한다. 예를 들어, 호텔기업들 사이에는 비교할 만한 광고가 거의 없었다. 이러한 태도를 보이는 기업들은 선도자가 하는 모든 것이나 일부를 모방하려 한다. 같은 표적시장을 쫓아가고, 같은 광고매체를 선택하거나 비슷한 서비스를 시행한다. 이러한 me-too접근법은 호텔 체인과 패스트푸드 레스토랑, 항공사, 렌터카 회사에서 더욱 확연히 드러난다. 선도자가 새로운 개념을 성공적으로 개척하면, 대부분의 경쟁사들은 재빨리 따라하기 바쁘다. American Airlines는 상용고객우대프로그램(frequent-flyer program)을 가장 먼저 도입하였다. 지금은 모든 주요 항공사들이 이러한 프로그램을 시행하고 있다. Holiday Inn도 이와 같은 상용고객우대프로그램(frequent-stay program)을 도입하였으며, 주요 기업들 중 처음으로 all-suite 호텔 사업에 뛰어들었다. Marriott, Hilton, Sheraton, Radisson 그리고 Choice Hotels International이 그 뒤를 이었다. McDonald's가 치킨 맥너겟을 선보인 이후 Burger King, KFC 그리고 다른 패스트푸드 회사들이 이를 모방하였다.

2.2.4 시장틈새자(market nichers)

시장틈새자 역시 주요 기업들과의 직접적인 대립을 피하는 소규모 조직이지만 그들을 반드시 따라가지는 않는다. 이들은 전문으로 하는 틈새시장을 찾는다. 주요 항공사들이 수익을 얻지 못하는 지역 및 출퇴근과 관련하여 저가항공(LCC)은 노선을 제공하여 수익을 창출한다. 그들은 지리적 틈새를 갖기도 한다. 도너츠전문점의 경우 도너츠만을 전문으로 하며 패스트푸드와 같은 다른 사업으로의 확장을 시도하지 않는다.

3 마케팅 목표

마케팅믹스를 개발하기 이전 단계는 각각의 표적시장에 대한 마케팅 목표를 확립하는 것이다. 이것을 환대 및 여행 기업이 표적시장을 특정 기간 내에 획득하기 위해 시도하는 측정가능한 목적이라고 정의하였다.

3.1 마케팅 목표의 이점

마케팅 목표가 없는 기업은 블랙박스와 조종사의 항공일지 없이 운행되는 비행기에 비유될 수 있다. 관광, 환대 및 여행마케팅시스템의 5가지 핵심질문 중 “그곳에 도달한다고 어떻게 확신하는가?”와 “그곳에 도달했는지 어떻게 알 수 있는가?” 라는 2가지 질문을 기억해야 한다. 마케팅 목표 없이는 이러한 근본적인 질문에 대한 대답조차 할 수 없다. 마케팅 목표의 이점은 다음과 같다.

① 마케팅관리자가 목표에 도달할 수 있는 과정을 측정하고 그 프로그램을 적시에 적용할 수 있도록 해준다.

② 마케팅 프로그램의 성공 여부를 측정하기 위한 관리상의 척도를 제공한다.

③ 대안적 마케팅믹스 활동의 잠재수익을 판단하는 기준을 나타낸다.

④ 마케팅과 직접적으로 관련된 모든 것에 대한 기준 틀을 제공한다.
⑤ 특정 기간에 필요한 마케팅활동의 범위와 유형에 대한 폭넓은 지침을 제시한다.

3.2 마케팅 목표의 필수조건

마케팅 목표를 설정할 때 피해야 하는 두 가지 위험이 있다. 첫 번째로 마케팅 목표를 이전 결과에 의존하여 설정해서는 안 된다. 산업에서 100% 확신을 가지고 예측할 수 있는 단 하나는 내일은 오늘과 똑같지 않다는 것이다. 두 번째로 추측, 희망사항 또는 직감 등에 의거해서 목표를 설정해서는 안 된다는 것이다. 시장세분화를 기반으로 목표를 설정해야 하며 선택된 마케팅전략과 일치해야 한다. 모든 마케팅 목표는 다음과 같아야 한다.

3.2.1 구체적인 표적시장이 있다

선정된 각각의 표적시장에 대한 목표를 설정해야 한다. 이것은 개별 표적시장에 대한 투자의 정당성을 입증하기 위한 중요한 단계이다. 목표가 구체화되면 주어진 표적시장에 드는 비용을 결정할 수 있다. 다음으로 이것을 각 표적시장의 가치를 보여주는 수익과 비교해 볼 수 있다.

3.2.2 결과지향적이다

목표는 원하는 결과에 의해 표현되어야 한다. 마케팅에서 목표는 일반적으로 현재상황(규모, 수익, 시장점유율의 확대)을 개선시키는 것을 의미한다. 이러한 척도들 중 하나를 이용하여 결과를 기록해야 한다. 마케팅매니저는 마케팅계획의 성공을 통제하고 측정하며 평가하는 필수적인 도구로서 이 결과를 이용한다.

3.2.3 양적이다

목표는 과정과 결과를 측정하기 위해서 수치로 나타내어져야만 한다. 만약 목표를 설정할 때 질적 또는 비수치적인 용어를 사용한다면, 측정이 불가능하며 주관적인 판단이 개입될 가능성이 높다. 마케팅매니저는 각각의 목표를 수치화하여 실제 얻은 성과를 기대한 성과와 비교할 때 이정표를 설정할 수 있다. 또한 필요할 때 빠르고 정확한 측정을 할 수 있다. 매니저는 마케팅계획 수립기간의 마지막에 성공과 기대한 성과로부터 얻은 변화량을 측정할 수 있다.

3.2.4 구체적인 기간을 가진다

목표는 특정 기간을 위해 설정된다. 보통 1~2년 또는 마케팅 계획기간 동안 지속되지만 시즌, 주말 또는 주중, 하루 중 한때 그리고 몇 주 혹은 몇 달에 걸쳐 목표를 설정하기도 한다.

구체적인 기간에 대한 마케팅 목표의 예는 다음과 같다.

1) 레스토랑

1월 1일부터 5월 31일까지(구체적인 시간) 점심(표적시장)에 대한 객단가(결과)를 500원(양적)으로 늘린다.

2) 호텔

2020년(구체적인 시간)에 Convention과 Meeting시장(표적시장)에 대한 점유객실수(결과)를 5,000개(양적)까지 늘린다.

3) 테마파크

2018년 가을(구체적인 시간) 노인에 대한(표적시장) 입장권 판매(결과)를 1,000장(양적)까지 늘린다.

"마케팅 목표를 설정하는 것은 어디에 있고 싶어하는가?"라는 질문에 대한 대답의 마지막 단계이며, 기업이 다가오는 기간 동안 달성하고자 하는 것을 정확히 알고 있기 때문에 목표에 맞는 구체적인 계획을 짜는 시기이다.

모든 조직은 미래에 원하는 것을 결정하지 않으면 안 된다. 마케팅 세분화 분석 이후 마케팅전략 대안, 포지셔닝 접근법, 그리고 목표를 선택해야 한다. 이러한 결정을 내리는 것은 계획수립의 일부이다. 서비스의 제품수명주기단계와 기업의 경쟁적 포지션은 접근 대안을 결정하는 데 영향을 미친다. 마케팅조사 정보는 이러한 결정을 내리는 기반이 된다.

마케팅전략을 가진다는 것은 가고자 하는 장소에 갈 수 있도록 도움을 주는 지도를 가지고 있는 것과 유사하다. 좋은 지도를 가지고 있더라도 일부 사람들은 길을 잃는다. 최종 목적지에 도달하기 위해서는 보다 신중하고 세부적인 계획수립이 필요하다.

사례 세계 최고의 직업을 이용한 호주의 관광 홍보전략

2009년 호주 퀸즐랜드 관광청은 Great Barrier Reef 섬을 홍보하기 위해 '세계 최고의 직업(The Best Job in the World)' 캠페인을 실시하였다. 이 직업은 섬 관리인(Island Caretaker)으로, Great Barrier Reef에 위치한 해밀톤 아일랜드의 6성급 리조트에서 고급 스파를 받고, 스노클링을 하고, 섬 주변에 사는 동물들에게 먹이를 주고, 수영장을 관리하고, 우편배달을 해야 한다. 그리고 그러한 경험을 블로그에 사진이나 비디오 등과 함께 올리는 것이 주된 업무이다. 또한 본인에게는 제반시설과 방 3개가 있는 집이 제공되며, 6개월 동안 호주달러 15만 달러(약 1억 4천만 원)를 받게 된다.

이러한 파격적인 고용조건이 알려지면서 세계 200개국 34,684명의 지원자가 몰렸으며, 350만 명이 홈페이지를 방문했고, 2,300만 페이지뷰를 기록했다. 또한 퀸즐랜드 관광청은 이 글로벌 프로젝트로 1,300만 호주달러(약 112억 원)의 광고효과를 냈다고 발표했다.

이에 호주 관광청은 세계적으로 히트 친 '세계 최고의 직업' 마케팅을 국가차원으로 확대하여 2013년 호주와 워킹 홀리데이 협정을 맺고 있는 국가의 젊은이들을 대상으로 캠페인을 펼쳤다. 호주관광청 앤드루 맥어보이 이사는 "'세계 최고의 직업' 캠페인을 시작한 첫날부터 전 세계에서 31,000명 이상이 지원을 하는 등 폭발적 반응을 불러 모으고 있다"며 "정체 상태인 젊은층 관광객을 끌어모으는 데 기여할 것"이라고 말했다.

출처 : 나우뉴스(2009. 2. 23), 아시아경제(2013. 3. 6)
http://blog.naver.com/PostView.nhn?blogId=tb_seoul&logNo=220357152183

CHAPTER 06

관광 포지셔닝전략

1. 포지셔닝전략
2. 포지셔닝전략 수립과정
3. 포지셔닝의 유형
4. 관광이미지

사례

대한항공 "미국, 어디까지 가봤니?"

BCG의 분석에 따르면, 어느 국가의 GDP가 15,000달러를 넘어서게 되면 출국 수요가 장거리를 중심으로 늘어난다고 한다. 이러한 분석결과를 뒷받침하듯, 2008년 11월 대한한공의 TV광고 "미국, 어디까지 가봤니?"라는 말이 유행어처럼 퍼져 미국이 여행의 트렌드로 떠올랐다.

사실 미국이란 나라가 워낙 넓기도 하고 미국 사람들도 평생 미국의 모든 주를 다 가보지 못한다고 한다. 그래서 미국여행 중에서도 로드트립이 그 백미로 꼽히는데 이를 노린 차별화된 슬로건 "미국, 어디까지 가봤니?," "지금 나는 호주에 있다" 등의 대한항공 CF들은 감각적인 카피와 영상, 독특한 기획으로 젊은층의 인기를 독차지하며 고공비행을 계속하고 있다.

이 로드트립 시리즈는 한효주, 하석진, 이완 등 3명의 인기있는 모델이 각각 동부·중부·서부 미국을 횡단하며 체험하는 드라마 형식으로 꾸며져 온·오프라인에서 큰 인기와 함께 미국여행 붐을 일으켰다. 미국의 여러 가지 매력을 짧은 영상으로 보여주며 던지는 짧은 질문이 잠재고객들에게 미국에 가보고 싶게끔 하는 것이다.

대한항공이 배낭여행객들이 선호하는 곳을 유럽이 아닌 미국을 광고소재로 삼은 이유는 무엇일까? 바로 2008년 11월 17일부터 한·미 간 비자면제프로그램이 시행됨에 따라 더 많은 사람들이 미국을 찾게 될 것으로 예상했기 때문이다. 또한 비자발급 문제도 있지만 미국이라는 나라가 우리에게는 너무나 익숙한 나라이다보니 미국을 여행지로서는 딱히 매력적이지 않은 곳으로 생각하는 경향도 있는데, 실제로 미국이라는 광대한 나라에는 우리가 아직 알지 못하고, 경험해보지 못한 곳과 여행소재들이 의외로 많다. 그래서 '미국여행'하면 흔히 미국 대륙횡단이라는 꿈을 꾸게 된다는 점에 착안, 미국 횡단을 테마로 구성, 기획하기에 이르렀다.

그동안의 대한항공 캠페인은 세련된 비주얼로 외국의 매력을 물씬 풍겨내기도 하고, 안정적이고 최고라는 이미지를 심어줌으로써 호평을 받아왔지만 그것이 이번 대한항공 광고 시리즈가 주요 타깃으로 삼은 20대 배낭여행객에게는 와 닿는 소구점이 없었던 것이 사실이다. 이번 'Road Trip USA' 는 기존 캠페인의 세련되고 독특한 비주얼은 유지하되, 모델이 경험하게 되는 체험여행의 스토리를 더해 20대 소비자들이 기대하는 미국여행의 재미와 감흥을 극대화하고자 했다. 이를 위해 미국여행의 로망이라 할 수 있는 'Road Trip' 형식을 광고에 그대로 적용한 것이 특징으로 여행지를 단순히 '가고 싶은 동경의 대상'으로만 바라보게 하는 것이 아니라 그곳에서 체험하는 모습을 담아 전달함으로써 '실제로 경험하고 싶게끔' 한 것이 이번 캠페인의 포인트이다. 한효주・하석진・이완 등 3명의 모델이 현지인처럼 즐기는 모습은 광고라기보다 친구나 여행작가의 홈페이지에서 보는 UCC 동영상 같다는 느낌을 주어 감성적으로 20대 타깃에게 호소하고 있다.

이번 광고를 통해 대한항공은 20대 라이프스타일 리포트 'COLA 2010년 8월호'에서 여행을 주제로 20대 700명을 대상으로 항공, 호텔 및 리조트, 워터파크 등 3개 부문에 대해 설문조사를 실시한 결과 항공부문에서 대한항공이 브랜드이미지, 안전성, 노선, 기내서비스, 마일리지제, 기내식, 광고, 유니폼 등 20개 항목 중 14개 항목에서 1위를 차지하면서 20대가 가장 선호하는 항공사에 올랐다. 기성세대에게 확고히 자리잡은 '명품항공사' 이미지와 함께 젊은층에 젊고 활기차고 친숙한 항공사 이미지를 심어주기 위한 또 다른 시도가 큰 영향력을 발휘한 것이라 할 수 있겠다.

또한 이러한 인기에 힘입어 대한항공은 한국의 민간 외교사절 역할을 하면서 업계의 주목을 받고 있다. 조 팀장은 이미 캐슬린 스티븐스 주한 미국대사로부터도 광고 "미국 어디까지 가봤니"편과 관련해서 감사패를 받은 바 있다. 그리고 "중국, 중원에서 답을 얻다"편으로는 장신썬 중국대사로부터 감사패를 받았다. 기업의 광고 하나가

민간외교에 큰 영향력을 발휘한 의미있는 발걸음으로 해석할 수 있다. 대한항공에는 각국 외교사절들이 광고에 배경이 되길 원한다는 문의가 이어지고 있다. 일부 대사관에서는 촬영지원까지 약속하는 적극적인 러브콜을 보낼 정도다.

대한항공의 "미국 어디까지 가봤니?"편이 성공할 수 있었던 이유는 무엇일까? 스토리텔링 형식의 캠페인을 활용한 대한항공의 본 마케팅이 성공한 이유는 기존 경쟁사들이 사용하는 마케팅 방식과 판이하게 다른 감성적 메시지를 전달했기 때문이다. 기존의 항공사 광고들이 승무원들을 모델로 활용하여 기내 안의 서비스 및 기업의 신뢰도를 부각시켰던 것에 비해, 이번 대한항공에 서는 전형적인 항공사 광고의 틀에서 벗어나 스토리텔링 형식의 캠페인을 제작하여 대다수의 소비자들로 하여금 우호적이고 새로운 기업의 이미지를 심어주었다. 마지막에는 'Excellence in Flight, Korean Air'란 문구와 음성을 담아 항공사의 신뢰도를 최소한으로 부각시키며 미국의 각 도시들의 여행지를 보여주고 직접 체험하는 모습을 전반적으로 담아 전달함으로써 소비자들에게 새로운 방법으로 접근을 시도했다.

잠재고객의 막연한 동경의 대상지를 대한항공으로 하여금 생각보다 멀지 않은 곳이라는 인식으로 전환시켜 준 것이다. 또한 "미국 어디까지 가봤니?" 슬로건은 초기효과 메시지 전달 방식을 사용하여 항공사나 여행에 관심이 없는 소비자들의 흥미까지 이끌어냈다.

항공사 관련 상품이 일반적으로 저관여 상황의 물건을 살 때보다 좀 더 신중한 결정을 내려야 하는 고관여 상황이기에, 많은 항공사 계열의 기업들은 고액의 가치를 충족시켜 줄 수 있는 이성적이고 논리적인 수단을 동원하여 메시지를 전달해주는 것이 대부분이다. 그런데 오히려 대한항공은 전혀 반대로 감성적인 측면을 자극하면서 소비자의 심리에 허를 찌름으로써 광고답지 않은 광고라는 신선함을 안겨주었다.

특히 이 캠페인은 TV CF를 중심으로 CJ미디어 XTM의 〈스타 앤 더 시티〉와의 공동제작을 통해 CF에서 보여주지 못한 여행이야기를 XTM 〈스타 앤 더 시티, USA Road Trip 3부작〉을 통해 생생히 전달한다. 케이블 방송사의 특정 프로그램 전체를 광고 커뮤니케이션으로 활용한 사례는 이번 대한항공 'USA Road Trip 3부작'이 처음이다.

TV와 케이블 외에도 인쇄·극장 등 기존 오프라인 매체는 물론, travel.koreanair.com에서 광고 및 기타 동영상들을 제공하는 등 온·오프라인을 넘나드는 크로스미디어 전략을 통해 일관되고 친근감 있는 통합마케팅이 전개되고 있다는 점은 또 하나의 특징이다.

대부분의 광고는 소비자에게 그것을 사고 싶도록 혹은 그 서비스를 이용하고 싶도록 유혹하는 것으로부터 시작한다. 그 유혹이 평소 꿈꾸던 이상향의 모습을 보여준다면, 정서적 공감을 이끌어내 소비심리를 극도로 자극하게 된다. 고객이 동경하는 꿈을 상품개발과 광고에 접목시켜 매출을 극대화하는 것, 여기에 드림마케팅이 숨어 있다.

현재 진행 중인 대한항공의 광고 캠페인은 누구나 날고 싶다는 소망, 떠나고 싶다는 꿈을 자극하는 것으로 드림마케팅의 사례로 볼 수 있다.

비자 면제라는 기회적 요인이 왔음에도 불구하고 2008년은 우리나라 항공운수업의 외부환경은 그리 좋지 않았다. 글로벌 경기 침체의 영향으로 국내 경기상황도 나빴고 환율 역시 급속히 상승했다. 이런 상황에서 장거리 여행의 광고를 낸다는 판단이 쉬운 일은 아니었을 것이다.

그렇지만 대한항공은 광고에 대한 새로운 접근으로 그동안 상대적으로 취약했던 20대의 소비자들에게 한층 더 다가갈 수 있게 되었다. 이렇게 광고를 통해서 형성한 브랜드 자산은 글로벌 경기회복, 신종플루 등 여행 불안요소의 해결 등으로 성장하는 항공운수업 산업에서 대한항공이 한층 더 유리한 고지를 점령하는 데 중요한 역할을 할 것이다.

| 출처 |

대한항공 홈페이지

1 포지셔닝전략

1.1 포지셔닝의 개념

기업이 표적시장을 선택하게 되면 그 다음 과제는 원하는 표적고객들에게 제품을 어떻게 부각시키느냐 하는 것이다. 현재의 소비자들은 수많은 상품에 대한 너무 많은 정보에 노출되고 있으며, 소비자는 경험 및 정보 등을 통해서 제품의 위치 즉, 포지션을 형성하게 된다. 따라서 마케팅관리자는 자사제품이 경쟁제품과는 다른 차별적인 특징을 보유하여 소비자의 욕구를 보다 잘 충족시킬 수 있는 제품의 위치(position)를 소비자들에게 인식시켜 주어야 한다. 이러한 과정을 제품 포지셔닝(product positioning)이라고 한다.

그러므로 포지셔닝(positioning)은 기업이 제공하는 상품이나 서비스를 고객들이 경쟁사와 차별화하여 다른 회사의 제품에는 없는 독특한 기능과 특징을 고객의 마음속에 오래도록 기억시키는 것이라 할 수 있다. 즉, 경영자가 소비자의 마음속에서 형성되는 자사제품의 위치를 회사에 유리하게 정립되도록 적극적인 노력을 기울이는 것을 말한다. 요컨대 어떤 제품의 포지션은 소비자들이 경쟁제품에 비하여 그 제품에 대하여 갖고 있는 느낌(feelings), 지각(perception), 인상(impressions) 등의 복합체로서, 만약 어떤 제품의 포지션이 기업이 원하는 바와 같다면 이는 포지셔닝이 잘된 것이고 그렇지 않으면 잘못된 것이므로 재포지셔닝이 필요하다.

1.2 관광 포지셔닝의 조건

1.2.1 적절한 표적시장의 선정과 포지셔닝에 대한 고객들의 공감대 형성

포지셔닝 표적시장이 너무 좁으면 충분한 효과를 시장에서 기대하기 어렵고 반대로 너무 넓으면 커뮤니케이션 효율이 떨어지기 때문에 기업이 감당할 수 있는 적절한 표적시장을 선정하는 게 필요하다. 시장에서 어느 기업이나 모든 부문에서 가장 좋은 포지션을 유지하는 것은 어렵기 때문에 관광기업들은 서비스기업의 특성상 대상 고객계층의 넓이와 제공하는 서비스 범위에 따라 선택과 집중을 통해 포지션 전략을 구사하는 게 좋다. 특히 고객들이 충분히 공감할 수 있도록 기업이 임의적으로 과장하거나 지나치게 복잡한 포지셔닝은 하지 않는 것이 좋다. 이는 광고의 포지셔닝에 의하여 형성된 이미지와 실제 경험한 이미지가 다른 경우 오히려 역효과를 초래할 수 있기 때문이다.

1.2.2 의도한 포지셔닝의 정확한 전달과 지속적인 확인

아무리 매력적인 포지셔닝이라도 관광객에게 정확하게 전달되지 않으면 소용이 없다. 모든 기업은 자사의 상품과 서비스가 경쟁사와 비교하여 차별화되는 요인을 전략적으로 부각시켜 정확하게 고객에게 전달해야 한다. 경쟁사와 자사의 포지션을 파악하기 위한 가장 쉬운 방법은 시장점유율을 확인하는 것이다. 상품이 일단 시장에서 포지셔닝된 이후에는 정기적인 조사를 통해 목표한 위치에 성공적으로 포지션이 되고 있는지를 확인하는 데 포지셔닝 맵(map)을 사용한다. 그러나 시장환경이 변하면 이에 따라 새롭게 포지션을 확인하는 리포지셔닝(repositioning)을 지속적으로 실시해야 한다. 성공적인 포지셔닝은 시장에서 고객니즈를 분석하여 새로운 서비스와 신시장을 개척할 수 있고 경쟁기업에 대한 다양한 정보를 획득할 수 있는 장점이 있다.

1.3 포지셔닝 맵(positioning map)

소비자들의 마음속에 있는 자사제품과 경쟁제품의 위치를 작성한 지도로 고객지각에 의한 도표화된 각 경쟁상품의 위치를 알 수 있다. 이 지도를 통해서 자사와 경쟁회사의 시장상황을 쉽게 이해할 수 있고 소비자들이 가장 이상적으로 생각하는 이상점(ideal point)을 파악할 수 있다.

포지셔닝 맵을 작성할 때 가장 중요한 것은 지표선정인데, 많은 지표 중 고객이 가장 중요하게 생각하는 핵심적인 지표를 신중히 선정하여야 한다. 특히 마케팅담당자의 생각이 아니라 시장조사를 통해 소비자들의 마음을 충분히 이해한 후 맵을 작성해야 한다. 포지셔닝 맵을 통해 정기적으로 자사제품의 위치를 조사하고 마케팅전략의 효과를 확인할 수 있다.

그림 6-1 ▌ 시카고-LA구간 운항 4대 항공사의 지각도

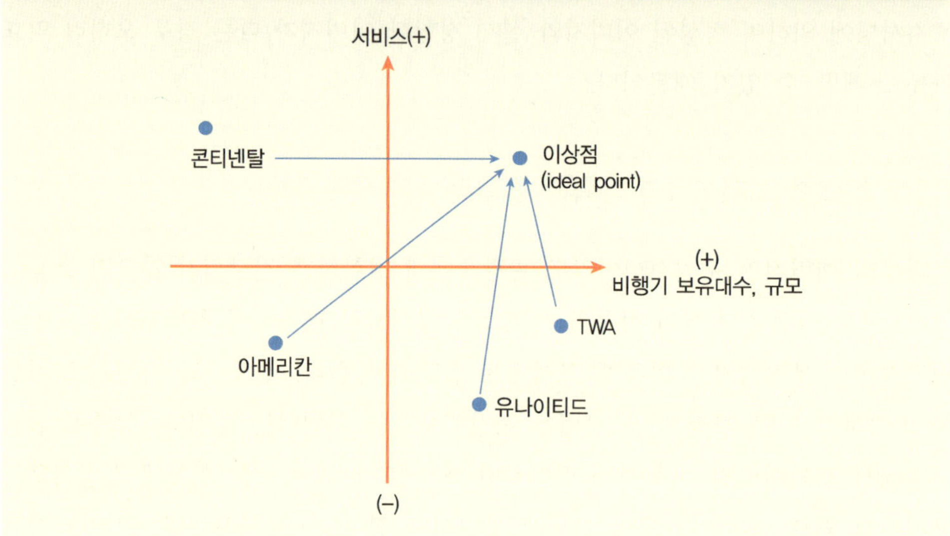

[그림 6-1]의 포지셔닝 맵에서 고객들에게 비행기 보유대수와 규모 면에서 가장 좋은 포지션을 가진 기업은 TWA와 유나이티드항공사이다. 그러나 대형 항공사인 만큼 세심한 고객서비스 부문에서는 상대적으로 만족도가 낮았다. 반면에 시카고와 LA노선을 집중적으로 운항하는 중소형 항공사인 콘티넨탈항공은 서비스만족도가 가장 높다. 즉 대형 항공사는 편리한 스케줄과 노선의 다양성이 장점이지만 상대적으로 제한된 노선만을 운항하는 중소형사는 대형사들이 간과하는 차별화된 서비스를 통해 경쟁하고 있다는 것을 알 수 있다.

각 항공사들은 이런 포지셔닝 맵의 분석결과에 따라 이상점을 향한 새로운 마케팅전략을 전개했는데 유나이티드항공은 'Friendly Sky' 캠페인을 통해 고객서비스를 강화했으며, 콘티넨탈항공은 신규 항공기 도입계획을 지속적으로 고객들에게 광고하게 되었다. 그러나 시장에서 어느 기업이 모든 부문에서 가장 좋은 포지션을 유지하는 것은 어렵다. 따라서 너무 소극적이거나 과장된 포지셔닝, 너무 많은 혜택을 강조하는 혼란스런 포지셔닝은 피한다. 특히 관광기업들은 서비스기업의 특성상 대상 고객계층의 크기, 제공하는 서비스 범위에 따라 선택과 집중을 통해 포지셔닝전략을 구사해야 한다.

2 포지셔닝전략 수립과정

2.1 소비자분석

소비자분석은 표적시장 내의 소비자들이 그 제품군에서 추구하는 혜택과 기존제품에 대한 불만족 원인을 파악하는 과정이다. 이때 소비자들의 인구통계적 특성이나 구매행동, 생활양식 등도 분석해야 한다.

그림 6-2 ▌포지셔닝전략 수립절차

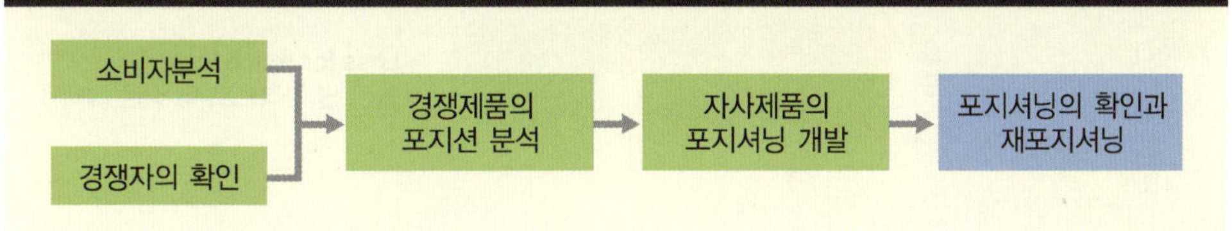

2.2 경쟁자의 확인

기업이 자사제품의 포지셔닝을 위해 취할 수 있는 전략은 여러 가지가 있다. 어떤 전략이 가장 좋으냐를 판단하려면 먼저 현재 자사제품과 타사제품의 위치를 구체적 으로 파악해야 한다. 이는 자사제품의 표적시장이 어떻게 설정되었느냐에 달려 있다. 이 과정은 세분시장 선정 시 이미 고려되었으므로 실제 포지셔닝 과정에 포함되지는 않는다.

2.3 경쟁제품의 포지션분석

구체적인 경쟁제품들이 확인되면 이러한 경쟁제품들이 소비자에게 어떻게 지각되고 평가되어 있는지를 파악해야 한다. 이때 요인분석이나 MDS(다차원척도) 등의 통계적인 방법을 이용하여 포지셔닝 맵을 작성하면 경쟁제품들에 대한 소비자들의 인식을 파악할 수 있다.

그림 6-3 | 전반적인 포지셔닝전략의 선정

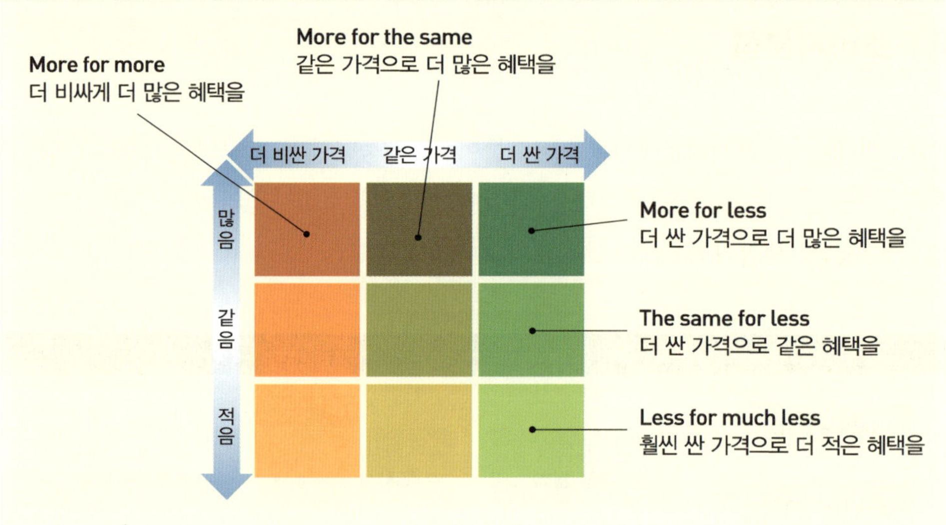

2.4 자사제품의 포지셔닝 개발

포지셔닝 개발은 소비자분석과 경쟁제품 포지션분석에 의한 정보를 근거로 하여 경쟁자에 비해 소비자의 욕구를 더 잘 충족시킬 수 있는 자사제품의 포지션을 결정하는 과정이다. 이 과정에서 포지셔닝 맵을 통하여 소비자들이 경쟁제품과 자사제품에 대해 어떻게 인식하고 있는가를 파악하게 되면, 마케팅관리자는 소비자 들이 현재 충족되지 않은 욕구가 무엇인가를 비롯하여 현재 세분시장에서 경쟁제품의 강·약점이 무엇인가를 파악할 수 있다. 따라서 마케팅관리자는 제품포지셔닝 맵(product positioning map)을 보고 어느 지점이 경쟁우위를 확보할 수 있는 포지션을 선정하여 가장 자사제품에 적합한지를 결정해야 한다.

예를 들면 지도상에서 비어 있는 부분(아직 경쟁자가 들어오지 않은 부분)에 위치를 정할 수 있다. 그러려면 그 위치에 들어맞는 제품을 기술적・경제적으로 만들 수 있고 또 그 제품을 찾는 소비자의 수가 많다는 확신이 있어야 한다. 다른 방안으로는 현재의 경쟁제품에 가깝게 위치를 정하는 것이다. 이 방안을 택하려면 ① 경쟁사 제품보다 우수한 제품을 만들 수 있고, ② 그 시장의 크기가 두 회사를 감당할 수 있을 만큼 커야 하며, ③ 경쟁사보다 재력 면에서 막강하거나 또는 그 위치가 회사가 가지고 있는 강점을 활용할 수 있는 위치여야 한다.

일단 자사제품에 맞는 포지셔닝전략이 결정되면, 결정된 표적 포지션에 접근하기 위한 구체적인 접근방법의 선택이 필요하고 이에 맞는 마케팅믹스가 개발되어야 한다. 만일 기업이 표적시장 내에서 자사제품의 위치를 고품질・고가격으로 포지션하려 하면 고급스러운 제품을 개발하는 것은 물론 고급품만 취급하는 소매상을 찾아야 하고, 부유층에 맞는 광고를 개발해야 한다. 특히, 포지셔닝전략과 가장 관계가 깊은 것은 제품의 위치를 어떻게 하느냐에 따라 누가 경쟁자가 될지 결정되는 경쟁전략(competitive strategy)이다.

2.5 포지션의 평가 및 재포지셔닝

기업의 자사제품에 대한 포지셔닝전략이 실행된 이후에 마케팅관리자는 자사제품의 포지셔닝 개념이 커뮤니케이션 활동에 의해 고객들에게 제대로 심어졌는지를 조사하고 그렇지 못하다면 이를 시정하도록 해야 한다. 뿐만 아니라 표적시장 내소비자의 욕구와 경쟁을 포함한 여러 가지 환경적 요인은 끊임없이 변화하므로 계속적인 감시가 필요하고 적절히 포지셔닝을 수정해 나가야 한다.

또한 초기에는 적절한 포지셔닝이었다고 하더라도 위와 같은 환경변화 때문에 자사제품의 포지셔닝이 소비자의 욕구와 경쟁제품에 비추어 보아 적절하지 않은 포지션으로 변화될 수도 있다. 이와 같은 현상이 발생하게 되면 마케팅관리자는 포지셔닝전략의 절차를 반복시행하여 자사제품의 목표 포지션을 다시 설정하고 적절한 포지션으로 이동시키는 재포지셔닝(repositioning)을 해야 한다.

3 포지셔닝의 유형

3.1 고객중심의 포지셔닝

고객중심의 포지셔닝은 서비스 이용자를 세분화하고 각 세분시장별로 포지션을 달리 함으로써 소구력을 향상시킬 수 있다. 이것은 고객계층을 먼저 선택하는 방식으로 틈새시장을 개발하거나 기존고객의 충성도를 높이는 전략이다. 먼저, 사회적 변화와 라이프스타일의 변화, 법규의 변화에 따라 새로운 욕구나 불만을 갖고 있는 고객들을 파악한다. 예를 들어 시간이 중요한 맞벌이 부부, 소득이 높은 은퇴자, 싱글족 등 특정 계층을 겨냥하여 이들이 중요하게 생각하는 서비스 개념을 창출할 수 있다.

또한 이미 거래하고 있는 기존고객들에 대한 데이터는 수집하고 분석하기 쉬우므로 이들의 구매심리를 파악하여 기존고객들에게 더 가치 있는 서비스 개념을 창출할 수 있다. 비즈니스 호텔과 리조트 호텔의 경우 방문하는 고객 계층이 다르기 때문에 포지셔닝도 다르게 구사해야 한다. 비즈니스 호텔은 비즈니스 관련시설과 서비스를 강조하고, 리조트 호텔은 휴양의 편안함과 즐거움을 포지셔닝해야 한다.

소비자는 서비스 구매 시 다양한 속성들의 차별적 인식을 기초로 각 선택대안들을 평가하고 선택하게 된다. 그러나 소비자들이 일반적으로 가장 중요하게 여기는 속성이 서비스 선택 시에 가장 중요한 요소로서의 기능을 수행하지 않는 경우도 있다. 예를 들면, 대다수 비행기 이용자들은 항공사 선택 시 비행기의 안전을 가장 중요한 속성으로 꼽는다. 그러나 항공사들은 안전성에 있어서 대부분 비슷한 수준의 기준을 세워두고 있기에 사실상 안전성이라는 속성으로 항공사를 평가하기 곤란하다. 따라서 고객들은 좌석의 안락함, 이용시간의 편리성, 식·음료의 질과 같은 하위순위의 속성을 기준으로 항공사를 선택하기 때문에 서비스 선택 시 실제적으로 가장 결정적인 요소로 작용하는 속성을 규명해내는 연구가 필요하며, 이러한 연구결과는 서비스 포지셔닝의 기초를 형성한다.

3.2 속성에 의한 포지셔닝

이는 자사의 제품을 경쟁제품과 비교하여 차별적 속성, 특징을 가져 소비자에게 다른 효익을 제공한다고 소비자에게 인식을 심어주는 것으로 가장 빈번히 사용되는 포지셔닝이다. 경쟁기업과는 다른 특별한 서비스 개념을 창출하고 이를 원하는 고객계층을 대상으로 포지셔닝을 하는 전략이다.

도미노피자는 30분 이내에 빠른 피자배달이라는 서비스 개념을 가지고 시장에 진출하여 이동차량을 통해 주문, 피자생산, 배달을 동시에 처리하는 신속한 서비스를 제공하고 있다. 쉐라톤호텔은 객실 내에서 체크아웃 서비스를 한다. 미국에서는 자동차의 간단한 수리에도 시간이 많이 소요되고 가격이 비싼 것에 착안하여 윤활유 교환만을 전문적으로 취급하거나 타이어 또는 브레이크의 수리만을 전문으로 하는 점포들이 많이 등장하여 성공을 하고 있다. 이들 전문업체들은 자동차전문 카센터보다 제한된 서비스를 수행하여 복잡한 수리를 하지 못하지만 고객들로부터 더 신뢰를 받고 있다. 즉 선택된 서비스 개념에서는 탁월하기 때문에 고객이 애용하는 업체로 성장하는 것이다. 클럽메드(Club Med)는 기존 여행사와 달리 새로운 패키지서비스 개념을 창출하여 고객들이 다양한 스포츠활동에 참여하면서 다른 사람들과 교류하고 함께 즐길 수 있도록 했다. 또 가족 고객들이 증가함에 따라 전문적인 유아 보육시설과 직원을 배치하여 부모들이 부담 없이 편안한 휴가를 즐길 수 있게 했다.

그러나 이러한 전략이 성공하기 위해서는 경쟁기업의 모방이 쉽지 않아야 하고 선택된 서비스 개념을 선호하는 고객들이 충분히 있어야 한다. 또 특정한 서비스 상품을 구매했을 때 얻게 되는 편리성이나 규모의 이익 등 혜택(benefits)을 강조하여 포지셔닝하는 경우가 있는데 대부분의 관광패키지 상품은 이러한 각종 혜택을 강조하는 포지셔닝 방법을 가장 많이 쓰고 있다. 이밖에 고객 계층과 서비스 개념을 동시에 고려하여 틈새시장에 포지셔닝하는 사례도 있다. 아메리카항공은 휴가를 떠나는 고객보다 비즈니스 여행자들을 고객계층으로 선택하였다. 휴가를 떠나는 고객들은 저렴한 항공권을 선호하여 상대적으로 수익이 낮지만 비즈니스 여행객들은 가격이 비싸더라도 정확한 이·착륙시간을 선호하므로 이들을 대상으로 탑승 절차와 스케줄 개선을 통해 정확한 스케줄이라는 서비스 개념을 창출하여 수익을 높였다.

3.3 이미지에 의한 포지셔닝

이는 제품의 추상적인 편익으로써 소구하는 포지셔닝으로 대개 보석, 고급 패션 의류, 구두 및 고급 화장품 등 고급제품을 포지셔닝하는 경우에 많이 이용되는데, 고급제품이 주는 이미지에 의하여 자아이미지를 향상시키고자 하는 소비자 심리에 소구하는 것이다.

관광이미지 포지셔닝은 서비스 등급이나 명성 등의 이미지를 포지셔닝하는 방법이다. 서비스 자체는 무형적이므로 특징을 설명하기 곤란하고 제품과 달리 구매 전에 테스트가 어려우므로 서비스를 이미지로써 유형화시켜주어야 한다. 예를 들면 '최우수 기업, 특급 서비스' 등은 매우 긍정적인 이미지를 고객에게 포지셔닝해 줄 수 있다. 기업은 특히 경쟁사와 차별화된 강력한 이미지를 확립해야 하는데 그것은 매우 창조적이고 장기적인 노력이 필요하다. 피자헛의 경우 패스트푸드 레스토랑이 아니라 정통 레스토랑으로 포지셔닝하여 패스트푸드 레스토랑보다는 서비스 품질의 우위성을 이미지로서 강조하고 있다.

속성에 의한 포지셔닝은 강조되는 속성 이외의 다른 속성을 중요시 여기는 소비자를 잃을 수 있는 문제점이 있는 데 반해 이미지 포지셔닝은 제품의 특징이 애매모호하게 받아들여질 수 있는 문제점이 있다.

그림 6-4 ▌ 진로소주의 변천사

3.4 사용상황 및 사용목적에 의한 포지셔닝

이 방법은 제품이 적절히 사용될 수 있는 상황을 묘사함으로써 포지션하는 것이다. 게토레이는 운동 후 갈증해소에 특히 우수한 것으로 포지션하였으며, 카스민트 껌은 졸음방지 기능으로 운전 시 적절한 껌으로 포지션하였다. 국내 세제시장에서 무궁화가 집들이용으로 자사제품인 브라이트를 소구한 것이 그 예이다.

CJ의 햇반 – 시간절약 제품에 대한 소비자욕구에 부응

점차 많은 가정에서 부부가 맞벌이를 한다. 또한 많은 사람들이 직장에서 일하는 시간 이외에는 자기개발을 위해 노력하거나 레저생활을 즐기려고 한다. 이러한 시대적 환경변화는 자연히 시간절약 상품에 대한 욕구를 불러일으킨다. CJ의 햇반은 이러한 욕구에 부응하여 성공한 제품이다.

햇반은 우리의 주식인 밥을 제대로 된 편의식품으로 개발, 슈퍼마켓에서도 밥을 사먹을 수 있게 한 제품으로 우리의 식문화에 새로운 변화를 가져온 획기적인 식품이다.

1997년 1월에 출시되어 10월말까지 68억 원의 매출을 달성하였다. 연말까지 당초 목표매출의 2배를 초과할 것으로 예상된다.

이러한 인기는 기본적으로 밥맛이 좋기 때문이다. 최상품 이천쌀을 사용한 것도 그 한 요인이다. 전자레인지에 제품용기 그대로 넣어 2분간 작동하면 되므로 데워 먹기 매우 편리하다. 상온에서 6개월간 변질되지 않아 한꺼번에 많이 구입해서 오랫동안 보관하면서 먹을 수 있다. 이렇게 오랫동안 보관 가능한 것은 반도체공장과 비슷한 수준의 청결도를 유지한 클린품에서 만들어졌기 때문이다. 또한 대기중의 미생물 침입이 완전히 차단된다.

7월부터는 대한항공 국제선 기내식으로 공급되고 있다. CJ는 이처럼 햇반이 성공하자 청소년 수험생들을 표적으로 '큰햇반'과 영양잡곡으로 지은 '오곡밥'을 출시하였다.

출처 : 한국경제신문(1997. 12. 12)

3.5 제품사용자에 의한 포지셔닝

관광관련 기업은 서비스이용자에 따라서 포지셔닝되기도 한다. Hollyday Inn이 레저 여행객들을 주요 시장으로 세분화한 데 비해서 Marriott호텔은 비즈니스 여행객들을 대상으로 포지셔닝하였다. 미국의 후발 렌터카회사인 Enterprise사는 3대 메이저 회사인 Hertz, Avis, Alamo에 의해 시장이 지배되고 있는 상황에서 생존하기 위한 방법으로 저예산의 보험대체시장을 선택하였다. 이로 인해서 타 회사보다 훨씬 저렴하게 임대하게 되어 1990년 7만 대에서 오늘날 25만 대의 놀라운 성장을 가져왔다.

3.6 경쟁제품에 의한 포지셔닝

이 방법은 소비자의 지각 속에 자리잡고있는 경쟁제품과 명시적 혹은 묵시적으로 비교함으로써 자사제품의 편익을 부각시키려는 방법으로 비교광고가 허용되고 있는 미국의 경우 많이 사용하고 있다. 이러한 경우는 특히 '가장 우수한' 또는 '최고의' 등과 같은 비교우위를 강조한다. 렌터카 업체인 Avis는 "우리는 2등입니다. 그래서 더욱 노력하겠습니다"라는 문구로 Hertz 렌터카에 대응하는 포지셔닝을 통해 표적시장의 관심을 유도했다. Wendy's햄버거는 "Where is the beef?"라는 광고를 통해 경쟁사인 McDonald's의 햄버거와 차별화하였다. 7-Up은 1970년대 중반 un-cola 캠페인에 의하여 Pepsi와 Coca-Cola의 대체품으로 포지션하였다. 탄산음료는 이미 미국 소비자의 마음속에 강하게 자리잡고 있던 콜라제품과 7-Up을 연관시킴으로써 7-Up은 3위의 탄산음료가 될 수 있었다. 그러나 이러한 경쟁적 포지셔닝은 경쟁제품을 간접적으로 광고하거나 상대 회사의 민감한 대응 혹은 보복이 따를 수 있다.

경쟁기업 중심의 포지셔닝에서는 기업은 어떤 차이를 부각시킬 것인지 신중하게 고려해야 한다. 그 이유는 모든 차이를 다 뛰어나게 차별화할 수 없고, 각각의 차이가 고객에게는 이익을 주지만 기업에게는 비용의 증가를 안겨줄 수도 있기 때문이다. 따라서 너무 사소한 것이나 개발하는 데 지나치게 비용이 많이 드는 경우와 기업의 특징과 거리가 먼 경쟁요소들은 배제하는 게 좋다.

3.7 서비스 용도 및 등급

서비스 용도 역시 포지셔닝에 활용된다. 헬스클럽이 이런 방법으로 포지셔닝되는 경우가 많다. 어떤 헬스클럽은 체중을 감량하고 싶어 하는 사람들에게 이용될 것이고, 또 어떤 헬스클럽은 단지 운동만을 원하는 사람들에게 이용될 것이다. 또한 근육단련을 위해서 이용될 수도 있다. 각각의 포지션은 각각 세분화된 시장이고, 고유의 시설과 물리적 설비를 필요로 한다.

한편 고객관점에서 서비스 등급도 중요한 기준이다. 피자헛은 패스트푸드 레스토랑이 아니라 정통 레스토랑으로서 포지셔닝되고 싶어 한다. 광고를 보면 '피자업체 중 최고의 정통 레스토랑'이라고 언급한다. 이렇게 포지셔닝함으로써 피자헛은 그들의 서비스에 대해서 더 높은 가격을 책정할 수 있다. 높은 가격은 곧 높은 마진을 의미한다. 이러한 포지셔닝은 그들이 다른 패스트푸드 레스토랑과 경쟁하는 것이 아니라 바로 다른 정통 레스토랑과 경쟁하는 것임을 의미한다.

3.8 가격 대 품질

가격과 품질은 포지셔닝에서 중요한 기준이 되고 있다. 미국의 사우스웨스트항공과 젯블루항공은 레저여행 시장 중에서 저가정책을 취하는 항공사로 포지셔닝하였다. 이 항공사는 여행객들이 식사를 포기하더라도 가격이 저렴한 항공운임을 원한다고 생각했다. 반면에 스칸디나비아항공은 비즈니스 여행시장의 고객들은 고품질의 서비스를 원하며, 이에 기꺼이 지불할 용의가 있다고 생각하였다.

샹그리라호텔은 가장 우아하고 고상한 고품질의 호텔로 포지셔닝되어 있으며, 미국의 모텔체인인 모텔 식스(Motel 6)와 슈퍼모텔 에잇(Super Motel 8)의 경우는 최소한의 서비스를 통한 저가정책으로 성공을 거두었다.

3.9 재포지셔닝(repositioning)

재포지셔닝은 고객의 마음속에 자리한 기존의 포지셔닝을 변화시키는 데 사용된다. 재포지셔닝은 기존제품의 침체나 감소로 인하여 매출액이 감소했을 때 또는 경쟁사의 새로운 포지셔닝에 의해 시장에서 자사의 포지셔닝을 개선할 필요가 있을 때 사용한다. 즉 초기에 적절한 포지셔닝이라도 여러 가지 환경의 변화로 인해 새로운 포지셔닝이 필요할 때 실시하는 것이 재포지셔닝이다. 리포지셔닝을 시장에 꾸준히 하면 기업이나 제품의 긍정적인 이미지를 지속시킬 수 있다. 음료업체인 세븐업은 선발기업인 펩시나 코카콜라와 직접적으로 경쟁하기보다는 재포지셔닝으로 무카페인(caffeine-free) 캠페인을 실시했는데 그 결과 매출액이 늘어나는 효과를 거두었다.

사례 펩시콜라의 포지셔닝

청량음료업계를 군림하였던 코카콜라에게 1930년대 펩시가 코카콜라에 차별화하여 그의 자리를 굳건히 하는 계기가 있었다. 1930년 공황에 경제가 어려운 때 펩시콜라는 같은 값으로 코카콜라보다 두 배의 양을 소비자에게 제공하였다. 사실 어린이들은 맛이나 품질보다는 양이 많은 것을 더 좋아한다.

그러나 코카콜라는 펩시콜라와 같이 양을 많이 늘리거나 가격을 내릴 수가 없었다. 기존에 코카콜라에 사용하던 수십 만 개의 콜라병을 쓰레기로 버릴 수가 없었고, 또한 자동판매기가 이미 이전 가격에 고정되어 있었기 때문에 값을 내릴 수 없었다. 이에 저가격으로 펩시콜라는 확실한 포지셔닝을 한 것이다.

그러면 콜라에 있어서 이 이상 포지셔닝의 여유는 없는가? 1980년대 들어오면서 소비자들은 자기의 건강에 민감하게 되었다. 이때 코카콜라는 diet coke를 개발하여 저칼로리 콜라로 포지셔닝하였다.

4 관광이미지

4.1 기본개념

이미지란 인간이 어떤 대상에 대하여 갖고 있는 신념(beliefs)이나 인상(impression) 등의 집합으로 자신이 지각하고 중요하게 고려하는 관점에 대한 평가이다. 즉 이미지는 대상에 대한 직접적인 자극이 없어도 마음속에 만들어지는 총체적 인상이며 이러한 인상은 사물이나 어떤 대상에 대한 지각의 결과라고 할 수 있다. 예를 들어, 자신에 관한 개인의 지각과 태도를 자아이미지라고 하는데 그 이미지를 세분하면 다음과 같다.

① 실체적 이미지 : 실제로 자신이 갖고 있는 이미지

② 대중적 이미지 : 남들이 자신에 대해 갖고 있는 이미지

③ 이상적 이미지 : 남들로부터 자각되고 자신이 닮고 싶어하는 이미지

많은 사람들은 이렇게 서로 다른 자아의 모습을 가지고 있으며 그 차이에 갈등하고 고민하기도 한다. 관광객들에게 자아개념은 관광활동에 강력한 영향을 준다. 특히 무형의 관광상품 구매에 있어서도 자긍심, 자아 이미지, 사회적 위상 등과 같은 정서적 의사결정이 강하게 작용되기 때문이다. 예를 들어 항공기의 일등석이나, 호화유람선 크루즈 상품을 구매하면 자신의 위상이나 이미지가 향상되고 사회적 위치가 높아진다고 생각하여 관광객의 만족감이 높아진다. 따라서 관광객들은 자신의 이미지와 자아를 유지시키고 강화시키는 관광상품을 구매하는 경향이 크다. 이렇게 이미지는 정신작용의 산물로 심리적인 특성을 바탕으로 한 주관적인 평가이지만 사회구성원 간의 공통성이 크다. 관광객들은 자신의 좋은 이미지를 만들기 위한 수단으로 관광활동에 참여하기도 한다. 일반적으로 마케팅에서 고객은 제품이미지, 상표이미지, 기업이미지와 같은 3가지 유형의 이미지를 가지고 있다.

4.2 관광이미지의 중요성

관광에 대한 긍정적 이미지는 관광지에 대한 선호도와 직결된다고 할 수 있다. 즉, 관광객은 관광지를 선택하기 전에 관광지에 대한 이미지를 갖고 있으며 좋은 이미지를 갖고 있는 관광지가 당연히 선택받게 되는 것이다. 그래서 좋은 관광지의 이미지를 만들기 위해 영화나 텔레비전에 나오는 영상과 음악 또는 인기 있는 연예인이나 유명인사를 활용하기도 한다.

예를 들어 오스트리아는 변함없이 '사운드 오브 뮤직(The Sound of Music)'의 배경을 이용하여 아름다운 풍경과 착한 사람들의 이미지를 유지하고 있다. 영국은 전 세계에 크게 히트한 판타지 소설 '해리포터'시리즈의 명성과 영화에 힘입어 오랜

전통과 시가도, 명예의 긍정적인 이미지를 가지고 있으며 소설의 무대와 영화 촬영장소를 관광상품화하여 관광객 유치에 활용하고 있다. 우리나라도 최근 한류열풍에 따라 동남아시아에서 인기가 있는 한국의 드라마와 영화배우가 한국에 대한 좋은 이미지를 만들고 있다. 그밖에도 제주의 유채꽃, 한산의 모시, 온양의 온천 등은 관광객들이 일반적으로 가진 이미지들이다. 관광객의 의사결정은 객관적 사실보다 그들이 가진 이미지에 영향을 받으며 특히 방문경험이나 지식이 없는 잠재 관광객들에게는 그들이 가지고 있는 이미지가 관광지 결정에 많은 영향을 미친다.

4.3 관광이미지의 특성

관광이미지는 다음과 같은 특성을 가지고 있으므로 적절한 마케팅전략이 요구된다.

① 무형성이 강조되어 측정이 어렵다.

② 관광지와 직접적인 접촉이 없어도 형성되며 한번 고착된 이미지의 변화는 쉽게 변하지 않는다.

③ 관광객의 행동에 영향을 주는 개인적 특성과 사회적 환경요인에 따라 크게 차이가 난다.

4.4 관광이미지의 형성과정

관광이미지는 현장직원의 태도, 업무능력 등과 같은 인적요소와 명칭, 캐릭터, 로고, 관광시설, 환경 등과 같은 물적 요소의 결합으로 이루어진다. Gunn은 이미지를 유기적 이미지(organic image)와 유인적 이미지(induced image)로 구분하였다. 유기적 이미지는 실제 방문하거나 경험을 통해서 자발적으로 형성된 것이며 유인적 이미지는 실제 경험하거나 방문하지 않은 상태에서 광고나 타인의 구전 등과 같이 다양한 촉진활동에 의해 만들어진 비자발적 이미지다. 관광이미지의 형성과정은 다음과 같다.

① 대중적 유발체 : 일반광고나 관련직원으로부터 얻은 정보를 통해 형성되는 이미지로 관광객의 초기 의사결정에 영향을 주지만 신뢰도는 낮은 편이다.

② 간접적 유발체 : 지명도가 높은 인물, 특정 지역에 대한 논문, 기사, 영화, 뉴스 등에 의해 형성된 이미지로 대중적 유발체에 비해 비용이 적게 들고 신뢰도는 상대적으로 높다.

③ 자연발생적 유발체 : 사람들의 구전을 통해 이미지가 형성되는 것으로 요청된 구전 유발체와 우연적 구전 유발체의 두 가지 방법이 있다. 요청된 구전 유발체는 이미 경험한 사람에게 부탁하여 관련된 정보를 얻고 이미지를 형성하는 것이다. 대학생의 경우 가족들보다 친구들과의 대화를 통해 얻은 정보를 더 신뢰하는 경향이 있다. 우연적 구전 유발체는 모르는 사람들을 통해 우연히 정보를 들어서 형성되는 이미지로 대중교통을 이용할 경우나 음식점과 같은 곳에서 많이 만들어진다. 자연발생적 유발체는 구전을 통해 전달되지만 신뢰도가 높고 짧은 시간에 전달능력이 광범위한 장점이 있다.

④ 유기적 형성체 : 본인이 직접 방문하거나 체험하여 이미지를 형성하는 방법이다. 가장 신뢰도가 높고 구전되어 타인에게 전달될 수 있다.

관광이미지의 설정은 대상, 효과, 예산들을 고려하고 기존의 이미지를 확인하며 전략적으로 구사되어야 한다. 특히 한번 고착된 이미지는 쉽게 바뀌지 않기 때문에 관광상품의 각 단계별로 적절한 이미지를 형성해갈 수 있도록 필요에 따라 적합한 이미지 믹스를 활용하는 게 좋다.

끝으로 효과적인 관광이미지 조성을 위해서는 광고내용이나 구전되는 내용과 실제 경험이 어느 정도 일치하지 않으면 안 된다. 예를 들어 석양의 해변과 멋진 건물 및 행사의 화려한 사진은 관광객들이 어느 정도 실제로 체험할 수 있는 것이어야 하며, 그렇지 못하면 관광지는 관광객의 호감을 잃고 오히려 부정적인 소문이 퍼질 위험이 있다.

CHAPTER

07

관광상품관리

1. 관광상품의 의의와 유형
2. 관광상품의 고려요인
3. 상표화전략
4. 신상품 개발
5. 제품수명주기

사례

비행기 테이블바를 이용한 광고

이 광고는 황금휴가를 보낼 수 있도록 항공, 숙박이 포함된 말레이시아의 'Golden Holiday' 여행 패키지 상품광고로 비행기 테이블바를 이용한 스노우보드, 다이빙, 암벽등반을 직접 체험하는 듯한 느낌을 갖게 해준다.

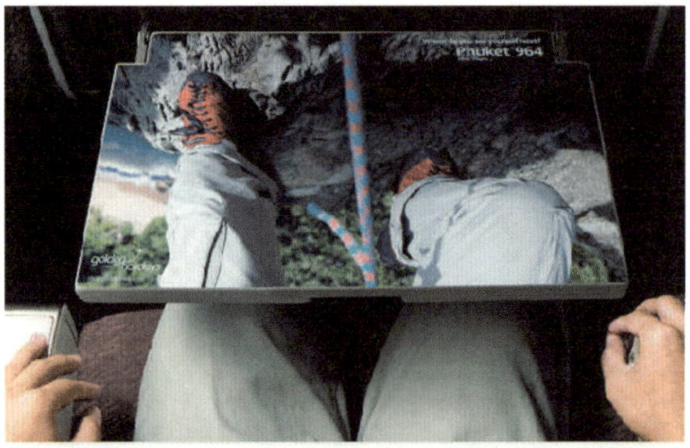

City of Rio de Janeiro

관광도시를 인터넷에 있는 사진으로만 다운받아서 즐기지 말고 현장에 와서 그 생생함을 느껴보라는 내용의 광고이다. 브라질의 유명한 관광지 리우데를 직접 와서 즐기라는 광고메 시지를 담고 있는 광고이다.

| 출처 |

http://theblack7.blog.me/100138049644

마케팅믹스의 여러 요소 중에서 가장 기본이 되는 것은 관광상품이라 할 수 있다. 그 이유는, 첫째 다른 세 기능이 모두 관광상품을 그 출발점으로 하고 있으며, 둘째 고객의 욕구충족의 대상도 곧 관광상품이라고 할 수 있고, 셋째 기업의 고객이나 경쟁사가 누구냐 하는 것도 바로 그 회사가 제공하는 관광상품에 따라서 결정되며, 넷째 기업경영의 모든 측면이 그 회사가 판매하고 있는 관광상품에 의해 크게 영향을 받기 때문이다. 즉, 다른 마케팅요소에 관한 모든 중요한 의사결정은 결국 관광상품에 의해 좌우되며, 기업의 생산활동이나 이익 그리고 소비자와 연결시켜주는 최종 도구가 곧 제품이 된다.

예를 들면 어느 호텔이 럭셔리상품을 취급하기로 했다고 하자. 그렇다면 그 호텔은 그 상품의 가격을 대부분 고가로 매겨야 할 것이고, 그러한 고급품을 좋아하는 소비자들이 많이 찾는 점포를 통해 그 관광상품을 판매해야 할 것이다. 또한 광고활동에서도 소비자들에게 그 관광상품이 조금 비싸더라도 그만한 가치가 있다는 것을 알리는데 주력해야 할 것이다.

현대 마케팅관리의 개념이 고객이 원하는 관광상품을 원하는 시간과 장소 그리고 원하는 가격으로 제공하는 것이라면 관광상품은 어쨌든 마케팅관리 활동의 핵심요소임에 틀림없다. 그러나 관광 비즈니스 산업은 다른 어떤 분야 못지않게 경쟁이 치열해 업체도 많고 소비자는 보수적이어서 브랜딩을 하기가 매우 어렵다. 신상품을 개발해도 바로 미투 상품들이 등장해 차별화전략을 희석시켜 소비자가 원하는 상품을 개발하여 적시적소에 적정가격으로 공급하기란 용이한 일이 아니다. 왜냐하면 소비자의 욕구는 꾸준히 변하고 있고 경쟁과 유사품의 등장은 기존상품의 진부화를 가속시키고 있기 때문이다.

따라서 본 장에서는 관광상품의 개념을 파악하고 이를 기초로 분위기가 좋은, 훌륭한 서비스제공 시스템을 수반한 호텔제품 및 여행관광상품을 고객과 결부시켜 살펴보고자 한다.

1 관광상품의 의의와 유형

1.1 관광상품의 개념

고객은 그들의 만족을 위하여 관광상품을 구매하는 것이므로 관광상품은 고객을 만족시켜 주어야 한다. 따라서 마케팅책임자는 고객을 만족시켜 줄 수 있도록 관광상품의 품질향상에 심혈을 기울여야 한다.

즉 상품이란 "욕구 내지 필요를 만족시키는 주의・획득・사용・소비를 위하여 시장에 제공되는 모든 것"을 말한다.

이에는 물리적 대상물(physical objects)과 서비스・장소・조직・아이디어가 포함된다. 이 정의는 회사가 제공하는 상품이 의도하고 있는 구성요소에 대하여 설명한 것이다. 이러한 의도된 구성요소 이외에도 상품에는 의도하지 않았던 구성요소도 포함된다.

예를 들면, 어느 소비자가 댈러스에서 레스토랑에 들어갔다고 하자. 그곳 웨이터가 그에게 미소를 지으며 메뉴를 건네주었다. 메뉴를 펼쳐보니 죽은 바퀴벌레가 납작하게 눌린 채 그곳에 붙어있었다. 이 생각지도 않았던 일에 소비자는 그 레스토랑을 뒤도 돌아보지 않고 떠났다. 그런데 이 레스토랑은 죽은 바퀴벌레가 메뉴에 붙어있게 하려고 계획한 것이 아닌 것은 확실하다. 이렇듯 고객이 수령하는 상품은 경영자가 항상 계획한대로는 이루어지지 않는 법이다.

관광산업에서 상품은 토론토의 Four Seasons호텔의 객실, 하와이에서의 휴가, McDonald's의 프렌치프라이, 발리섬에서 즐기는 허니문, 케이터링에 의한 중식, 유적답사 버스관광, 호텔 인근의 현대식 컨벤션센터에서의 단체할인 등을 포함한다.

카지노장을 구비하고 있는 전형적인 호텔의 여러 가지 관광상품을 보면, 카지노제품(casino products)의 경우 5센트, 10센트, 25센트, 1달러, 5달러짜리의 슬롯머신과 각종 비디오 포커가 있고, 블랙잭, 포커, 슈먼드 펠(baccarat의 일종), 룰렛, 크랩 등을 할 수 있는 게임테이블, 그리고 여러 가지 숫자게임, 빙고(bingo), 오프트랙 베팅(off-track betting)을 할 수 있는 기타 시설이 있다. 호텔상품(hotel product)의 경우 싱글, 더블, 스위트, 풀사이드(poolside), 방갈로 모양의 객실과 식음료를 즐길 수 있는 미니바, 풀사이드 라운지, 실내서비스(inroom service), 자동판매기, 레스토랑, 칵테일 라운지 등이 있으며, 여기에 즐길 수 있는 식음료 제품으로는 개별 일품요리 품목의 메뉴와 개별 디너, 뷔페, 단체 디너, 디저트, 알콜류와 음료수 등이 있다. 그리고 비즈니스센터, 관광안내 데스크, 피트니스센터도 있다.

신상품을 만들어낼 때 카지노·호텔을 조합하는 무한의 가능성을 생각해보면 3박 패키지와 신혼여행 패키지를 예로 들 수 있는데, 3박 패키지는 객실, 조식, 25달러의 카지노 칩(Chips), 무료 칵테일 5잔, 육상운송서비스 등이 포함되어 있고, 신혼여행 패키지에는 스위트룸, 샴페인 1병, 전 식사, 25달러의 카지노 칩(Chips), 육상수송, 실내 꽃, 풀사이드에서의 신혼부부 사진촬영과 같은 서비스들이 포함되어 있다.

관광상품의 조합(building) 가능성은 창조력 여하에 달려 있다. 흔한 일반적인 가격대의 호텔과 같은 관광기업은 자사만으로 관광상품을 조립할 가능성이 없다고 판단하면 레스토랑·극장·버스회사와 같은 경쟁회사가 아닌 기업과 공동 프로그램을 개발하기도 한다.

Ramada, Park Inn International, Super 8 Motel, Days Inn, Howard Johnson 등의 모회사인 호스피탈리티 프랜차이즈시스템(HFS : Hospitality Franchisee System)은 모든 HFS의 대형 호텔에 대하여 개별적으로 지급한다는 조건으로 Pizza Hut과 각 호텔에 피자를 배달한다는 협약을 체결하였다. HFS에는 40만 개에 가까운 객실이 있는데, 이 제품은 Pizza Hut과 HFS에게 막대한 수입원이 될 가능성을 가지고 있었다.

1.2 제품유형

제품은 기본적인 욕구 또는 2차적 욕구를 충족시켜 줄 수 있는 것으로 시장에 출시되어 획득, 사용 또는 소비의 대상이 될 수 있는 것이다. 제품에는 물리적 대상물, 서비스, 사람, 장소, 조직 및 아이디어 등이 포함된다. 그러나 마케팅 관점에서 보면 제품이란 제품을 구성하고 있는 제품 속성들(product attributes)의 단순한 집합 이상의 것을 의미한다. 왜냐하면 소비자들은 제품을 그들의 욕구를 충족시키는 모든 편익의 묶음(bundles for benefits)으로 파악하기 때문이다.

그림 7-1 ▮ 제품의 유형

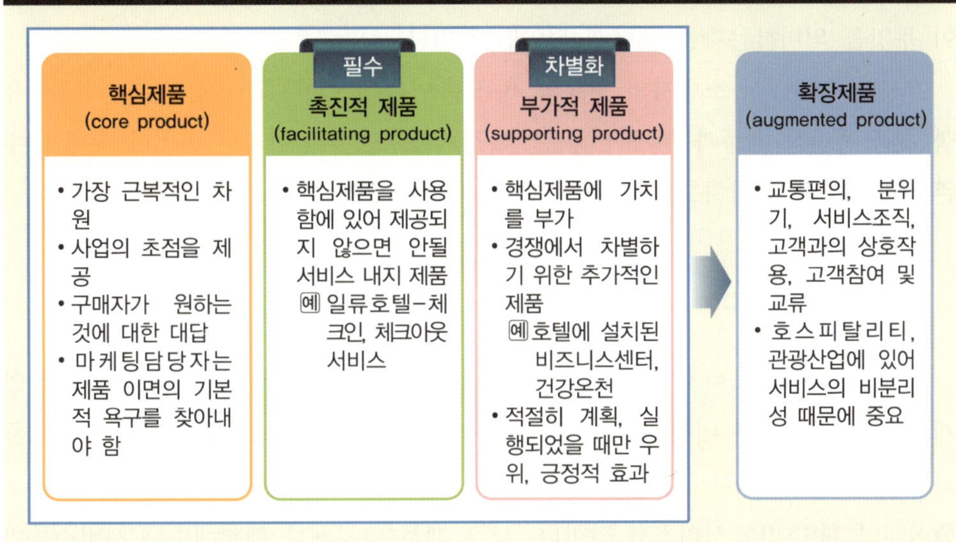

그림 7-2 ▮ 제품의 차원

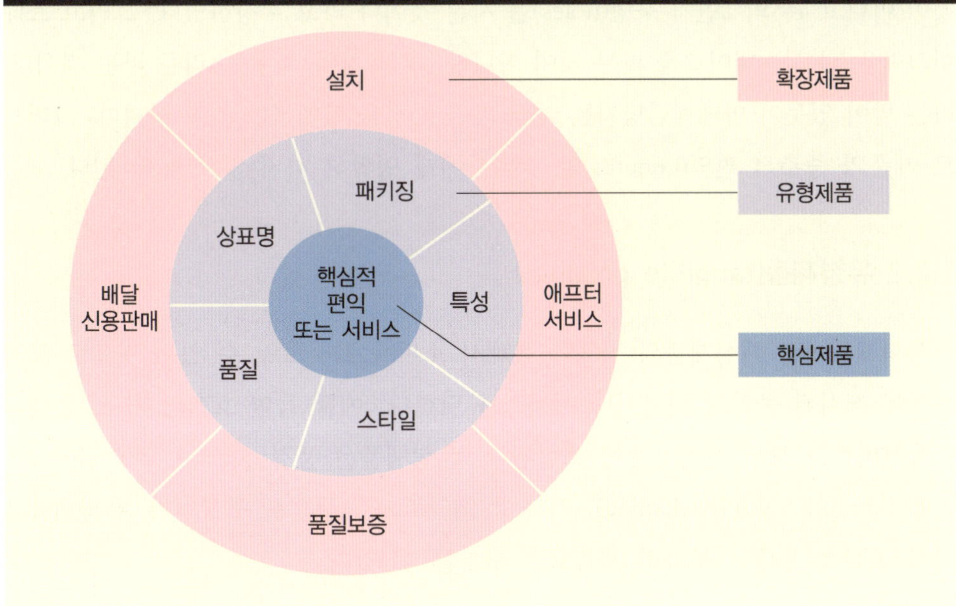

따라서 마케팅관리자가 제품을 개발하려고 할 때는 먼저 그 제품이 소비자에게 어떤 욕구를 충족시킬 수 있는지, 즉 소비자가 그 제품에서 어떤 편익을 얻을 수 있는지를 확실히 해야 한다. 1980년대 미국 자동차 회사들은 일본과 유럽의 경쟁자들에게 미국의 자동차시장을 빼앗기는 값비싼 경험을 하였다. 그들은 제품의 품질이 무엇을 의미하는가를 깨닫게 되었던 것이다.

마케팅 측면에서 소비자의 필요와 욕구 측면을 고려할 때, 제품은 핵심제품, 유형 제품(촉진적 제품과 부가적 제품), 확장제품으로 나누어지며 이러한 총체적 수준으로 제품을 개발하고 관리하는 것이 기업 성장의 가장 중요한 과제가 된다.

1.2.1 핵심제품(core benefit)

핵심제품이란 "소비자가 진실로 구매하고 있는 것은 무엇인가?"라는 원초적인 개념으로 제품 속에 내재하고 있는 구매자의 구체적인 욕구를 충족시켜 주는 제품의 혜택을 말한다. 실제로 제품 구매 시 구매자가 원하는 것은 본질적인 효용이나, 핵심적인 편익이나 서비스를 말한다. 모든 제품은 문제를 해결해주는 서비스들의 패키지(package)이다. Thedore Levitt는 "구매자는 4분의 1인치 송곳(drills)을 사는 것이 아니고 4분의 1인치 구멍(holes)을 사는 것이다"라고 주장하였다. 그리고 스테이크하우스는 "스테이크를 파는 것이 아니라 '치익 치익' 내는 소리를 파는 것이다"라는 말이 있듯이 마케팅담당자는 여러 가지 특징을 판매하는 것이 아니다. 그러므로 제품의 중추적 편익(benefits)을 소비자에게 명확히 하지 않으면 안 된다.

1.2.2 유형제품(tangible product)

유형제품이란 핵심제품의 실체를 통해서 소비자에게 보일 수 있는 것으로 표적시장에 제시된 물리적 대상이나 서비스를 말한다. 예를 들면 호텔의 가구, 은행의 금융서비스가 모두 유형제품에 포함된다. 유형제품은 품질(quality), 스타일(style), 상표명(brand), 포장(packaging), 기타 특징(features) 등으로 구성되며, 유형제품을 다시 촉진적 제품과 부가적 제품으로 구분할 수 있다.

1) 촉진적 제품

촉진적 제품(facilitating products)은 고객이 그 핵심제품을 사용함에 있어서 제공되지 않으면 안 될 서비스 또는 상품이다. 예를 들어 일류호텔이라면 체크인·체크아웃 서비스와 전화, 레스토랑, 직원에 의한 서비스가 빠져서는 안 된다.

사례 고객만족은 곧 판매로 연결된다

Volvo 마케팅책임자는 Volvo를 고소득층에게 판매한다는 생각에 머문 것이 아니라, 차에 관한 걱정으로부터 절대적으로 해방되어야 한다는 지론을 가지고 있었다. 이에 따라 Volvo는 자동차 주행거리에 관계없이 무조건 3년간 보증하며 그 기간 동안은 수리를 위한 자동차 부속, 인건비 등을 무료로 24시간 서비스를 받을 수 있게 하였다.

또한 V8주스를 판매하는 Campbell사의 마케팅책임자는 건강을 생각하는 소비자가 주요 목표 시장인데 왜 이들 소비자가 영양분을 고루 갖춘 V8주스를 자주 사지 않는가에 대하여 의아하게 생각하였다. 이 의문을 해결하기 위하여 마케팅조사를 한 결과 소비자들이 특별히 V8주스를 사려고 시장에 가지 않으며 또한 슈퍼마켓에서 V8이 진열되어 있는 구석까지 가지 않는다는 사실이 밝혀졌다. 대신에 소비자들은 슈퍼마켓의 냉장고에 들어 있는 이름있는 상표를 구입한다는 사실을 알게 되었다. 이에 Campbell사는 V8주스의 판매채널과 매장의 진열위치를 변경하였다. 이에 매출이 곧바로 15% 증가하였다.

2) 부가적 제품

중추적 제품은 촉진적 제품을 필요로 하나, 부가적 제품(supporting products)을 필요로 하지 않는다. 부가적 제품은 핵심제품에 가치를 부가하여 그것을 경쟁에서 차별화하기 위하여 제공되는 추가적인 제품이다.

호텔에 설치된 비즈니스센터와 풀서비스의 건강온천은 부가적 제품으로서 고객을 그 호텔에 유치하는 데 기여하는 것으로 생각되고 있다. 촉진적 제품과 부가적 제품의 구별은 항상 명확하지가 않다. 한 개의 세분시장을 위한 촉진적 제품은 다른 세분시장을 위한 부가적 제품일지도 모른다. 다음의 두 사례를 보기로 하자.

첫째, 호텔체류 중 가족고객은 레스토랑과 직원의 서비스를 필요로 하지 않을지도 모르나, 비즈니스고객은 이러한 것들이 필요하다. Hyatt호텔은 욕실의 비품으로서 샴푸과 스킨로션 및 몇 종류의 비누를 선택할 수 있게 한 최초의 체인 가운데 하나였다. 하얏트는 이러한 쾌적성(amenities)을 도입하였을 때, 그것은 객실이라는

핵심제품을 뒷받침하는 부가제품이었다. 오늘날 하얏트와 동급의 호텔에서는 쾌적성은 촉진적 제품이 되었다. 다른 호텔은 하얏트의 어메니티 패키지(amenity package)에 대항하기 시작하였고, 그러는 가운데서 여행자는 그것을 그런 급의 호텔에서는 당연한 서비스로 기대하게 되었다. Hilton호텔은 매년 평균 22만 5,000달러가 드는 어메니티 패키지를 개발하기에 앞서서 소비자 취향 분석을 하는 데 2년이 걸렸다.

둘째, Regent International Hotels의 창업자 Bob Burns는 체인의 호화스러운 이미지 강화를 통해 차별화할 수 있는 제품을 자신이 직접 선택하였다. 이렇게 하여 홍콩 Regent호텔의 욕실에 풀사이즈 용기의 고급샴푸가 비치되었다. 오렌지주스는 전 세계의 호텔과 레스토랑에서 공통적으로 볼 수 있는 메뉴품목 중 하나인데, Bob Burns는 호화스러운 서비스라는 자기들의 개념과 조화시키기 위하여 Regent호텔에서는 막 짜낸 신선한 오렌지주스를 제공하도록 엄격하게 지시하였다. Burns는 오랫동안 호텔업계에서 일을 하며 연구해 왔다. 이 가운데는 하와이의 고급호텔인 Kahala Hilton Regent 총지배인으로서의 경력이 포함되어 있는데, 수년에 걸쳐서 몇 천 명의 고객과 대화하는 가운데서 고객들이 무엇을 바라고 있는가를 알게 되었다.

경쟁에 의하여 간단하게 추수(追隨)되지 않는 부가적 제품을 선정하는 것이 회사로서는 이상이다. 또한 전문가적인 태도로 보조적 서비스를 제공할 수 있지 않으면 안 된다. 그 사례를 들면 다음과 같다.

어느 중규모 호텔이 비즈니스고객을 유치하는 데 있어서 경쟁우위성에 연결된다고 판단하여 룸서비스를 제공한다고 치자. 그러나 부가적 제품을 함부로 제공하는 것은 차라리 없는 것만 못하다. 룸서비스를 제공하는 많은 중간급 가격대의 호텔에서는 룸서비스용 카드를 놓는 장소가 주방 내에 정해져 있지도 않고, 전화응대를 하고 전표에 기입하는 룸서비스 전속직원(coordinator)도 없다. 또한 정해진 룸서비스 웨이터도 없다. 필요한 도구와 인원은 주문이 있을 시점에서 모집한다. 따라서 쉽게 상상할 수 있는 것처럼 때로는 비참한 결과를 가져오기도 한다.

전화응대에 나오는 직원 가운데는 예를 들면 스테이크를 어떻게 요리하는가, 고객이 원하는 샐러드 드레싱은 어떤 것인가, 감자는 어떻게 요리하는 것이 좋은가와 같은 것에 대하여 정확하게 질문하는 훈련이 결여되어 있다.

주문을 받은 후 다음 단계는 카드를 준비하여 그 주문품을 객실로 가지고 갈 직원을 찾는 것이다. 생각에 떠올릴 수 있는 직원은 벨맨이든가, 웨이터 보조원(bus person) 또는 다이닝룸에서 지원 나온 웨이터 등이다.

이러한 직원들은 올바른 훈련을 받지 않았다. 그러나 팁이 욕심나서 약삭빠르게 이런 기회에 뛰어들지도 모른다. 그들은 훈련을 받은 일이 없기 때문에 카드를 준비할 때 소금·후추·설탕·포크·냅킨과 같은 기본적인 품목을 잊을지도 모른다. 식사를 마친 후에 고객이 복도에 트레이(tray)를 내놓는다면 이 트레이는 룸메이드가 다음날 아침에 치울 때까지 복도에 놓여 있는 채로 있을 것이다. 이렇게 되면 이 호텔의 이미지는 큰 손상을 입게 된다.

요약해서 만약 이런 일들이 올바로 계획되지 않은 채 실행된다면 부가적 제품은 경쟁우위성을 확보할 수 없게 된다는 것이다. 따라서 이러한 일들은 고객의 기대에 부응하는 것이든가, 그것을 뛰어넘는 것이어야 한다.

1.2.3 확장제품(augmented product)

확장제품은 구매자가 제품 구입 시에 유형제품에 추가적 서비스와 부수적 편익을 결합한 것을 말한다. 확장제품에는 교통편의, 분위기, 서비스 조직과 고객의 상호작용, 고객참가 및 고객 간 교류가 포함된다. 이러한 요소는 중추적 제품, 촉진적 제품, 부가적 제품과 결부되어 확장제품을 만들어낸다.

히트상품의 공통적인 특성

히트상품의 공통적인 특성은 소비자에 대한 개별화, 차별화, 상징화로 표현할 수 있다. 첫째, 개별화란 마케팅의 변천과정과 관계된다. 종전까지의 마케팅은 대량마케팅 목표시장마케팅, 틈새시장마케팅이란 개념으로 변화되어 왔다. 이때 소비자를 해석하는 방법은 각각 대중, 분중, 산중으로 구분된다. 최근 들어서는 컴퓨터 및 전자기술의 발달로 원시적인 마케팅활동인 1 대 1 마케팅이 가능하게 되었다.

이는 종전의 생산자중심에서 소비자중심 개념의 허구성을 완전히 제거한 실제 소비자가 주체가 되는 것을 의미한다. 이러한 접근의 중심은 소비자를 한 사람의 인격체로 생각하고 접근하는 것을 뜻한다. 마케팅의 전략적 접근에서는 관계마케팅을 통해 가능하게 된다. 히트상품의 숨은 비밀의 하나는 간접마케팅에서 벗어나 소비자를 개별화시켜 개별적인 직접마케팅으로 접근함으로써 가능하다고 볼 수 있다.

둘째, 차별화란 대중의 소비패턴과 생활양식을 정확히 파악하여 소비자의 머릿속에 자기들만의 공간을 확보하는 것이다. 이를 성공적으로 수행 못하면 히트상품이 될 수없다. 이는 또한 토플러가 제시한 현대사회의 특성인 '일시성'과 '새로움'을 이해하는 것이다. 일시성이란 엄청나게 빠르게 변화되는 외부환경에 대응하여 소비자들은 이런 변화를 일시적으로 수용함으로써 모든 현상들의 지속시간이 짧아지고 제품의 수명주기도 여기에 부합되는 것을 말한다.

새로움이란 트렌드를 우선적으로 파악하는 것이다. 소비자의 감각과 감성이 중심이 되는 고감도사회에서 제품과 자신을 직접 연출하는 극장사회로의 변화를 찾아내 차별화된 제품을 개발하는 것이다. 마니아 제품, 손수만들기 제품, 체험 제품 등이 여기에 속한다. 이러한 차별화전략은 시장세분화, 타기팅, 포지셔닝으로 이어지는 마케팅 기본전략과의 일관성 있는 전략적 접근이 이루어질 때 가능해진다.

셋째, 상징화란 소비자에게 사용가치를 약속하는 기호화된 커뮤니케이션을 의미한다. 우리나라에서도 1990년대 들어 제품 간의 균등화현상이 일어나고 있다. 그 결과 소비자들의 제품선택은 품질보다는 커뮤니케이션 콘셉트를 정교화시키는 능력에 있다고 할 수 있다. 이를 전문적인 용어로 크리에이티브 콘셉트라고 한다. 이는 독창성과 영향력, 제품과의 관련성을 가지는 메시지로 소비자의 머릿속에 파고 들어 따뜻한 느낌으로 소비자의 마음을 움직이게 하는 것이다.
출처 : 한국경제(1997. 6. 30)

경영상의 관점에서 중추적 제품은 그 사업의 핵심부분이고 존재이유이기도 하다. 촉진적 제품은 중추적 제품을 표적시장에 공급함에 있어서 불가결의 것이다. 그리고 부가적 제품은 위치설정(positioning)에 기여한다. 서비스마케팅의 전문가인 Christian Gronroos에 따르면, 중추적 제품과 촉진적 제품 및 부가적 제품은 고객이 수령하는 것을 결정하나, 그들이 어떻게 그것을 수령하는가에 대해서는 결정하지 않는다.

룸서비스의 사례에서 기술한 것처럼 서비스의 제공은 고객이 서비스를 어떻게 받아들이는가에 따라서 영향을 미친다. 확대서비스의 제공은 무엇이 제공되는가와 어떻게 제공되는가를 결합시킨다.

요즘과 같이 극심한 경쟁상황에서는 적절한 확장제품을 개발하는 것이 매우 중요하다. 이에 Levitt는 앞으로의 경쟁은 어느 회사가 무엇을 생산해야 하는가에 있는 것이 아니라 생산된 제품에 포장, 서비스, 광고, 고객상담, 금융서비스, 배달, 보관 그리고 기타 가치있는 것들을 통하여 무엇을 부가시키느냐에 있다고 주장하였다. 그러므로 마케팅담당자가 자사의 제품을 보다 효과적으로 확장시킬 수 있는 기회를 포착하려면 구매자의 총체적 소비시스템을 파악할 수 있어야 한다.

1.3 관광상품의 분류

관광상품은 관광기업이 현재 및 잠재고객을 대상으로 제공하는 유형적 상품과 서비스, 아이디어, 정보 등을 포함하는 개념으로 유형적 요소보다 무형적 요소가 더 많은 서비스상품이라고 할 수 있다.

서비스는 핵심서비스(core service)와 부가서비스(supplementary service)로 구분되는데, 핵심서비스란 서비스상품의 판매에 있어 주된 요소가 되는 서비스를 말하며 부가서비스는 핵심서비스를 판매하기 위하여 보조적인 역할을 하는 서비스를 말한다. 예를 들어 호텔에서 제공하는 핵심서비스는 숙박 및 식음료 판매와 관련된 서비스이며, 부가서비스란 종사원의 친절, 호텔 내·외의 정보제공, 비즈니스와 관련된 편의제공 등을 나타낸다. 하지만, 관광기업의 핵심서비스는 거의 비슷하기 때

표 7-1 호스피탈리티 및 여행업의 주요 속성

사업종류	속성
레스토랑	가격, 가치, 음식의 질, 음식의 종류, 서비스의 질, 메뉴의 다양성, 친절한 직원, 위치, 분위기, 서비스의 신속성, 청결, 주차 등
호텔	가격, 가치, 객실의 품질, 식당의 질, 위치, 식당의 개수와 종류, 부대시설(수영장, 헬스장), 청결, 분위기, 친절한 직원, 빠른 수속절차, 편의시설(발렛파킹, 룸서비스), 서비스의 질 등
항공사	가격, 가치, 서비스의 질, 친절한 직원, 정시비행, 수화물처리, 직항선, 포함되어 있는 도시들, 예정된 비행 등
렌터카회사	가격, 가치, 서비스의 질, 편리성, 위치, 자동차의 종류, 자동차의 상태, 신속한 서비스, 픽업, 현장인계제도 등

표 7-2 제품분류

분류기준	제품의 종류
제품의 용도	소비재, 산업재
소비자의 쇼핑습관	편의품, 선매품, 전문품
사용기간	내구재, 비내구재
심리적 변수	위신상품, 성인신분, 불안제거, 쾌락기능

표 7-3 소비자상품의 특성과 마케팅믹스

소비자 특성	편의제품	쇼핑제품	전문제품
제품구입 소요시간	매우 적음	많음	아주 많음
구입횟수	자주 구입	가끔 구입	드물게 구입
구입장소의 편리성	아주 중요	중요	중요하지 않음
판매가격 품질비교	거의 없음	비교를 많이 함	거의 없음
가격	낮음	높음	아주 높음
광고	제조업체가 광고함	제조업체와 판매점이 같이 광고함	제조업체와 판매점이 같이 광고함
중간도매상의 유무	중간도매상이 많음	상대적으로 적음	아주 적음
소매점의 수	많음	적음	아주 적음
소매점의 이미지	중요하지 않음	아주 중요함	중요함

문에 핵심서비스만으로는 경쟁기업과 차별화하기 어려운 것이 사실이다. 따라서 부가서비스 측면의 차별화를 시도하는 것이 보다 유용하다고 할 수 있다.

관광상품은 숙박상품, 식음료상품, 교통상품, 관광편의품, 쇼핑상품, 관광명소상품, 관광활동상품 및 관광이벤트상품 등으로 분류할 수 있다.

① 숙박상품 : 관광호텔, 수상관광호텔, 가족호텔, 한국전통호텔, 콘도미니엄, 모텔, 여관, 유스호스텔, 방갈로, 펜션 등의 객실상품
② 식음료상품 : 호텔 레스토랑, 관광식당, 일반음식점, 유흥음식점, 간이음식점 등에서 제공하는 음식과 음료 등
③ 교통상품 : 항공기, 선박, 유람선, 버스, 기차 등의 객석 및 렌터카 등
④ 관광편의품 : 관광활동에 필요한 물품으로 모자, 의복, 선글라스 등
⑤ 쇼핑상품 : 기념품, 토산품, 특산품 등
⑥ 관광명소상품 : 박물관, 전시관, 기념관, 문화유적지, 명승지, 휴양지, 민속촌, 테마파크, 생태관광지, 재래시장, 건축물, 자연 그 자체 및 형상물 등을 이용한 상품
⑦ 관광활동상품 : 온천, 스포츠활동, 전통체험(다도, 김치, 도자기 등), 카지노 등의 체험상품
⑧ 관광이벤트상품 : 축제, 공연, 스포츠경기, 박람회 등의 이벤트적 상품
⑨ 기타 : 기후, 친절성, 이미지, 민족성, 신기성 등을 관광상품화한 것

2 관광상품의 고려요인

2.1 접근가능성

관광기업에서의 고객은 서비스시스템과 호텔 또는 레스토랑을 찾아간다. 직원과 고객은 그곳에서 그 서비스시스템과 상호작용을 일으킨다. 그리고 이것이 확대된 관광상품에 있어서 독자적인 문제를 만들어낸다.

Motel 6은 주요 고속도로 연변에 위치하고 있는데 이는 자동차를 이용한 고객이 많이 찾아오기 때문이다. Sheraton호텔의 대부분은 고객이 항공기를 이용하는 비즈니스맨이기 때문에 Sheraton호텔은 중심가에 위치하고 있다. 대도시에는 대부분의 사람들이 보통 레스토랑을 찾아갈 때 10분 이상 걸리는 곳은 가지 않을 것이다. 대개 10분 범위 내에서도 충분한 레스토랑은 있다. 이 때문에 도시의 레스토랑은 그 상권 내에서 자동차로 10분 이내에 있지 않으면 안 된다.

중앙분리대로 갈라진 고속도로에서는 반대쪽에 있는 패스트푸드 레스토랑으로 들어가기란 힘들다. 운전자는 다음 신호까지 가서 U턴하기보다 오히려 그대로 달려가서 같은 쪽에 있는 다른 패스트푸드 레스토랑으로 들어가려 할 것이다.

영업시간 역시 편의성과 관계된다. 문을 열고 있지 않으면 고객은 이용할 수 없다. 오전 7시에 여는 호텔의 헬스클럽은 오전 6시에 운동을 하고, 아침식사를 마친 후 오전 8시에 약속한 장소로 가려는 비즈니스맨에게는 도움이 되지 않는다. 이용하기 쉬운 것이 관광상품의 주요 확대요인 가운데 하나이다.

2.2 분위기 : 물리적 환경

고급스러운 리조트는 골프와 스파가 같이 제공된 편의시설에 가치를 더한다.

분위기(atmosphere)는 서비스의 중요 요소이다. 어느 회사와 거래를 틀 것인가 말 것인가는 고객 측의 이유이다. 예를 들면, 휴스턴의 레스토랑 Bourgogne가 도산한 것은 통행인에 대한 소구가 없었기 때문이다. 이 레스토랑은 스트립 쇼핑센터에서 흔히 볼 수 있는 판유리로 외벽을 친 쇼핑센터 내에 있었다. 소유자는 바닥에 융단을 깔고 객실을 만들며, 창 위에는 안내판을 붙인 다음 레스토랑을 개업하였다. 그들은 식사의 질과 서비스가 고객을 유인할 것이라고 생각했던 것이다. 그러나 고객은 거의 이 레스토랑을 찾아가지 않았다. 레스토랑의 외관은 정체성 내지 개성이 없었고, 잠재고객을 유인하지 못하였다. 반대로 TGI Fridays는 분위기를 효과적으로 이용하였는데, 백(white)과 적(red)으로 된 차광판을 밝게 페인트칠한 건물은 친밀감을 갖기 쉬운 분위기로 편안함을 느끼게 하는 레스토랑이라는 점을 시사하고 있다.

이처럼 분위기는 감각을 통하여 평가된다. 감각적인 언어는 주변환경 전체의 분위기를 말해준다. 분위기를 평가하는 주된 감각 패널에는 시계와 소리・냄새・감촉이 있다.

① 분위기의 주된 시각차원은 색채・반짝임・크기・형태이다.
② 분위기의 주된 감각차원은 음량과 소리의 높이이다.
③ 분위기의 주된 취각자원은 냄새와 신선성이다.
④ 분위기의 주된 촉각자원은 부드러움과 유연성 및 온도이다.

다음에는 감각에 관한 용어가 특정 환경을 표현하기 위하여 어떻게 사용되고 있는가를 보여주고 있다. 고급 프랑스 레스토랑의 전형적인 분위기는 차분하면서도 조용하여 질서를 느끼게 하는 것이다. 디스코텍(discotheque)의 전형적인 분위기는 떠들썩하고 시끄러우며 동적이다.

분위기는 적어도 4가지 방법으로 구매행동에 영향을 미친다.

첫째, 분위기는 주의를 환기시키는 미디어의 하나로서 기여한다. 예를 들면, El Torito는 멕시코풍 건물을 사용하는 것으로 주의를 끌고 있다. 콜로라도주 덴버에 위피한 멕시코 레스토랑 Casa Bonita는 멕시코풍이라는 주제를 확대하여 인공화산과 Acapulco의 다이빙용 시설을 복제하여 이곳에서 다이버들은 저녁식사 고객을 즐겁게 하기 위한 다이빙을 실연하고 있다.

둘째, 분위기는 잠재고객에 대한 메시지를 만드는 미디어 역할을 해낸다. 타일 지붕과 칠을 한 스페인풍 건물의 외관은 잠재고객에 대하여 El Torito는 멕시칸 레스토랑이라는 것을 알려주고 있다. 밝고 장식이 없는 소박한 느낌은 패스트푸드에서는 찾아볼 수 없는 간편한 레스토랑이라는 점을 시사하고 있다.

셋째, 분위기는 효과를 끌어내는 미디어 역할을 한다. 색채와 소리 및 가벼운 마음은 직접적으로 제품구입을 촉구하는 본능적인 반응을 환기시킨다. El Torito와

Casa Bonita의 밝은 색채와 음악은 즐거운 분위기를 창조하고 Margaritas의 매출액을 끌어올리게 될 것이다.

넷째, 환경은 무드를 조성하는 미디어가 될 수 있다. 어느 환경심리학자는 환경을 무거운 짐을 진 것과 가벼운 짐을 진 것으로 분류하여 설명하였다. '무겁다', '가볍다'는 환경으로부터 사람이 받는 정보에 의해서 결정된다. 밝은 색채, 밝은 빛, 시끄러운 소음, 군중, 움직임 등은 무거운 짐 환경의 전형적인 요소이다. 한편 이 정반대가 가벼운 짐 환경의 특성을 말해준다. 가벼운 짐 환경이 편안하고 느긋한 무드를 조성하는 데 비하여, 무거운 짐 환경은 재미있고 모험적인 무드를 만든다.

라스베이거스에 가는 행락객은 자기들이 예측한 대로 흥분을 제공하는 무거운 짐 환경에 대하여 적극적으로 반응할 것이다. Flamingo Hilton의 프론트는 호텔 카지노장에 인접해 있다. 체크인을 기다리는 사이에 고객은 카지노의 소리를 듣고, 카지노를 하는 사람을 보며 흥분을 느낀다. 다른 한편 바쁜 하루 일정을 마치고 편안한 환경에서 쉬고 싶어하는 비즈니스고객은 일반적으로 가벼운 짐 환경쪽을 선호한다.

휴스턴의 Luxeford의 로비에서는 클럽을 들여다 볼 수 있다. 이곳은 편안하고 쾌적한 소파와 옆 테이블, 책과 잡지류, 지친 경영자들을 위한 안락한 휴식을 취할 수

라스베이거스 오리얼 레스토랑

있는 장소이다.

뉴욕, 홍콩, 도쿄, 서울, 멕시코시티와 같은 도시환경의 대부분은 본질적으로 무거운 짐이다. 이러한 도시에서 성공하고 있는 호텔과 레스토랑의 대부분은 의도적으로 가벼운 짐 분위기를 탈피장소로서 만들어 놓고 있다. 이와는 반대의미에서 가벼운 짐 분위기를 조성하려는 도시와 마을도 있다. 그렇게 하지 않고서는 무의미하며 심심하고 짜증나게 하기 때문이다. 이러한 도시를 방문하는 사람은 흥분도와 색채 움직임의 특징이 모두 없어진 것과 같은 레스토랑과 나이트클럽이 성공하고 있는 것을 보고 놀라움이 클 것이다.

예를 들면, 플로렌스와 사우스캐롤라이나의 경영자들은 뜻밖에도 중요한 바이어가 토요일 전에 런던으로부터 이 고장에 도착하여 홀로 주말을 어떻게 보낼 것인가 하는 걱정을 들은 적이 있었다. 그러나 그들은 아무런 염려도 할 필요가 없었다. 이영국인이 어느 컨트리 웨스턴의 댄스 홀을 발견하였기 때문이다. 그리고 그날 밤의 경험에 대하여 이제까지 한 번도 이러한 감격스러운 주말을 즐긴 일이 없었다고 말하였다.

관광상품을 조성할 때에는 분위기를 고려하지 않으면 안 된다. 고객은 구매경험을 통하여 무엇을 추구하고 있는가, 구매자가 찾고 있든가, 경우에 따라서 도망치고 싶어하는 신념과 감정적인 반응을 어떤 분위기 변수가 강화하는가를 마케팅담당자로서 이해하고 있지 않으면 안 된다. 그러므로 제안된 분위기는 경쟁상대가 많은 시장에서 경쟁에서 유효한가를 생각해볼 필요가 있다.

2.3 서비스 제공시스템

많은 호스피탈리티 및 관광상품의 제공에는 고객이 참가한다. 이러한 관여에는 참가단계, 소비단계, 종료단계 3단계가 있다. 마케팅관리자는 참가단계, 소비단계, 종료단계의 3단계 전체를 음미해보고, 또 직접 경험해봐야 한다.

2.3.1 참가단계

참가단계에서 고객은 탐색하기 위하여 최초의 접촉을 갖는다. 상품을 설계할 경우, 마케팅담당자들은 사람들이 새로운 상품에 대하여 배우기 쉽게 해야 한다. 정보는 전문적인 방법으로 제공되어야 한다. Wyatts Cafeteria의 잘 다듬어진 계획은 참가단계에 있어서 좋은 사례를 제공해주고 있다. Wyatts는 제품라인을 확대하여 테이크아웃 식사를 제공하기로 결정했을 때, 고객이 카페테리아 쪽으로 몰리지 않게 하기 위하여 지참용 카운터를 별도로 만들었다.

참가단계는 견본제공을 통하여 강화된다. 예를 들어 외국을 방문할 경우, Jakarta Inter-Continental Hotel은 방문객에게 단계를 거쳐서 그 나라 전통요리를 소개하기로 하였는데, 로비에 인접해 있는 오후의 칵테일 코너에서 전부터 내려오는 손수레를 써서 지역의 정통음식을 샘플접시에 담아 놓고 그곳에서 구매하도록 하였다.

이러한 혁신은 흥분과 분위기를 고조시켰으며, 호텔레스토랑에서 제공되는 전통음식을 고객에게 소개하고, 제품라인으로서 이익을 낳는데 크게 기여하였다.

2.3.2 소비단계

소비단계로 서비스가 소비될 때에 발생한다. 레스토랑에서는 고객이 식사를 할 때, 호텔에서는 각 개인이 체크인할 때 발생한다. 관광제품의 설계자는 고객이 제품과 어떻게 상호작용하는가를 이해해야 한다.

직원, 고객, 물리적 시설은 모두가 제품의 일부이다. 고급지향시장을 겨냥하여 concierge floor를 개선한 비즈니스호텔에서는 이러한 새로운 여행자 계층의 기대에 부응하기 위해 직원을 훈련시켜야 하고, 직원과 고객 간의 상호작용과 더불어 관광기업 또한 고객이 소비단계에 이들 사이에서 어떻게 상호작용하는가도 생각해야 한다. Astroworld 대유원지 인근에 위치한 휴스턴의 어느 비즈니스호텔은 여름 가족시장을 위한 패키지 상품을 개발하였다. 이 패키지 상품은 결과적으로 대호평을 받았으나, 호텔의 주요 시장 가운데 일부인 비즈니스 고객을 내몰아 버렸고, 복도와 로비에서 어린아이들이 내는 소음은 호텔의 분위기를 바꿔 놓았는데, 결과적으로 비즈니스 고객이 원하는 쾌적한 분위기가 사라져 버렸다.

물리적 특징과 배치 및 안내판 또한 고객이 제품과 상호작용을 용이하게 하기 위하여 사용된다. 대부분의 호텔에서 회의장소를 발견하기란 그렇게 쉬운 일이 아니다. 이런 문제는 방향을 나타내는 안내판을 적절히 설치함으로써 해결가능하다. 안내판은 또한 부가적 제품의 존재를 고객에게 알리기 위해서도 사용할 수 있다. 고객은 호텔 내에 헬스클럽과 비즈니스센터가 있다는 것을 모르고 떠나버리는 일도 있다. 만약에 고객이 이러한 시설의 존재를 알지 못한다면, 부가적 상품에 투자하는 것은 무의미하다. 때로는 설계가 가장 잘된 안내판까지도 눈에 띄지 않는 일이 있다. Orlando Peabody Hotel에서는 호텔 내에서 방향을 잃고 헤매는 투숙객을 총지배인을 비롯한 전 직원이 고객을 안내하여 목적지까지 안내하는 것을 경험하게 될 것이다. 이런 일은 우연하게 일어나는 것은 아니다. 이러한 종류의 서비스가 호텔제품의 불가결 요소로 되고 있는 것은 부단한 훈련과 Peabody Hotel과 같이 호텔에 의한 적극적인 장려책의 결과이다.

2.3.3 종료단계

종료단계란 고객이 제품사용을 마치고 출발할 때를 말한다. 예를 들면 호텔에서는 수화물을 옮기는 데 도와 줄 벨보이를 필요로 하는 숙박객이 있을 수 있다. 또한 요금을 지불하고 나서 공항까지 수송수단을 필요로 하는 숙박객이 있을지 모르며, 해외여행자라면 공항사용세의 인지를 필요로 할지 모른다.

이러한 3단계를 어떻게 거치는가를 숙고하는 것은 경영자로서는 고객이 서비스 제공시스템과 어떻게 상호작용하는가를 이해하는 데 도움이 된다. 이에 따라서 고객욕구를 적중시킬 수 있게 설계된 상품을 만들어낼 수 있다. 예를 들면, 그것이 합법적인 경우에는 공항사용세 인지를 구입해 두었다가 그것을 고객에게 전매하는 호텔도 있을 것이다. 고객은 공항에서 줄을 서서 기다리지 않아도 되고, 이러한 호텔은 고객이 거추장스럽게 생각하는 한 가지를 제거해주는 것이 된다. 공항사용세를 고객에게 전매하는 일로 호텔이 수입을 얻는 일은 없겠으나, 고객은 좋은 인상을 간직하고 떠나게 된다. 마찬가지로 잘 관리되고 있는 국제적 호텔에서는 체크아웃 시에 투숙객에 대하여 여권과 항공권을 분실하고 있지는 않은가, 보관 금고를 확인했는가를 알아보는 것일 것이다.

2.4 고객 간의 상호작용

관광연구자의 흥미를 끄는 영역이 고객 간의 상호작용(interaction of customers)

이다. 예를 들면, 어느 항공사는 댈러스로부터 휴스턴까지의 금요일 오후 항공권이 모두 매진되어 많은 사람들이 대기 중에 있었는데, 대기인 중의 한 사람은 귀가 도중의 건축 현장직원으로 현장에서 곧장 달려온 복장이었다. 이 항공회사의 지상업무 직원은 수입을 최대로 올리려고 공석인 1등석의 티켓을 그 손님에게 제공하였다. 1등석을 타기 위하여 많은 금액을 지불한 승객은 땀 냄새나고 때 묻은 건축 작업복을 입은 옆 좌석의 근로자를 불편해했다. 관광기업은 고객 간의 상호작용을 관리하여 다른 고객의 경험에 마이너스 영향을 미치는 고객이 나오지 않도록 해야 한다.

고객 간 상호작용의 문제는 호텔과 휴양지에 있어서는 매우 중대한 문제이다. 개인여행객(FIT : Foreign Independent Tour)은 단체기획여행객(GIT : Group Inclusive Tours)이 있는 것을 항상 싫어한다. 이 문제는 만약 GIT가 상이한 문화를 대표하고 있든가, 외국어로 말하든가, 또는 FIT와 연령적으로 큰 차이가 나는 연령층으로 구성되어 있을 경우 더욱 커진다. 싱가포르의 Sangrila Hotel과 같은 경우는 부지 내에 3개의 다른 호텔 건물을 건설함으로써 이러한 문제에 잘 대처하였다.

Tower Hotel은 GIT보다 수익성이 떨어지는 FIT를 대상으로 하고 있다. 그리고 3번째 경영자·고위관리자용의 건물은 고액의 고객층 이용에 한정시키고 있다. 세 집단 간의 상호작용은 옥외의 수영장만으로 한정시키고 있다.

2.5 참가

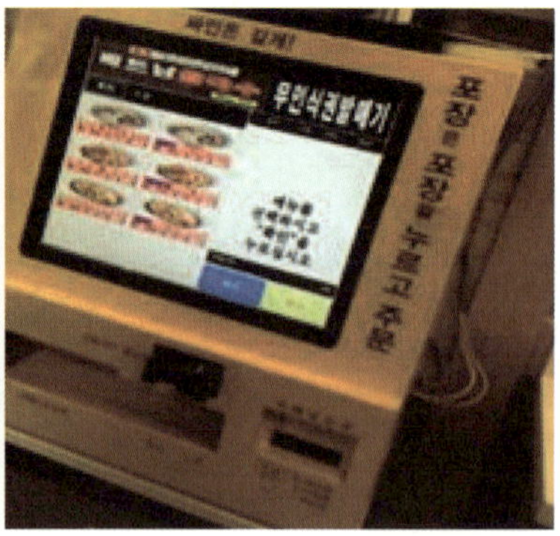

고객을 서비스제공에 동참하게 함으로써 비용을 절감하고, 가동률을 높이며, 고객만족을 개선할 수 있다. 예를 들면, Hampton Inns은 가열하지 않은 조식 뷔페를 제공하고 있다. 가열하지 않은 음식물과 셀프서비스의 결합으로 인건비를 거의 들이지 않고 조식을 제공할 수 있게 된 것이다.

라스베이거스의 Green Valley Athletic Club은 회원카드를 카드꽂이에 넣었을 때 사물함 열쇠가 튀어나오는 장치를 부탁하였다. 이렇게 하여 타월 카운터 직원은 각 회원에게 어느 사물함을 원하는가를 물어보거나, 카드를 접수하고 열쇠를 내주거나, 반환받지 않아도 된다. 이제 직원의 업무는 타월 배포뿐이다. 회원은 혼잡하지 않은 장소에서 사물함을 선택할 수 있어서 만족하고 있으며, 클럽관리자도 타월 카운터의 직원수를 줄일 수 있어 만족하고 있다.

2.6 표준화

표준화에 의하여 많은 비용을 절감할 수 있다. 제품이 표준화되어 있을 경우, 사람을 필요로 하는 기능은 보다 적어진다. 훈련도 용이하다. 예를 들면, 표준화된 5가지 메뉴가 있는 레스토랑에서 일하고 있는 연회담당 조리사에게 요구되는 기능은 다양한 고객의 주문에 응하여 요리를 만들어 배분하는 요리장보다 낮다. 표준화는 또한 필요로 하는 설비와 재고품을 줄이며, 비용을 낮추고, 제품에 일관성을 부여한다. McDonald's는 표준화를 효율적으로 사용하는 데 있어서 탁월하다.

일반적으로 사람들이 제품에 대하여 보다 많이 지불하는 경우에는 많은 선택지를 기대한다. 상류시장에 목표를 정하고 있는 마케팅담당자는 소비자에게 보다 많은 선택지를 제공하지 않으면 안 된다.

고급호텔 이용객은 요리장에 의한 특별요리를 기대하고, 그때의 상황에 적합한 연회를 기대한다. 제품을 개발할 경우 표준화와 고객화를 어느 정도로 할 것인가는 신제품의 위치설정과 목표에 의존한다.

표적시장에 양질의 가치를 제공하는 표준화된 제품으로서는 패스트푸드 레스토랑과 한정서비스 호텔이 있다. 이는 복제가 용이하고, 간단하게 복수장소로 전개시킬 수가 있다. 반대로 Caesar Rits Hotels과 Maxim's 레스토랑과 같은 고도로 고객화된(customized) 제품은 간단히 재현할 수가 없다. 독자적인 제품을 가지고 그 지역 전체의 고객을 유인하는 것은 가능하며 고도로 고객화된 상품에 대한 효과적인 전략은 이러한 시장의 지리적 기반을 확대하는 일이다.

회사가 제공하는 상품이라는 것은 매우 복잡하다. 그것은 항공기 좌석과 크루징 및 호텔의 객실식사를 초월하는 것이다. 상품은 회사와의 최초 접촉으로 시작되고, 고객이 지불을 마치고 출발한 후에 끝난다. 고객을 2분 기다리게 하는 예약전화, 잘못된 형태의 객실을 배정하는 프론트 직원, 하우스 키퍼의 불충분한 안내로 인하여 호텔 내 레스토랑을 발견하지 못하는 숙박객, 레스토랑을 나선 후 30분간이나 택시를 기다릴 수밖에 없는 사람들, 이는 모두 상품에 대한 고객의 지각에 영향을 미칠 가능성이 있다.

따라서 상품을 개발할 때에는 중추적 제품, 촉진적 제품, 부가적 제품, 환대제품에 대하여 면밀한 연구가 있어야 함은 두 말할 여지가 없다.

3 상표화전략

상표(brand)는 본래 생산자가 자기가 생산한 제품임을 나타내는 이름이나 심벌(symbol)로 경쟁품과 다르다는 것을 나타내는 것이다. 따라서 상표는 자기 회사 제품의 기술이나 신용을 나타내며 나아가서는 그 기업의 이미지를 대표하기도 한다.

소비자는 상표를 상품을 구성하는 중요한 부분으로 인식하기 때문에 상표부착으로 상품의 가치를 증대시킬 수 있다. 예컨대 대다수 소비자들이 Chanel No. 5를 고급품으로 인식하는 경향이 있다. 그러나 동일한 향수일지라도 상표가 부착되어 있지 않을 경우 저급품으로 인식될 수 있다. 이와 같이 상표에 관한 결정은 상품전략의 중요한 측면이다.

3.1 상표의 개념

상표란 상품에게 붙여진 이름을 말하는데, 한 회사(판매자)의 상품이나 서비스를 다른 회사의 상품이나 서비스와 식별할 수 있게 하기 위하여 그 상품이나 서비스에 붙여진 명칭(name), 상징(symbol), 도안(design) 혹은 이것들의 일부 또는 전부의 집합체를 말한다. 보통 상표는 상표명과 상표마크로 구성된다.

3.1.1 브랜드 설정

브랜드 설정(building)은 소비재에 있어서는 오래 전부터 일반적인 것이다. 브랜드 가운데는 상품 그 자체를 표현하는 일반적인 용어로서 사용될 만큼 강력해진 것도 있다. 에스컬레이터, 아스피린 및 셀로판도 브랜드명이다. 브랜드를 붙이는 것이 보편화된 것은 미국 남북전쟁 후에 전국적으로 활동하는 기업과 전국을 망라한 광고매체가 성장해 온 것과 관련이 깊다.

몇몇 초기 브랜드는 아직도 건재하고 있는데 Borden's, Quaker Oats, Vaseline, Ivory Soap 등이 대표적이다. 관광업계에 내셔널 브랜드(national brands)의 대부분은 탄생한지 30년도 채 되지 않는다. 오늘날 브랜드 설정은 관광업계에 있어서도 강력한 힘이 되었다. 영국 클라인워스벤슨 보험사의 Paul Slattery 부장은 호텔업계에 있어서 메가체인(megachains)이 성장할 것이라 예측하고 있다.

브랜드는 이름・용어・안내판・심볼・디자인과 여러 요소를 결합하고 있다. 이에 따라서 판매자의 상품과 서비스를 식별하게 하고, 경쟁상대로부터 차별화하는 것을 의도하고 있다. 브랜드명은 브랜드 가운데서 발음할 수 있는 부분이다. 예를 들면, Disney Land, Hilton, Club Med, Sizzler 등이 그렇다.

브랜드 로고

브랜드 마크(brand mark)는 심볼과 디자인 또는 특유의 채색과 문구와 같이 인식할 수는 있으나, 언어로서는 표현할 수 없는 브랜드 부분이다. 예를 들면, McDonald's의 골든 아치와

Hilton의 'H'상표는 법률상의 보호를 받고 있는 브랜드 또는 그 브랜드의 일부이다. 이에 따라서 판매 측에 의한 브랜드명 또는 브랜드마크의 독점적 사용권이 보장된다.

3.1.2 브랜드 설정의 조건

다음 5가지 조건은 브랜드 설정에 관한 결정에 기여한다.

① 제품은 브랜드 또는 트레이드마크에 의하여 용이하게 식별될 수 있다.

② 제품은 그 가격에서 얻을 수 있는 최량의 가치라는 것이 지각된다.

③ 품질과 표준을 유지하는 것이 용이하다.

④ 제품 클래스 전체에 대한 수요에 의하여 지역적·전국적·국제적 규모의 체인을 충분히 유지할 수 있다. 광고비와 관리면에서의 간접비를 유지하는 데 족할 만큼 시장규모를 개발하는 것이 중요하다.

⑤ 규모의 경제성이 있다.

이하에서는 위의 5가지 조건에 대하여 구체적으로 검토한 것이다.

1) 브랜드 또는 트레이드마크에 의한 제품식별의 용이성

브랜드나 트레이드마크는 호텔체인과 레스토랑체인이 간단하게 식별가능한 특징의 예를 다수 제공해준다. 일례로 McDonald's의 골든아치와 Holiday Inn의 녹색 안내판을 고객은 잘 알고 있다. 고속도로 연변의 많은 간판은 브랜드를 알고 있음을 전제로 한 방향지시적 안내판이다. 그것은 단지 브랜드명과 브랜드마크 또는 이 양쪽을 사용하여 점호까지 가는 길안내를 보여줄 뿐이다.

브랜드명 개발은 브랜드 정체성(identification)을 만들어내는 데 있어 열쇠가 되는 요소로서 브랜드명의 바람직한 특징으로는 다음과 같은 것이 있다.

① 상품의 이익과 품질에 관한 무엇인가를 시사하고 있어야 한다(예 : Diary Queen, Comfort Inns, Pizza Hut, Burger King, American Airlines).

② 기억하기 쉽고, 알아보기 쉽고, 쉽게 발음할 수 있어야 한다. 이러한 의미에서 짧은 이름이 좋다(예 : Wendy's, Hilton Shuttle(유나이티드의 한정서비스 항공회사)).

③ 경쟁사의 상표명과 선명하게 구별되는 독특한 이름이어야 한다(예 : El Torito, Avis, Bennigan's).

④ 외국어로 쉽게 번역될 수 있어야 한다. 국제화에 대응하여 장래 외국시장으로 확대를 고려하는 규모가 큰 회사에 있어서는 이름을 외국어로 간단히 번역할 수 있지 않으면 안 된다. 이때 사업을 전개하려고 고려 중에 있는 나라의 언어로 번역을 해 보니 부정적인 의미를 가지고 있는 것을 발견한 회사도 있다.

⑤ 등록이 가능하고 법률상의 보호를 받을 수 있는 것이어야 한다.

때로는 회사가 원래 명칭과 어울리지 않을 만큼 커질 경우가 있다. 주요 체인에 의한 명칭 변경으로서는 Westin International이 Westin으로, Hilton Hotel이 Hilton Hotels and Resorts로의 변경이 있다.

사회적인 변화가 명칭 변경의 필요를 환기시키는 일도 많다. 미국에서 1960년대까지 이어진 철도 전성시대에 많은 호텔과 레스토랑은 스스로를 기간수송양식과 결부시켰다. 츄-츄-바, 종착역, 스테이션, 1번선, 기관차, 카부스, 그밖의 철도용어가 관광업계에서 사용되는 일이 많았다.

같은 현상으로 Cockpt Lounge 또는 Jet Restaurant과 같은 명칭이 항공업계에서 서서히 일어나고 있다. 회사가 명칭은 바꾸지 않고 로고(logo)를 통하여 자기회사의 이미지를 바꾸기를 원하는 경우도 있다.

2) 상품은 최량의 가치라는 지각

상품은 소비자의 지각으로부터 그 가치를 끌어낸다. 브랜드는 좋은 품질과 가치에 대한 지각을 낳게 함으로써 소비자를 유인한다. La Quinta는 하룻밤 숙박하는 비즈니스고객에게 좋은 이미지를 심어주었다. 다른 한편 Embassy Suites는 전관 특실 호텔을 찾고 있는 사람들에 대하여 최량의 가치(good value)인 이미지를 창출하였다.

고객은 그 브랜드를 다른 기존의 선택지보다 최량의 가치라고 지각하여야 한다.

브랜드명이라는 아이디어는 관광지에까지 확산되고 있다. Vail, Aspen, Acapulco, Palm Spring, Riviera 등은 높은 평가와 소비자 지각 및 소비자의 기대를 실현시켜 왔다. 관광지를 진흥시키고 개발하는 회사는 호의적인 브랜드이미지를 확대하여 확실한 것으로 만들 책임을 지지 않으면 안 된다.

엄격한 건축규제, 판매촉진 조정, 역사적 장소의 현시방법, 환경악화에 대한 보호는 관광지를 진흥시키는 데 있어서 빼놓을 수 없다. 중앙행정관광부서, 관광협회, 지방관광 행정부서, 각종 위원회, 환경보호단체, 관광학회는 관광지의 브랜드이미지를 높이는 데 있어서 매우 중요한 역할을 수행하고 있다.

3) 상품수요에 의한 지역적 · 전국적 · 국제적 체인이 유지

신상품은 일반적으로 특정 시장구역에 대하여 개발된다. 이후에 이 상품은 확대되어 복수구역을 커버하게 될지 모른다. 또는 처음부터 틈새의 시장규모가 커져서 McDonald's와 같은 거대한 점유율을 차지하는 시장으로까지 성장할지도 모른다.

한정서비스 호텔이라는 제품 클래스는 호텔시장 내의 소규모 구역에 대하여 개발되었다. 그러나 그곳은 프로머스의 Hampton Inn, Ramada Express, Marriott의 Fairfield Inn과 같은 호텔 체인회사의 한정서비스 브랜드(limited-service brand)를 비롯한 브랜드명이 포함되기까지 성장해 왔다.

원래 관광상품이라는 것은 특정 지역에 한정되어 있었던 것이다. Biscult Ville, Waffle House, Bo Jangles는 미국 남부 여러 주에서 상당한 성공을 거두고 있었던 레스토랑으로서 전국 전개는 하고 있지 않았다. 미국과 같은 거대한 나라에서는 강력한 지역 브랜드는 수백만 달러의 매출액을 거둔다. 지역의 기호가 경계를 넘어서 확대됨에 따라 지난날에 지리적으로 한정되어 있다고 생각했던 기업이 전국적으로, 더 나아가 세계적으로 확대해 가고 있다.

텍사스주 산 안토니오(San Antonio)의 La Quinta Inns는 몬트레와 같은 대도시를 피하여 레온(Leon)과 아구아스카린테스(Aguascalientes)와 같은 소도시에 집중한다는 전략으로 멕시코에 진출하였다. 회사는 La Quinta Inns가 멕시코와의 국경 근처에 위치하고 있고, 스페인어를 말하는 많은 직원을 확보할 수 있으므로 멕시코에서 영업을 개시하는 것은 합리적인 결정이라 믿었다. "우리들은 이런 일에 능숙하게 대처하고 있소"라고 사장 겸 최고경영책임자인 Gary L. Mead는 말하고 있다.

4) 품질과 표준유지의 용이성

브랜드 설정에는 돈이 든다. 브랜드명을 촉진시키려는 기업이라면 표준과 시스템 및 품질보증 프로그램을 개발하지 않으면 안 되고, 브랜드명 또한 확산시켜야 한다.

5) 규모의 경제

경영과 광고를 위한 지출을 정당화하기 위하여 브랜드는 규모의 경제성(economies of scale)을 지니지 않으면 안 된다. 전형적인 규모의 경제성 가운데는 촉진비용의 절감이 들어 있다. 그 지역에서의 광고 영향권 안에 들어 있는 모든 브랜드 단위는 그 촉진으로부터 이익을 얻게 되기 때문이다. 경영정보시스템, 예약시스템, 전국 단위의 구입계약, 공통의 건축 디자인 등의 방법에 의하여 브랜드에 따른 규모의 경제가 가능해진다.

3.2 상표의 중요성

소비자의 상표에 대한 집착성은 상품의 종류(해열제, 청량음료, 종이타올 등)에 따라 다르다. 한 예로, 미국 가정주부의 약 40%는 자기집에 있는 가구의 상표를 모른다고 한다.

상표가 있음으로 해서, 첫째 소비자들이 여러 회사에서 나오는 서로 유사한 상품과 서비스를 쉽게 식별케 해서 고객의 쇼핑 노력을 감소시켜 주는 수단이 되며, 둘째 소비자가 반복 구매 시 그들의 욕구를 충족시켜 주었던 과거 사용경험이 있는 상표를 손쉽게 구입하여 만족을 보장받게 된다.

따라서 회사는 상표 광고 등을 통하여 소비자들로 하여금 자사의 상품을 구입하게 하고, 또 계속해서 자사상품만을 이용하게 할 수 있다. 이렇게 해서 자사상품에 대해 높은 상표충성도(brand loyalty)를 가진 소비자를 많이 확보하면 할수록 다른 회사와의 경쟁이 쉬워진 것은 말할 것도 없다. 또한 자사상표의 성과가 높아지면 회사의 신상품을 시장에 도입하기가 무척 쉬워진다. 왜냐하면 소비자가 기존의 상표에 대해서 갖고 있는 호감(goodwill)이 같은 회사의 같은 상표를 붙이고 나오는 신상품에 어느 정도 전이되기 때문이다.

이와 같이 상표충성도는 현재 나와 있는 회사의 여러 상품의 재구매율을 높이고,

신상품 성공확률을 높이는 중요한 마케팅기능을 수행하는 것이다. 상표충성도는 문자 그대로 특정 상표에 대한 충성도를 의미하므로 상품 없이는 이것이 생겨날 수 없다.

표 7-4 유명 상표의 장점

- 라이벌 경쟁과의 차별화가 가능
- 유명상표가 될수록 이익률이 상승
- 각 방면의 통제가 가능
- 가격하락이 적음
- 영업을 할 때 상품설명이 불필요함
- 푸쉬마케팅을 할 필요가 없음
- 다음 신상품이 성공할 가능성이 높아짐

이렇게 상표가 유명하게 되면 마케팅에 유리한 위치를 차지하게 되어 본래의 상표와 다른 상품도 함께 취급할 수 있게 된다. 이러한 특정 상표를 본 상표와 관계가 없는 신상품에 사용하는 것을 브랜드 확장(Brand extension)이라 하여 이와 대조되는 개념이다. 예를 들면 Titleist 골프공 상표는 골프백, 장갑, 바지, 셔츠, 스웨터, 우비까지 확장하였는데 이는 좋은 브랜드 확장의 예이다.

4 신상품 개발

4.1 신서비스 상품 개발의 필요성

기업은 신상품 개발(new product development)에 있어서는 신중하지 않으면 안 된다. 기호(tastes)와 기술 및 경쟁의 변화에 직면하여 이에 현명하게 대처해 나가야 한다. 모든 상품은 라이프사이클을 통과한다. 상품은 탄생하여 몇 단계를 통과하게 되는데, 소비자 욕구를 잘 충족시키는 젊은 상품이 등장함에 따라서 기존상품은 쇠퇴해간다.

상품 라이프사이클은 2가지 주요 도전과제를 제기한다.

첫째, 모든 상품은 결국 쇠퇴하는 것이기 때문에 기업은 낡은 것은 제쳐두고 새로운 상품을 발굴해내야 한다(신상품 개발문제).

둘째, 기업은 이 상품이 어떻게 나이를 먹는가를 이해하고, 라이프사이클 단계를 통과하는 과정에 맞추어 마케팅전략을 바꾸어야 한다.

여기에서는 우선 신상품을 발굴하여 개발하는 것과 이어서 라이프사이클에 맞추어 어떻게 하면 잘 관리해 나갈 것인가의 문제에 대하여 검토한다.

기호와 기술 · 경쟁의 변화가 빠르게 이동한다는 조건하에서는 기업은 기존제품에만 기대할 수 없게 된다. 고객은 새롭고 보다 개량된 상품을 원하며 기대한다. 경쟁을 통해 이러한 상품은 가장 잘 공급된다.

모든 관광회사는 추세에 주목하면서 상품을 시험해보는 체제를 짜놓고 있어야 한다. 모든 회사에서는 신상품 개발프로그램을 필요로 하고 있다. 어느 전문가의 추정에 따르면 미국의 모든 회사 가운데 이익금의 $\frac{1}{2}$은 10년 전에는 존재하지도 않았던 상품에서 발생한 것이라고 한다.

회사는 2가지 방법으로 신상품을 획득할 수 있다.

첫 번째 방법은 획득으로 기업 자체 또는 특허의 상품을 만드는 다른 기업의 라이센스를 구입하는 것이다. 주요 신상품을 개발도입하기 위한 비용이 상승함에 따라서 많은 기업은 새로운 것을 만들기보다는 기존의 브랜드를 획득하고 있다. 이와 같이 하여 Accor는 Motel 6를 획득하였고, Ladbroke는 Hilton International을, Choice는 Road Way와 Econo Lodge 및 Friendship Inns를, 그리고 Pepsico는 KFC와 Pizza Hut, Taco Bell을 획득하였다.

두 번째 방법은 기업은 자기기업의 연구부문을 동원해 신상품 개발에 성공하여 신상품을 출시할 수 있다. 신상품이란 용어에 따라서 원상품, 상품개량, 상품수정, 기업의 자체 연구개발의 노력에 의하여 개발되는 신브랜드를 의미한다. 여기에 있어서는 신상품 개발에 초점을 맞추어 검토하기로 한다.

어느 보고에 따르면 1990년부터 1991년에 걸친 2년 동안에 미국은 1,000개의 호텔과 모텔사업에 실패하였다. Max Schnallinger는 이제까지 200개의 레스토랑 개발에 관여해 왔다. 그가 최근 관여한 레스토랑 중 하나는 홍콩의 China Max였다. 그는 미국의 레스토랑은 10개 중 9곳은 사업에 실패하고 있다고 말하고 있다.

어째서 그렇게도 많은 신상품이 실패하는가? 여기에는 몇 가지 이유가 있다. 최고경영층은 마케팅조사 결과가 바람직하지 않은 데도 불구하고 자기 뜻대로 추진할지 모르고, 실제의 상품이 마땅히 그렇게 되게 설계되지 않았을지도 모르며, 시장에서의 위치 설정이 잘못되어 있을지도 모른다. 또한 가격이 너무 비싸거나 광고의 방법이 좋지 않았을지도 모르고, 상품개발 비용이 예상외로 많이 들어가기도 하거나 경쟁상대가 예상보다 격렬한 저항을 보일지도 모른다.

이와 같이 기업은 여러 가지 문제에 직면한다. 그럼에도 기업은 신상품을 개발하지 않으면 안 되지만, 실패할 위험성도 높다. 이러한 문제의 해결책은 신상품을 발견해내어 육성해가는 과정에서 강력한 신상품 계획과 조직적인 신상품 개발과정을 확립해야 한다.

4.2 신서비스 상품 개발과정

신서비스 상품 개발과정의 주요 단계는 [그림 7-3]과 같다.

그림 7-3 ▌ 신서비스 상품 개발의 주요 단계

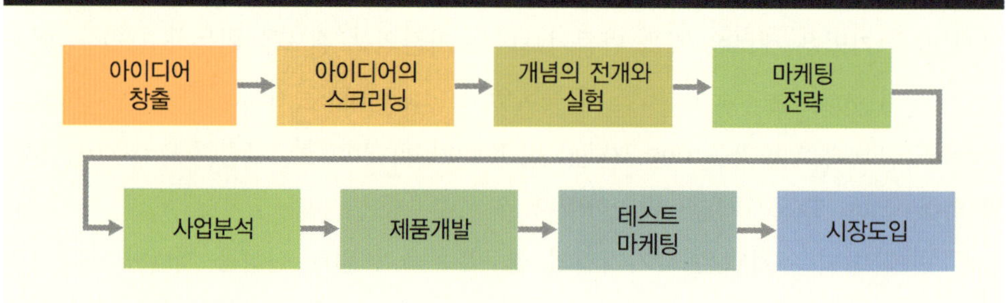

4.2.1 아이디어 창출

신서비스 상품 개발은 새로운 아이디어를 조직적으로 탐색하는 아이디어의 창출로부터 시작된다. 일반적으로 소수일지라도 좋은 것을 찾아내기 위해서는 많은 아이디어를 내놓아야 한다. 신서비스 상품 아이디어의 탐색은 무계획적이어서는 안 되고 조직적이어야 한다. 그렇지 않으면 모처럼 새로운 아이디어를 찾아낸다 하더라도 자사의 사업형태와 관련이 없는 것이 될 위험성이 있다.

기업은 신서비스 상품 개발전략을 신중하고 명확하게 해야 한다. 전략은 어느 상품과 시장에 주력할 것인가를 명백하게 제시하는 것이어야만 한다. 또한 기업은 그 신상품에서 무엇을 얻으려고 하는지, 예를 들어 높은 현금유통, 시장점유율 또는 무언가 다른 객관적인 목표를 명기한 것이어야 한다. 예를 들어, McDonald's는 Wendy's의 샐러드 바에서 시장점유율을 상실할 위협으로부터 자신을 지키기 위하여 샐러드를 메뉴에 첨가하였다. Pizza Hut은 점심식사 손님을 유인하기 위하여 피자를 조각으로 판매하기로 하였다.

끝으로 전략에는 원상품 개발과 기존상품 변경, 경쟁상대 상품의 모방에 어느 정도의 노력을 기울일 것인가를 명기해두지 않으면 안 된다.

다음에서는 주요 신상품 아이디어의 원천에 대하여 기술하기로 한다.

1) 내부 아이디어

신상품 아이디어 가운데 55% 이상은 사내에서 나온다고 한다. 기업은 연구개발을 통하여 새로운 아이디어를 찾아낼 수 있으며, 경영층을 중심으로 신상품 아이디어에 대한 브레인스토밍(brainstorming)의 방식을 통하여 발견할 수도 있다.

고객과 접촉하여 환원시킬 입장에 있는 직원은 다른 하나의 훌륭한 제품 아이디어의 원천이다. 마치 지배인이 다른 레스토랑과 호텔을 찾아가서 새로운 아이디어를 탐색하는 것과 같이 자기업무를 열심히 수행하고 있는 직원은 이와 똑같은 일을 하게 된다. 경영자는 직원들에게 물어서 자기 생각을 확인하는 것만으로도 족한데, 어찌된 것인지 이러한 아이디어 원천을 이용하지 않는 경우가 많다.

호텔업계에서의 신상품 결정은 전 호텔차원의 의사결정자로서는 중간급부터 최고경영자가 포함된다. 은행가, 변호사, 경영상담사와 같은 직접 회사에 의하여 고용되고 있지는 않으나 밀접한 관련을 맺고 있는 인사도 이 과정에 관여한다.

만약 호텔이 체인을 전개하고 있지 않다면, 대부분의 경우 그 호텔에 있어서 의사결정자는 소유자이다. 소유자(owner)가 사장과 같은 다른 사람을 대신 내세우는 경우도 있다. 그 밖에 총지배인과 부문지배인 및 각 지역의 부장급이 이 과정에 참여한다. 체인본부의 부사장이 이 과정에 참가하는 일도 흔히 있다.

2) 고객

모든 신상품 아이디어의 약 28%는 고객(customer)을 관찰하거나 고객에게 귀를 기울여서 얻어진다. 소비자의 현재 욕구(needs)와 잠재 욕구(wants)는 소비자조사를 통하여 파악할 수 있다. 기업은 고객에 대한 질문과 고충(complaints)을 분석함으로써 소비자 문제를 더욱 원만하게 해결할 수 있는 신상품을 발견할 수 있다. 경영자와 판매원은 고객과 만나는 동안에 힌트를 얻을 수도 있다. 지배인은 호텔과 레스토랑을 배회하여 고객과 대화하는 가운데서 고객의 욕구에 대한 핵심을 파악할 수가 있다. 끝으로 소비자는 때때로 스스로 신상품을 만들어낸다.

Pillsbury's는 매년 열리는 빵굽기 콘테스트에서 새로운 유력한 우승자의 조리법을 배울 수 있었는데, Pillsbury's의 4가지 케익믹스 라인 가운데 하나뿐만 아니라 다른 몇 가지 제품에 대하여서도 콘테스트 우승자의 조리법에서 아이디어를 직접 얻을 수 있었다.

3) 경쟁자

신상품 아이디어의 약 27%는 경쟁자(competitors)의 제품을 분석하는 데서 얻어지고 있다. 대부분의 기업은 경쟁하고 있는 신상품을 구입하여 어떻게 만들어졌는가를 분석하고 그 상품의 매출액을 검토하여 자기기업도 신상품을 발표할 것인가를 결정하고 있다. 기업은 또한 경쟁상대의 광고와 그 밖의 정보를 분석하면서 신상품에 대한 단서를 찾을 수도 있다. 타 경쟁사의 아이디어를 채택할 경우에는 적어도 경쟁기업의 상품과 비교적 동등할 만큼 좋은 것이 만들어지지 않으면 안 된다. 고객은 복제품과 오리지널을 비교하게 될 것이고, 만약 그 비교가 부정적인 것이라면 그 상품은 손상을 입게 될 것이다.

타 시장으로부터 아이디어를 빼내옴으로써 혁신성이 발휘된다. 과거 뉴욕주 아이다카에서 Turback's Inn을 경영하고 있던 Michael Turback은 시카고에 가서 레스토랑 쇼를 보고나서는 아이디어를 수집하기 위하여 뉴욕을 방문하였는데, 그의 고객은 그를 혁신자로 칭송하였고, 성공한 많은 관광상품은 여러 나라의 기업가에 의하여 복제되었다.

사실 복제품이라는 것은 품질 면에서 떨어지는 것이 많고, 그 상품수준에 대한 좋지 않은 평판을 터뜨리는 일이 많다. 따라서 오리지널 기업이 시장에 진출할 때에는 부정적 이미지를 극복하지 않으면 안 된다. 외국의 기업이 그 상품수준의 표준을 설정할 만큼의 성공상품을 개발하는 일이 있을지 모른다. 중미의 레스토랑 체인인 Polo Camoero는 KFC와 같은 경쟁자와 비교될 만큼의 표준이 되었다.

국내 타 지역으로부터 아이디어를 이식할 경우 기업은 지역의 문화적・사회적 차이를 고려하도록 주의해야 한다. 부드러운 분위기에서 맛있는 요리를 제공하고 있던 캘리포니아 해안에 위치한 어느 레스토랑에서 요리장을 하고 있던 인물이 텍사스주 브라이언에 이 레스토랑 개념을 도입하였다. 캘리포니아의 레스토랑은 적절한 가격으로 맛있는 요리를 제공하고 있었는데, 유감스럽게도 텍사스의 작은 도시의 기호와 지불 형태는 그곳과 같지 않았다. 우아하게 내놓는 해물요리보다 브라이언 사람들은 기름으로 튀긴 생선과 감자를 듬뿍 담은 스테이크를 더 좋아하였다. 브라이언에 비하여 캘리포니아에서의 가격은 훨씬 비쌌다. 이 요리장의 우아한 해물요리 레스토랑은 곧 폐점하였고 그 장소에는 현재 스테이크하우스가 들어서 있다.

호텔경영자는 경쟁상대 호텔을 체험하는 가운데서 경쟁상대의 정보를 수집할 수 있다. 가치 있는 경쟁상대의 정보는 주식이 공개 거래되고 있는 기업이라면 그 연차보고서도 입수할 수 있다.

호텔업계는 비교적 좁다. 경영자와 소유자는 일반적으로 경쟁상대 호텔출신의 동업자를 알고 있거나 그들과 만나고 있다. 서로 다른 체인에 근무하는 총지배인끼리는 국제적으로 서로 알고 지내는 사이여서 정보를 빈번히 교환한다. 호텔업계는 서로 비밀을 지킨다는 것이 가장 곤란한 직업 중 하나이다. 지배인은 간단하게 경쟁상대의 정보를 얻을 수 있다.

4) 유통업자와 공급업자

유통업자(distributors)는 시장사정에 능통하기 때문에 소비자 문제와 신상품의 가능성에 대한 정보를 전달할 수 있다. 공급업자(suppliers)는 신상품 개발에 사용할 수 있는 새로운 개념과 기술・재료에 대하여 회사에 전달할 수 있으며, 경쟁상대 레스토랑이 어떤 식품을 사입하고 있는가, 또 각 호텔은 어떤 상품을 발주하고 있는가를 전달할 수 있다.

환대용 특실(hospitality suite)은 업계의 전시회와 세미나, 회의에 있어서 때때로 유통업자와 공급업자들이 준비하는 경우가 있다. 중요한 접촉을 위한 것일 뿐만 아니라 추세와 경쟁전략에 관한 정보를 수집하기 위해서도 이러한 특실을 찾아보는 것은 좋은 아이디어이다.

5) 그 밖의 아이디어 원천

그 밖의 아이디어 원천으로는 업계지, 쇼, 세미나, 행정기구, 신상품 경영상담회사, 광고회사, 마케팅조사 전문회사, 대학, 민간연구소, 발명가 등이 있다.

4.2.2 아이디어 스크리닝

아이디어 창출의 목적은 많은 아이디어를 만들어내는 일이다. 스크리닝(screening) 단계의 목적은 아이디어의 수를 줄이는 데 있다. 그 최초단계가 아이디어 스크리닝이다. 스크리닝의 목적은 가능한 빠른 단계에서 기발한 생각을 발견 하고, 그렇지 못한 것은 중지시키는 것이다.

상품개발 비용은 다음 단계일수록 커진다. 따라서 기업은 이익을 올릴 수 있는 상품에서 클 수 있다고 생각되는 아이디어로 집약시키려고 한다.

신상품위원회가 검토할 수 있게 표준화된 형식으로 최고경영층은 신상품 아이디어에 대하여 정리해 놓도록 요구하는 기업이 많다. 경영자는 상품, 표적시장, 경쟁상황에 대하여 정리해준다. 그래서 시장의 규모, 상품가격, 개발시간, 비용, 상품비용, 이익률에 관하여 개략적으로 추정 산출하여 정리한다. 그들은 또한 이 아이디어는 우리 회사의 입장에서 좋은 것인가, 회사의 목표나 전략과 조화하는가, 우리들에게는 그것을 성공적으로 유도할 인재, 기능, 설비, 자원은 충분한가에 대해 질문해본다. 신상품 아이디어를 스크리닝하고 실제로 추진하기 위한 잘 설계된 시스템을 많은 기업이 가지고 있다.

[표 7-5]는 미국 레스토랑 마케팅 그룹의 Tom Feltenstein에 의해 개발된 것이다. 질적 스크리닝을 실시하기 위한 워크시트(work sheet)이다. 아이디어 또는 개념을 스크리닝하는 단계는 상품라인과의 적합성 문제를 신중히 기업과 적합한 상품을 도입하는 일이다.

아래에서 기술하고 있는 것은 주요 적합 문제로 다음 사항에 있어서 기여를 할 수 있을 것이다.

① 우리들의 사명에 적합한가?

② 기업의 목표에 적합한가?

③ 각 시설의 목표에 적합한가?

④ 우리 기업의 주력 기업을 지키고 신장시킬 수 있는 것인가?

⑤ 우리 기업의 주된 고객을 지키고 기쁘게 할 수 있겠는가?

⑥ 기존자원을 더 잘 활용하고 있는 것인가?

⑦ 기존상품라인을 지원하고 강화시키는 것인가?

▌표 7-5 ▌질적 스크리닝을 위한 워크시트

1. 제안된 신상품
2. 상품개요
3. 그 상품에 의하여 달성되는 목표
4. 그 상품의 역할, 새로운 메인디시, 사이드디시, 신상품 카테고리
5. 결정적 강점 및 기회
6. 결정적 약점 및 기회
7. 매출고의 예상되는 영향, 내객수의 증가, 빈도의 증가, 트레이드업, 신규고객층의 흡연
8. 연간 매출액 이익목표
9. 추려낼 대상이 될 만한 품목, 경합 정도
10. 표적고객
11. 영향을 받는 시간대
12. 표적가격 표적으로 삼은 분량
13. 주요 식재(食材)
14. 식재비 추정금액
15. 필요한 생산량
16. 필요한 현행설비
17. 필요한 신규설비
18. 필요한 공간
19. 필요한 노동력
20. 필요한 추가직원
21. 필요한 특별훈련
22. 현재의 생산에 미치는 마이너스 영향
23. 현재의 직원에 미치는 마이너스 영향
24. 유사한 경쟁품목
25. 상정(想定)되는 타경쟁사의 대응
26. 중요이익
27. 가장 불리한 점
28. 개발을 위하여 무엇이 필요한가?
    (1) 설비
    (2) 예산
    (3) 인원
    (4) 전문적 기능
    (5) 시간

표 7-6 양적 스크리닝을 위한 워크시트

평가항목	평가치	비중	합계
이미지			
메뉴접근			
회사 전체의 목표			
회사의 강점			
회사가 갖는 기회			
기대되는 역할			
질적 수준			
가격설정			
현재의 고객			
표적이 되는 고객			
서비스			
특별요리 메뉴에 있어 공백기간			
1일 중 메뉴의 공백시간대			
생산수준			
업무내용			
설비			
이용가능한 공간			
공급업자			
개발능력			
합계			

* 각각의 신상품 아이디어는 각 항목에 대하여 1부터 5까지 '낮다', '높다'의 척도로 평가된다. 다음으로 각 항목에 대하여 1부터 5의 비중측정을 실시한다. 평가치와 비중과의 합계가 제품의 각 평가항목에 관한 득점이 된다. 이러한 득점의 합계가 최종적인 총득점이 되고, 이것이 다른 후보 제품과 비교된다.

출처 : Elservier Science, Inc., from New Product Development in Foodservice : A Structual Approach, by Tom Feltenstein, 1986, by Cornell University.

4.2.3 개념 개발과 테스트

살아남은 아이디어는 이어서 상품개념으로 전개되어야 한다. 상품 아이디어와 상품개념 및 상품이미지 등의 구별이 중요하다. 기업의 경영층이 시장에 제공하거나 그 가능성 있는 상품을 구상한 것이 상품 아이디어(product idea)이다.

상품개념이란 아이디어를 의미 있는 소비자의 언어로 상세하게 설명한 것이다.

상품 이미지는 현재적 또는 잠재적인 상품에 대하여 소비자가 어떻게 생각해서 떠올리고 있는가이다. 주요 레스토랑 체인이라면 모든 레스토랑에 테스트도 해보지 않고 메뉴를 전개하는 것은 있을 수 없는 일이다. 다른 체인과 마찬가지로 버거킹도 몇 개의 선택된 도시에서 테스트 마켓용 레스토랑을 가지고 있다.

노스캐롤라이나주 Piedmont지구는 American Fries의 테스트 마켓으로서 이용된다. 메뉴에서 그 모습이 사라지면 그 제품은 뜻대로 되지 않은 것이 명백하다. 일반적으로 호텔에서는 신상품 아이디어의 도입을 메뉴를 통하여 하고 있다.

1) 개념의 개발

1970년대 후기 Marriott는 그 당시의 호텔상품에 대하여 도시시장은 포화상태에 놓여있다고 판단하였다. 그들은 2차적인 장소와 교외의 입지에서 잘 받아들여질 호텔개념(hotel concept)을 필요로 하였다. Marriott는 신상품 개발을 통하여 회사의 주력기업, 다시 말하면 숙박산업에 이들의 자원을 집중시키기로 결정하였다. 그러나 고객은 상품 아이디어를 사는 것이 아니고 상품을 사는 것이다. 마케팅담당자의 업무는 이 아이디어를 몇 개의 대체적인 상품개념으로 전개하여 각각의 상품이 고객에 대하여 어느 정도로 매력적인가를 결정하고, 그 가운데서 최량의 것을 선택하는 일이다. 신상품을 위한 개념은 Marriott에 의한 중정(Courtyard by Marriott)으로 불리어졌다.

Marriott는 이 신상품 개발 관리를 위하여 사내에서 다른 분야의 인재를 선발 하였다. 회사는 경쟁자와 시장에 대한 분석을 대규모로 실시하고 조사결과에 기초 하여 이 프로젝트를 수행할 다음과 같은 개념적인 틀을 개발하였다.

① 단기 체류객을 겨냥한 시장에 한정하여 집중한다.

② 객실수를 150실 이하로 한다.

③ 주택이라는 이미지를 부각시킨다(조사를 통하여 Marriott는 호텔을 선호하지 않는 호텔이용객의 세분시장을 명확히 한 것이다. 이러한 소비자는 가정과 유사한 환경을 좋아하였다).

④ Marriott의 다른 호텔과의 심각한 점유율 쟁탈현상이 일어나지 않게 한다.

⑤ 메뉴를 한정한 레스토랑을 갖는다.

⑥ 퍼블릭 스페이스와 회의장소를 줄인다.

⑦ 표준화된 상품으로 1지역에 5개부터 8개로 한다.

⑧ Marriott의 명칭을 인지와 후광효과(halo effect)를 위하여 반드시 붙인다.

2) 개념테스트

개념테스트(concept testing)는 표적 소비자집단 내에서 실시된다. 신상품 개념은 언어에 의한 기술이나 그림에 의하여 제시된다. Marriott는 통계기법을 응용하여 컨조인트분석(conjoint analysis)으로 Courtyard Motel에 관한 개념을 테스트하였다. 표적 잠재고객에게 상이한 여러 모텔형상을 보여주고 가장 바람직한 것부터 그렇지 않은 것에 이르기까지 등급을 매기도록 하였다. 순위표는 통계학적으로 해석되고, 최적의 모텔형상이 결정되었다.

그러나 대부분의 사례에서 가장 단순한 소비자 태도조사가 사용되고 있다. 소비가 가운데 10%는 "확실히 구입하겠다"고 응답했으며, 다른 5%는 "글쎄요, 사게 될 것 같아요"라고 응답하였다 하자. 회사는 이러한 수치표를 표적집단 인구수에 투영하여 매출액을 예측한다. 그러나 사람들은 자기가 말한 의도를 항상 실행에 옮긴다고 볼 수 없기 때문에 추정치는 확실하지 않다.

유감스럽게도 Marriott의 예는 관광업계에서는 매우 드문 일이었다. 주요 호텔과 관광지 및 레스토랑체인의 본사는 전문적 개념테스트를 우선 예외 없이 실시하고 있으나, 더 적은 체인이나 단독의 사업주체에서는 이러한 중대한 단계를 생략하고 상품 아이디어로부터 전문적인 실시로 직접 옮기고 마는 경우가 많다. 경우에 따라서는 직관력이라든가, 운이 좋으면 신상품은 순조롭게 성공하고, 경쟁상대를 멀리 따돌리는 일도 있다.

그러나 관광기업의 역사를 살펴보면 아이디어에는 개념테스트에 의한 증거가 필요하다는 것을 명백히 해 왔다. 대부분의 경우 상품은 비관적인 결과를 초래한다는 것을 알았기 때문이다. 호텔객실의 쾌적성이나 룸서비스의 새로운 음료수와 같은 전술적 제품 결정의 경우, 신상품 결정이 잘못되었다고 하더라도 손해는 비교적 적을지도 모른다.

크루징을 위한 새로운 선박이나 새로운 관광지와 같은 거액의 자본투입을 수반하는 신상품의 결정에 있어서는 그렇게 간단하지가 않다. 이러한 결정에는 수백만 달러의 지출이 불가피하고 때로는 기업을 도산으로 몰고 갈 만큼 비참한 경우도 있다.

수천 달러의 지출과 개념테스트를 위한 몇 개월간은 긴 안목에서 보면 꼭 필요한 것이었다는 것을 깨닫게 될 것이다.

4.2.4 마케팅전략

다음 단계는 마케팅전략(marketing strategy), 즉 상품을 시장에 도입하기 위한 초기 마케팅전략 계획의 개발이다. 마케팅전략 기술은 세 부분으로 구성돼 있다.

첫째 부분은 최초 수년간의 표적시장, 계획된 상품의 위치설정(positioning), 매출고, 시장점유율, 이익목표를 기술한다. Marriott의 Courtyard 표적시장은 합리적인 가격으로 고품질 객실을 원하는 비즈니스 고객과 안전하면서도 쾌적한 객실을 바라는 관광객이다.

둘째 부분은 상품가격, 유통, 초년도 예산에 관한 계획개요에 대한 것이다. 통계 소프트를 사용하여 매리어트는 세련된 모형을 구축할 수 있었다. 이러한 모형은 가격결정과 각 가격에 따라서 기대되는 시장점유율에 대한 정보를 제공한다. 이 시장세분화를 위한 정보는 메리어트에게 이 호텔을 시장전개하는 데 있어서 필요한 정보를 제공하였다.

셋째 부분은 장기 판매계획, 이익목표, 장기 마케팅믹스 전략을 기술한다.

4.2.5 사업분석

상품 개념과 마케팅전략을 결정하고 나면 경영자는 이 제안에 대한 사업매력도를 평가할 수 있다.

사업분석(business analysis)에는 매출고, 비용, 이익 등 각 예측치의 재검토와 이러한 것이 기업의 목표를 충족하는 것인가 어떤가의 판단이 포함된다. 만약 충족되는 것이라면 상품은 상품개발단계로 옮겨갈 수 있게 된다.

매출고를 견적하기 위하여 회사는 유사제품의 과거 매출고를 분석하기도 하고, 시장동향을 조사하지 않으면 안 된다. 위험부담의 폭을 알기 위하여 최소의 매출고와 최대의 매출고를 견적해야 한다. 판매예측이 준비되면 경영자는 그 상품에 대하여 기대되는 비용과 이익을 견적할 수 있다. 비용은 연구개발부문, 영업부문, 경리·재무부문에 의하여 견적된다. 이 분석에는 마케팅비용의 추정도 포함된다. 이어서 회사는 매출고와 비용수치를 사용하여 그 신상품의 재무상 매력을 분석한다. [표 7-7]에 제시한 도구는 경영자가 사업분석을 실시할 때 기여하게 될 것이다.

표 7-7 신상품에 관한 의사결정요인

회사 전체	• 회사이미지에 대한 영향 • 장기적인 적합성/제외할 제품 • 자금조달 : 수백만 달러 • 회사의 형태 : 회사소유, 프랜차이즈, 계약 • 마케팅 : 회사의 다른 제품과의 적합성 • 인적자원 • 기타
시설(각 지역의 호텔과 레스토랑 등)	• 시설이미지에 대한 영향 • 회사이미지에 대한 영향 • 자금조달 • 현금유통/이익 • 각 부문(특히 인사부문)과의 적합성, 업무활동 • 타이밍 : 제품수명주기 • 고객/이용객 : 반응
기타	• 마진 • 가동률 • 실제의 수익률 • 평균요금 • 다른 현금유통 • 기타

4.2.6 상품개발

만약 상품 개념이 사업테스트에 합격하면 다음 단계로 상품개발(product development)을 한다. 이 단계에서 상품 개념은 상품의 원형(prototype)으로서 전개된다. 여기까지는 단지 언어에 의한 기술과 작동 또는 원형모형으로만 존재하였으나, 투자의 대폭적 증가를 필요로 하는 이 단계에서 이 상품 아이디어는 실현가능한 상품으로 만들 수 있는지를 명확히 하게 된다. 기업은 상품 개념에 대한 2가지 이상의 버전을 실제로 개발하게 되는데, 다음 기준을 충족시킬 상품을 개발하는 것이 바람직하다.

① 소비자는 상품 개념에 기술되어 있는 주요 특징을 그 상품이 그대로 구비하고 있다고 지각한다.

② 통상의 사용상황하에서 안전하게 작동한다.

③ 예산 내 비용으로 만들 수 있다.

상품개발에 성공하려면 며칠, 몇 주, 몇 개월 또는 몇 년이 걸리는 경우도 있다. Marriott는 Courtyard Motel의 객실상품을 이동가능한 벽으로 세웠다. 그들은 표준형, 짧은형 그리고 좁은형의 3가지 객실을 개발하였다. 소비자는 전체적인 개념을 마음에 들어 했으나, 좁은형에 대해서는 거부하였다. 그러나 짧은형에는 반대 하지 않았다. 이에 따라서 Marriott는 각 호텔마다 10만 달러의 비용절감이 가능하다고 추정하였다.

원형(prototype)개발에 수반하는 하나의 문제는 때때로 원형이 중추적 상품에 한정된다는 것이다. 직원의 활동과 같은 상품의 무형부분에 많은 것을 포함시킬 수가 없다. 잊어서는 안 되는 것은 마케팅담당자는 기대되는 고객에 대하여 부가적 상품과 촉진적 상품, 서비스와 같은 상품의 무형의 가치가 어떤 것이라는 것을 전달하도록 하지 않으면 안 된다는 것이다.

4.2.7 테스트마케팅

기능테스트와 소비자테스트를 통과하면 다음 단계는 시장테스트(market testing)를 한다. 시장테스트에서는 상품과 마케팅 프로그램은 보다 현실적인 시장 환경 가운데로 도입된다.

시장테스트에서 마케팅담당자는 상품을 마케팅하는 경험을 쌓게 된다. 이에 따라서 전면적인 도입에 의하여 막대한 경비지출을 하기 전에 잠재적 문제를 발견하고, 어느 곳에 더 많은 정보를 필요로 하는가를 알 수 있다.

시장테스트는 상품과 마케팅프로그램 전체를 현실의 시장상황하에서 평가한다. 상품, 상품위치 설정전략, 광고, 유통, 가격결정, 브랜드 설정, 패키징, 예산규모 등이 시장테스트 기간 중에 평가된다. 기업은 그 상품의 취급과 사용 및 재구입에 있어서 소비자와 딜러가 어떻게 반응하는가를 배울 수 있다. 시장테스트 결과는 매출고예측과 이익예측 정도를 높이기 위하여 사용할 수 있다.

필요로 하는 시장테스트의 양은 신상품에 따라서 각기 다르다. 시장테스트 비용은 거액이 소요되고 시간도 걸린다. 그리고 이 기간 동안에 경쟁자가 유리해지는 일이 있다. 상품개발 도입에 대한 비용이 낮을 경우 또는 이미 경영자가 신상품의 성공을 확신하고 있을 경우, 상품테스트를 거의 하지 않거나 약간의 테스트만 할지도 모른다.

기업은 만약 다음의 조건 가운데 하나가 존재한다면 시장테스트를 대대적으로 실시하게 될 것이다. 신상품 도입에 막대한 투자를 수반하든가 또는 경영자가 상품 내지 마케팅 프로그램에 대하여 확신을 가지고 있지 않거나, 몇 년 동안에 최종적으로 도입되기까지 몇 번이고 테스트하고, 중단되고, 변경하여 또 다시 테스트되는 상품과 마케팅 프로그램도 있다.

시장테스트 비용에 거액이 소요된다. 그러나 커다란 과오에 따른 비용과 비교하면 적은 경우가 많다. Marriott는 Courtyard 최초의 테스트시장으로서 애틀랜타를 선정하여 1983년에 착수하였다. 테스트 시장의 모형에는 소비자의 지각을 알아보기 위하여 상이한 형태의 객실이 포함되어 있었다. Marriott는 당초의 계획보다 객실을 작게 만들 수 있다는 것을 알았다. 고객은 소객실(closets)에도 문이 있는 것이 좋겠다는 의견을 제시하였다.

4.2.8 시장도입

시장테스트는 신상품을 판매할 것인가 말 것인가의 최종결정에서 필요로 하는 정보를 경영자에게 제공한다. 만약 기업이 시장도입(commercialization) 쪽으로 나간다면, 그에 따르는 거액의 비용이 들게 될 것이다. 출시 연도에만 광고와 판매촉진을 위하여 1천만 달러부터 1억 달러를 사용하게 될지도 모른다. 예를 들면, McDonald's는 McDLT(양상추〈L〉와 토마토〈T〉를 따로따로 고객이 먹을 때 샌드위치로 만든다)라는 샌드위치를 도입할 때 주 500만 달러 이상을 광고비로 지출했다.

신상품을 도입할 때 회사는 '언제, 어디서, 누구에게, 어떻게'라는 4가지 사항에 대해 의사결정을 하지 않으면 안 된다.

1) 언제(When)

최초의 의사결정은 신상품도입에 적절한 시기인가를 판단하는 것이다. Marriott의 경우는 테스트 시장용의 호텔에서 90%의 객실을 채웠다.

2) 어디서(Where)

기업은 신상품을 1개 장소에서 도입할 것인가, 어느 지역으로 할 것인가, 복수지역인가, 전국시장인가, 국제시장으로 할 것인가를 결정해야 한다. 신상품을 전국으로 전개시킬 수 있는 자신감, 자본, 능력을 모두 갖추고 있는 기업은 거의 없다. 대신에 그들은 장기간에 걸친 시장전개를 계획한다. 소규모 기업은 특히 매력적인 도시를 선택하여 그 시장에 진출하기 위한 전격적인 홍보를 전개하는 일이 많다. 그러나 그들은 다른 도시로 하나씩 점진적으로 진출할지 모른다. 대규모 기업이라면 1개 지역에 상품도입을 실행하고, 이어서 다른 지역으로 진출하는 방법을 취할지도 모른다. 자동차 회사와 같이 전국적인 유통조직망을 가지고 있는 기업이라면, 신모형을 전국시장에 도입하는 일이 많다. Marriott는 Courtyard를 5개부터 8개 지역시장에 도입하기로 결정하였다. 1986년 1월까지 그들은 계약을 체결한 곳, 건설 중인 곳을 포함하여 300개의 장소에서 개관하였다.

3) 누구에게(To Whom)

전개 중의 시장에서 기업은 그 유통과 판매촉진을 최량의 기대 고객에게 돌리지 않으면 안 된다. 경영자는 시장테스트 초기에 주요 기대고객의 특징을 결정해 두어야 한다. 그리고 이어서 시장의 특정 수준을 높여 조기채택자, 중요이용자, 여론지도자를 발견해내야 한다.

4) 어떻게(How)

기업은 선택된 시장에 신상품을 도입하기 위한 행동계획을 개발하고 이를 위한 마케팅믹스에 마케팅 예산을 사용해야 한다.

4.2.9 획득을 통한 상품개발

대규모 기업은 때로는 스스로 새로운 개념을 개발하는 대신 소규모 레스토랑 체인을 매입한다. 그들은 이제 막 출발한 체인이 성장하는 것을 지켜 볼 수가 있다. 그들은 느긋하게 앉아서 내점객 상황과 1점포당 매출액 또는 새 점포를 내는 데 어느 정도로 용이하고 또 곤란한가를 관찰한다.

새로운 체인이 성공을 거두게 되고, 또 자기회사 조직과 전략상 적합하다면 그런

체인을 매입하면 되는 것이다. 이는 Brinker International이 Romano's Macaroni Grill을 매입할 때 사용한 방법이다. Pepsico는 Chevy's와 California Pizza Kitchen을 매입하였다. 상품개발을 위한 이러한 방법은 매입한 체인을 전개할 수 있는 자산을 가진 대규모 기업으로서는 위험부담을 크게 줄이는 방법이다. 이러한 획득전략은 새로운 형태의 레스토랑 기업가를 탄생시켰다. 그들은 체인을 잘 전개하여 그것을 키워서 대규모 체인으로 만들어 매각한다는 특정 목적으로 체인을 개발하는 사람들이다.

5 제품수명주기

제품수명주기(PLC : Procuct Life Cycle)는 사람이 태어나 유아기, 유년기, 청소년기를 거쳐 성인이 되어 노년기에 도달하는 것과 같이 서비스와 제품 역시 4단계의 수명주기를 거친다는 것이 기본적인 개념이다. 따라서 각 단계에 따른 정확하고 구체적인 파악이 되어야 한다. 이유는 관광상품 개발이나 기존 관광상품의 개량 또는 기존 관광상품의 새로운 용도개척 등의 시기성과 방향을 제공해주기 때문이다.

PLC단계에 따라 여러 마케팅 접근법의 효과가 달라진다. 그러므로 각 단계의 새로운 도전에 맞추어 마케팅전략을 수립해야 한다([그림 7-4]). 관광상품 수명주기

그림 7-4 ▌관광지 주기(TALC : Tourist Area Life Cycle)

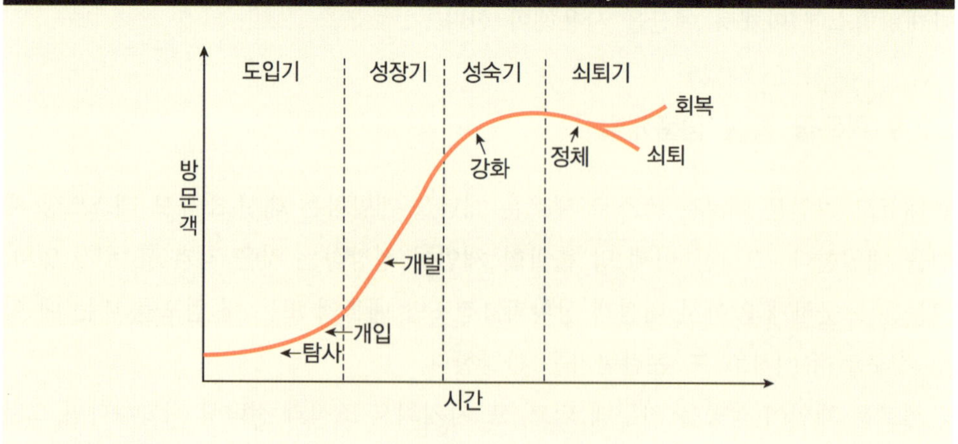

그림 7-5 ▌ 전형적인 제품수명주기

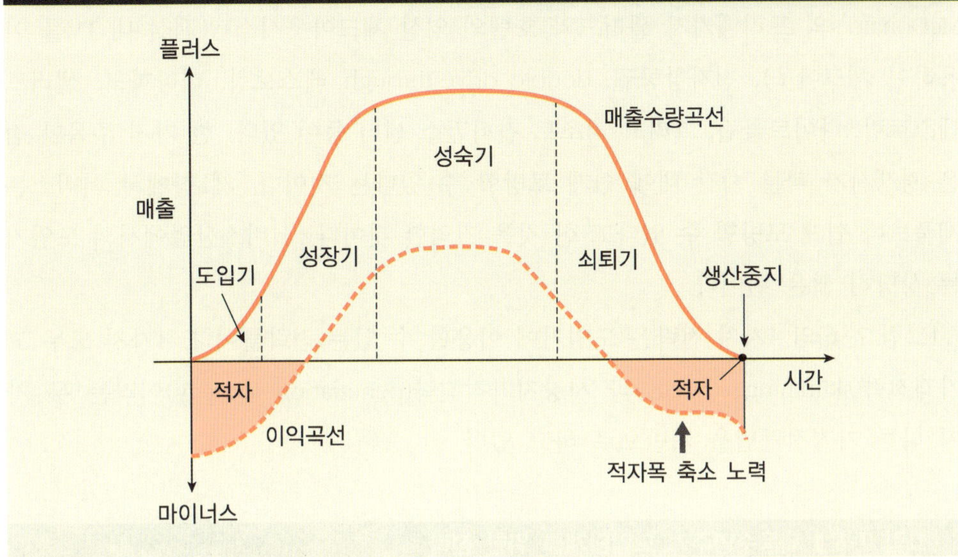

의 단계별 전략을 수립하기 위해서는 관광상품이 쇠퇴하기까지 접어들게 된 필요성과 원인을 파악해야 한다.

5.1 도입기

새로이 개발된 관광상품이 최초로 출시되는 단계로 시장개척기, 시장개발기라고도 하며 고객에게 새로운 서비스를 처음 제공하였을 때 도입기가 시작된다. 이 시기는 전통적으로 높은 촉진과 시장에서 확고한 기반을 다지기 위해 사용한 비용으로 인해 수익이 낮다. 종종 서비스와 제품은 높게 평가되어 보다 모험적인 고소득 고객과 다른 혁신자(innovators)들에게 매력을 주지만 상품에 대한 인지도나 수용도는 매우 낮다. 따라서 관광관련 기업은 관광상품 설명회, 전시회, 경품제공을 통하여 적극적이고 공격적인 판매촉진전략을 수립해야 한다. 또한 사람들의 구전에 의한 인지도에 따라 서서히 수요가 환기되므로 기본적 수요를 자극시켜야 한다.

최근 관광, 환대 및 여행산업에 도입된 새롭고 혁신적인 서비스에는 어떤 것이 있는가?

All-Suite호텔과 시간제 콘도미니엄 그리고 고객우대프로그램(frequent-stay

program) 등과 항공산업에서도 FFP(Frequent Flyer Program)가 있다. 그 외에도 McDonald's의 프리패키지 샐러드와 호텔의 영상 체크아웃시스템(객실 내 TV를 이용하여 체크아웃), 전자항공권, double drive-through 레스토랑, 테마파크, 샐러드 레스토랑, 나이트클럽, 그리고 리조트 컨퍼런스 센터 등이 있다. 한 가지 주목할 점은 경쟁사가 빠른 시간 내에 쉽게 모방할 수 있다는 것이다. 제1장에서 서비스는 제품보다 쉽게 모방할 수 있다고 한 것을 기억할 것이다. 서비스산업에서의 도입기는 상당히 짧은 편이다.

[그림 7-6]의 4가지 전략은 도입기에 이용할 수 있는 전략들이다. 4가지 모두 고가격전략(skimming strategy)과 시장저가격전략(penetration strategy)이라는 두 가지 다른 가격접근법을 기반으로 하고 있다.

그림 7-6 ▌ 제품수명주기 도입단계를 위한 전략

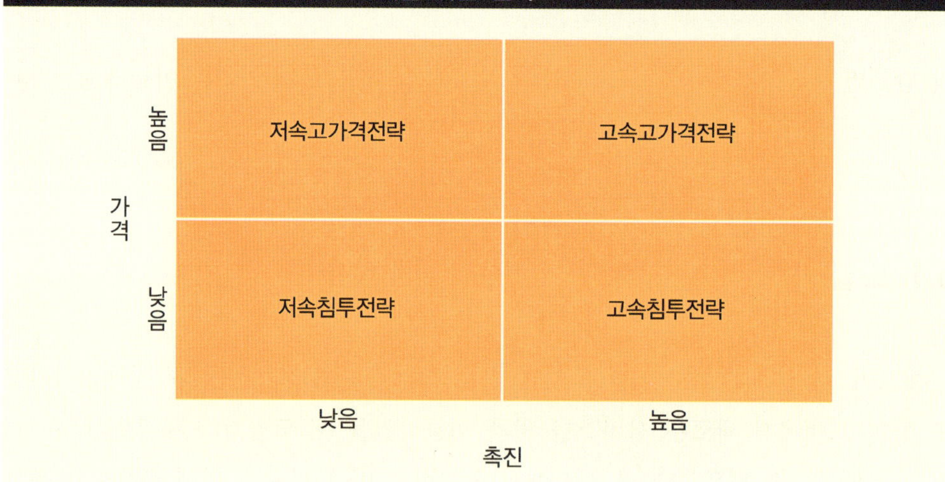

5.1.1 고속고가격전략(rapid-skimming strategy : 고가격, 높은 촉진)

가능한 가장 높은 수익을 얻는 것이 목표이다. 고속고가격전략은 새로운 서비스를 처음 시장에 선보일 때 높은 촉진을 하는 것을 의미한다.

5.1.2 저속고가격전략(slow-skimming strategy : 고가격, 낮은 촉진)

저속고가격과 고속고가격전략의 차이점은 촉진 활동 시 소비하는 비용에 있다. 저속고가격전략은 촉진비용을 적게 사용한다. 적은 수의 잠재고객이 있지만 대부분이 새로운 서비스에 대해 알고 있다. 상당한 시간 동안 경쟁 서비스가 발생하지 않는다.

5.1.3 고속침투전략(rapid-penetration strategy : 저가격, 높은 촉진)

침투전략과 고가격전략의 가장 큰 차이점은 가격수준이다. 침투전략의 경우는 가능한 시장의 많은 부분을 차지하기 위해 처음부터 낮은 가격을 책정한다. 새로운 서비스에 대한 시장은 크지만 대부분의 구매객들은 가격에 민감하다(높은 가격보다 낮은 가격을 더 좋아한다). 고속침투전략은 높은 수준의 촉진과 함께 낮은 가격을 제공하는 것을 의미한다. 대부분의 잠재구매객들은 새로운 서비스를 잘 알지 못한다. 경쟁자들이 빨리 모방하는 강한 위협을 받는다.

5.1.4 저속침투전략(slow-penetration strategy : 저가격, 낮은 촉진)

낮은 수준의 촉진과 함께 낮은 가격으로 새로운 서비스를 제공한다. 잠재시장은 크고 가격에 민감하다. 고속침투전략과 달리 고객들은 새로운 서비스를 잘 알고 있다. 몇몇 잠재경쟁자들이 있으나 경쟁위협은 그다지 크지 않다.

5.2 성장기

성장기에는 상품에 대한 인지도가 서서히 높아짐에 따라 수요가 증가하는 시기로 판매가 급격히 많아지고 수익이 증가하며, 더 많은 경쟁자들이 생겨난다. 관광상품의 기능이나 품질에 만족할 경우 반복구매와 구전효과 파급으로 신규 관광수요도 급속히 창출된다. 이익발생이 급격히 늘어나지만 경쟁모방업체가 많아지기 때문에 고객대응전략이 매우 중요하다. 따라서 기업은 다양하고 차별화된 마케팅전략을 실시해야 한다.

새로운 서비스를 개발하는 조직은 다음 전략들을 이용할 수 있다.

① 서비스의 질을 높이고, 새로운 서비스 특징과 요소를 추가한다.

② 새로운 표적시장에 진입한다.

③ 새로운 유통경로를 이용한다.

④ 가격에 민감한 고객들을 유인하기 위해 가격을 낮춘다.

⑤ 광고를 통해 인지된 상태를 실제 구매욕구와 행동으로 전환한다.

1980년대와 90년대에 북미의 Club Med가 훌륭한 예가 될 수 있는데, 1970년대와 80년대 후반 Club Med는 해마다 15%에서 25%의 판매가 증가하였다. 이들은 이러한 성장을 지속시키기 위해 여러 가지 전략들을 이용하였으며, 성장에 따른 충분한 수용력을 갖추기 위해 새로운 리조트를 열었다. 기업고객, 자녀를 동반한 가족, 신혼부부 그리고 스쿠터다이버와 테니스선수와 같은 스포츠마니아들, 테마 주(theme week)와 같은 새로운 표적시장에 진입하였다. 광고전략은 'one world, one club'이라는 주제에서 특정 표적시장과 각각의 표적시장이 Club Med에서 할 수 있는 것이 무엇인지를 정확히 보여주는 것으로 전환했다. 노년층, 재혼부부, 독신, 커플 그리고 가족과 같은 다양한 세분시장에는 가격에 민감한 환경에서의 접근이 이루어졌다. 또한 Club Med는 북미시장에 주말 패키지를 제공하기 시작했다.

기존의 리조트와 새로운 리조트에 어린이들과 유아를 위한 시설과 개인컴퓨터 교육 등과 같은 부가서비스를 추가하였다. 고객에게 직접 판매하는 전통적인 접근법에서 여행사를 통한 판매에 보다 중점을 두게 되었다.

5.3 성숙기

대부분의 환대 및 여행산업은 현재 성숙기에 있다. 호텔, 레스토랑, 렌터카회사, 항공사가 그 예이다. 이 단계는 성장률이 둔화되고 완만한 자연증가율을 나타내는 시기로 많은 공급이 적은 수요를 쫓는 과잉생산능력의 상황을 말한다. 즉, 상품에 대한 고객확보율이 고정화되어 대량생산과 판매체계를 갖추어 매출의 안정세를 기록하며, 원가가 절감되고 대부분 이익창출이 높아지지만 수요 감소가 서서히 일어난다. 그러므로 관광기업은 새로운 관광객 모색보다 기존관광객 이용률을 높여야 한다.

기업이 이 단계에서 판매성장률을 유지하고자 한다면 다음 3가지 전략을 이용할 수 있다.

5.3.1 시장변형전략(market-modification strategy)

조직은 경쟁사의 고객을 쫓고, 새로운 표적시장을 추가하거나 비사용자를 사용자로 전환시키기 위해 노력한다. 이 외에도 구매빈도를 높이거나 다양한 이용목적으로 구매를 촉진하는 활동을 할 수도 있다. Burger King, Wendy's, Hardee's와 VISA카드 등의 공격적 비교광고나 항공사 및 호텔의 상용여행객 우대제도가 그 대표적인 예이다.

5.3.2 제품변형전략(product-modification strategy)

이 접근법의 필수조건은 기업의 서비스 또는 제품을 새로운 상태로 만드는 것이다. 항공사의 경우 로고를 새롭게 하고 승무원의 유니폼을 지속적으로 바꾼다. 호텔 역시 concierge service, executive floor와 lounge, express checkout 그리고 business center 등의 부가서비스를 제공한다.

5.3.3 마케팅믹스 변형전략(marketing-mix-modification strategy)

마케팅믹스를 변형하여 판매를 촉진시킬 수 있다. 예를 들어, 시장이 성숙단계에 직면한 호텔의 경우는 여행사와 인센티브 투어기획자 또는 온라인과 같은 새로운 유통경로를 찾는 데 주력할 수 있다. 수익을 올리기 위해 레스토랑은 쿠폰과 다른 판매촉진을 이용할 수 있으며, 여행사는 외부 판매망을 확보할 수도 있다.

5.4 쇠퇴기

관광객 욕구변화, 국내외 시장 환경변화, 치열한 경쟁 때문에 모두 감소하는 시기로 대개의 제품형태와 브랜드의 매출액은 결국 하락한다. 하락의 경우 스테이크 앤에일(Steak & Ale) 사례와 같이 느린 경우도 있는 반면 빅토리아 스테이션과 같이 급속하게 이루어지는 경우도 있다.

각 쇠퇴기에 있는 제품에 대해서는 경영자는 그것을 유지할 것인가, 수확할 것인가, 또는 폐기처분할 것인가를 결정하지 않으면 안 된다.

5.5 제품수명주기(PLC)의 한계점

PLC가 비판받고 있는 것 중의 하나는 모든 제품과 서비스 판매가 결국은 쇠퇴하여 매우 낮은 수준에 도달한다는 가정이다. 하지만 이것은 반드시 사실은 아니 다. 많은 오래된 호텔과 리조트는 이전의 영광을 되찾기 위해서 복구하고 새롭게 단장하였다. Queen Mary호는 과거 대양의 멋진 정기선에서 지금은 California의 Long Beach에서 컨벤션 및 교역전 시설로 변모하였다. 한때 생겼다 사라진 레스토 랑의 콘셉트와 메뉴를 생각해보자. 쇠퇴기 딜레마에 대한 최상의 답변은 새로운 용도와 고객을 찾고, 새로운 유통경로와 리포지셔닝을 통해 서비스를 다시 원래의 새로운 상태로 되돌리는 것이다.

사례 호주 달링하버 개발

호주 뉴사우스웨일즈주 정부는 '세계인에게 회자되는 시드니 속의 특별한 공간'을 콘셉트로 설정하고 기존 시설을 최대한 보존 및 활용하는 전략을 채택해 자연상태를 그대로 보존하면서 천혜의 친수공간을 만들었다.

부두지역 업무시설을 최소화하고 도심지역에서도 부두를 조망할 수 있게 한 계단식 스카이라인이 달링하버 주변에 산재했던 기존 업무지역에 활력을 불어넣었다.

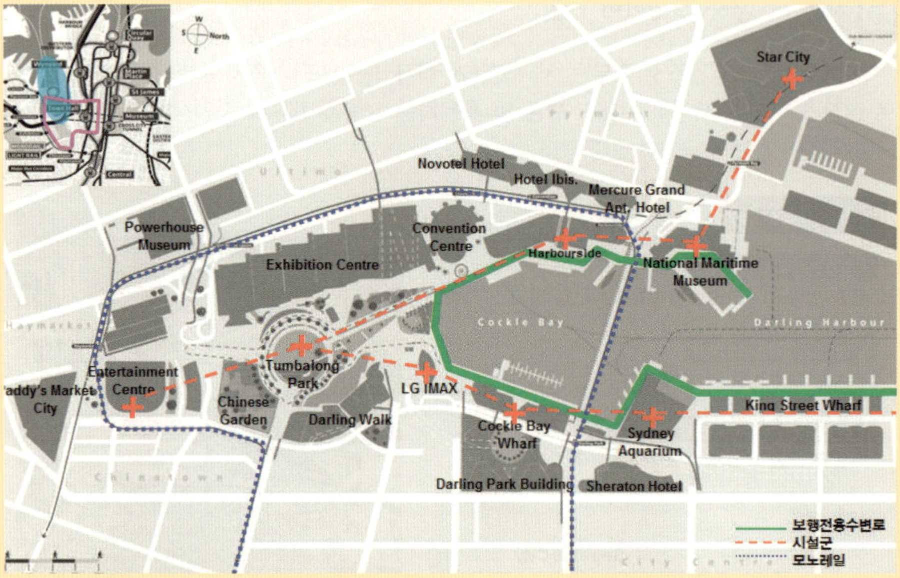

또한 전통적 해양기능을 업그레이드시킨 마리나 시설, 제트보트 등 해양스포츠 시설을 충분히 갖춘 위락형 해양관광 항구로 탈바꿈했다. 그뿐만 아니라 재개발 시 바다에 가장 가까운 수변에 일반인이 접근할 수 있는 산책로를 먼저 만들고, 그 다음 공간에 쇼핑센터, 레스토랑, 아이맥스 영화관 등 관광 상업시설을 배치했다. 또 다른 공간에는 대규모 숙박시설을 유치하고, 남쪽에는 가족들이 함께 휴식을 즐길 수 있는 어린이 놀이시설과 공원, 컨벤션센터, 중국정원 등을 설치했다.

물에서 가장 가까운 곳일수록 일반인을 위한 열린 공간을, 물에서 멀어질수록 상업공간을 배치함으로써 일반 시민을 위한 열린 재개발이 되도록 한 것이다. 이런 공간배치를 두고 시드니형 창조적 공간활용이라 한다.

출처 :
http://www.kookje.co.kr/news2011/asp/newsbody.asp?code=0200&key=20160304.22018190608
http://www.nocutnews.co.kr/news/4556558
http://news.naver.com/main/read.nhn?mode=LSD&mid=sec&sid1=101&oid=001&aid=0001649432
http://www.yonhapnews.co.kr/bulletin/2016/02/29/0200000000AKR20160229115600051.HTML?input=1195m

CHAPTER

08

관광상품의 가격관리

1. 가격의 의의 및 중요성
2. 관광서비스상품에서의 가격의 위치
3. 여행상품 가격결정의 특징
4. 가격결정방법

사례 저가 항공사 – Ryan Air

항공업계에 돌풍 일으킨 아일랜드 Ryan Air

"위대한 아이디어를 훔쳤다는 사실에 한점 부끄러움이 없다."

Apple 최고경영자(CEO) 스티브 잡스가 한 말이다. Apple의 모방은 1980년대로 거슬러 올라간다. 개인용 컴퓨터 '매킨토시'에 사용된 기술의 상당 부분은 복사기업체 Xerox 연구원들의 아이디어에서 따왔다. 아이폰과 아이패드는 물론 아이튠즈도 기존에 있던 제품과 서비스를 결합해 만들었다. '혁신적 모방'으로 세계 최고의 IT업체를 만든 셈이다.

항공업계에도 모방을 통해 성공한 기업이 있다. 아일랜드 저가 항공사 Ryan Air가 대표적인 예다. 이 회사의 반전 스토리는 1990년대 중반으로 거슬러 올라간다. 벤치마킹 모델은 세계 저가 항공업계의 선두주자 Southwest Airlines이었다.

선두주자를 능가하는 추격자

Michael O'leary는 1994년 부도 직전이었던 Ryan Air를 인수했다. CEO 자리에 오른 그가 가장 먼저 한 일은 'Southwest Airlines 연구'였다. 회사를 직접 찾아가기도 하고 경영방식도 분석했다. 그리고 Southwest Airlines에서 얻은 아이디어를 바탕으로 Ryan Air 살리기에 나섰다. 핵심은 '가능한 모든 비용을 줄이는 것'이었다.

첫 번째 타깃은 비행기 티켓 유통구조였다. 사우스웨스트는 여행사를 통하지 않고 직접 웹사이트를 통해 티켓을 판매하고 있었다. 유통에서 한 단계를 없앰으로써 항공권 가격을 낮추기 위한 것이었다. Ryan Air는 한 걸음 더 나아갔다. 직접판매 비중을 Southwest Airlines보다 높인 것. Southwest Airlines는 티켓의 88%만을 직접 팔았지만 Ryan Air는 아예 판매대리점 자체를 두지 않기로 했다. 항공권의 100%를 직접 팔아 티켓을 최저가로 판매하는 데 성공했다.

『포지셔닝』의 저자 잭 트라우트가 제시한 추격자의 전략을 그대로 실천한 것이다. 그는 "업계에서 굳이 최초일 필요는 없다. 추격자는 선두기업의 빈틈을 찾아 공략해야 한다"고 말했다. Ryan Air는 100% 직접판매를 생각하지 못했던 Southwest Airlines의 빈틈을 발견한 것이다.

여기서 그치지 않았다. Ryan Air는 좌석번호도 없앴다. 승객들은 탑승하는 순서대로 앉고 싶은 자리에 앉으면 된다. 지정 좌석을 없애면 자리를 찾느라 복도 입구에서 길을 막고 있는 사람들이 사라져 시간을 단축할 수 있다. 발권과 탑승수속에 드는 시간도 줄였다. 승객들은 예약한 티켓을 직접 프린트해 가면 바로 탑승할 수 있다. 다른 항공사는 항공사 프런트를 찾아 별도의 발권 수속을 밟아야 한다.

가방 사이즈도 제한했다. 기내에는 정해진 사이즈의 가방 하나만을 갖고 들어갈 수 있도록 했다. 가방이 규정보다 크면 추가요금을 받았다. 비행기 복도에서 짐을 올리고 정리하느라 걸리는 시간을 줄이기 위한 아이디어였다.

경쟁상대는 기차와 택시

비즈니스위크는 Ryan Air를 '날개 있는 월마트'라고 칭했다. Ryan Air를 이용하면 5유로(8,000원)만 있으면 유럽 각 도시를 잇는 편도 항공권을 살 수 있다는 사실을 이렇게 표현했다. 이런 원가절감은 '여객기'에 대한 고정관념에서 벗어났기 때문에 가능했다.

CEO O'leary는 시장과 경쟁자를 다시 정의했다. Ryan Air의 경쟁상대는 기차, 버스, 택시라는 것이었다. 그들의 시장을 전통적 항공업계가 아니라 대중교통 시장으로 규정했다. 기차, 버스, 택시로 4~5시간 걸리는 곳으로 떠나는 고객들이 주요 타깃이다. 그들이 대중교통 요금보다 적은 돈으로 비행기를 탈 수 있게 하는 게 Ryan Air의 유일한 목적이다.

다른 항공사에서 흔히 볼 수 있는 '부가서비스'를 모두 없앤 것은 이런 목적 때문이다. 비즈니스석도 없애고 모든 좌석에 동일한 가격을 매겼다. 좌석 앞쪽에 잡지 등을 넣는 주머니도 없앴다. 신문이나 잡지는 따로 주지 않고, 안전 지침은 아예 의자에 스티커로 붙여놨다.

기내식과 음료도 원하는 사람에게만 돈을 주고 팔았다. 저가항공 이용자들이 원하는 것은 다양한 서비스가 아니라 '저렴한 여행'이라는 점에 집중했다.

비행기 한 대가 하루에 여덟 번 뜬다

Ryan Air는 한 대의 비행기를 하루에 여덟 번 운행하는 것으로도 유명하다. 다른 항공사는 4~5회가 고작이다. 주유와 기내 청소, 물품 준비, 화물 싣고 내리기 등의 작업을 하는 데 비행기 한 대당 평균 25분밖에 걸리지 않기 때문에 가능하다. 비결은 다른 작업과 동시에 주유를 하는 것이다. 다른 항공사는 이륙 직전에 시간을 따로 내 주유를 한다. Ryan Air가 이용자가 적은 변두리 공항을 주로 이용하는 것도 같은 맥락이다. 비용절감뿐만 아니라 다른 수익원 창출도 잊지 않았다. O'leary CEO는 Ryan Air 항공기를 '커다란 광고판'으로 만들었다. 승객들은 좌석에 앉자마자 앞 사람 좌석 뒷면에 'Vodafone Group', 'Jaguar' 등의 광고가 붙어 있는 것을 볼 수 있다.

O'leary의 "저렴한 가격과 정시 출발만 보장된다면 성공할 수 있다"는 믿음은 시장에서도 통하고 있다. 국제항공수송협회(IATA)에 따르면 Ryan Air의 지난해 국제선 탑승객 숫자는 7,120만 명에 달했다. 2위를 차지한 Lufthansa는 4,460만 명에 그쳤다. O'leary는 이를 토대로 Ryan Air를 유럽 최대 저가항공사로 발전시켰다. 지난해에는 36억 유로의 매출을 올리고, 4억 유로의 순이익을 냈다.

| 출처 |

"'날개 있는 월마트' 라이언에어… 창조적 모방으로 저가항공시장 평정", 한국경제(2011. 8. 11)
http://www.edmuhak.com/public/upload/20110526_low_3.PNG
http://cfile1.uf.tistory.com/image/19656C1549BBF17702F53D

가격은 마케팅믹스 요소 가운데 하나로서 마케팅담당자가 수행하는 가격설정은 당해 기업의 매출액과 이익에 영향을 미치는 요인이다. 동시에 가격은 시장수요를 직접적으로 결정하며, 여타의 마케팅믹스 변수에도 영향을 미치는 요인으로서 중요한 의의를 가진다.

1 가격의 의의 및 중요성

기업은 제품이나 서비스를 고객에게 제공하고 그 대가를 받게 되는데 이것이 곧 가격이다. 소비자의 입장에서 보면, 소비자가 추구하는 만족이나 효용을 얻기 위하여 희생된 재무적인 대가가 가격이다.

관광기업에서 가격이란 "관광서비스의 효용 및 가치로서 관광객이 관광기업에 지불하는 대가"이다. 따라서 관광객은 가격을 그들이 받은 서비스가 전달하는 편익에 해당하는 만큼의 희생이나 비용으로 지각한다.

가격이란 위에서 언급된 대로 시장에서 제품의 교환가치이며, 구체적으로 구매자들이 특정 제품을 구매함으로써 얻게 되는 효용에 부여된 가치라고 할 수 있다. 서비스산업에서 제시되는 가격은 서비스의 종류에 따라 매우 다양하게 불리어진다.

표 8-1 서비스가격의 용어

서비스기업	용어	서비스기업	용어
대학교	수업료	영화관	입장료
버스회사	운임	은행	수수료

일반적으로 소비자들은 서비스와 제품의 가격을 판단할 때에는 각자가 가지는 고유한 특성 때문에 양자를 다소 다르게 파악한다.

이러한 차이점이 발생하는 데는 크게 다음과 같은 3가지의 이유를 들 수 있다.

① 소비자들이 서비스에 대한 준거가격을 부정확하게 알고 있거나 제한적 정보만을 가지고 있기 때문임.

② 서비스가 갖는 무형성 때문에 소비자는 가격을 통해 품질을 판단하는 경향이 있음.

③ 서비스에서는 금전적 가격뿐만 아니라 비금전적 요소인 시간, 노력 등이 소비자에게 더욱 중요할 수 있기 때문임.

표 8-2 서비스 가격관리의 실제적 이슈

1. 특정 서비스에 대해 얼마 만큼의 가격을 책정해야 하는가?	• 서비스조직은 어떠한 원가를 보전하려 하는가? • 서비스조직의 특정 이익마진이나 투자수익률(ROI)을 얻고자 하는 노력의 여부 • 소비자들의 상이한 가격에 대한 민감도 • 경쟁업자의 가격 고려 • 기본적인 가격으로부터 소비자에게 어느 정도의 할인을 제공할 수 있나? • 심리적 가격결정이 관례적으로 이용되는가?
2. 무엇이 가격결정의 기초가 되어야 하나?	• 특정 업무의 수행 • 서비스시설에 대한 입장 • 시간단위(시간, 주, 월, 년) • 거래금액에 대한 수수료비율 • 소비되는 물질적 자원 • 지리적 거리나 제공되는 서비스의 중량이나 크기 • 각각의 서비스 요소들이 개별적으로 수금되어야 하는가? • 패키지에 대해 하나의 가격이 부과되어야 하는가?
3. 누가 지불금액을 수금하여야 하는가?	• 서비스를 제공하는 조직 • 전문적인 중개인(여행이나 매표 대행사, 은행, 소매상 등) • 중개인은 중개를 통해 얼마나 보상받아야 하는가?(일정금액이나 실적)
4. 어디에서 지불이 이루어져야 하는가?	• 서비스가 제공되는 장소 • 편리한 소매대리점 또는 금융중개인(예를 들어, 은행) • 구매자의 가정(우편이나 전화를 통해)
5. 언제 지불이 이루어져야 하는가?	• 서비스 제공 전이나 제공 후 • 하루 중 아무 시간이나 • 1주일 중 어떤 요일이나
6. 어떤 방식으로 지불이 이루어져야 하는가?	• 현금 및 수표 • 선불, 신용, 직불카드 • 서비스제공자와의 신용거래 • 상품권 • 제3자 지불(예를 들어 보험회사나 정부대리인) • 온라인 결제(인터넷뱅킹, 모바일뱅킹 등)
7. 어떻게 가격을 목표시장에 알려야 하는가?	• 커뮤니케이션 매체를 통해(광고, 판매원, 서비스 인력 등) • 어떤 메시지를 전달하는가?(가격에 대해 얼마나 강조할 것인가?)

출처 : 이유재, 서비스마케팅, 학현사, 2004, pp.175~176.

관광기업은 이윤추구를 촉진하는 방향에서 관광객의 지불능력과 구매의욕에 상응하는 수준에서 가격을 결정해야 하는 이중구조적인 문제점을 안고 있으며, 이 점이 관광기업을 어렵게 만들고 있다.

그리고 이 가격은 마케팅믹스 요소 중 유일하게 수익을 창출시키지만 나머지 믹스들은 모두 비용을 발생시킨다. 또한 가격은 다른 마케팅믹스와는 달리 관광시장의 조건 변화에 신속히 조정가능하며, 관광서비스 수요를 결정하는 요인이자, 관광기업의 지위와 시장점유율에도 영향을 미친다.

최근 우리나라 관광업계에서도 국·내외 환경변화에 따라 이 가격의 중요성이 날로 부각되고 있는데 최적가격(optimum price)의 중요성이 부각되고 있다.

가격은 마케팅믹스를 구성하는 다른 믹스들의 영향을 받는 종속변수로 또는 관광기업의 직접적인 경쟁수단이 되므로 관광기업은 보다 과학적·합리적으로 가격을 분석하고 이를 결정해야 한다.

30년 전, 미국의 마케팅 임원들에게 마케팅믹스의 중요성을 순서대로 나열해보라는 질문을 한 결과 제품, 판매촉진, 가격, 유통조직의 순으로 나타났다. 그러나 최근 조사에 의하면 가격이 제1순위이며 그 다음이 제품, 유통조직, 판매촉진의 순이라고 한다.

위와 같이 가격의 중요성이 더욱 제고되는 이때 마케팅담당자는 가격을 좀 더 과학적으로 관리함으로써 기업이 얻을 수 있는 잠재적 이익을 더욱 높일 수 있다.

2 관광서비스상품에서의 가격의 위치

오늘날의 관광기업은 급변하는 기업환경과 원활한 관계를 유지하면서 전사적·장기적 관점에서 마케팅전략을 수립하는 것이 자사의 지속적인 수익성의 확보와 성장에 불가결한 요소가 되고 있다. 그리하여 오늘날의 관광기업 마케팅활동에 관한 모든 전략과 함께 이 가격관리는 중요한 위치를 차지하고 있다.

관광객이 관광기업의 서비스상품의 구매를 결정하는 제 요인 중에서 가장 중시하는 요인은 서비스품질과 가격이고, 그 서비스가 가격에 상응하는 가치를 가졌다고 그들이 지각했을 때 비로소 구매가 이루어진다. 따라서 관광기업에 의한 서비스 차별화가 이루어지지 않은 동질의 서비스에서는 가격이 바로 서비스의 구매결정에 결정적인 요인이 된다.

품질, 기능, 시장 포지셔닝 등 광의의 품질에 의해 차별화된 서비스의 경우, 가격은 이러한 비가격적 요인과 결합되어 고려되므로 제한적 요인이 된다. 즉, 관광서비스상품의 구매자는 구매력과 구매습관에 비추어 일정범위의 가격을 전제로 그 가격범위 내에서 가장 품질이 우수하고 자신의 욕구를 최대한 충족시킬 것으로 기대하는 서비스를 선택하는 경향이 있다.

관광기업의 가격관리는 마케팅 제 요소 중에서 서비스품질, 판매경로의 선정, 그리고 판매촉진과는 달리 직접적인 경쟁수단이 된다. 따라서 서비스 차별화가 현저

표 8-3 | 가격과 경제가치에 근거한 전략

		상대가격	
		저	고
경제적 인지 가치	저	중립가격	초기고가
	고	침투가격	중립가격

그림 8-1 | 호텔의 지각도

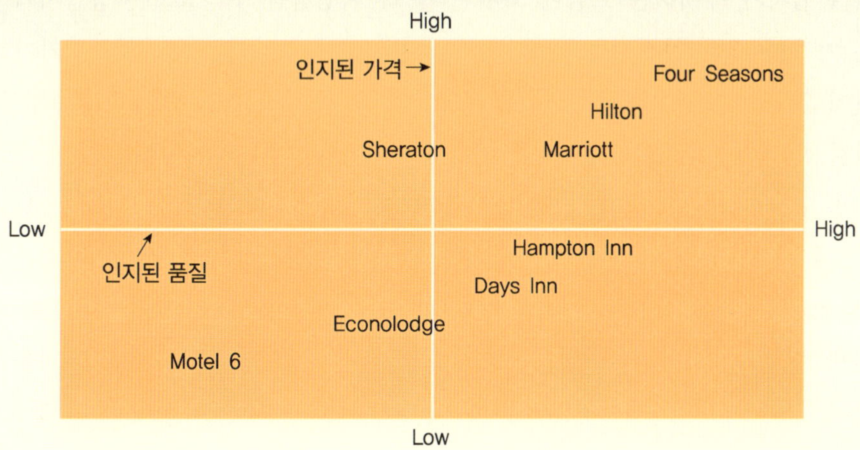

출처 : Rovert D. Reid & David C. Bojanic, *Hospitality Marketing Management*, fifth edition, Wiley 2010, p.149.

한 경우 원가기준방식에 의존하는 가격관리방법을 사용하면 모처럼의 서비스 계획이나 판매촉진 노력도 관광객에게 잘 수용되지 않을 위험성이 있다. 그리고 가격은 이미 언급한 것처럼 기업목적과 공공이익과의 조화에 실패하면 사회적으로 비난을 면하기 어렵다.

그렇다고 결코 마케팅전략에서 가격관리의 중요성이 과소평가되어서는 안 된다. 왜냐하면 가격관리는 예정된 기간 동안 가격을 일정수준으로 유지·안정시켜 일정한 수입을 확보하게 함으로써 관광기업의 안정과 성장에 기여하기 때문이다.

3 여행상품 가격결정의 특징

여행상품은 무형이고 여행 후 그 상품의 품질을 평가할 수 있기 때문에 여행소비자의 주관적인 평가와 여행사의 인지도에 따라 가격형성에 많은 영향을 미치게 된다. 또한 여행상품의 생산과 공급에는 여행사가 생산계획을 세우고 판매를 하지만, 여행사는 생산수단을 가진 생산자가 아니므로 상품구성 요소의 대부분은 항공사·호텔 등과 지상 수배업자(랜드사)로부터 매입하고 있어 여행가격은 외부의 여행소재 관련업자가 제시하는 요금에 좌우된다. 즉 여행상품 구성요소는 공급자가 제시하는 가격에 대한 경직성을 가지고 있고 의존성이 높다. 요금이 상품원가가 되고 여기에 일정한 여행사의 수수료를 붙여 판매가를 책정하는데, 이것이 여행상품의 가격결정이 된다.

한편 관광서비스상품에 대한 가격의 적절성을 결정하는 것은 관광지라고 볼 수 있다. 따라서 관광기업은 가격결정 시 잠재관광객의 자사상품에 대한 인식을 파악하고, 이러한 인식이 관광자의 구매결정에 어떻게 영향을 미치는가를 알아야 한다.

관광객이 관광서비스를 구매한다는 것은 자기에게 가치가 있는 무엇인가를 얻기 위하여 다른 가치 있는 무엇인가를 교환한다는 것이다. 따라서 효과적이고 소비자지향적인 가격결정은 소비자가 그 제품으로부터 얻는 이점을 어느 정도 가치 있는 것으로 보는가를 알아내고, 이 가치와 부합되는 가격을 찾아내는 것이다. 이때 소

표 8-4 사업별 세분화 사례

		숙박	음식서비스	여행	여가
세분화전략	구매자 신분확인	사업, 여가	성인, 어린이	성인, 학생	어린이, 성인, 학생
	구매지역	도시, 교외, 공항, 휴양지	상가, 공항, 기업 만찬	온라인, 여행사에 요청, 여행사 이용	현지, 외부의 테마파크
	구매시간	주말, 주중	피크아워, 얼리버드(오후 6시 이전)	출장, 여가활동	테마파크나 골프장의 경로할인
	구매량	회의, 법인계약, 일시적	연회, 호텔식당	계약요금을 제공하는 항공사, 렌터카 회사	경기를 위한 골프장 할인
	제품 디자인	기업수준	좋은 만찬, 구내식당	항공사 비즈니스석, 퍼스트클래스석	일반회원, 정회원
	제품묶음	샴페인과 브런치, 영화 티겟과 숙박권	'Value' 식사, 콤보들(Subway와 계약한 식사)	비행기표와 호텔, 렌터카 패키지	수영장 이용권 묶음판매, 헬스클럽의 요가+헬스묶음판매

출처 : Rovert D. Reid & David C. Bojanic, *Hospitality Marketing Management*, fifth edition, Wiley 2010, p.603.

비자가 얻는 이점에는 유형적인 것과 무형적인 것이 모두 포함된다. 예를 들어 외식산업 가운데 고급 레스토랑에서 식사하는 경우를 생각해보자. 식단의 재료별 가치는 손쉽게 산정될 수 있지만, 맛이나 마음에 드는 분위기, 안락함, 대화, 지위에 맞는다는 기분 등으로 인한 만족감은 그 자신도 측정하기가 어렵다. 또한 이러한 가치는 사람마다 다르고, 상황에 따라서도 바뀌는 것이다. 이에 기업으로서는 소비자가 자사제품과 서비스에 부여하는 가치를 측정하기가 어려운 경우가 많다. 그러나 소비자는 이러한 가치를 통해서 제품의 가격을 평가한다.

관광상품서비스의 대부분은 바로 이러한 경험재이기 때문에 잠재관광객이 경험하는 가치에 대한 지속적인 모니터가 필요하며, 이를 가격정책(pricing)에 반영시켜야 한다.

4 가격결정방법

가격설정은 가격결정의 목표에 입각해서 대개 원가, 수요, 경쟁 등 세 가지 중 어느 하나 혹은 그 이상을 토대로 이루어지는 것이 보통이다.

4.1 원가중심 가격결정

원가를 중심으로 한 가격결정(cost orientated pricing)은 순전히 제품의 생산 및 분배와 관련된 비용을 기준으로 가격을 결정하는 것이다. 그러나 어떤 비용을 가격결정을 위한 원가로 간주하느냐에 관해서는 가격결정의 목표, 회사의 내적 요인에 따라 각각 다르다.

4.1.1 원가가산법

원가가산법(cost-plus or markup pricing)이란 단위당 원가에 일정한 이익을 더해 판매가격을 결정하는 방법으로 생산비설, 제조원가설, 구입원가설, 코스트플러스법 및 원가지향가격결정이라고도 한다.

요컨대 원가가산법은 가격결정의 중요한 요인인 수요와 공급 가운데 공급에 중점을 둔 것으로 이 방식의 타당성은 경쟁가격의 경우에 성립된다. 이 방법이 가장 많이 이용되는 이유(미국 제조업자의 $\frac{2}{3}$가 채택)로는, 첫째 비교적 간단하고 편리한 방법이다. 불확실한 수요보다는 공급중심이기 때문에 원가파악이 용이하고 가격결정이 쉽다. 둘째, 부당한 높은 이익보다는 공정한 이익을 얻고 있다는 생각을 갖게 된다.

여행상품 판매가격은 여행상품의 각 구성요소인 교통기관・식사 등의 상품가격에 일정한 이윤을 더한 것으로 여행상품의 판매가계산(원가계산)을 살펴보면 다음과 같다.

여행상품의 가격=직접비(항공료+지상경비+출입국수수료)+간접비+이윤

직접비로는 항공료, 지상경비(land fee) 및 안내수당이 있다.

- 항공료 : 각 항공사의 항공운임
- 지상경비 : 호텔비, 식사비, 관광지입장료, 현지 공항이용료, 교통비 등
- 안내수당 : 직원 출장비(인솔자 출장비)

간접비로는 광고・판촉비와 예비비로 구성되어 있다.

- 광고・판촉비 : 신문광고, 상품 브로슈어 제작 등
- 예비비 : 고객 모집 시 또는 여행 중 필요 시 사용

이윤은 판매원가에 수수료(보통 10% 마진)를 더해 구성된다.

4.1.2 목표가격결정법

목표가격결정법(목표수익률법, target pricing)이란 일정한 표준하에서의 총원가(순투자액을 원가로 간주)에 예정된 수익률을 가산함으로써 가격을 결정하는 방법이다.

(표준원가+목표수익률=목표가격)

기업체가 이 방법을 이용하는 이유는 수요변화에 따라 조업도 조정이 가능하며, 표준원가 계산도 가능하기 때문이다(수요증가 : 조업도 인상, 수요감소 : 조업도 인하).

4.2 관광소비자 평가기준 가격결정

수요를 중심으로 한 가격결정(demand oriented pricing)은 원가가 아니라 소비자 평가와 수요의 강도를 토대로 가격을 결정하는 방법이다.

관광소비자중심의 가격결정(tourist based pricing)은 관광자의 지각된 가치에 근거한 방법으로 지각된 가치중심가격결정(perceived value pricing)이라고도 한다. 즉 기업의 원가가 아니라 구매자의 가치에 대한 인식(지각)에 근거하여 가격을 결정하는 방법이다. 소비자의 상품에 대한 평가는 기업이 겪었던 과거의 경험, 각종 판매업자의 의견, 소비자를 대상으로 하는 시장조사의 결과, 관련 상품의 가격 등에 의해서 추정하게 된다.

예를 들면 음식점에 따라서 똑같은 음식의 값이 고객이 어떻게 지각하는가에 따라 다를 경우를 볼 수 있다. 우리가 가장 많이 체험하는 일반식당・분식점・호텔과 같은 분위기와 서비스가 좋은 곳의 가격차이를 보면 쉽게 이해할 수 있다.

특히 무형성과 상징성을 강조하는 관광서비스상품에서 수요자중심의 가격결정은 그 의의가 매우 크다. 따라서 관광객의 인식가치를 기준으로 가격을 결정하려는 관광기업은 구매자들이 마음속으로 상이한 경쟁제품들의 가치를 어떻게 인식하는가를 항상 염두에 두어야 한다.

따라서 가격결정에 있어 특수한 경우로 심리적 가격결정(psychological pricing)이란 것이 있다. 이는 소비자에게 특별한 구매심리가 있어 그 구매심리에 입각해서 가격을 결정하는 방법으로 다음 두 가지가 있다.

4.2.1 긍지가격설정(prestige pricing)

고급호텔 및 외식업체 등에 대하여 어떤 고객은 고가격이 품질의 우수성이나 높은 지위를 상징하는 것으로 보아 가격이 낮아지면 그 구매를 보류하거나 품질을 의심하게 되는데, 이러한 경우 기업은 고가격의 수요가 가장 많은 수준에서 가격을 결정한다.

4.2.2 관습가격설정(customary pricing)

상품 중에는 소비자가 관습적으로 인정하는 가격을 말한다. 이는 관습가격보다 저렴하게 판매한다 하더라도 판매량은 증가하지도 않지만 반면에 더 고가로 판매하면 판매량이 격감한다. 따라서 생산자 또는 판매자가 임의로 가격을 변동한다는 것은 불가능한 경우가 많다. 예를 들면 자장면 등은 생산원가의 변동이 생기면 함유량, 품질의 가감으로 자사의 이익을 조정한다.

4.3 경쟁중심 가격결정

관광기업의 가격결정에 영향을 미치는 또 다른 외부요인으로서 경쟁사의 가격과 제공조건, 경쟁업체의 반응 등이 있다.

관광의 무형성과 모방성으로 인한 특성 때문에 관광기업에서는 흔히 가격에 의한 경쟁이 치열하다. 특히 경쟁업체의 가격조건은 이러한 상황에서 결정적일 수가 있다. 특히 중소업체 간 새로운 시장진입(market entry)과 기존시장 유지를 위해 덤핑판매까지도 성행하고 있다. 따라서 여행업체 간의 가격에 대한 반응은 대단히 민감하다. 이러한 가격에 의한 일반적인 경쟁은 여행업계 전체에 대해 바람직스럽지 못한 것이므로 서비스 제공조건이나 품질의 향상을 통해 가격정책을 수행하는 것이 절실히 요청된다.

경쟁지향적 가격결정(competition-oriented pricing)이란 자사제품의 원가나 수요보다도 경쟁제품의 가격을 근거로 하여 자사제품의 가격을 결정하는 것을 말한다. 제품의 가격을 결정할 때 주요 경쟁제품의 가격과 동일하게 결정하거나 또는 그보다 낮거나 높게 정할 수 있다. 경쟁지향적 가격전략으로는 상대적 고가격전략, 상대적 저가격전략 및 대응가격전략이 있다.

4.3.1 시가대응 가격전략

제품의 차별화가 이루어지지 않는 경우나 경쟁이 격심하거나 소수의 대기업이 시장을 지배하는 독점의 경우에 개별기업은 독자적인 가격설정력을 가지지 못하게 되는 수가 많다. 이때에는 일반적으로 형성되어 있는 업계의 평균가격수준에 대응하여 가격을 설정하게 되는데 이를 시가대응 가격설정법이라 한다.

또 그 업계에서 가격변화에 가장 영향력을 가진 기업인 가격선도자에 의해서 가격이 결정되는 형태의 가격선도제(price leadership)가 있다. 주로 과점상태하에서 이러한 가격선도자에 추종하여 가격이 결정되며, 이처럼 추종하여 설정된 가격을 추종가격이라고도 한다.

4.3.2 상대 가격전략

1) 상대적 고가격전략

상대적 고가격전략(premium pricing strategy)이란 자사의 명성이 높거나 자사의 상표인지도가 높은 경우 경쟁제품과의 품질이 비슷하더라도 높은 가격을 책정하는 가격전략을 말한다.

2) 상대적 저가격전략

상대적 저가격전략(value pricing strategy)이란 상대적으로 낮은 가격으로 이윤은 적으나 광범위한 고객을 흡수하고자 하는 경우, 장기적 이익을 증대하고자 하는 경우, 시장점유율을 확대하고자 하는 경우 및 경쟁자의 시장침투를 막고자 하는 경우에 채택하는 가격전략이다. 일반적으로 저가격전략을 채택하는 경우로는 박리다매 정책의 일환, 자금의 신속한 회수, 제품차별화에 대응, 판로 확장, 과잉재고 정리, 계절이 지난 상품처분 및 시장점유율 확대 등이 있다.

출처 : Rovert D. Reid & David C. Bojanic, *Hospitality Marketing Management*, fifth edition, Wiley 2010, p.571.

4.4 촉진 가격결정

촉진을 위한 가격결정은 단기적으로 소비자에게 판매를 증대시키기 위한 촉진전략의 일환으로 가격을 조정하는 방법을 말한다. 이 방법에는 유인가격, 세일, 현금할인, 수량할인, 기능할인, 계절할인 및 보상할인 등이 있다.

4.4.1 유인가격

유인가격(loss leader)은 점포에서 잘 알려진 제품의 가격을 저렴한 가격으로 판매함으로써 소비자들에게 자기 상점의 가격수준이 매우 낮다는 인상을 주기 위한 방법이다. 이때 판매되는 제품은 손해를 보지만 다른 제품의 판매를 유도하기 때문에 유인가격이라 불린다.

4.4.2 세일

세일(sale)은 백화점 등에서 일정기간 동안 취급품목의 대부분을 할인가로 판매하는 방법인데 단기적 매출증대와 재고감소의 효과를 가져온다. 다만 자주 세일행사를 할 경우 소비자들은 정상가격 판매 시에 구매를 연기하거나 제품을 저품질로 인식하기 쉽다.

4.4.3 단체할인

단체할인(quantity discount)은 단체고객이 일시에 상품구입을 하면 할인해 주는 방법이다. 예를 들면 3박 4일 10명 미만 구입 시 일본여행을 가격이 일인당 150만원이라면, 10명 이상 구입 시 10%의 할인을 받는 경우가 이에 해당한다.

4.4.4 계절할인

계절할인(seasonal discount)이란 제품판매에 있어 계절성이 있는 경우 비수기에 제품을 구매하는 고객에게 할인해 주는 방법이다. 여행사에서 성수기와 비수기의 관광요금을 차별적으로 책정하는 것이 대표적인 예이다. 호텔 및 여행업자는 이 방법을 통해 적정수준의 조업도를 유지시킬 수 있으며, 자금흐름의 혜택을 받을 수 있는 방법이다.

이 외에도 여행상품의 가격을 결정하는 데는 여러 가지 요인이 작용하는데, 그 중크게 직접요소와 간접요소로 나누어 볼 수 있다. 직접요소는 여행기간, 여행거리, 수요공급의 유동성, 구성내용 등이 있고, 간접요소로는 상품이미지, 판매실적, 서비스 수준, 외국환 변동 등의 요인이 있는데, 자세한 내용은 [표 8-5]와 같다.

▌표 8-5▐ 여행상품의 가격결정요소

가격결정요인		내용
직접요인	여행기간	여행기간이 길어지면 호텔비용과 숙식비용의 추가와 함께 기타 경비의 추가로 인하여 여행상품의 가격이 높아진다.
	여행거리	이용하는 교통수단에 따라 차이가 있으나, 항공요금이 여행상품 가격요인 중 원가의 대부분을 차지한다.
	수요공급의 유동성	계절적 변화에 따른 성수기・비수기로 차등적용이 되며, 운임도 단체와 개인의 경우가 다르고, 단체의 규모에 따라 할인율을 달리 적용받을 수 있다.
	구성내용	호텔등급, 교통수단, 식사내용과 횟수, 인솔자의 유무, 방문관광지의 유무에 따라 가격의 차이가 달라 질 수 있다.
	여행객의 규모	인원의 증감에 따라 지상비가 변동하므로 여행상품 가격에 크게 영향을 미친다.
	FOC 적용 여부	FOC 유무에 따라 가격산출이 다르다.
간접요인	상품이미지	각 여행사의 브랜드명에 따라 가격정책에 영향을 미친다.
	판매실적	비수기의 판매실적에 따라 성수기의 항공요금과 항공좌석 및 지상비가 결정되므로 판매가에 영향을 준다.
	서비스수준	고객중심 종사원들의 서비스제공에 따라 가격차이가 달라질 수 있다.
	외국환변동	환율의 급격한 변동에 따라 가격결정에 큰 영향을 미친다.
	여행사의 공신력	고객들에게 인지된 인지도와 명성에 따른 가격결정이 다를 수 있다.
	광고・선전비	자사상품의 판매촉진을 위한 광고・선전비용은 가격결정에 영향을 미친다.
	기타	회사의 목표수익률과 영업방침에 따라 가격책정을 다르게 할 수 있다.

가격전략의 과학 : 최고의 제품가격전략 7가지

• Decoy Pricing

행동경제학자 Dan Ariely가 MIT 학생들을 대상으로 흥미로운 실험을 진행했다. 바로 이코노미스트 잡지를 다양한 구독 요금제로 제공하는 것이었다. 요금은 웹 버전(59달러)/프린트 버전(125달러)/웹과 프린트물을 동시에 제공하는 버전(125달러) 총 3가지였다.

결과는 어떠했을까? 어느 누구도 프린트물만 제공하는 2번째 버전을 선택하지 않았다. 그리고 프린트 구독 버전을 지우고 오로지 웹 버전과 웹+프린트물 버전 두 가지로 진행했을 때, 웹+프린트물 버전을 선택하는 사람은 줄어들고 오히려 웹 버전만 선택하는 사람이 더 늘어났다. 여러 개의 가격옵션 중 2개를 비슷하거나 거의 동일한 가격으로 제공할 경우, 그 중 하나는 사실상 유인용이고 다른 하나는 고객에게 좀 더 매력적인 초이스가 된다.

• No Dollar Sign

뉴욕에 위치한 성 안드레아 레스토랑은 흥미로운 결과를 내놓았다. 바로 메뉴에 통화기호(달러, $) 표기가 없을 때 판매가 늘어난다는 것이었다. 고객은 오직 숫자로만 표시된 가격의 메뉴를 통화기호 표기가 되어 있는 메뉴보다 덜 비싸게 받아들인다. 따라서 제품 가격표시에서 통화기호를 지워라. 같은 가격일지라도 고객은 통화기호가 없는 제품을 좀 더 싸게 여길 것이다.

• The Magic 9

시카고대학교와 MIT는 한 여성의류 아이템에 34달러, 39달러, 44달러의 3가지 가격을 적용하여 테스트를 진행했다. 그 결과 다른 2가지 가격보다 39달러로 판매했을 때 판매량이 제일 많았다. 매직 넘버 9, 제품가격 끝에 9를 붙여라.

• Size Matters

클라크대학교와 코네티컷대학교의 마케팅 교수들은 소비자들이 판매가가 크게 적혀있거나 굵게 적혀있는 것보다, 작게 쓰여져 있을 때 제품가격을 좀 더 가치있게 인식한다는 것을 발견했다. 따라서 제품가격은 작은 폰트로 쓰고, 특히 원래 가격보다 할인가격을 더 작게 쓰는 것이 좋다.

• Anchoring

매물로 나온 주택을 평가하기 위해 부동산 중개업 전문가들과 학부생을 초대해 각기 다른 가격으로 집을 소개했고, 그 결과 학생들과 전문가들은 모두 다른 평가를 내렸다. 따라서 가격협상은 높은 가격에서 시작해야 하며, 또한 많이 팔고 싶은 제품은 가장 비싼 제품 근처에 배치하는 것이 좋다.

• Delete Free Plan

Ruben Gamez는 게임의 무료 버전과 유료 버전을 모두 제공했다. 그러나 사람들은 무료 버전의 장점만을 이야기했다. 그가 무료 버전의 서비스를 중단하고 유료 버전만 제공하기 시작하니 유료 고객이 그 전보다 무려 8배 이상 늘어나는 효과를 얻었다. 만약 무료 버전과 유료 버전의 서비스를 동시에 제공하고 있다면 무료 버전은 중단해라.

• Bracketing

2.5달러의 프리미엄 맥주와 1.8달러의 할인 맥주를 두고 테스트를 진행한 결과 사람들은 프리미엄 맥주를 선호하는 것으로 나타났다. 여기에 세 번째 옵션인 1.6달러의 할인 맥주를 더했더니, 사람들은 1.8달러의 할인 맥주를 더 선호하기 시작했다. 또한, 1.6달러의 할인 맥주 대신 3.4달러의 고급 프리미엄 맥주를 더했더니 사람들은 중간 가격인 2.5달러의 프리미엄 맥주를 더 선호하게 되었다. 따라서 3개의 가격옵션을 제공하고, 그 중 중간가격대의 옵션에는 고객들이 많이 구입했으면 하는 가격을 적용한다. 이는 '골디락스가격'으로도 불리며, 고급 옵션에는 실제로 비싼 가격을 적용해야 한다. 가격에 개의치 않는 일부 사람들은 최고가 옵션을 구입할 것이다.

CHAPTER

09

관광상품의 유통관리

1. 관광유통의 개념
2. 관광유통의 종류와 형태
3. 유통믹스와 여행업
4. 여행상품 유통경로의 유형

사례

호주 관광청

노이즈마케팅을 가장 잘 활용한 사례로, 호주 관광청의 “So where the bloody hell are you?” 캠페인을 들 수있다.

한 나라를 대표하는 관광홍보캠페인에서 해석에 따라 다소 불쾌한 반응을 일으킬 수 있는 용어를 사용함으로써 국・내외적으로 엄청난 반향을 불러일으킨 사례다. 영국에서는 이 캠페인이 방송금지처분을 받았으나, 영국 누리꾼들의 관심을 집중시켜 3만 건의 다운로드 기록을 세웠다. 이는 논란이 되는 것은 곧 사람들의 관심을 집중시킨다는 원리가 작용한 사례일 것이다.

광고에 등장하는 ‘the bloody hell’ 라는 용어는 논쟁거리임에는 분명하나 호주의 구속되지 않은 자유, 캐주얼한 라이프스타일, 친근감을 표현하는 획기적인 광고 콘셉트라는 것도 무시할 수없다.

하나투어의 성공전략

전산시스템

여행사는 '영업력 있는 자원(man-power)'과 '공간'만 있으면 된다는 것이 기존의 여행업계의 통념이었다. 그러나 이들 영업력 있는 자원들은 더 좋은 조건으로 스카우트되거나 스스로 직장을 옮기기 때문에 여행업계는 다른 업계에 비해 이직률이 높은 편이다.

이러한 문제를 해결하고자 하나투어는 소위 '맨파워(man-power)에 의존하던 기존의 관행을 탈피하고 전산화를 과감히 시행하였다. '원활한 의사소통'과 '신속한 서비스'제공을 위해 LAN 환경과 3대의 중형서버로 운영되는 고속 인트라넷을 구축하였으며 '1인 1PC'를 확보하고 전 직원 전자메일과 홈페이지 계정을 지급하여 커뮤니케이션 채널을 전자화하였으며 전자게시판을 적극 활용하여 지사와의 정보공유에도 장애가 되는 '공간'의 장애를 극복하였다.

홈페이지를 구축하여 소매 여행사에 '여행정보'의 제공뿐 아니라, 리얼타임 예약에서 금액의 정산까지 자동으로 처리되는 인트라넷시스템을 구축하였다. 소매여행사, 즉 일반여행사를 대상으로 한 영업을 전개하다 보니 신문이나 기타 매체를 통한 광고의 필요성이 적어서 광고에 투자되는 비용 손실이 거의 없는 것도 하나투어의 힘을 키워준 중요한 요인이 되었다.

하나투어가 자체 홈페이지를 통해 제공하는 실시간 여행상품 조회 및 예약시스템과 4만 페이지에 달하는 국내 최대 규모의 최신 세계여행정보는 하루 평균 3만 명의 고객이 이용하고 있다. 자회사 투어토탈닷컴과 코리아닷컴, 롯데닷컴, 삼성몰, 각종 카드사 등 정보제공 제휴사의 여행정보 이용자까지 합하면 최소 하루 30만 명 이상이 하나투어 정보를 활용하고 있다.

홀세일(wholesale) 영업정책

여행상품은 항공, 호텔, 현지관광, 식사, 교통 등 다양한 구성요소로 이루어져 있는데 하나투어는 이러한 여행상품을 최적의 조건으로 만들어내고 국내외의 여행사를 통해 소비자에게 제공하고 있는 것이다. 이러한 홀세일을 함으로써 광고비와 인건비를 절감할 수 있고 여행사와의 신뢰도를 높일 수 있다는 장점이 있다.

다음은 하나투어가 여행도매업 분야에 치중하여 여행상품 개발에 집중, 불황에 대해 강한 내성을 보여준 예들이다.

■ 기획여행

기획여행은 동사가 여행을 기획하여 항공권, 호텔, 교통편, 입장료, 보험료 등을 패키지화하여 가격을 책정하고 이를 소매여행사에 판매하는 상품으로 소매여행사는 이를 기반으로 고객을 확보하여 이윤을 남기는 것을 말한다.

항공권 대매는 각 항공사들이 전국에 퍼져 있는 5,000여 소매여행사를 상대로 항공권을 직접 판매하기에는 무리이기 때문에 영업기반을 갖춘 도매여행사에 위탁판매하는 개념이다.

매출은 기획여행 알선과 항공권 대매 수익으로 발생하는데. 각 상품의 수익성은 기획여행이 10~15% 정도이고, 항공권 대매의 경우 4% 정도의 수익이 발생한다.

영세한 국내 소매여행사를 감안한다면 기획여행을 스스로 계획하여 상품화할 수 있는 능력을 갖춘 회사는 적을 것이며, 이에 방대한 여행정보와 제휴관계, 노하우, 뛰어난 상품기획력을 활용하여 기획여행의 비중이 점차 증가하고 있으며 기획여행의 비중 증가는 수익성 향상뿐 아니라 안정적인 성장을 유지하는 데 도움이 된다.

■ 시장지배력 강화로 규모의 경제 실현

하나투어의 시장지배력이 강화된 주 배경으로 다음과 같은 요소를 들 수 있다.

- IMF 외환위기로 인한 주요 경쟁사의 부도
- 영업이익과 공모자금을 바탕으로 한 지속적인 투자
- 브랜드인지도 상승과 최종 소비자인 여행자들의 신뢰 구축
- 강화된 시장지배력이 더 큰 시장지배력을 부르는 영업 시너지효과

이와 같은 시장지배력은 규모의 경제를 바탕으로 또한 다음과 같은 이유로 한층 공고해졌다.

■ 항공권의 여행사에 대한 수수료 인하로 인한 영업기반 확충의 포기

항공사에서는 항공권 판매를 대행해주는 대가로 여행사에 수수료 명목으로 ART(Agent Ticket Request)을 지급하는데, 전에는 동일한 9% ATR을 지급하던 것이 항공사들이 온라인을 통해 항공권을 직접 판매하기 시작하면서 여행사를 통한 비중을 줄이고 있으며, 이에 따라 마진이 점차 축소되는 상황이다.

하지만, 하나투어의 경우 광범위한 영업기반 프리미엄을 확보해 9%를 지급받고 있으며, 이를 소매사에 7%로 재판매하여 이익이 발생되는데 소매사는 상대적으로 가까운 동사에서 항공권을 발매하려 하기 때문에 점차 동사의 영업기반이 확대될 가능성이 큰 것이다.

■ 성수기 영업환경

여행사는 최대 성수기인 휴가시즌의 영업이 당해 이익을 좌우할 정도로 비중이 높으며, 이러한 성수기 영업을 좌우하는 것은 항공기 좌석을 얼마나 많이 확보하느냐 하는 것인데, 이는 항공사의 영업전략에 따라 차츰 대형사에 유리한 환경으로 바뀌고 있다.

항공사 측에서는 좌석이 남아도는 비수기에 항공권을 많이 팔아주는 여행사에 좌석이 모자라는 성수기에 많은 좌석을 배정하려 하는데, 이에 따라 비수기에도 꾸준한 영업실적을 유지하고 있는 하나투어와 같은 대형도매사가 성수기에 보다 많은 항공좌석을 확보할 수 있게 된 것이다.

■ 고객인 소매여행사와의 신뢰구축

그동안 여행시장은 작은 여행사들의 난립으로 경쟁이 심하여 부도가 많았으며, 이에 따라 소비자들의 신뢰가 낮은 편이었으나, 하나투어의 경우 규모가 커지고 브랜드 인지도가 상승하고 있으며 또한 코스닥 등록은 시장의 신뢰도가 상승하여 최종소비자들의 신뢰구축이 가능하게 되었다.

글로벌경영

하나투어는 거의 일본 관광객에 의존했던 인 바운드에서 한걸음 나아가 동남아, 미주, 유럽 쪽을 겨냥해 마케팅을 벌이고 있다. 영문 인터넷 홈페이지를 구축하고 약 6백여 곳의 해외 여행사에 DM을 발송하기도 했다.

1999년 여행업계 최초의 해외 현지직영제라는 기록을 세우며 태국법인 설립을 필두로, 동남아시아, 대양주, 미주, 유럽 등지에 모두 12개 현지법인을 두고 있다. 현지 직영체제는 현지에서 상품진행이 본사의 직접적인 제어를 받으며, 상황에 따라 발 빠르게 대응할 수 있기 때문에 단순히 제휴만 맺은 현지 여행사가 관리하는 것보다 뛰어난 경쟁력이 되고 있다.

하나투어는 지구촌 어디라도 촘촘히 이을 수 있는 60개의 직영법인을 세울 계획이다. 이는 JTB나 아메리칸익스프레스 같은 세계적인 여행그룹과도 경쟁할 수 있는 튼튼한 발판이 될 것이다. 하나투어는 해외 직영망을 통해 인 바운드 여행사업과 제3국식 여행무역을 실현하여 무한한 세계시장을 무대로 글로벌경영을 확장해 나갈 계획이다.

신뢰경영

하나투어는 종업원 지주제로 설립됐으며 상장 이후에는 매년 처분가능 이익 중 $\frac{2}{3}$를 자사주로 매입해 전 직원에게 스톡옵션을 부여하고 있다. '내 회사'라는 주인의식이 능동적인 대고객 서비스의 바탕이 되고 있으며 나아가 하나투어의 중요한 성장동력이 되고 있는 것이다.

2007년 초부터는 전체 기업에서도 이례적으로 정년을 65세까지 보장하고 만 50세부터 근무일수와 급여를 함께 줄이는 '잡 셰어링'제도를 도입해 안정된 고용환경을 제공하고 미래지향적인 기업문화를 조성하는 데 앞장서고 있다.

삼성경제연구소 보고서에 따르면 1993년에 출범한 신생 여행사 하나투어가 단시간에 1위로 올라섰고 그 후 7년 연속 1위를 유지할 수 있는 원동력은 '여행업은 사람이 전부다'라는 박상환 대표의 신념을 반영하여 인위적 감원 없이 직원들과 회사가 함께 고통을 분담하고 위기를 기회로 활용한 것으로 분석했다.

이러한 회사와 함께 직원이 성장하자는 목표를 공유한 하나투어는 외환위기 때 인력을 구조조정을 하지 않고 직원들에게 50만 원 안팎의 월급을 주면서 회사에 남아달라고 요청함은 물론 그후 여행시장이 되살아날 때 신속하게 대응, 하나투어가 업계 1위로 부상했고 지난 2003년 아시아 지역을 강타한 사스 위기 때도 인력을 줄이는 방법을 사용하지 않고 전산시스템을 새로 업그레이드시키는 프로젝트에 오히려 투자해 위기를 체질개선의 기회로 활용한 경영진의 의지를 높게 평가했다.

이처럼 그동안 보여준 위기관리 능력과 소매여행사와 더불어 윈-윈 비즈니스를 실현하겠다는 경영철학은 하나투어 직원뿐 아니라 소매여행사들도 하나투어와 오랫동안 신뢰를 유지해 올 수 있는 비결이라고 보고서는 밝혔다.

고객행복과 충성고객 확대

다섯 번째 하나투어의 성공요인은 단골고객에 대한 철저한 관리마케팅이다. '20 대 80의 법칙'으로 잘 알려져 있듯이 대부분의 기업에 이익을 가져다주는 고객은 소수이다. 더구나 고객은 일률적이지 않으며 '개별화'하고 있다. 신규고객 창출 비용이 기존 고객 유지비용의 약 5배라고 한다면 성공적인 고객관리는 15배 이상의 이익을 낸다고 볼 수 있다.

특정 기업에 대한 비우호 고객이 자신의 불만족 경험을 주위에 전하는 비율이, 우호고객이 자신의 만족경험을 사업부에 통보, 즉각적인 회신을 받아 24시간 이내 고객에게 답변이 전달되는 대고객시스템을 제공하고 있다. 이를 통해 여행불편사항, 시정사항, 만족도를 측정해 상품개발이나 서비스교육 과정에 반영하고 있다.

2004년 고객불만율이 0.12%에 그친 점도 하나투어의 적극적인 대고객서비스 시스템이 밑바탕이 됐다. 하나투어는 고객의 여행서비스 이용 후 불만사항 해소와 애프터

서비스 처리 후 인사 차 하는 만족확인 전화제도인 해피콜 전화제도를 운영하고 있다. 하나투어 해피콜 제도는 각 여행서비스를 이용한 고객을 대상으로 월간 400여 통의 전화를 통해 행사 만족도, 인솔자 서비스의 문제점, 개선요구사항을 수집한 후 사내 공지를 통해 지역별 핵심 상품에 대한 개선을 모색한다. 또한 가이드에 대한 서비스 평가, 포상, 재교육시스템도 제도화하고 있다.

이러한 고객만족 경영활동은 하나투어 고객 중 60% 이상이 재구매고객으로 분석될 정도로 고객의 높은 로열티를 구축하도록 했다. 하나투어의 고객만족은 직원을 만족시키는 나눔경영과 투명경영원칙에서 비롯되는 힘이기도 하다.

| 출처 |

윤대순, 여행사마케팅, 대왕사, 1999.
정익준, 여행사경영론, 형설출판사, 2000.
박호표 외, 관광사업의 이해, 학현사, 2001.
이선희, 여행업경영개론, 대왕사, 2002.
윤대순, 여행사경영론, 기문사, 2002.
하나투어 홈페이지 www.hanatour.com
한국관광공사 홈페이지 www.visitkorea.or.kr
yjchoi@wowtv.co.kr
painmi@stockdaily.co.kr
jbleec@moneytoday.co.kr
한국관광신문, 매일경제신문, 한국경제신문, 연합인포맥스
http://www.htshop.com/data/rental/editor/200809/kb.jpg
http://getabout.hanatour.com/files/2010/12/01.jpg

환대 및 여행서비스를 고객에게 제공할 수 있는 가장 좋은 방법은 무엇인가? 알고 있는 바와 같이, 특정 음식을 가정으로 배달해주는 것 외에는 별다른 물리적 유통시스템이 없다. 서비스는 무형성을 지니고 있으며, 기업은 고객들에게 직접 서비스를 제공하거나 하나 이상의 여행중개업자를 통해 간접적으로 서비스를 제공한다. 이렇듯 관광산업의 유통시스템은 고객의 선택에 영향을 미친다는 점에서 독특성을 지니며, 다양한 기업이 연관되어 있다는 점에서 복잡하다고 할 수 있다.

1 관광유통의 개념

유통은 기업이 판매를 목적으로 생산하는 물적 재화나 인적 서비스가 최종 소비자에게 전달되는 과정, 즉 기업이 자사의 상품이나 서비스를 고객에게 전달하는 과정을 말한다. 따라서 관광공급자와 소비자인 관광객 사이에는 여행사 등과 같은 중간단계 업체가 유통을 담당한다. 호텔, 항공사, 리조트, 렌터카 등의 관광상품을 관광공급자는 여행사에 제공하고, 여행사는 이러한 관광상품을 관광객에게 판매하는 유통구조를 가지고 있다.

그러나 인터넷, 홈쇼핑 등 다양한 유통채널이 등장함에 따라 관광객이 직접 호텔 및 항공사에 예약을 하는 경우가 많아졌고, 현지투어도 직접 예약하는 등 관광유통 구조는 변화하고 있다.

2 관광유통의 종류와 형태

2.1 관광유통의 종류

관광상품의 유통경로에서는 일반적으로 공급자와 고객을 연결하는 유통업자들이 중요한 역할을 한다. 유통업자의 개입으로 상품가격이 높아지는 단점도 있지만 중개인들은 그들이 취급하는 다양한 종류의 관광상품을 상품의 특징과 고객의 유형에 따라 전문화・세분화하고 공급자・소비자 모두에게 상품판매에 따른 공간적・시간적 불편을 해소시켜준다. 관광유통업자의 종류에는 여행상담과 알선 또는 위탁판매를 통해 수수료를 받아 경영하는 여행사업체(도매와 소매여행사), 외국현지에서 관광일정을 직접 진행하는 지상 수배업체(land operator), 인터넷환경을 활용하여 세계각지의 렌터카・관광유람선・철도패스 및 유명 공연입장권 등 다양한 관광상품의 예약과 판매를 중개하는 대규모 CRS 전문업체, 국제회의의 기획・준비・진행 등의 업무를 위탁받아 대행하는 국제회의 기획업체 등이 있다.

기타 유통업자로는 항공권이나 크루즈상품의 판매를 대행하는 총판대리점이나 판매대리점, 마케팅 컨소시엄, 호텔예약 전문회사를 비롯해 외식업체의 프랜차이즈, 전문 식자재 공급회사 등이 있다. 최근에는 인건비의 상승에 따른 비용증가와 성수기와 비수기의 계절성에 따른 수요의 변화에 대처하기 위해 관광기업체에 필요할 때 관광전문인력을 파견하고 지원해주는 전문용역 유통업자들도 있다.

2.2 관광유통의 형태

2.2.1 직접유통

직접유통은 관광공급자가 다른 유통업체를 거치지 않고 관광활동에 필요한 관광상품을 관광객에게 직접 판매하는 경우를 말한다. 판매방법으로는 직접방문, DM(direct mail)발송, 전화, 인터넷 등이 사용되는데 특히 인터넷의 발달은 직접유통의 혁명을 가져왔다.

항공권의 경우 항공사에서 인터넷을 사용하여 직접 소비자에게 유통시키는 비중이 높아가고 있으며 여행사들도 웹사이트의 기능을 강화하는 경쟁을 하고 있다. 그 중에서 Club Med의 웹사이트는 여행상품에 대한 가상적인 체험을 직접적으로 고객에게 전달하여 좋은 평가를 받고 있다. 고객 개인의 차별화된 체험을 제공하는 데 중점을 둔 이 웹사이트는 사람들이 관심있는 장소를 선택하고, 가족, 연인, 친구 등 여행을 함께하는 동반자를 선택하도록 되어 있다.

'Club Med 휴가의 비전(Visions of a Club Med Vacation)'을 통해 고객이 실제로 여행을 예약하기 전에 미리 가상적인 체험을 할 수 있고 이상적인 휴가에 대한 환상을 심어준다. 고객들은 간단한 마우스 클릭을 통해 리조트의 하루일정을 충분히 알 수 있고, 테니스, 보드타기, 댄스, 승마, 수상스키 등 다양한 활동과 패키지 프로그램을 선택할 수 있다. 물론 항공기 예약도 인터넷에서 가능하다. Club Med 웹사이트를 방문하는 그 자체가 휴가와 같은 체험을 제공하는 것이 된다.

2.2.2 직접유통의 장점

최근에는 각종 관광기업체에서 회원제 마케팅을 통해 고객과의 직접유통 방식을 크게 확대하고 있다. 기업체 입장에서는 고객과의 직접적인 의사소통으로 고객의 데이터를 효과적으로 관리할 수 있고, 업무처리가 단순하고 명확하며 예약내용의 변경이 쉽고, 유통업자에 대한 비용부담이 없다. 관광객 역시 회원가입 시 다양한 혜택을 기대할 수 있으며 상담, 구매, 확인 등 모든 업무절차가 단순하고 분명하다. 또한 직접거래에 따른 가격할인의 장점이 있다.

2.2.3 직접유통의 단점

관광객 측면에서 신용정보의 보안이 문제가 될 수 있다. 직접유통의 특성상 정보통신기술을 기반으로 불특정 다수의 고객과 접촉하는 인터넷 비즈니스가 일반화되면서 최근에는 개인 신상정보와 신용카드번호 등이 온라인에서 유출되어 심각한 사회적 문제가 발생하고 있다. 이밖에 직접유통에서는 정보의 비교와 평가가 어렵고 시간과 비용이 많이 소요될 수 있는 단점이 있다.

2.2.4 간접유통

관광공급자와 관광객 사이에 다양한 중개업자가 개입하여 관광상품의 유통을 도와주는 구조이다. 아래 그림은 다양한 관광상품의 유통경로를 보여주고 있다.

그림 9-1 ▌호텔상품의 유통경로

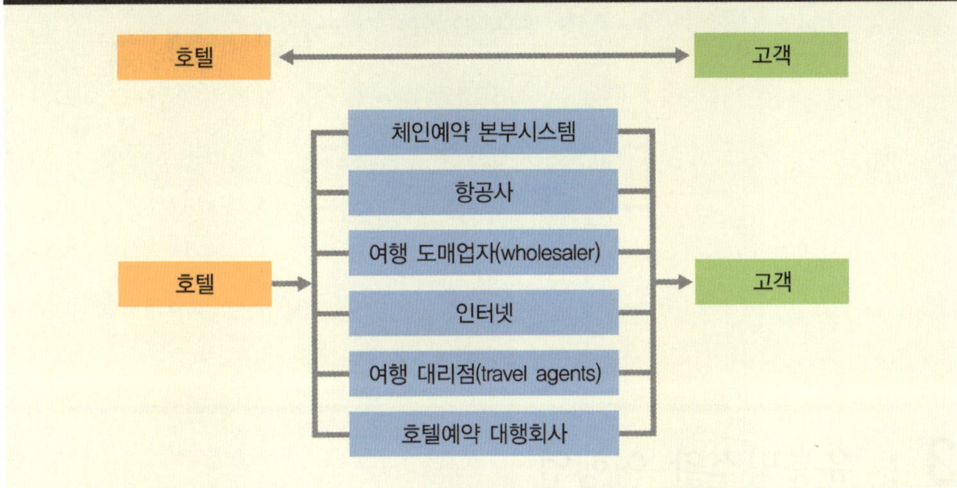

그림 9-2 ▌외식상품의 유통경로

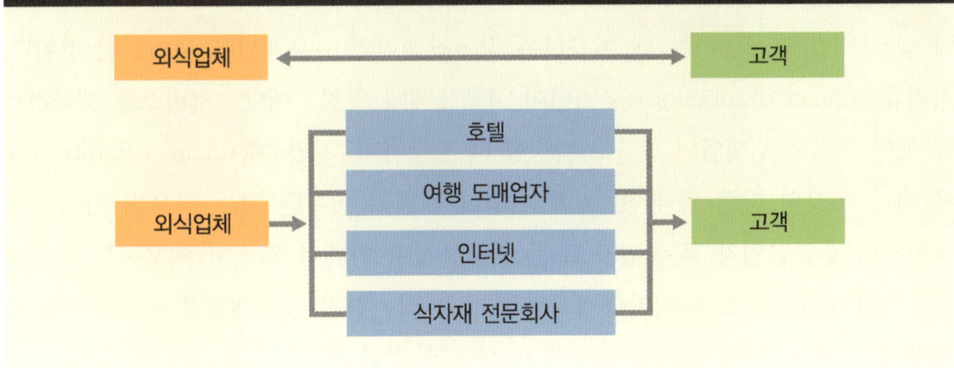

그림 9-3 ▌항공상품의 유통경로

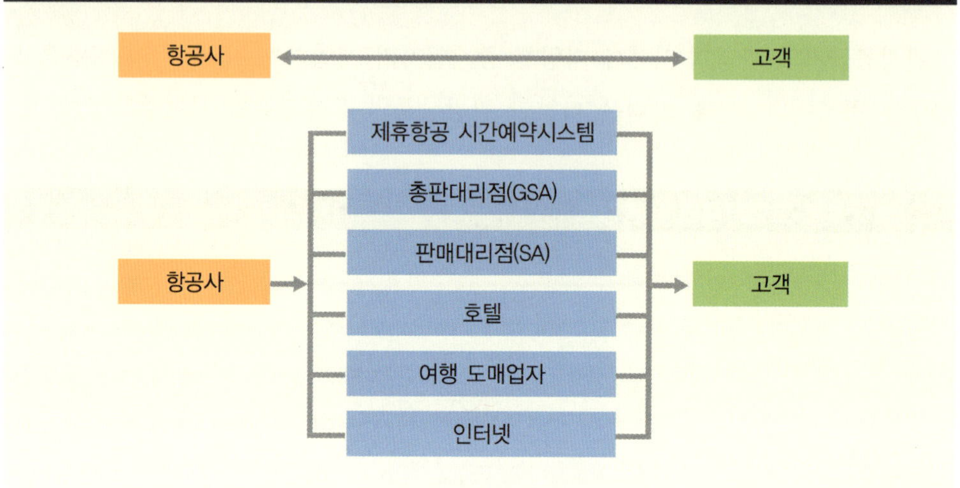

3 ▏유통믹스와 여행업

유통믹스는 환대 및 여행기업이 고객들에게 자신들의 서비스를 인지시키고, 예약 및 서비스를 제공하는 데 이용하는 직·간접적인 유통채널을 결합시킨 것이다. 직접유통(direct distribution)은 기업이 고객들에게 촉진·예약·서비스를 제공하는 데 있어 전적으로 책임이 있다고 가정할 때 발생하며, 간접유통(indirect distribution)은 하나 이상의 다른 환대 및 여행 기업이 책임의 일부를 지는 경우를 의미한다. 유통경로는 공급업자, 운송업자 또는 관광목적지 마케팅 조직이 이용하는 특정한 직·간접 유통절차를 의미한다. [그림 9-4]는 직·간접 유통개념을 시각적으로 도식화한 것이다. 여행 중개업자는 크게 다음과 같다.

① 소매여행사

② 여행 도매업자 및 운영업자

③ 기업 여행담당자와 대리점

④ 인센티브투어 기획자

⑤ 컨벤션/회의 기획자

그림 9-4 ▌ 관광유통시스템 : 직접유통은 온라인여행, 서비스에서처럼 공급자와 운송업자의 웹사이트를 통한 온라인 예약을 포함

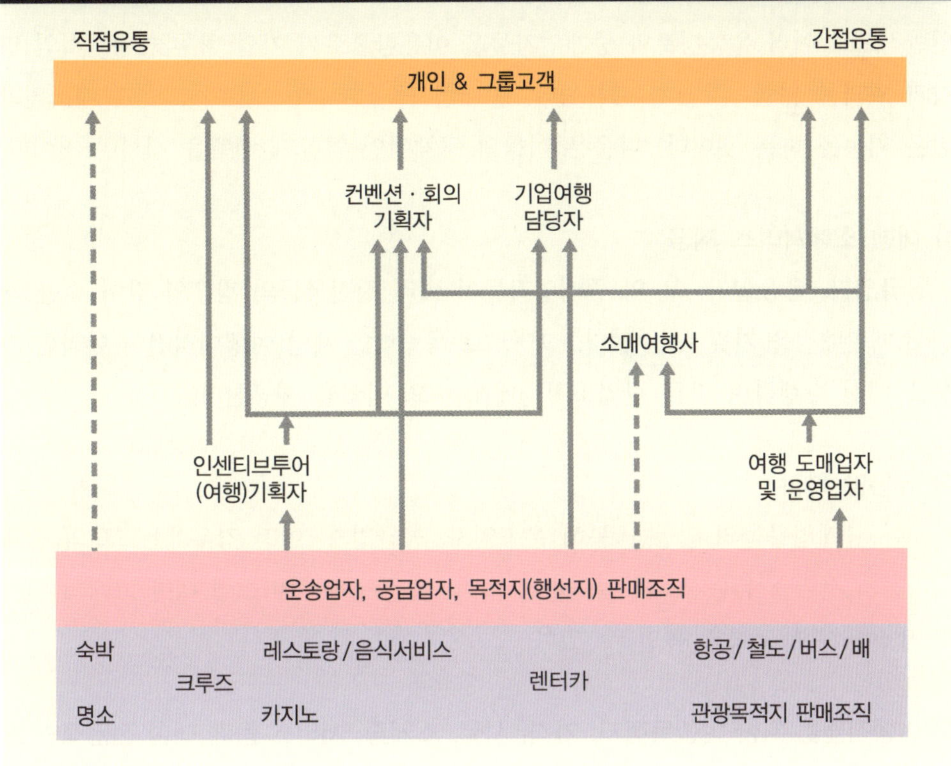

유통개념을 보다 정확히 이해하기 위해 제시된 중개업자들에 대해 살펴보고자 한다. [그림 9-4]에서처럼 운송업자와 공급업자는 고객이 필요로 하는 교통수단과 관광목적지에서의 서비스를 제공하기 때문에 환대 및 여행유통시스템의 기본이 된다. 개별 운송 및 공급업자들은 대개 유통믹스에서 하나 이상의 유통경로와 직·간접 유통 모두를 이용한다. 예를 들어 대부분의 주요 항공사들은 기업 및 다른 단체고객뿐만 아니라 개별 휴가 및 비즈니스 여행객들에게 직접적으로 촉진을 하며 고객이 원한다면 직접 예약을 받고 티켓을 발매한다.

또한 여행객들은 소매여행사에서 예약을 할 수 있으며 대리점을 통해 항공권을 구입할 수도 있다(항공사의 간접유통경로). 대부분의 대리점 사업은 이와 같이 이루어진다. 항공사는 종종 다른 네 중개업자들을 통해 전문 저널에서 직접적으로 촉진을 하고 여행 도매업자 및 운영업자, 인센티브투어 기획자, 기업여행 담당자 또

는 컨벤션·회의 기획자를 통해 간접적으로 예약을 할 수도 있다. 그런데 이처럼 공급 및 운송업자들이 항상 직접유통을 이용하지 못하는 이유는 무엇일까? 이는 일반적으로 여러 유통경로와 중개업자들을 이용함으로써 기업 내 마케팅계획의 영향과 효과를 넓힐 수 있기 때문이다. 중개업자들은 거의 외부예약 및 판매직원과 같은 기능을 하는 것이다. 다음은 이들의 구체적인 역할과 혜택을 제시한 것이다.

1) 대행 소매서비스 제공

공급업자, 운송업자, 그 외 중개업자들이 여러 선진국들의 경우와 같이 수만 개의 소매판매점을 가질 수는 없다. 그러므로 독립적인 체인 여행대리점이 이러한 기능을 대신 수행하며 다른 산업조직들에게 주요 이익을 제공한다.

2) 유통망 확장

모든 중개업자들의 활동을 통해 운송업자, 공급업자, 어떤 경우에는 그 외 중개업자들의 서비스 유통경로가 많아지게 되며, 이를 통해 서비스에 대한 고객의 인지도 및 예약수행능력을 높일 수 있다.

3) 여행객들을 위한 여행목적지, 가격, 시설, 스케줄, 서비스 등에 대한 전문적인 조언 제공

여행사의 전문적인 조언과 추천은 고객들이 공급업자, 운송업자, 그 외 중개업자들을 선택하는 데 영향을 미친다. 다른 산업조직들은 종종 대리점과 긍정적인 관계를 유지함으로써 많은 수익을 얻기도 한다.

4) 기업여행 담당

기업 고객들은 기업 여행부서와 여행사들을 통해 많은 이익을 얻는다. 이들은 비즈니스 여행객을 위한 사내 조언가 역할을 하며, 소매여행사가 휴가 여행객을 위한 것과 유사한 기능을 수행한다.

5) 패키지상품 개발

일부 여행 중개업자들은 고객들의 욕구를 충족시키기 위한 맞춤형 휴가를 개발함으로써 공급 및 운송업자들의 서비스를 보다 매력적으로 만드는 역할을 한다. 여행사는 종종 외국 독립 여행과 패키지를 결합하여 개별 또는 단체 여행객들을 지원한다.

6) 맞춤형 인센티브투어 제공

인센티브투어 기획자들은 잠재 여행객들에게 유리한 경험을 의도적으로 만들어서 기업과 그 외 조직의 욕구를 충족시킨다. 다시 말해, 인센티브 패키지에 참여하는 공급 및 운송업자들은 이러한 중개 전문가들을 통해 고객의 욕구를 한층 더 충족시킬 수 있는 서비스를 계획할 수 있다.

7) 컨벤션 및 회의 기획

컨벤션 및 회의 기획자들은 그들 조직을 위한 공급 및 운송서비스를 패키지화한다. 휴가와 인센티브 패키지를 개발하는 다른 전문가들과 같이 이들 또한 조직의 욕구를 한층 더 충족시킬 수 있는 환대 및 여행서비스를 제공한다.

8) 단체여행 운영

특정 여행 중개업자들은 가이드서비스를 제공함으로써 여행객들의 경험을 더욱 다양화시킨다.

여행 중개업자들 중 하나가 각각의 8가지 역할을 수행하는 데 주도적인 역할을 하고, 여타 많은 기업들이 하나 이상의 역할을 수행한다. 예를 들어 여행 도매업자들이 휴가 패키지를 만드는 데 핵심역할을 하게 되는 반면 많은 여행사들 또한 이 여행 패키지를 도매로 판매하는 역할을 한다. 또 다른 예로 기업의 회의 기획자로 활동하는 기업여행 담당자들은 여러 역할을 동시에 수행한다. 이처럼 환대 및 여행 유통시스템은 매우 복잡하다. 이러한 사실은 일부 거대 기업의 예를 통해 더욱 분명히 알 수 있으며 American Express, Carlson Wagonlit Travel, Maritz Travel과 같은 회사들 또한 여행대리점, 인센티브투어 기획, 여행도매와 같은 다른 여행중개 역할을 수행하는 여러 부서를 두고 있다.

4 여행상품 유통경로의 유형

21C 이후 환대 및 여행서비스의 유통은 이전과 다른 변화를 보이기 시작했다. 1990년대 들어 견고한 온라인 데이터베이스 프로그램과 함께 주요 유통경로로 인터넷이 등장하였으며 이로 인해 일반적인 여행 중개업자의 역할감소 현상이 나타났다. 21C 초 전자상거래가 활성화되면서 여행은 가장 인기 있는 온라인상품 중 하나가 되었다.

4.1 소매여행사(retail travel agents)

1990년대 후반 여행사들은 항공사의 수수료 인상방침과 온라인 여행서비스로 인한 새로운 경쟁이 생겨나면서 어려운 시기를 맞았다. 이러한 상황임에도 불구하고 1998년 미국 Travel Agency Survey에 따르면 1997년의 여행대리점을 통한 총예약이 1,260억 달러로 1995년에 비해 25%가 증가한 것으로 나타났다. 이렇듯 온라인을 통한 환대 및 여행판매가 늘어나는 것은 여행산업의 소매시장이 성장하고 있음을 보여주는 예이다.

여행대리점은 최신기술을 도입하고 있다. 일부 여행대리점들은 인터넷을 통해 서비스를 판매하고 있으며, 전적으로 인터넷을 통해 고객들을 다루는 새로운 온라인 여행대리점을 포함한 많은 온라인 여행서비스도 생겨나고 있다.

글로벌 유통시스템(GDSS)으로 잘 알려진 CRS(Computer Reservation System) 또한 여행대리점 사업에 지대한 영향을 미치기 때문에 여행대리점들은 이것을 이용하지 않고서는 효과적으로 기능을 수행할 수가 없다. 1998년 미국 Travel Agency Survey는 대리점의 96%가 이 시스템에 연결되어 있다고 추정하였다. 주요 시스템으로는 Sabre, Galileo Apolo, Worldspan, Amadeus가 있다. 이미 여행대리점들은 독점적으로 이 시스템에 연결되었고, 지금은 개별 비즈니스 여행객 및 다양한 관련 기업에서도 시스템에 접근할 수 있다. 공급업자(호텔, 렌터카회사, 크루즈회사)들은 대개 특정 예약 규모에 대한 보답으로 평균 이상의 수수료를 특정 대리점에 지불하게 되는데, 이때 선호공급자(preferred supplier) 관계가 형성된다. 자메이카, 뉴질랜드, 스칸디나비아반도 국가들을 포함하는 여러 여행 목적지도 일정기준을 충족시키는 개별 여행대리점을 선호하는 프로그램을 이용하고 있다.

소매여행사(retail travel agents)는 공급업자, 운송업자 그 외 여행 중개업자들로부터 수수료(일반적으로 자동차 대여와 숙박예약의 10%) 형태의 직접 수입을 얻는다. 보통 고객들은 여행사 서비스에 대해서는 비용을 지불하지 않는다. 그러나 국내 항공권에 대한 커미션 상한선(commission caps)이 도입된 이후 여행사들이 서비스에 대한 비용을 부과하는 추세이다.

1995년 2월 미국의 주요 국내 항공사들은 국내 항공권에 대해 소매여행사들에게 지불해야 하는 비용에 커미션 상한선(commission caps)을 도입하였다. 항공권 비용의 10%를 지불하는 것이 아니라 항공사가 지불하는 수수료에 대한 최대 지불수수료를 명시해 놓았다. Detta는 이 새로운 수수료 방침을 도입하여 500달러 이상의 왕복 항공권에 대한 수수료 지불을 최대 50달러로 정하였다. 이로 인해 수입과 국내 항공권에 대한 평균 수수료율이 하락하는 등 소매 여행대리점에 직접적인 영향을 미쳤다. ARC(Airlines Reporting Corporation)에 따르면 국내 항공권에 대한 평균 수수료율이 1994년 10.05%에서 2000년 4.15%로 급격히 감소하였다.

대리점들이 특정 공급 및 운송업자들로부터 수수료를 받기 위해서는 특정 협회나 단체에 소속되어야만 한다. 국내 항공비행에 대한 수수료를 받기 위해서는 ARC(Airlines Reporting Corporation), 국제 비행수수료는 IATAN(International Airlines Travel Agent Network)에 소속되어야만 한다. 크루즈와 철도여행 수수료의 경우 국제 크루즈협회와 미국철도여행공사에 소속되어야 한다. 그러나 호텔, 렌터카 및 그 외 다른 공급업자 예약의 경우 특정 협회나 집단에 소속될 필요는 없다.

대체로 여행대리점은 6~7명의 직원으로 소규모 운영을 해왔지만, 현재는 수 천명의 직원을 거느린 대규모대리점(mega-agencies)들이 많이 있다. 총수입 면에서볼 때 선두주자는 1999년 총판매액이 137억 달러에 이르는 American Express이다. 그리고 Radison의 자매회사인 Carlson Wagonlit Travel은 미국에서 두 번째로 큰 여행대리점으로 1999년 총판매액이 110억 달러에 이른다.

미국의 여행사를 대표하는 주요 여행업 협회로 ASTA(American Society of Travel Agents), ARTA(Association of Retail Travel Agents) 그리고 ACTA(Association of

Canadian Travel Agents)가 있으며 이와 유사한 협회로 영국의 ABTA(Association of British Travel Agents)와 호주의 AFTA(Australia Federation of Travel Agents)가 있다. 또한 SGTP(Society of Government Travel Professionals)와 ITASN(Independent Travel Agent Support Network)과 같은 소규모의 여행대리점 협회들도 있다.

소매여행대리점과 기업여행관리 사이에는 교차가 가능한 몇 가지 경우가 있다. 그 중 하나가 인플랜트(inplant)로 소매여행대리점 사무실이 기업 건물 내에 있는 것이다. Airlines Reporting Corporation에 따르면 미국의 인플랜트 수는 1980년대 들어 줄어드는 추세이며, 이는 기업들이 자체적으로 여행대리점 시설을 운영하거나 외부기업 여행대리점을 이용하기 때문이라고 한다. 또한 기업 및 정부기관은 기업여행사(부분적 또는 전적으로 기업 및 정부 여행을 전문으로 하는 회사)에 여행수배에 대한 총책임을 맡길 수도 있다. Sato Travel과 같은 일부 기업여행사들은 정부여행만을 거의 독점적으로 담당한다.

또 다른 예로 크루즈만을 독점적으로 판매하고 예약하는 소매여행사(cruiseonly agents)도 있다.

4.2 여행 도매업자 및 운영업자(tour wholesalers and operators)

여행 도매업자들과 운영업자들은 휴가 패키지의 주요 두 원천 중의 하나라 할 수 있다. 여행 도매업자는 대개 여러 공급 운송업자들의 서비스를 결합한 여행 패키지를 기획 및 상품화하는 회사나 개인을 말한다. 이들은 보통 고객들에게 직접 패키지를 판매하지 않으나 소매여행사가 이 기능을 대신하고, 공급 및 운송업자들로부터 다량으로 상품을 사들여 소매여행사를 통해 재판매한다. 여행 운영업자들은 여행 도매업자, 그 외 패키지나 관광을 운영하는 다른 회사나 개인(필요한 지상 교통수단과 가이드서비스 제공)을 말한다. 비록 여행 운영업자와 여행 도매업자를 같은 의미로 사용하는 것이 일반적이지만 여행 도매업자들은 운영업자들보다 더 넓은 범위의 기능을 수행한다.

미국에는 수천 개의 여행 도매업자들과 운영업자들이 있지만 일부에만 사업이 집중된다. 100개 이하의 수입 규모가 큰 회사들이 USTOA(United States Tour

Operators Association)의 회원들이다. 2001년 여행업 회원의 수는 60여 개에 달했으며 USTOA의 일원이 되기 위해서는 적어도 3년 동안 고객수와 여행규모 면에서 구체적인 최소기준을 충족해야 하며, 소비자보호에 100만 달러를 지원해야만 한다. 또 다른 3가지 주요 협회에는 NTA(National Tour Association), ABA(American Bus Association), 그리고 UMA(United Motorcoach Association)가 있다.

여행 도매업자들은 대개 처음 투어가 시작되기 최소 1년 전부터 마케팅조사를 실시하여 투어와 패키지를 개발한다. 이들은 약 12~18개월 먼저 공급 및 운송업자들과 예약 및 요금들에 대해 협상을 한 후, 투어나 패키지 가격을 결정하고 여행대리점에 유통시킬 브로슈어를 준비한다. 브로슈어는 도매업자 혼자 개발할 수도 있고 공급 및 운송업자 그 외 중개업자 또는 관광마케팅 조직과 함께 개발할 수도 있다.

도매업자들은 주요 대리점에 요청하거나 소비자 여행잡지의 광고나 여행업을 전문으로 하는 잡지 또는 저널의 지면광고를 통해 촉진을 하게 된다.

❙ 표 9-1 ❙ 전문업자 비교

구분	전문업자	설명 및 제공물	비고
1	투어브로커	다양한 시장의 버스관광 • 마디그래스 순회관광 • 워싱턴 DC 정기관광여행	박물관, 역사적 건축물, 관광루트 호텔에게 굉장히 중요한 존재임 • 여행협의회에 앞다투어 참가함
2	포상여행 전문회사	우수직원에게 포상관광여행을 포상 • 휴양지의 1급 이상의 호텔제공 • 뉴욕, 시카고 등에서 효과적 유통경로 인정	컨택포인트 • 미국관광협회, 포상여행협의회 등
3	카지노 전문여행사	일류도박사들의 중개자 • 라스베이거스, 리노와 같은 도박구역을 찾는 겜블러의 명단을 확보 • 도박사들에게 항공, 육상수송, 숙박, 식사, 오락 등의 서비스를 할인가로 제공	카지노가 고객으로부터 벌어들인 금액 비율로 수수료 지급받음 • 경우에 따라서는 1인당으로도 받음

4.3 기업여행 담당자와 대리점(corporate travel managers and agencies)

기업여행 담당자를 대상으로 한 조사에 따르면 자사 내 여행관련 부서를 만들거나 여행관련 업무를 통합하는 이유는 다음 3가지가 있다.

① 비즈니스 여행비용을 절감하기 위해
② 여행객들에게 보다 나은 서비스를 제공하기 위해
③ 기업 구매력을 높이기 위해

각각의 부서를 통하거나 혹은 개인 스스로 계획을 세우고 예약하는 것이 기업여행을 다루는 일반적인 방법이었다. 이러한 접근법의 몇 가지 문제점은 여행객들이 반드시 가장 편리한 여행 스케줄과 적절한 서비스 질 또는 가장 경제적인 요금을 선택하지 못할 수도 있다는 것이다. 이는 기업의 관점에서 보면 공급 및 운송업자와의 거래능력이 상실됨을 의미한다. 북미의 경기 침체시기에 많은 기업 정부기관 및 대규모의 비영리조직들은 가능한 모든 부분의 비용을 절감해야 했기 때문에 하나의 전략으로 여행을 엄격히 통제하고 조정하였다. American Express에 따르면 미국 기업의 절반이 여행 담당자나 코디네이터를 고용하고 있다.

기업여행 시장은 거대하다. American Express는 2000년 600개 이상의 대기업들의 총운영비용 7%를 여행 및 엔터테인먼트가 차지하는 것으로 추정하였다. 2000년부터 2001년까지 시행된 American Express Survey of Business Travel Management에 따르면 미국 회사의 여행 및 엔터테인먼트 비용의 45%가 항공여행에, 17%가 숙박에 드는 것으로 나타났다. General Electric, IBM, Digital Equipment, Hewlett-Packard, United Technologies, Johnson & Johnson과 같은 미국의 큰 기업들의 여행 예산은 수억 달러에 달한다. 그렇기 때문에 여행중개업자들과 공급 및 운송업자들 사이에 기업시장에 대한 경쟁은 매우 치열하다. 기업여행 담당자들의 조사에 따르면 담당자들 중 96%가 공급 및 운송업자와 개별적으로 요금을 협상하는 것으로 나타났다.

기업여행 담당자들을 위한 주요 두 협회에는 NBTA(National Business Travel Association)와 ACTE(Association of Corporate Travel Executives)가 있다. NBTA와 ACTE의 회원은 약 2,000명 정도이며 가장 영향력 있는 여행 담당자들에게 호텔, 항공사, 렌터카회사, 여행사 체인 등에 대한 촉진을 할 수 있는 컨퍼런스와 박람회 등을 매년 개최한다.

대다수의 대규모 기업들은 기업여행부서에 영향을 미치는 항공사예약시스템과 같은 온라인 유통망을 갖추고 있으며, 이러한 유통망을 통해 호텔 및 렌터카회사들과 정보를 교환할 수 있다.

4.4 인센티브투어 기획자(incentive tour planners)

점차 여러 많은 회사들은 동기부여 기법으로 직원들과 거래처, 그 외의 목표를 충족시킨 이들을 위한 보상으로써 인센티브 투어를 이용한다.

이러한 추세가 나타나는 이유는 무엇인가? 일반적으로 인센티브투어는 높은 업무성과를 달성한 회사 직원이나 판매업자들을 대상으로 하였지만 그 적용대상이 점차 확대되어 생산증가, 보다 나은 고객서비스 장려, 신제품 출시, 신규거래 확보 그리고 사기향상 등을 위한 목적으로 이용되고 있다.

여러 조직들이 인센티브투어와 연관이 되어 있으며 일부 회사들은 기업여행부서, 컨벤션·회의 기획자 혹은 관리 인력들을 이용하여 모든 업무를 스스로 해결하기도 한다. 그러나 보통 전문 인센티브투어 기획자와 여행사 같은 외부 전문가들이 인센티브투어 패키지를 개발하고 있다. 현재 미국에는 약 400~500개의 전문 인센티브투어 기획사가 있으며 이들 대부분은 주여 업계 협회인 SITE(Society of Incentive & Travel Executives)에 소속되어 있다.

인센티브투어 기획자와 전문 여행 도매업자의 한 가지 차이점은 이들이 직접 기업고객과 거래한다는 점이다. 그들은 교통수단, 숙박, 식사, 전문기능, 테마파티, 투어 등을 포함하는 맞춤형 패키지를 만든다. 여행 도매업자와는 달리 최상의 가격과 자리확보(blocks of space)를 위해 공급 및 운송업자와 협상을 하며, 이들 역시 가산 수수료를 추가한다.

4.5 컨벤션·국제회의 기획자(convention·meeting planners)

컨벤션과 국제회의는 미국 비즈니스 여행의 주요 부분을 차지한다. Meeting & Convention잡지의 조사에 따르면 1999년 총회의 지출은 402억 달러에 이른다. 컨벤션 · 국제회의 기획자는 협회, 기업, 대규모 비영리조직, 정부기관 그리고 교육기관 등의 외부 회의를 기획하고 조정하며, 일반적으로 컨벤션 · 회의 기획사의 업무는 다음과 같다.

① 예산준비
② 회의장소 및 시설 선정
③ 숙박, 항공, 지상 교통수단을 위한 단체요금 협상
④ 회의 프로그램과 일정계획
⑤ 참가자 예약
⑥ 회의 세부사항 결정 및 회의 장소의 안전 확보
⑦ 엔터테인먼트 제공
⑧ 식음료 행사 기획
⑨ 인쇄물 및 시청각 보조자료 준비
⑩ 회의장 내에서의 회의 주관

여러 공급 및 운송업자, 그 외 여행 중개업자 그리고 여행 목적지 마케팅 조직은 컨벤션 · 회의 기획자에게 많은 관심을 가지고 있으며 대개 전문 회의 기획자 저널(예를 들어 Meeting & Conventions, Successful Meetings, Meeting News)에 광고를 내거나 주요 전시 박람회를 이용하며 개별 기획자를 대상으로 인적 판매를 시행한다.

그림 9-5 ▌ 'Armadillo'로 알려진 Scattish Exhibition & Conference center

4.6 온라인 여행서비스

온라인 여행서비스는 환대 및 여행산업의 새로운 유통경로로 자리잡고 있다. 온라인 여행서비스업의 장점은 24시간 쉬지 않고 오픈되어 있고 전 세계에서도 접속이 가능하며, 자료전송기능은 기업의 무형상품을 유형상품으로 만들 수 있게 했다. 또한 웹사이트로 적립, 할인쿠폰의 제공으로 다양한 판촉활동이 가능하도록 만들어 주었다. 그리고 인건비를 줄일 수 있는데 이는 고객 자신이 종사원이 되게 하는 좋은 예이다. 힐튼호텔은 온라인을 통하여 1년에 35억 달러의 객실예약을 받는데 인터넷 비즈니스의 80%가 자체 웹사이트를 통해서 이루어진다. [표 9-2]는 주요 온라인 여행서비스를 나타낸 것이다. 온라인 여행서비스가 고객에게 주는 주요 혜택은 다음과 같다.

① 온라인으로 예약이 가능하다
② 여행계획에 도움을 준다.
③ 환대 및 여행서비스의 가격비교가 가능하다.
④ 가정 및 직장에서 편리하게 여행정보를 얻을 수 있다.
⑤ 여행예약을 즉시 확인할 수 있다.
⑥ 여행정보를 즉시 알 수 있다.
⑦ 할인된 가격정보를 얻을 수 있다.

여러 온라인 여행서비스는 ITSA(Internet Travel Service Association)로 불리는 신규 협회에 소속되어 있다. ITSA의 미션은 "급속이 성장하는 온라인 여행시대에 소비자 선택, 접근, 확신, 보호 그리고 정보를 촉진하는 것"이다. PhoCusWright와 Gartner와 같은 전문 산업 컨설턴트들은 온라인 여행 예약이 1998년과 2001년 사이에 약 10~15배 증가한 것으로 예측했다.

환대 및 여행 마케터는 이미 웹을 기반으로 한 온라인 예약시스템을 갖추고 있을 뿐 아니라 온라인 사이트를 통해 배너광고(banner advertising)를 구매하거나 특별판매를 시행하고 있다.

표 9-2 온라인 여행서비스 – 환대산업과 여행업의 새로운 동향

주요 온라인 여행서비스	웹주소
AOL Travel Channel(AOL)	http://asolsvc.travel.aol.com
Expedia(Microsoft)	http://www.ewpedia.com
Inter Travel Network(American Express)	http://www.itn.com
Travelocity(Sabre)	http://www.travelocity.com
Yahoo! Travel	http://tavel.yahoo.com
Priceline	http://www.priceline.com
특별 온라인 여행서비스	**웹주소**
Biz Travel	http://www.biztravel.com
Cheap Travel	http://www.cheaptravel.com
Last Minute Travel	http://www.lastminutetravel.com
Lowest Fare	http://www.lowestfare.com
Web Flyer	http://www.webflyer.com
기타 온라인 여행서비스	**웹주소**
Bye Bye Now	http://www.byebyenow.com
Concierge	http://www.concierge.com
Online Vacation Mall	http://www.onlinevacationmall.com
Travelscape	http://www.travelscape.com
Travel Now	http://www.travenow.com
Travel Store	http://www.travelstore.com
Travel Web	http://www.travelweb.com
Travel Zoo	http://www.travelzoo.com

손안의 관광시대 – 여행 어플 '스마트 투어'

한국관광공사와 SK텔레콤이 한국 관광정보와 IT기술을 접목시켜 여행관련 증강현실 서비스를 제공하는 스마트폰 애플리케이션 '스마트 투어'(Smart Tour)를 출시했다.

여행지에서의 추억을 사진으로 기록하고, 미니홈피, 블로그 등에 업데이트해서 다른 사람에게 자랑하는 것도 여행의 또 다른 행복이다.

스마트 투어는 여행지에서 찍은 사진을 글과 함께 저장하게 해주고, 트위터나 페이스북 같은 소셜네트워크서비스에 자동으로 올라가도록 설정할 수 있다. 여행 사진을 스마트 투어에 쌓아두기만 하면 나머지는 저절로 해결이 되는 시스템이다. 여행을 다니면서 사진과 글을 저장하면 설정해 놓은 SNS계정으로 자동 전송해준다.

스마트 투어는 증강현실로 주변 관광정보와

여행 리뷰를 보고, 길안내를 제공받을 수 있다. 카테고리별, 지역별 검색 및 키워드 검색을 통해 전국의 관광정보를 검색할 수 있다. 또한, 지난 해 가족여행 때 어디를 갔었는지, 여행지의 음식은 맛있었는지 하나하나 되돌아보며 추억하는 것은 즐거운 일이다. 지난 여행이 충분히 만족스러웠다면 여행코스를 스탬프 카드로 만들어 다른 사람들에게도 추천해서 관광지, 맛집, 숙박 등을 코스로 연결하여 하나의 스탬프 카드로 만들고 등록하면, 내가 만든 코스를 다른 사람들이 볼 수 있다. 내 폰에 여행 스탬프 카드가 한 장 한 장 쌓이면 여행추억도 늘고 여행자들에 의해 생산된 정보도 더욱 풍부해질 것이다. 나만의 여행코스를 스탬프 카드로 만들어 사진과 글을 등록하여 완성된 스탬프 카드는 다른 사람들과 공유할 수 있다. 스탬프는 지도 위에 발자국으로 표시가 되어 지도 위에 표시되는 서비스를 제공한다.

출처 : 한국관광공사(http://korean.visitkorea.or.kr)

그림 9-5 ▌ 온라인 여행서비스

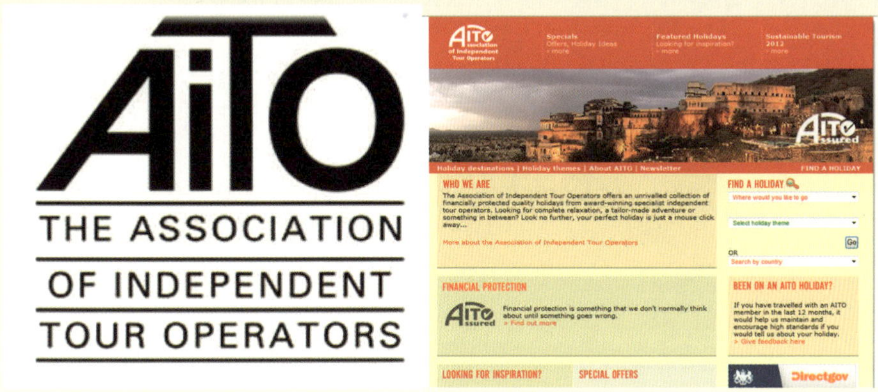

CHAPTER

10

관광상품의 촉진관리와 커뮤니케이션

1. 마케팅 커뮤니케이션의 의의
2. 촉진믹스의 고려요인
3. 광고
4. 판매촉진
5. 홍보
6. 인적판매
7. 관광 커뮤니케이션 고려사항

사례

버즈 알 아랍(Burj Al Arab) 호텔

버즈 알 아랍(Burj Al Arab)은 주메이라 비치 리조트(The Jumeirah Beach Resort) 복합 단지의 일부로, 두바이 국제공항에서 30분 거리인 주메이라 비치 로드(Jumeirah Beach Road)에 위치해 있다. 버즈 알 아랍은 세계에서 가장 높은 호텔 건물로, 321미터 높이를 자랑한다. 돛 모양의 이 독특한 건축물은 해변에서 약 280미터 떨어진 인공 섬 위에 우뚝 서있고 내륙과는 둑길로 매끄럽게 연결되어 있다.

1993년, WS Atkins사의 건축가 Tom Write가 고안해냈으며 아라비아의 전통과 환대문화를 반영한 호화로움 그 자체의 호텔이다. 1994년에 착공되어 1999년 12월 1일 Burj Al Arab이라는 이름으로 공식 오픈했다.

Burj Al Arab 호텔의 SWOT분석

■ S(Strength)

- 독특한 외부 디자인과 아라비아 전통의 화려한 내부 인테리어
- 고급스럽고 차별화된 맞춤 서비스
- 202개의 모든 객실에서 바다를 볼 수 있음

■ W(Weakness)

- 높은 가격
- 호텔 이용고객이 아닐 시 입장 불가
- 인공섬에 위치해 시내와 거리가 있음

■ O(Opportunity)

- 최초의 7성급 호텔이라는 별칭
- 호텔이 있는 두바이라는 도시 자체가 관광지
- 이미지 상승 효과로 왕실의 지원

■ T(Threat)

- 주변에 유명 호텔이 많음
- 국가 자체의 관광전략으로 주변에 또 다른 7성급 호텔 증축

Burj Al Arab 호텔의 마케팅믹스 – 4P

■ Product

최고 높은 호텔, 최대 규모의 아트리움, 바다 위에 떠 있는 호텔 등의 타이틀만 보더라도 최고의 가치가 있는 상품이다. 제조업계로 비교하자면 버즈 알 아랍이 최고 하이엔드 제품임에 틀림없다.

■ Price

만약에 버즈 알 아랍의 숙박비가 보통 5성급 호텔과 비슷한 수준이라면 차별화전략을 세우기 힘들었을 것이다. 비싼 숙박비를 통한 신비감, 감히 엄두를 내기 힘든 가격대를 형성함으로써 더욱 더 많은 관심을 집중받았다고 할 수 있다.

■ Place

한없이 뜨거운 사막만이 있는 중동지역에 누가 그 사막 한 가운데 초호화 호텔이 바닷가에 있을 것이라고 생각했겠는가? 앞으로 개발될 수많은 프로젝트로 더욱 더 큰 관광지로 변화될 두바이이다. 개방되지 않은 중동에 화려한 축제의 장으로 변신하는 두바이를 전략적인 장소로 포지셔닝한 것이다.

■ Promotion

버즈 알 아랍 호텔 헬리퍼드에서 아일랜드 가수인 Roland Keation는 IRIS 뮤직비디오를 찍었으며, 천재 골퍼 타이거 우즈의 드라이브 샷도 이 헬리퍼드에서 걸프만을 바라보며 날렸다. 이러한 다양한 이벤트를 통한 두바이는 버즈 알 아랍을 홍보함과 동시에 두바이에 대한 궁금증을 만들어내는 데 성공했다.

Burj Al Arab 호텔의 마케팅 사례

■ 높은 가격을 통한 차별화된 서비스마케팅

버즈 알 아랍의 가장 저렴한 객실 1박 요금이 2,580달러(한화 330만 원)로 객실당 호텔 직원이 8명, 각 객실마다 고객들을 위한 담당 집사가 있을 정도며, 호텔 체크인도 객실에서 이루어진다. 모든 여행객들에게 편리하고 고급스러우며 차별화된 맞춤 서비스를 제공하며, 각 층에는 개별 리셉션 데스크가 마련되어 있고 스위트룸 내에서 체크인 또한 가능하다. 24시간 서비스를 제

로비

알 마하라(Al Mahara) - 해산물 레스토랑

공하는 버즈 알 아랍만의 버틀러서비스 등으로 더욱 격조 높은 서비스를 경험할 수 있다. 롤스로이스 자동차로 투숙객들의 공항 픽업서비스를 비롯해 헬리콥터 영접서비스도 실시하고 있으며 VVIP고객을 위해서는 두바이 국제공항과 호텔 간 헬리콥터를 운행하는 등 7성급 호텔에 부합하는 차별화된 서비스를 제공한다.

- 노트북, 인터넷, 팩스, 프린트 등 비즈니스맨들에게 필요한 모든 시설
- 식당을 8곳으로 나누어 손님의 각기 다른 입맛을 맞추려고 노력
- 모든 호텔리어의 전문화(영국에 있는 집사 전문학교 트레이닝 수료)
- 욕실용품의 무료제공(에르메스 향수)

■ 고급스러운 인테리어와 독특한 외부 디자인을 통한 신비성 마케팅

321미터 높이의 버즈 알 아랍은 세계에서 가장 높은 호텔 건물로, 에펠탑보다 높고 엠파이어 스테이트 빌딩보다는 60미터 낮다. 28층에 위치한 헬기 착륙장과 상공에 떠 있는 것처럼 보이는 레스토랑은 버즈 알 아랍이 두바이의 랜드마크이자 상징물로 자리잡는 데 기여했다. 물결치는 아라비아식 전통 돛 모양을 형상화하여 디자인된 건물 외관은 경이로운 건축 기술을 단적으로 보여준다. 덕분에 걸프만의 조망권이 모든 객실에 들어오게 된다. 특히, 테플론 코팅된 유리섬유 스크린의 이중처리기법이 건물의 수직방향으로 적용된 사례는 세계 최초라 할 수 있다. 낮에는 순백색으로 반짝이고 야간에는 화려한 일곱 빛깔 조명을 위한 캔버스로 사용되어 버즈 알 아랍을 찾는 고객들로 하여금 입구에서 신비의 세계로 들어가는 듯한 느낌을 받게 한다.

내부 디자인은 더욱 화려하다. 로비에는 금색으로 보이는 모든 것은 실제 금이며 바닥은 30여 가지의 대리석이 깔려 있다. 로비의 분수대는 3차원적인 이슬람 전통 문양을 만들어내며 중앙의 아트리움은 180미터 이상으로 호텔의 규모의 1/3을 차지하고 있다. 보유하고 있는 레스토랑 8개도 각 특성에 맞게 디자인되어 있으며 스파 역시 고대 중동문명의 목욕탕을 연상시키는 인테리어를 보여준다.

■ 중동지방 고유의 환대문화를 바탕으로 한 환대마케팅

버즈 알 아랍에서는 아라비아 손님맞이 방식인 마하바 웰컴(Marhaba Welcome)을 따라 장미꽃잎을 띄운 물과 차가운 타월, 대추야자, 향초 그리고 향긋한 아라비안 커피로 고객을 맞이한다.

■ 유명한 스타를 이용한 스타마케팅

Tiger Woods 마케팅 : '2004 두바이 디저트클래식'에 참가 중인 미국 프로골퍼 Tiger Woods가 버즈 알 아랍의 헬리콥터 계류장에서 티샷을 날렸다.

아스완 스파

Burj Al Arab 호텔의 성공요인

- '세계 최초의 7성급 호텔'로 관심과 이목의 집중을 받음
- Tiger Woods를 통한 마케팅효과 극대화
- 지금까지의 호텔의 상식을 깬 초호화의 시설과 서비스
- 실력 있는 전문인의 선발
- 방문고객들의 높은 만족과 끊임없는 찬사

| 출처 |

http://www.burj-al-arab.com
http://blog.naver.com/heilner/20104949451 이야기짓:하다
http://blog.naver.com/fallskya/100016316575
http://cafe.naver.com/withstock/74701
유튜브 영상
이수겸, 두바이처럼 생각하라
안의정, 두바이 비전과 창조의 리더십(라시드에서 모하메드까지)
서용구, 보이지 않는 기업성장 엔진(디자인-브랜드-명성)

1 마케팅 커뮤니케이션의 의의

1.1 커뮤니케이션의 의의

기업이 양질의 제품과 서비스를 개발·생산하고 합리적인 가격을 설정하여 고객이 이용할 수 있도록 상점에 배송시켜 둔다고 해서 반드시 성공하는 것은 아니다. 왜냐하면 기업과 상품에 대해 소비자가 갖는 인상 내지 이미지를 관리하지 않으면 안 되기 때문이다.

기업은 반드시 고객은 물론 마케팅 환경에 대해 제품·기업 자체·기업의 모든 활동에 관한 정보를 전달해야 한다. 이와 같이 기업의 이들 정보를 의도적으로 전달하는 활동을 마케팅 커뮤니케이션이라고 한다. 이는 궁극적으로 판매를 증진하려는 것으로 촉진(promotion)이라고도 한다. 그러나 양자를 달리 보는 견해도 있는데 마케팅 커뮤니케이션을 보다 광의의 개념으로 보아 구전(word of mouth) 및 기타 비제도적인 커뮤니케이션이 포함되는 것으로 보는 견해도 있다. 종래에는 이를 설득으로 부르기도 하였다. 설득이란 "알아듣도록 타일러 그리 믿게 한다"는 뜻으로 한 사람이 다른 사람을 그 사람의 생각과 다른 방향으로 조종한다는 것을 암시한다.

마케팅 커뮤니케이션을 활성화하기 위하여, 기업은 판매원들의 우호적이고 지식에 가득찬 정보를 고객에게 전달하도록 훈련하기도 하며, 효율적인 광고를 하려고 광고대행사를 이용하기도 하며, 기업·상표 등의 이미지 형성을 위해 공중관계(PR : public relation)활동을 전개하기도 한다.

마케팅 커뮤니케이션활동을 하기 위해서 기업이 활용할 수 있는 수단으로는 광고, 판매촉진, 홍보 및 인적판매 네 가지가 있다.

① 광고(advertising) : 신원을 밝힌 스폰서가 돈을 내고 상품·서비스(service)·아이디어 등을 사람이 아닌(non-personal) 다른 매체를 통해 널리 알리고 촉진하는 모든 형태의 커뮤니케이션 수단을 말한다.

② 판매촉진(sales promotion) : 회사가 상품이나 서비스의 판매를 증가하기 위하

여 단기간에 중간상인이나 최종소비자들을 상대로 전개하는 광고, 인적판매, 홍보 이외의 여러 가지 마케팅활동을 말한다.

③ 홍보(publicity) : 사람 이외의 매체(신문, 잡지, TV, 라디오 등)로 하여금 제품, 서비스, 회사 등을 뉴스나 논설의 형태로 취급함으로써 이것들에 대한 수요를 자극 하는 것을 말한다. 홍보의 특성은 목적상 교육적인 성격을 가지며, 무상이고, 게제 여부가 뉴스 편집자에 의하여 결정되며 광고주가 누구인지 확인할 수 없다는 것이다. 그리고 광고보다 훨씬 공중의 신뢰감이 높아진다.

④ 인적판매(personal selling) : 판매원 판매라고도 하며, 판매원이 판매를 성립시킬 목적으로 1인 또는 그 이상 예상 구매자들과 직접 면접하여 상품구입을 도와주거나 또는 구입을 권장, 설득하는 일련의 활동을 말한다.

경영자는 이상의 네 가지 커뮤니케이션 수단을 적절히 배합하여 제한된 예산으로 최대의 커뮤니케이션효과를 낼 수 있는데 이를 커뮤니케이션믹스(communication mix)라고 한다.

1.2 커뮤니케이션 과정

커뮤니케이션은 라틴어의 'communis'에서 유래된 말로 정보의 전달(transmission of information)이라는 의미를 지니고 있다. 커뮤니케이션의 과정은 그 담당자인 발신인(sender)과 수신인(receiver) 사이에서 매체와 메시지(message)라는 수단을 통하여 기호화(encoding), 해독(decoding), 반응(response), 피드백(feed back)을 통하여 이루어진다.

발신인은 자기가 전달하고 싶은 내용을 다른 사람 또는 조직체에게 보냄으로써 커뮤니케이션과정이 시작되도록 하는 사람 또는 조직체를 말한다. 발신인이 자기의 의사를 효과적으로 전달하려면 그는 전달내용을 수신인이 쉽게 이해할 수 있는 말이나 언어로 엮어야 한다. 이 과정을 기호화라고 한다. 이렇게 발신인이 보내는 내용을 기호로 엮은 것을 메시지(message) 혹은 문안(copy)이라 한다. 메시지는 어떤 특정한 커뮤니케이션 경로를 통해서 전달되는데 이렇게 메시지를 전달하는 커뮤니 케이션 경로를 매체(media)라고 한다. 매체는 TV, 라디오와 같이 대중매체일 수도 있고(광고의 경우), 인적판매의 경우에는 바로 판매원의 입이 매체가 되는 것이다.

발신인으로부터 메시지를 받는 수신인(receiver)은 기호의 형태로 된 메시지를 자기 나름대로 해석하게 된다. 이 과정을 해독이라 한다. 수신인은 메시지를 받고 나서 어떤 반응을 보일 뿐만 아니라 자기의 반응 일부를 발신인에게 보낸다. 이 과정을 피드백이라 한다. 이러한 모든 과정이 의사전달을 방해하거나 왜곡시키는 갖가지 소음(noise) 속에서 행해지기 때문에 수신인은 발신인이 보낸 것과 다른 메시지를 받는 때가 많다.

1.3 효과적인 커뮤니케이션의 개발

경영자가 효과적인 커뮤니케이션을 개발하려면 커뮤니케이션의 요소 하나하나를 잘 관리해야 한다.

1.3.1 커뮤니케이션 대상 선정

회사는 먼저 누구를 상대로 커뮤니케이션을 할 것인가를 확실히 정해야 한다. 커뮤니케이션의 대상은 자사제품의 현재 또는 잠재고객일 수도 있고, 제품구매에 영향을 끼치는 사람(의견선도자)이나 특수계층이나 집단을 상대로 할 수도 있고, 일반 대중을 상대로 커뮤니케이션을 할 때도 있다. 표적청중에 따라 메시지의 내용, 메시지를 전달하는 방법, 시기, 장소 등이 달라져야 한다.

표적청중을 확인하는 방법은 소비자들이 기업이나 제품에 대해 가지고 있는 이미지를 평가하여 이를 근거로 표적청중을 확인하는 이미지 분석이 있다.

1.3.2 커뮤니케이션 목표 설정

특정한 마케팅 커뮤니케이션 목표는 상황에 따라 변화하기 마련이다. 일반적으로 정보의 제공, 수요의 자극, 제품의 차별화, 판매의 안정화 등과 같은 목적을 가지게 된다. 마케팅관리자는 목표로 하는 고객들이 현재 어떤 상태에 있는지를 알아내어 그들을 어떤 상태로 옮겨 놓아야 하는지를 결정하는 것이다. 일반적인 마케팅 커뮤니케이션 목적은 소비자의 구매의사결정 단계에 따라 다시 분류할 수 있다. 이러한 분석을 돕기 위해서 많이 사용되어지는 모델로는 아이다모델(AIDA model)과 효과체계모델(hierarchy-of-effect model) 등이 있다. 이 두 모델과 각 단계별로 적합한 커뮤니케이션 목표는 [표 10-1]에 요약되어 있다.

▌표 10-1 ▌구매의사결정 단계에 따른 마케팅 커뮤니케이션

영역	AIDA	모델 효과체계모델	커뮤니케이션 목표
인지	주의(Attention) ↓	인식(awareness) ↓ 지식(knowledge) ↓	소비자들에게 제품에 대한 정보와 지식을 제공
감정	관심(Interest) ↓ 욕망(Desire) ↓	호의(liking) ↓ 선호(preference) ↓ 확신(conviction) ↓	소비자들이 제품에 대해 갖고 있는 태도와 느낌을 바꾸는 데 주력
행동	행동(Action)	구매(purchase)	소비자들의 구매의욕을 자극

그림 10-1 ▌아이다모델(AIDA model)

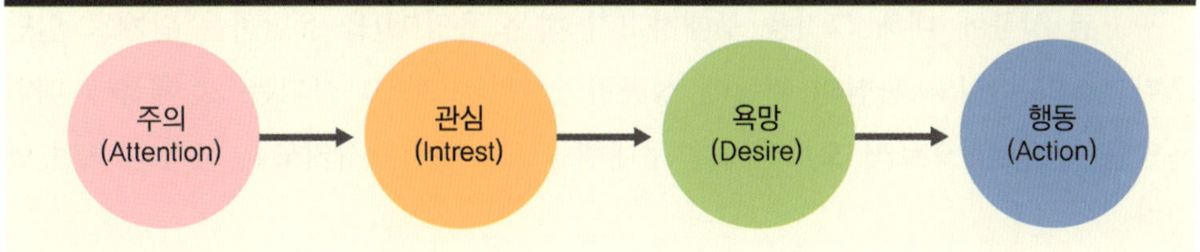

1) 주의(Attention)

예상고객의 주의(A)를 환기시키는 단계로 오디언스(audience)들은 하루에도 무수한 광고에 노출되기 때문에 그들로부터 주의를 얻어내지 못하는 광고는 그냥 지나쳐 버릴 뿐 결코 읽혀지지 않기 마련이다. 따라서 주의를 얻기 위해서는 일러스트레이션, 독특한 레이아웃, 원색의 이용, 광고의 대형화, 이례적인 소리나 동작 등 각양의 물리적인 수단이 동원되게 된다. 때로는 네온사인과 같이 광고물 전체가 주의를 끌도록 설계될 수도 있고 또 표제가 일종의 주의환기 수단으로 이용되도록 설계될 수도 있으나 그러한 경우에는 그 광고메시지의 핵심이 흐려지지 않도록 각별한 주의가 요청된다.

2) 관심(Interest)

광고상품에 대해 홍미 내지 관심(I)을 갖는 단계로 광고가 일단 구매자들의 주의를 끌었으면 그와 동시에 그들의 관심까지 끌도록 해야지 그렇지 않는 한 그들은 다른 주의물에 눈을 돌릴 것이 분명하다. 광고물의 각종 구성요소들 중 때로는 표제 하나만으로도 관심을 갖도록 할 수가 있는 등 각 구성요들을 어떻게 설계하느냐 하는 것은 오디언스의 관심을 끄는 데 있어서 매우 중요시된다.

그러나 중요한 것은 광고카피 그 자체에 대한 관심이 아니라 그 제품이 제공하는 편익에 대한 관심이다. 따라서 광고는 그 제품을 사용하는 데서 얻을 수 있는 편익이 무엇이며 또 어떠한 만족을 얻을 수 있는지를 카피에 명시되지 않으면 안 된다.

그러므로 훌륭한 카피란 항상 'you' 혹은 'your' 어프로치를 사용해야만 된다. 왜냐하면 오디언스들이 가장 관심을 두는 것은 'we' 혹은 'our'가 아니고 역시 그들 자신 내지 그들 자신의 문제일 것이기 때문이다.

3) 욕망(Desire)

광고된 상품에 대해 그것을 구매하고자 하는 욕망(D)을 유발하는 단계로 일단 오디언스의 주의와 관심의 획득에 성공하였으면 이제 그 카피는 그 제품에 대한 욕망을 야기시킴으로써 오디언스를 구매행동으로 진일보시키도록 하지 않으면 안 된다.

아마도 주의와 관심요소가 너무도 강렬하여 그 제품을 소유하고 싶은 욕망의 창출이 이미 이루어진 경우도 있을지 모른다. 그러나 이 단계는 너무나 중요하기 때문에 상기 두 단계와는 별개의 과업으로 취급되는 것이 좋다.

욕망을 창출하기 위해서는 무엇보다도 그 카피가 상표선호를 구축하도록 설계되어야만 한다. 물론, 그렇게 함으로써 본원수요광고(primary demand advertising)와 같이 자칫 그 상표가 아니라 그 제품군 전체에 대한 욕망을 야기시키는 결과를 초래할 수도 있을 것이다. 그러므로 그 상표가 경쟁상표에서는 찾아볼 수 없는 이점이 과연 무엇인가를 우선 발견해 내는 일이 중요하며 그 다음에는 그것을 카피의 중심 아이디어, 즉 판매소구점(selling points)으로 부각시켜야만 할 것이다. 물론 그러한 아이디어를 카피에 구현시키는 과정에서 그것이 오도적 내지 기만적이거나 부적절한 것이 되지 않도록 세심한 주의가 필요하다.

4) 행동(Action)

그 상품을 사겠다는 결심을 하며 구매행동(A)에 옮기는 단계로 많은 광고가 소비자들의 태도를 변경시키는 데 목적을 두고는 있지만 그들의 궁극적인 목적은 역시 광고주에게 유리한 행동을 이끌어내는 데 있을 것이다. 그러한 행동은 즉시반응광고, 즉 세일광고나 직접우송광고에서와 같이 즉각적으로 나타나는 경우도 있겠지만 대개는 장기간에 걸쳐 서서히 나타나는 경우가 많다.

만일 마케팅관리자가 소비자의 이 네 단계 중 어느 단계에 있는 것을 알 수 있으면 그는 어떤 행동의 메시지를 만들어야 하는지 정확히 파악할 수 있다. 예를 들어 소비자에게 제품의 존재를 알려야 한다면 메시지의 내용은 그 제품과 그 제품이 주는 편익을 소개해야 할 것이다.

한편 효과체계모델은 그 내용이 아이다모델과 비슷하나 다만 소비자의 구매결정에 이르는 과정을 여섯 단계로 나눈다. 그런데 [표 10-1]에서 보면 이 여섯 단계를 인지, 감정, 행동의 세 영역으로 나눌 수 있다. 예를 들면 소비자로 하여금 자사제품을 선호하게 하는 것이 목적이라면, 메시지의 내용은 소비자의 감정에 호소하는 것이어야 한다. 제품의 이미지를 강하게 부각시키는 광고가 이에 속한다.

1.3.3 메시지의 작성

커뮤니케이션의 대상, 목표를 정하면 다음 단계는 효과적인 메시지를 작성하는 일이다. 그 작성 요령은 내용, 구조, 형태 그리고 전달자의 결정에 있다.

1) 메시지의 내용

마케팅관리자는 소비자로부터 원하는 반응을 끌어내기 위하여 크게 3가지 방향으로 메시지의 내용을 작성할 수 있다.

첫째, 소비자의 이성에 호소하는 방법으로 이는 제품의 품질, 경제성, 가치, 성능 등을 강조함으로써 소비자들에게 이 제품이 가장 유리하다는 것을 확신시키는 방법이다. 이 방법은 비교적 합리적으로 상품을 구입하는 산업구매자들이나 비싼 제품을 사려는 소비자들에게 효과가 있다.

둘째, 소비자의 감정에 호소하는 방법으로 소비자들에게 공포감, 죄의식, 수치심, 자부심, 애정, 기쁨 등의 감정을 일으키게 함으로써 회사제품을 사도록 유도하는 방법이다. 이 중에서도 소비자들에게 공포심을 일으키는 방법과 재미있는 유머의 광고가 가장 많이 이용된다.

셋째, 소비자의 도덕심에 호소하는 방법으로 일반대중들에게 명분 있는 사회적 이슈에 대한 지원이나 후원을 유도하기 위해 호소할 때 많이 쓰인다. 그러나 일반상품을 광고할 때는 많이 쓰이지 않으며 우리나라의 경우 공익광고에 자주 사용된다(이웃돕기운동, 음주운전 안하기, 금연운동 등).

그림 10-2 ▌커뮤니케이션 메시지의 구성요소

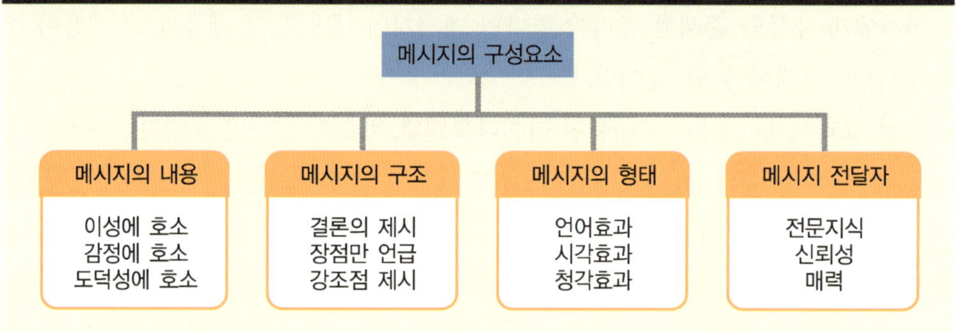

2) 메시지의 구조

메시지 효과는 그 메시지가 어떤 구조를 갖고 있느냐에 따라 달라진다. 여기서 문제가 되는 것은 크게 세 가지가 있다.

첫째, 회사가 소비자를 위해서 결론까지 내줄 것인가 아니면 결론을 유보한 채 소비자들의 판단에 맡길 것인가?

둘째, 회사가 자사제품의 장점만을 내세울 것인가 혹은 약점도 언급할 것인가?

셋째, 회사가 꼭 강조하고 싶은 말을 광고의 첫머리에 할 것인가 혹은 끝에 가서 할 것인가?에 따라 커뮤니케이션 효과가 상이하다.

메시지 구조에 관한 연구결과에 따르면 대체로 결론을 제시하고, 장점만을 내세우며, 강조하고 싶은 말은 광고의 첫머리에서 할수록 광고가 더 효과적이라 한다.

3) 메시지의 형태

마케팅관리자는 효과적인 메시지 전달을 위해 소비자들의 주의를 끄는 메시지가 아주 강렬한 인상을 주는 형태를 띠어야 한다.

신문・잡지광고의 경우는 제목, 글자의 모양, 크기, 위치, 색상, 도안 등에 신경 써야 하며, 라디오광고의 경우는 단어, 음악의 선택 등이 중요한 역할을 한다. 그리고 TV에 광고하는 경우는 위에 열거했던 것 외에 말을 하는 사람의 몸짓, 얼굴표정, 복장, 자세, 헤어스타일까지 신경을 써야 한다.

요컨대 마케팅관리자는 위에 열거한 요소들을 잘 활용하여 최대한의 언어, 청각, 시각효과를 내는 메시지를 창출해야 한다.

4) 메시지의 원천

누가 메시지를 전달하는지도 메시지의 효과에 영향을 끼친다. 소비자들은 대체로 메시지를 전달하는 사람이 다음의 속성들을 많이 갖출수록 그 메시지를 신뢰하는 경향이 있다.

첫째, 전문지식(expertise)으로 메시지 전달자가 해당제품에 대해 전문지식을 얼마나 보유하고 있는가에 따라 메시지의 효과가 달라진다. 의사, 과학자, 교수 등이 메시지 전달자로 높이 평가된다.

둘째, 신뢰성(trustworthiness)으로 메시지 전달자가 얼마나 객관성을 유지하고 정직한가를 말한다(평범한 가정주부가 TV광고에 출현하는 이유는 일반 소비자로 객관성을 갖고 있다고 생각하여 사용경험을 신뢰하기 때문이다).

셋째, 메시지 전달자가 얼마나 매력(likability)을 보유하고 있는가의 문제이다. 유명연예인, 운동선수 등이 광고에 자주 등장하는 것은 소비자들이 그들에게 매력을 느끼고 그들이 선전하는 제품들에 대해 호감을 갖게 될 가능성이 크기 때문이다.

마케팅관리자는 가능한 위의 3가지 면에서 모두 높이 평가되는 사람을 골라, 그 사람으로 하여금 자사의 상품에 관한 메시지를 전달하게 해야 한다.

1.3.4 매체 선정

마케팅관리자가 선택할 수 있는 커뮤니케이션 경로는 크게 대중을 상대로 하는 비인적 경로인 대중매체와 방문, 모임, 전화 등을 통해 직접 고객들과 접촉하는 인적 커뮤니케이션(personal communication channel)경로 두 가지가 있다. 마케팅관리자는 이 두 가지 커뮤니케이션 경로의 장・단점을 분석하여 자사의 커뮤니케이션 목표에 맞는 경로를 선택해야 한다.

1) 대중매체

대중매체는 신문, 잡지, TV, 라디오, 옥외광고 및 교통수단광고 등이 있다. 이러한 광고의 장점은 짧은 시간 동안에 동일한 메시지를 많은 사람들에게 정확하게 전달할 수 있으며, 고객 한 사람당 소요되는 커뮤니케이션 비용은 인적커뮤니케이션의 경우보다 훨씬 저렴하다. 하지만 대중매체는 일방적으로 커뮤니케이션을 전달하기 때문에 고객의 주의를 끄는 힘이 약하고 고객으로부터 반응(피드백)이 늦으며 그 반응이 정확하지 않은 단점이 있다.

2) 인적커뮤니케이션

이는 고객과 직접 면접을 통해 구매결정을 자극하는 쌍방적인 커뮤니케이션의 도구이다. 장점으로는 고객과 직접 접촉하므로 고객반응을 빨리 그리고 정확하게 파악할 수 있으며, 고객의 반응에 따라 즉석에서 메시지의 내용을 바꿀 수 있다. 이러한 융통성 때문에 고객의 태도나 행동에 대한 영향력은 대중매체보다 강하다. 그러나 접촉할 수 있는 사람의 수가 많지 않고, 고객 한 사람당 드는 커뮤니케이션 비용이 비싸다는 단점이 있다.

사례 경험하게 만들어라 – Parc55 호텔

'백문이불여일견(百聞不如一見)'이라는 속담이 있다. 마케팅에서도 한 번의 경험이 탁월한 효과를 발휘하는 순간들이 있다.

샌프란시스코의 Parc55 호텔은 18개월 동안 3,000만 달러를 들여 호텔 내・외부를 완전히 리모델링하였다. 새 단장을 마친 호텔 마케팅팀은 새롭게 단장한 호텔을 알리기 위한 난관에 봉착했다.

Parc55 호텔 마케팅팀은 호텔 이름에 55라는 숫자가 들어있는 것을 이용해 55시간에 걸친 특별한 파티를 준비했다. 즉 이 파티의 이름을 들은 사람이라면 모두 자연스럽게 Parc55라는 호텔 이름을 떠올릴 수 있도록 만든 것이다. 2009년 6월 16일부터 18일까지 55시간의 파티와 더불어 호텔의 객실을 샌프란시스코에서 가장 붐비는 유니언 스퀘어에 전시했다. 전시된 객실의 벽은 유리로 되어 있어 누구나 객실 내부의 모습을 들여다 볼 수 있게 했다. 완전히 새로운 객실의 인테리어를 본 사람들은 새롭게 단장한 호텔의 모습을 직접 눈으로 확인하며 머릿속에 각인했다. 이 특별한 프로모션은 언론에 소개되기도 했다.

Parc55 호텔은 두 가지 형태의 체험마케팅을 통해 성공적인 결과를 끌어냈다. 하나는 파티를 통해 소비자의 감성을 자극했다. 즉 고객이 즐거운 감정과 호텔을 연결시켜 긍정적인 유대관계를 형성하도록 만든 것이다. 다른 하나는 객실을 전시함으로써 고객에게 보는 즐거움을 제공하여 고객의 즐거운 감각을 자극했다.

소비자가 구매하기 전에 미리 경험하게 하는 체험마케팅은 '우리의 상품이 훌륭하다'는 메시지보다 폭발적인 힘을 발휘하는 경우가 있다. 특히 오피니언 리더들을 활용하면 오프라인상의 입소문 효과 또한 거둘 수 있다. 간혹 경영자들 중에는 체험마케팅을 고객들에게 자사의 상품을 무상으로 제공하는 무의미한 작업이라 생각하는 이들도 있다. 하지만 한 번의 체험이 사람들의 머리와 가슴속에 오래 남는다는 단순한 진리를 알 고 있다면, 체험마케팅의 가치가 결코 적지 않다는 것을 알 수 있을 것이다.

출처 : 스포츠경향(2015. 4. 28)

1.3.5 예산 책정

커뮤니케이션 활동을 수행하기 위해서는 어느 정도의 예산을 투입하고 각 촉진수단에 배분할 것인가를 결정해야 한다. 기업체들이 촉진예산을 책정할 때 많이 쓰는 방법으로는 아래 네 가지가 있다.

1) 매출액비율법

매출액비율법(percentage-of-sales method)은 가장 이해하기 쉽고 적용하기도 용이하여 널리 쓰이는 방법으로, 총매출액이나 예상매출액 기준으로 일정비율을 촉진예산으로 결정하는 방법(촉진예산규모＝총매출예상액×촉진비율)이다.

이 방법이 널리 적용되는 이유는, 첫째 판매가 잘될 때는 촉진예산이 증가하고, 잘 안될 때는 촉진예산이 감소하므로 회사의 자금운용이 쉬우며, 둘째 실무에서도 사용이 편하고, 셋째 특정 산업 내에 있는 대부분의 기업들이 이 방법을 채택하면 각 기업은 자사의 시장점유율에 비례하여 촉진예산을 정하게 되므로 기업들 사이의 지나친 촉진경쟁이 방지된다. 그러나 이 방법은 촉진이 판매를 결정하지 않고 거꾸로 판매가 촉진을 결정한다는 점에서 근본적으로 문제가 있다. 또한 과거 자료에 근거하게 되고, 매년 매출액이 변동하게 되므로 장기계획수립이 곤란하다.

2) 경쟁업자기준법

경쟁업자기준법(competitive parity method)은 경쟁사들의 촉진예산과 비교하여 자사의 촉진예산을 결정하는 방법이다. 기업이 이 방법을 쓰는 이유는 경쟁사들이 잘 알아서 촉진예산을 책정했을 것이라는 믿음이 있기 때문이다. 그리고 관련회사 모두에게 피해를 주는 촉진전쟁(promotion war)이 일어나지 않을 것이라는 생각이 있기 때문이다.

그러나 이 방법은 경쟁업자와의 저마다 다른 조건을 고려하지 못하며, 또한 기업의 촉진비 부담능력을 고려하지 않고 있어, 특히 신제품 도입 시 촉진계획에 도움을 주지 못하는 단점이 있다.

3) 지불능력기준법

지불능력기준법(affordable fund method)은 회사의 재정이 허락하는 범위 내에서 최대한의 액수를 촉진예산으로 결정하는 방법으로 주로 기업의 재정규모가 제한되어 있고, 촉진업무가 여타 업무보다 중요하여 가능한 많은 촉진비용을 투입하고자 할 경우에 사용된다.

이 방법을 사용하면 커뮤니케이션이 달성해야 할 목표와 촉진예산과는 아무런 관계가 없게 되므로 촉진비용이 너무 많거나 적게 되는 경우가 대부분이다.

4) 목표과업법

목표과업법(objective-and-task method)은 마케팅관리자가 촉진활동을 통해 수행해야 할 일련의 목표를 설정하고 목표달성을 위해 수행되어야 할 과업을 결정한 후에 과업수행에 소요되는 비용을 결정함으로써 촉진예산을 결정하는 방법이다.

목표과업법의 과정은 시장점유율 목표설정 → 촉진이 도달되어야 하는 시장범위의 결정 → 설득하여야 할 잠재적 구매자의 비율결정 → 촉진노출횟수의 결정 → 필요촉진 예산의 결정 순으로 이루어진다.

이 방법을 쓰면 마케팅관리자들이 그들이 달성하려는 목표와 그 목표를 달성하는 데 드는 비용과의 관계를 체계적으로 파악하여 목표달성에 따른 촉진예산을 결정하므로 가장 이상적인 촉진예산결정법이라 할 수 있다. 그러나 실제로 이러한 관계를 제대로 파악한다는 것은 무척 어렵기 때문에 그러한 관계를 규명할 만한 능력이 있는 소수의 대기업에 한정되어 있어 실제 적용이 어려운 단점이 있다.

1.3.6 커뮤니케이션 효과의 측정

목표고객을 상대로 커뮤니케이션을 했으면 회사는 반드시 그 효과를 측정해야 한다. 일반적으로 커뮤니케이션 효과는 회사가 내보낸 메시지를 고객들이 기억하는가, 메시지를 고객들이 몇 번이나 보았는가, 메시지 내용의 어떤 점들을 고객들이 기억하는가, 메시지에 대해 고객들이 어떻게 느끼고 있나, 메시지를 보기 전과 보고난 후의 고객들이 우리 회사 제품에 대한 태도는 어떤가, 메시지를 본 후 우리 회사 제품을 실제로 산 사람이 몇 명이고, 좋아하게 된 사람은 몇 명인가 등의 요인으로 측정된다.

커뮤니케이션 효과를 제대로 측정하기는 무척 어렵다. 그러나 기업은 가능한 모든 수단을 동원하여 커뮤니케이션 효과를 측정하고 그 측정결과를 다음 커뮤니케이션 계획을 수립할 때 이용해야 한다.

2 촉진믹스의 고려요인

2.1 촉진믹스의 결정

촉진예산이 책정되면 이제 마케팅관리자는 그 예산을 주요 커뮤니케이션 수단에 적절하게 배분하게 되는데 이를 촉진믹스라 한다. 마케팅믹스(제품, 촉진, 유통, 가격, 패키징, 프로그래밍, 파트너십, 인적요소)는 조직이 마케팅 계획을 세울 때 반드시 필요한 8가지 요소를 포함하고 있다. 따라서 촉진믹스는 마케팅믹스의 요소 중 하나로 마케팅믹스의 다른 부분을 보완한다. 촉진믹스를 개발할 때 마케팅관리자가 고려해야 할 주요 요소는 다음과 같다.

2.1.1 제품의 종류

제품은 크게 소비재와 산업재로 나누어지는데, 이들 두 종류의 제품의 촉진에는 서로 다른 촉진믹스를 사용한다. 일반적으로 소비재는 산업재에 비해 광고의존도가 가장 높으며, 판매촉진, 인적판매, 홍보 순으로 추진방법을 사용한다. 광고의 의존도가 높은 것은 소비재의 고객수가 많을 뿐만 아니라 이들이 넓은 지역에 분포되어 있기 때문에 이들을 경제적으로 접근하는 방법은 광고일 수밖에 없다.

산업재는 인적판매가 가장 중요하며 그 다음으로 판매촉진, 광고, 홍보의 촉진방식을 사용한다. 대체로 인적판매는 복잡하고 값이 비싸며, 위험부담이 따르는 제품을 소수의 큰 고객들로 이루어져 있는 시장에 팔 때 효과적이다. 산업제품시장에서도 광고는 제품의 존재를 알리고 제품에 대해 설명해 주는 등의 판매원들의 판매노력을 보강해 주는 역할을 하기 때문에 광고를 과소평가해서는 안 된다.

2.1.2 마케팅전략의 방향

회사가 마케팅전략의 기본방향을 푸쉬(push)전략이나 풀(pull)전략으로 하느냐에 따라 촉진믹스가 크게 달라진다. 두 전략의 내용을 보면 [그림 10-3]과 같다.

푸쉬전략(push strategy)은 제조업자가 판매경로상의 중간상을 판매촉진의 대상

그림 10-3 ▌ 푸쉬전략(push strategy)과 풀전략(pull strategy)

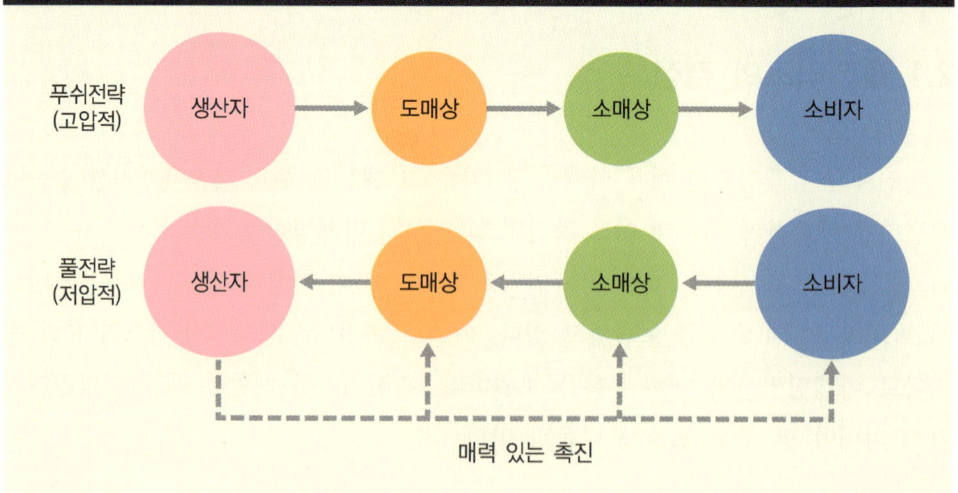

으로 하여 자사상품을 취급하는 판매업자의 의욕을 환기함으로써 고객에게 권장판매를 적극적으로 전개하도록 하는 전략이다. 따라서 제조업자가 이 전략을 쓰면 자연히 인적판매와 중간상으로 하는 판매촉진의 비중이 커진다.

풀전략(pull strategy)은 제조업자가 최종소비자를 대상으로 적극적인 촉진활동을 하여 이들로 하여금 자사제품을 찾게 함으로써 중간상들로 하여금 자발적으로 자사제품을 취급하게 하는 전략이다. 따라서 제조업자가 이 전략을 쓰면 광고와 최종소비자를 대상으로 하는 판매촉진의 비중이 커진다.

2.1.3 제품수명주기 단계

어느 한 제품이 제품수명주기 각 단계를 거치는 동안에 촉진믹스도 달라져야 한다. 왜냐하면 각 단계에서의 마케팅 커뮤니케이션 역할이 서로 다르기 때문이다.

도입기 커뮤니케이션의 주된 목표는 가능하면 많은 사람들에게 제품의 존재를 알리고 제품의 시험구매(trial)를 유도하는 것이다. 이 시기에는 제품인지도를 높이기 위한 광고와 PR, 그리고 시험구매를 위한 판매촉진이 중요한 역할을 수행한다.

성장기는 광고의 비중이 상대적으로 증가하고, 판매촉진과 홍보는 그 중요성이 상대적으로 감소한다. 판매촉진의 중요성이 감소하는 이유는 시험구매를 유도하기 위한 판매자극제를 제공할 필요성이 도입기보다 적기 때문이다. 그러나 중간상을 상대로 하는 인적판매활동은 강화되어야 한다.

성숙기는 인적판매의 비중이 상대적으로 증가하고, 광고는 주로 소비자들에게 제품의 존재를 상기시키는 역할을 한다.

끝으로 쇠퇴기에서 광고는 소비자들이 제품존재를 잊지 않을 정도로 계속되나 인적판매의 비중은 아주 작아진다. 그 대신 판매촉진이 다시 강화되는 때가 많다.

3 광고

3.1 광고의 정의

기업은 제품을 생산하여 소비자에게 공급함으로써 수익을 획득하게 된다. 제품이나 서비스를 소비자에게 판매하기 위해서 마케팅관리자는 어떤 형태로든 소비자에게 제품에 관한 정보를 제공하고 자사와 제품에 대한 소비자 수요를 촉발시켜야 한다. 소비자에게 메시지를 전달하는 이상적인 형태는 제조업자가 개별 소비자 모두를 만나 전달하는 것이지만, 이는 현실적으로 불가능하기 때문에 광범위한 메시지 전달수단으로 가장 많이 사용되는 것이 광고이다.

미국마케팅협회(AMA)는 "광고(advertising)란 확인된 광고주가 표적집단에게 정보를 제공하거나 설득하기 위하여 제품이나 서비스에 관해 유료로 대중매체를 이용하는 과정"이라고 정의했다.

이러한 광고의 정의를 통해 광고의 특성을 살펴보면 다음과 같다. 첫째, 광고는 대가를 지불하는 의사소통 방법이다. 공익광고의 경우 무료로 방송시간이나 신문여백을 할애받을 수 있지만 일반적으로 광고는 유료로 행해진다. 둘째, 광고는 표적집단을 대상으로 한다. 소비자에게 자사의 제품을 알리는 것에서부터 자사제품을 구입하도록 설득하는 행위에 이르기까지 광고는 표적집단을 대상으로 한다. 셋째, 광고는 비인적 의사소통방식이다. 구전이나 인적판매와는 달리 광범위한 소비자들을 대상으로 하고 대중매체(mass media)를 이용하는 게 보통이다.

3.2 마케팅믹스와 광고의 관계

마케팅은 기업목적 달성에 부합할 수 있도록 기업의 자원을 활용하여 소비자의 욕구를 충족시키는 다양한 활동들과 관련되어 있다. 마케팅믹스는 기업의 마케팅관리를 위한 도구로, 이 중 광고는 마케팅믹스의 다른 요소들(제품, 가격, 유통 등)

과 함께 중요한 역할을 한다. 광고가 마케팅믹스의 여타 요소들과 어떻게 관련되어 있는가는 다음의 여러 관련부문의 제시에서 알 수 있다.

① 제품 : 기업은 제품의 다양성과 새로운 용도의 개발을 목적으로 기술과 혁신의 급격한 변화를 추구하게 된다. 이 경우 광고는 자사제품의 경쟁적 우위를 알리고 새로운 용도에 관해 정보를 제공함으로써 제품전략에 중요한 역할을 한다.

② 가격 : 가격의 결정은 목표매출을 달성하기 위하여 결정해야 할 가장 중요한 변수 중의 하나이다. 제품가격의 결정은 광고와 밀접한 관련을 가지고 있다. 예를 들면 고가의 사치성 제품을 개발할 때 광고는 고품질, 권위의 이미지를 강조해야 한다.

③ 유통 : 광고를 통해 잠재적 소비자들이 중간상을 찾게 할 수 있으며, 중간상 업주들로 하여금 확신을 갖고 제품의 재고를 확보할 수 있도록 해준다.

④ 타 촉진믹스 : 인적판매와 광고는 상호보완적으로 수행되어야 효과를 극대화

그림 10-4 ▌촉진수단

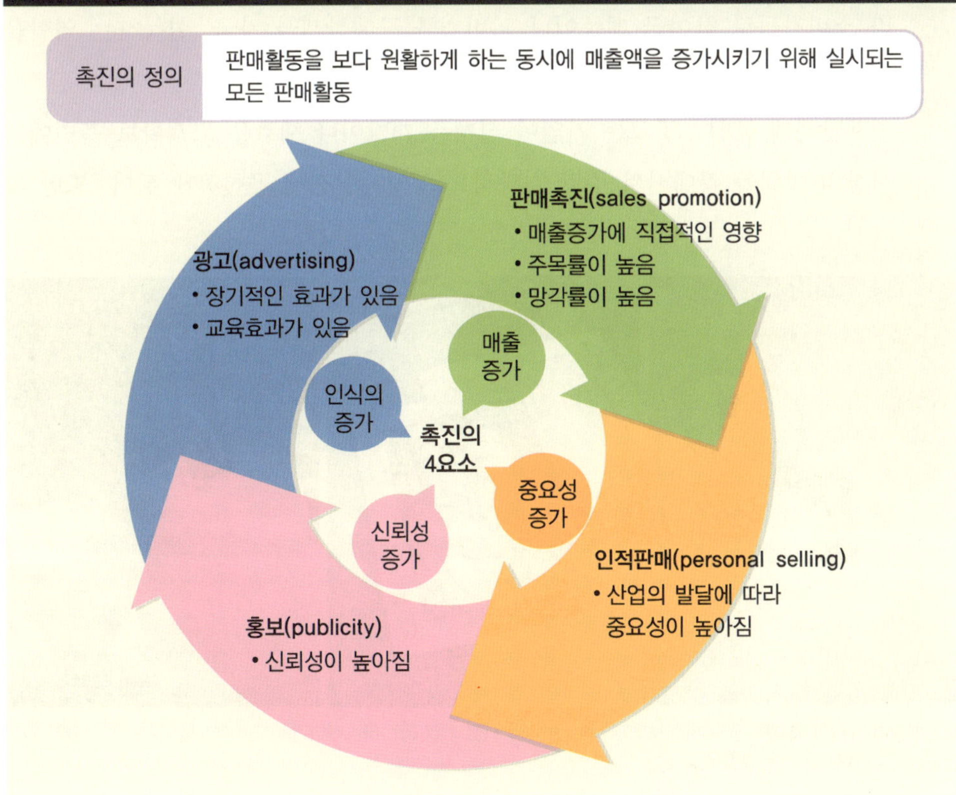

할 수 있으며, 잡지나 전파매체의 광고는 판매원의 메시지 전달을 설득력 있게 하고, 판매원의 중간상이나 소비자에 대한 설득은 그들의 해당제품에 대한 광고에 관심을 집중시킨다.

3.3 광고의 역할

광고는 현대생활에서 점점 그 중요성이 더해 가고 있는 부분이며, 광고는 광고를 상품판매 수단으로 이용하고 있는 광고주나 광고에 노출되는 소비자 모두에게 중요한 역할을 한다. 광고의 경제적 역할이나 사회적 역할에 대한 긍정적·부정적인 논쟁이 없는 것은 아니지만 광고는 다음과 같은 역할을 수행하고 있다.

① 소비자와의 의사소통 : 경제규모가 커지고 구조가 복잡해짐에 따라 소비자들은 다양한 상품, 서비스에 관한 정보를 손쉽게 획득할 수 있기를 바란다.

② 설득 : 광고는 소비자들에게 단순히 제품에 관한 정보를 제공하는 것뿐 아니라 소비자들로 하여금 제품이나 서비스를 구매하게끔 자극, 설득하는 역할을 수행하게 된다.

③ 경제발전에 공헌 : 광고는 기업이 신제품 개발이나 새로운 고객확보 측면에서 시장의 범위를 확대시켜 주고 결과적으로 경제발전에 공헌하게 된다. 또한 공

라스베이거스 파리 호텔의 도발적인 광고. 라스베이거스 지점의 광고로 라스베이거스에서 경험할 수 있는 다양한 경험들을 유머스럽게 표현해 놓았다.

Rixos Hotel 광고. 터키 안탈리아 지역에 위치한 Rixos Hotel의 광고이다 이 호텔에서 후원하는 아마추어 여성골프대회가 곧 시작한다고 알리고 있다. 캐디 혹은 코치로 보이는 두 명의 남성의 뒤통수가 성하지 않은 까닭은 대회 참가자가 아마추어이기 때문이 아닐까?

익광고는 사회적으로 바람직한 행동이나 이념을 사회구성원들이 받아들이도록 설득함으로써 사회복지에 기여한다.

④ 변화의 촉매제 : 광고에 합리성이 깃들어 있을 경우 광고에 노출된 소비자들의 인식에 변화를 주게 되고, 아울러 소비자들의 생활수준에 변화를 가져오게 된다. 특히, 개발도상국의 경우 광고가 사회변화의 촉매제 역할을 하게 된다.

광고는 사회에 긍정적인 역할을 하기도 하지만 다수의 부정적 역할을 하기도 한다. 우선 가장 큰 비난의 대상이 되고 있는 것은 광고가 재화나 서비스의 불필요한 가격상승을 유발한다는 점이다. 또한 사회적으로 바람직하지 못한 내용을 광고를 통해 소비자들에게 전달함으로써 부정적인 사회분위기를 조장할 수 있다. 광고비판가들은 광고의 이성적 소구(rational appeal)보다 감성적 소구(emotional appeal)가 더욱 이러한 현상을 심화시키고 있다고 보고 있다. 또한 광고는 광고주에게 우월한 힘을 발휘하게 함으로써 시장의 독점을 조장시킬 가능성이 있다.

표 10-2 촉진의 변천

과거(1960년대)	현재(1990년대)
• 광고중시 • 매출직결형 • 밀어붙이기형 • 투자의식 • 단발형(單發型) 촉진 • 꾸밈형 • 유행 밀어붙이기형 • 해외지향	• 판매촉진의 부활 • 이미지 제고형 • 설득형 • 비용의식 • 계획적 촉진 • 자연형 • 제안형 • 지역지향

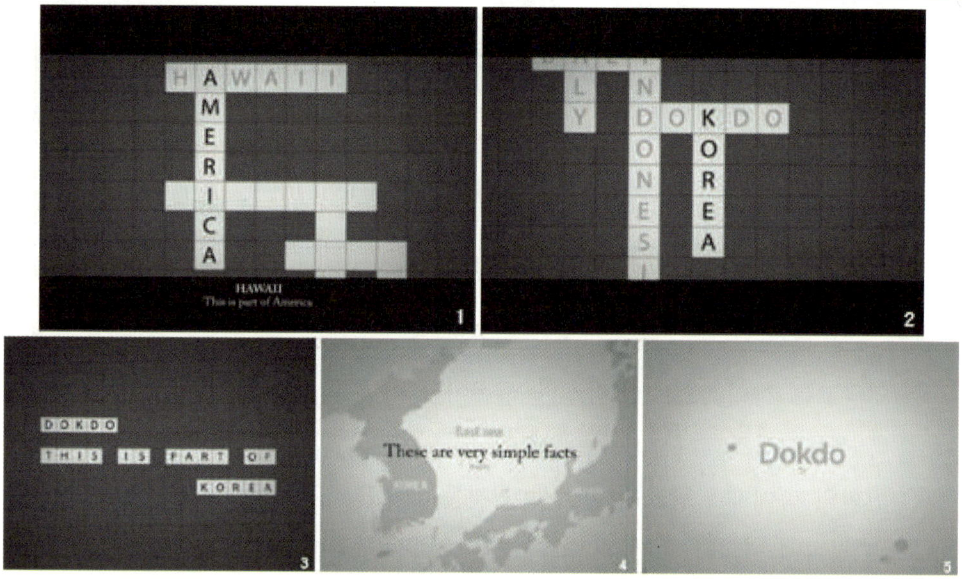

독도 홍보영상 애국심마케팅. 서경덕 씨가 타임스퀘어에서 광고한 독도 홍보영상이다. 이 광고는 2010년 3월 1일 0시에 타임스퀘어 중심부에 있는 CNN 뉴스 광고판에서 방영되었고 그 후로도 4개월 동안 계속되었다고 한다. 이 영상의 내용은 독도문제를 이야기하고 있다. 하와이는 아메리카, 시칠리아는 이탈리아 … 그리고 독도는 코리아라는 영문이 퍼즐 형태로 진행된다. 그리고 "한국의 아름다운 섬, 독도에 오세요"라는 멘트가 뜨면서 광고는 끝난다. 우리나라는 언제나 독도문제로 머리 아파한다. 하지만 그건 늘 한국 안에서만 이루어지는 것 같다. 정작 한국인만 독도가 한국 땅이라고 주장할 뿐 일본은 그동안 인터넷과 전 세계 지도에 동해를 일본해라 표기하고 독도를 자신들의 것이라 주장했다. 그리하여 외국에서는 독도가 다 일본영토인줄로만 안다. 이럴 때 시급한 것이 바로 홍보, 광고이다. 서경덕 씨는 이러한 취지에 맞게 세계의 눈이 집중되는 타임스퀘어에 독도광고를 하였다. 독도를 광고하는 것은 바로 한국에 대해서도 광고를 하는 것이다. 이런 광고를 통해 한국에 대한 인지도도 늘어날 것이고 한국에 대해 관심도 증가하게 될 것이다.

3.4 광고매체의 결정

마케팅관리자는 이제 구체적으로 어느 매체에 광고를 할 것인가 결정해야 한다. 예를 들면 신문광고를 하기로 했다면 여러 신문 중에서 어느 신문에 광고를 낼 것인가를 결정해야 하는 것이다. 이때 많이 쓰는 척도가 CPM(Cost Per Millenium)이라는 개념이다. 예를 들면 'H'라는 신문에 전면광고를 내는데 2,000만 원이 들고 이 신문을 읽는 사람이 200만 명이라면 이 신문의 CPM은 10,000원이다. 이렇게 하여 광고주는 각 매체를 CPM이 낮은 순서대로 순위를 매길 수 있을 것이다. 매체를 정할 때는 CPM 외에도 각 매체의 독자, 청중 및 시청자들이 얼마나 광고에 주의를 기울이며, 그들 중 몇 %가 우리의 목표고객에 속하며, 각 매체의 편집수준이 어느 정도인가 등의 요소도 고려해야 한다.

광고매체는 위와 같이 여러 가지 장·단점이 있기 때문에 이를 잘 파악하여 목표고객과 어울리는 광고매체를 선택하여야 한다. 십대를 겨냥하기 위한 광고매체는

표 10-3 광고매체의 특징

	유형	판매단위	요율에 영향을 미치는 요인	장점	단점
신문	조간 석간 주간	광고행수, 단어수, 1란 인치수, 인쇄된 행수	도달범위와 빈도, 컬러 종류, 선호되는 위치, 발행부수	독자층이 광범위, 독자층 파악이 가능, 신속한 광고, 많은 양의 정보제공이 가능	짧은 수명, 다른 광고물과 혼합되어 독자에게 접근가능
잡지	각종 잡지	페이지, 행란 인치수	발행부수, 출판비용, 청중유형, 빈도, 광고물 크기, 광고물 위치, 컬러 종류	특정 고객층에게 소구가능, 긴 광고수명, 반복광고가 가능, 전문잡지는 신뢰성 높음, 복잡한 정보도 전달가능	비용이 매우 많이 소요, 적시광고가 곤란
라디오	AM FM	초단위 : 15, 20, 30초	시간대, 시청률, 스파트나 프로그램, 길이, 도달범위, 빈도	비용이 적게 소요, 광고변경이 용이, 빠른 전달력	청각적 메시지만 전달이 가능, 짧은 메시지 수명, 청취자 집중률이 떨어짐
TV	전국 지역 유선	초단위 : 15, 20, 30초	시간대, 스파트나 프로그램수, 빈도수, 시청률, 도달범위	빠른 전달력, 주의력이 강함, 광범위한 시청층, 시청각 매체, 전국광고가능	비용이 많이 소요, 광고변경이 곤란, 노출시간이 짧아 복잡한 정보전달이 곤란
옥외광고	포스터, 간판광고			반복노출, 낮은 비용, 지역적 선택성, 높은 가시성	메시지가 짧고 단순, 선택적 노출이 불가능
직접우편	편지, 엽서, 카탈로그, 브로슈어, 쿠폰, 달력, 소책자		우편요금, 우표, 생산비용	광고가 낭비되지 않음, 발행의 통제가 가능, 광고효과 측정이 비교적 용이	비용이 많이 소요, 쓰레기 우편물(junk mail)로 오인받을 가능성이 높음

라디오나 TV가 적합하며 제품의 특성을 예를 들면 의복 선전을 위해서는 천연색으로 광고될 수 있는 잡지가 적당하다. 또한 전달하고자 하는 용건에 따라 광고수단의 선택도 달라진다. 돌아오는 주말에 있는 할인판매에 관한 광고는 신문이나 라디오가 적절하며 특수한 기술에 관해 고지하는 경우는 전문잡지나 서신에 의한 것이 적합하다. 즉석카메라를 설명할 때는 TV 외의 다른 매체는 적합하지 않다. 이와 같은 매체의 특성을 고려하여 Gillette는 신제품을 소개하기 위해서는 십대나 젊은층이 즐겨보는 케이블TV에 광고를 주력한다고 주장한다.

미국의 경우 TV광고의 홍수로 인해 시청자가 이를 외면하는 경향이 강해지고, TV광고의 비용은 점점 높아지고 있기 때문에(golden hour 30초 광고에 125,000달러) 기업들은 점차 이 광고를 외면하고 다른 매체를 찾는 경향이 있다.

광고의 효과를 향상시키기 위하여 광고에 배우나 운동선수 등 유명선수를 출연시키는 경우가 많다. 그러나 이때 주의해야 할 것은 그 출연자와 광고상품, 목표고객, 광고의 목적이 서로 조화를 이루어야 한다. 광고 출연자는 나이 들고 점잖은 이미지를 가지고 있는데 상품이나 목표고객은 발랄하고 자유분방한 젊은층을 대상으로 하는 제품을 선전한다면 그 효과는 크지 않을 것이다. 또한 서민적인 이미지를 갖고 있는 배우가 고급품을 알리는 광고에 출연하는 것도 광고제품과 배우의 이미지가 서로 부합한다고 말할 수는 없을 것이다.

사례 **한식 알리미 광고**

음식은 시각, 청각, 후각, 촉각, 미각을 모두 느낄 수 있는 분야이다. 그래서 다른 것보다 광고를 하는 데 있어서도 다양한 면을 보여줄 수 있기 때문에 홍보효과가 뛰어나다고 할 수 있다. 이에 〈무한도전〉에서 한국을 홍보하는 방법으로 음식을 이용, 한국 대표 음식으로 아무래도 색감이나 다양함 그리고 비빈다는 문화를 알릴 수 있는 '비빔밥'을 광고에 사용되게 되었다.

광고에 출연하는 사람은 〈무한도전〉의 멤버들 뿐 아니라 많은 사람들이 나온다. 우선 일곱 명의 멤버들이 한 명당 한 가지 색을 정하여 요리사복을 입고 난타처럼 비빔밥 재료를 마구 다진다. 그러면 오이, 당근 등이 화면을 가득 채우고 나오고 그 뒤를 이어 같은 색 한복을 입은 여인들이 줄을 지어 둥그렇게 모양을 짓는다.

양파에 양념을 하듯 참기름이 위에서 뿌려지면서 화면은 상모를 돌리는 여러 사람들이 나와서 양파의 둥근 모양처럼 상모를 돌린다. 다음은 파가 나온다. 파가 바람에 흩날리는 것처럼 움직이자 그 뒤를 이어 바로 탈춤을 추는 인물이 나와서 파란 한삼을 휘날라며 파를 표현

하였다. 그 후로 다양한 색깔의 잘려진 피망이 위에서 떨어지고 그것은 바로 궁중의 연회에서 춤을 추던 화려한 여인들로 바뀌며 그 후로도 장구춤, 태권도, 사자춤 등이 나와서 재료와 어우러지며 한국의 다양한 문화를 보여준다. 각각은 모두 음식을 나타내고 있는데, 태권도는 하얀 쌀을 나타나고 사자춤은 고명으로 올라가는 소고기를 나타내고 있다. 그리고 마지막으로 노란, 하얀 한복을 입고 부채를 든 여인들이 나오며 계란을 표현하고 붉은 한복의 여인들이 노란, 하얀 여인들을 둘러서 고추장을 표현하고 이때까지 나왔던 모든 사람들이 나와서 어우러지는 비빔밥을 나타냈다. 그리고 마지막으로 비빔밥이 화면을 채우며 옆에 나오는 문구가 바로 'TASTE OF HARMONY'다. 비빔밥을 과연 영어로 어떻게 표현했을까 했는데, 바로 이렇게 표현을 하였다. '조화의 맛', 한국어로 표현하자면 이 정도로 될 것 같은데, 비벼 먹는다는 것이 바로 조화를 뜻한다고 할 수 있기에 이 표현이 참 적당하고 알맞게 어울리는 것 같다. 그리고 마지막에 멤버들이 난타를 했던 그 복장으로 나오며 'THE TASTE OF

KOREA'라고 뜨기 때문에 비빔밥이 한국의 것이라는 것을 알릴 수 있다. 이 광고는 결론적으로 한국의 맛 비빔밥을 세계에 알리는 광고이다. 하지만 부가적으로 비빔밥의 재료를 형상화한 장구춤, 사자춤, 태권도, 탈춤, 부채춤 등도 한국의 미와 문화로 전 세계에 알릴 수 있는 것이다. 비빔밥 하나를 광고할 수도 있었지만 그에 따라 한국의 문화를 더해서 더욱더 한국의 것이라 느낄 수 있도록 만들었다. 비빔밥 한 가지를 광고했지만 결론적으로는 한국 자체에 대해서 알릴 수 있는 것이다. 앞으로도 이렇게 다양한 한국을 알리는 광고가 만들어져서 한국이 많이 홍보되었으면 좋겠다. 아직은 한국이라 하였을 때 떠오르는 이미지가 많이 없기 때문에 이러한 광고로 한국의 이미지가 외국인들에게 확실하게 자리 잡아서, 외국으로 여행 갔을 때, "I'm Korean"이라고 하면 모두들 다 알고 호응해 줄 수 있을 그런 날을 위해서 다양한 방법으로 한국을 홍보해야 할 것이다.

4 판매촉진

4.1 판매촉진의 개념

판매촉진이란 특정 제품 서비스를 소비자 또는 중간상에게 단기적으로 조기 또는 다량구매를 유도하기 위하여 설계된 다양한 도구들을 의미한다. 광고가 일반적인 소비자들이 제품을 구매하여야 하는 이유를 제시하는 반면 판매촉진은 소비자에게 실제 구매를 자극하는 역할을 수행한다. 따라서 판촉과 광고가 독립적으로 시행되기보다는 동시에 사용되어 상호보완 작용을 하도록 하는 것이 가장 효과적이다.

판매촉진은 제조업자, 중간상, 비영리조직을 포함한 모든 조직에서 이용되어지고 있다. 일반적으로 제조업자 판매촉진은 소비자 판촉(샘플, 쿠폰, 현금환불, 소액할인, 프리미엄, 무료시용, 보증, 경연회 등), 중간상 판촉(협동광고, 전시제공, 후원금, 판매상 경연회 등), 판매원 판촉(상여금 경연회, 판매원 회합 등)으로 구분이 되나 판매원 촉진은 실질적으로 판매원관리에 속하므로 엄밀한 의미에서 제조업자 판매촉진이라고 볼 수 없다. 따라서 판매촉진에서 가장 중요한 유형은 소비자 판촉, 중간상 판촉과 소매업자들이 최종소비자를 대상으로 판촉활동을 하는 소매업자 판촉 등 세 가지 유형으로 분류될 수 있다.

판촉은 다른 촉진믹스와 마찬가지로 다양한 장·단점을 보유하고 있다. 판촉의 장점은 다음과 같다.

① 판촉은 제조업자로 하여금 단기간에 공급과 수요를 조절가능하게 해준다. 즉, 판촉은 단기적으로 소비자들이 조기 또는 다량구입을 유도하는 것이기 때문에 기업 입장에서 재고정리와 같은 단기적인 수요와 공급의 조절을 가능하게 해준다.

② 판촉은 신제품의 사용을 유도할 수 있다. 판촉은 소비자에게 소액할인, 샘플제공, 경품제공 등을 통해 소비자들의 구매위험을 감소시키거나 충동구매를 유발시켜 신제품을 사용하게 할 수 있다.

③ 판촉은 광고보다 즉각적인 반응을 유발시킬 수 있다. 일반적으로 판촉은 구매시점에서 제공되므로 광고에 비해 신속한 매출증가를 얻을 수 있다.

판촉의 단점은 다음과 같다.

① 판촉은 성숙기 시장에서 신규 구매자를 유인하는 방법으로는 적절치 못하다. 판촉은 도입기 시장에서는 효과적이나 제품의 특성이 잘 알려져 있는 성숙기 시장의 경우에는 영향력이 감소하게 된다.

② 상표애호도가 강한 소비자는 판촉의 결과로 그들의 구매패턴을 변경하는 경향은 없다. 판촉에 의해 단기적인 매출증대를 이룰 수는 있지만, 품질이 보장되지 않는 한 경쟁제품에 강한 상표 로열티를 보유한 소비자를 자사제품의 사용자로 전환시키기는 매우 어렵다.

③ 판촉은 경쟁업자들의 모방이 용이하므로 판촉에 따른 경쟁적 우위가 단기간에 감소할 수 있다. 다양한 판촉수단들은 다른 마케팅믹스나 촉진믹스와는 다르게 기업이 별다른 준비 없이도 곧바로 실시할 수 있다. 따라서 자사의 판촉에 경쟁사가 즉각적으로 동일한 판촉수단으로 대응한다면 경쟁적 우위는 상쇄된다.

④ 경쟁자와의 지나친 판촉경쟁은 기업의 수익구조의 악화를 가져올 수 있다. 산업 전체에서 모든 기업들이 판촉을 실시한다면 소비자들은 판촉을 당연시하

게 되고 판촉이 없으면 구매를 하지 않게 된다. 따라서 지나친 판촉경쟁은 산업 전체의 수익성을 악화시킬 수 있다.

사례 **Polaroid와 TWA(Trans World Airlines)의 잘못된 판촉**

Polaroid 카메라회사와 TWA 항공회사는 합작으로 판매촉진을 실시한 적이 있었다. 이들은 20달러짜리 Polaroid 카메라를 사면 어느 곳을 여행하든지 TWA 항공권을 25% 할인하여 준다는 조건을 제시하였다. 이 회사들은 휴가를 떠나는 고객들이 여행할 때 사진을 찍을 것이기 때문에 이 방법을 제공한 것이었으나 여행사나 대기업에서 이를 악용하여 20달러짜리 카메라를 대량으로 구입하고 장거리 TWA 항공을 20달러 이상 할인받아 TWA는 큰 손해를 보았고, 이 판촉은 대실패하였다.

4.2 판매촉진의 목적

회사가 판매촉진을 하는 목적에는 여러 가지가 있다.

① 짧은 기간 내에 판매를 대폭 늘린다. 즉, '바겐세일' 같이 일정기간 동안 가격을 낮추는 판촉행사를 한다.

② 소비자들로 하여금 자사제품을 시험 삼아 써보게 한다. 새로 나온 상품의 견본을 무료로 소비자들의 가정에 보내는 것이다.

③ 자사제품을 다음에 또 사도록 유도한다. 독자들에게 잡지나 신문을 몇 번 공짜로 보내고 나중에 그 잡지나 신문을 정기구독하도록 권유하는 것이다.

④ 더 많은 양을 사도록 유도한다. 커피회사가 자사의 커피병 안에 다음에 똑같은 상표의 커피를 구입하면 할인받을 수 있는 쿠폰을 넣는 것이다.

⑤ 가격에 민감한 소비자들의 구매를 유도한다. 회사가 신문이나 잡지에 쿠폰이 포함되어 있는 광고를 내고 그 쿠폰을 가져오는 소비자들에게 상품 값을 깎아주는 것을 말한다.

⑥ 1년 내내 판매가 고르게 이루어지도록 한다. 회사는 계절을 타는 상품을 비수기에 대대적으로 할인판매를 한다든가 또는 1년 동안에 가장 판매가 저조한 시기에 판촉행사를 하는 것을 말한다.

그림 10-4 ▌판매촉진 목적

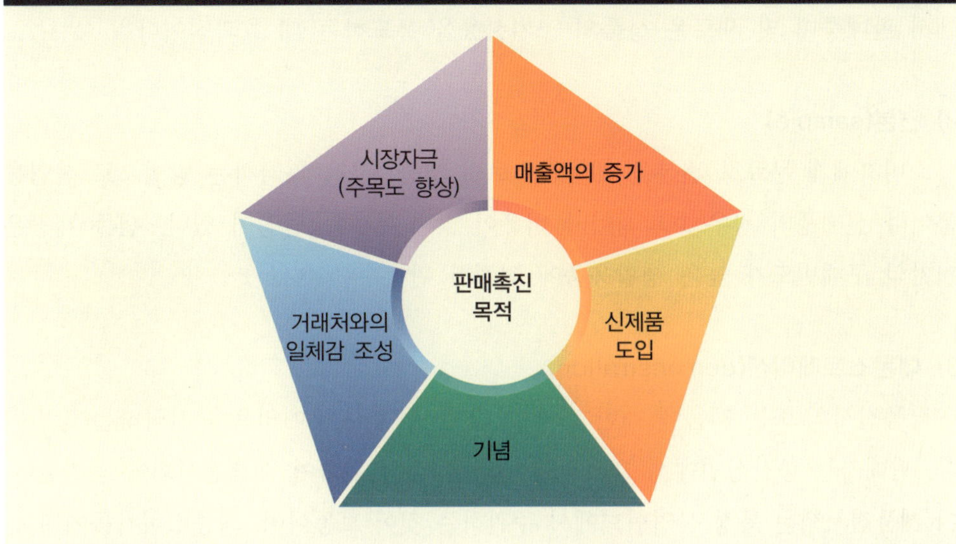

이와 같이 판매촉진을 하는 목적에는 여러 가지가 있는데, Strang의 연구에 의하면 판매촉진과 광고를 같이 하면 판매촉진만 할 때보다 훨씬 효과가 더 있다고 한다.

4.3 판매촉진의 유형

4.3.1 소비자 촉진

소비자 촉진은 궁극적인 소비자를 대상으로 제품의 구매를 유도하는 형태로서 이에는 견본, 상품권, 전시, 경품, 거래 스탬프 등이 있다. 이는 소비자에게 상품에 관한 지식을 제공하거나 호의를 획득하여 구매를 환기 또는 자극시켜 판매저항을 줄이려는 활동이다.

1) 쿠폰(coupons)

가격할인의 형태로서 쿠폰을 소지한 사람에게 특정 제품 구입 시 기재된 금액만큼 가격을 할인해 주는 방법이다. 상품권은 우편을 이용하거나, 다른 제품에 끼워

넣거나, 잡지나 신문광고에 삽입하는 방법이 있다. 일반적으로 쿠폰은 성숙기 시장에서 판매증대 및 새로운 상품의 조기사용을 유도하는 데 효과적이다.

2) 견본(sample)

소비자에게 무료로 견본을 제공함으로써 제품사용을 자극하는 방법으로 산업용품이나 신제품의 경우 효과적이나 비용이 많이 든다는 단점이 있다. 샘플 제공은 저가의 구매빈도가 높은 생활용품에 적절한 판촉수단이다.

3) 데몬스트레이션(demonstration)

작품전시회 또는 제품에 대한 실제 설명 등을 통해 구매의욕을 자극하는 방법이다. 판매자는 중간상인에게 호의적인 반응을 얻기 위하여 제품전시회에 참가한다. 이 제품전시회는 특정 산업협회에서 주관하는 것이 보통이며, 최종소비자들에게 선전하기 위하여 마련되기도 한다.

4) 경품(premiums)

특정 제품에 대한 구매유인책으로 무료 혹은 저가로 다른 제품을 제공해주는 것으로 정규가격에 제품을 더 많이 주는 것을 말한다. 경품의 예로, 하나의 가격으로 두 개의 제품을 주는 것, 또는 항공사에서 일정 비행거리를 넘어 탑승한 단골고객에게 무료탑승권을 주는 것과 자동차회사와 카드회사가 제휴를 통해 자동차 카드를 만들어 일정액 이상 사용하면 신차 구입 시 사용실적만큼 현금할인 혜택을 주는 것도 일종의 프리미엄이다.

5) 소품에 의한 광고

볼펜, 달력, 액세서리, 도자기 등에 광고자의 이름, 주소 등을 넣어 광고용으로 사용하는 것을 말한다. Pace대학교 Gould 교수의 연구에 의하면 서신을 이용하여 광고할 때 작은 소품을 곁들여 선전하면 서신만을 수단으로 광고하는 것보다 3배의 매출성과를 올릴 수 있다고 한다.

6) 거래 스탬프

경품의 특수형태로서 제품의 구매 시에 구매액에 따라 스탬프를 발급하여 이 스탬프의 금액에 해당하는 경품을 제공하는 방법이다.

7) 구매시점광고(POP : Point Of Purchase)

소비자가 구매하는 시점에 점두나 점내에서 소구하는 모든 활동을 말한다.

8) 리베이트

우리나라에서는 사용되지 않으나 미국과 유럽의 각국에서는 많이 쓰이고 있다. 리베이트는 소비자가 구매 후 우편으로 구매영수증을 비롯한 필요 증명서를 기업에 보내면 기업이 구매가격의 일정률에 해당하는 현금을 소비자에게 반환해주는 것을 말한다.

소비자를 대상으로 한 판매촉진은 두 가지 목표를 갖게 된다. 즉, 소비자들의 신제품 구매를 자극하거나 기존제품에 대한 재구매를 강화하기 위해 판매촉진이 행해진다. 신제품의 경우 판매촉진은 소비자로 하여금 제품을 시험적으로 사용하여 호의적인 태도를 갖게 만들 수 있다. 기존제품에 대한 판매촉진은 기존고객을 경쟁사로부터 지키는 한편 경쟁사의 고객을 유인하는 데 사용된다. 판매촉진을 통해 기존고객은 품질에 대한 확신을 더욱 강하게 갖게 되며 경쟁사의 고객은 제품의 시험적 사용기회를 얻게 된다. 또한 판매촉진에 수반되는 경제적 이익은 기존고객에게 상표애호도에 대한 하나의 보상으로 느껴질 수도 있다.

그런데 이상의 소비자 판매촉진의 서술에는 하나의 대전제가 놓여 있다. 즉, 제품품질이 경쟁사보다 우수하다는 조건하에서만 판매촉진의 효과가 앞에서 서술한 바와 같이 나타난다는 것이다. 만약 제품의 품질이 불량하다면 커뮤니케이션 활동으로서의 판매촉진은 아무 의미도 없게 된다. 이 경우 판매촉진은 단순히 순간적인 판매증대를 위한 일종의 가격조작에 불과하게 된다. 한마디로 판매촉진이란 우수한 자사의 품질을 소비자가 몰라볼 때 품질을 납득시키기 위해 사용되는 촉진활동이다.

4.3.2 거래촉진

거래촉진(trade promotion)은 주로 거래처를 대상으로 유통효율의 향상, 거래량의 증대, 특수한 제품판매의 자극 등을 목표로 이루어진다. 이러한 방법에는 특별할인, 촉진금, 거래점 원조, 판매원 촉진 등이 있다.

1) 특별할인

거래점에 대한 일시적 가격인하 정책으로서 주로 일정한 판매촉진 기간 동안 일정한 비율로 가격을 할인해주는 방법이다. 여기에는 구매량에 따라 특정 제품을 무료로 증정하는 무료상품의 형태가 이용되기도 한다.

2) 촉진금(push money)

거래점의 제품판매에 대해 일정의 판매수수료를 기업이 지불해주는 방법으로 이는 주로 다른 촉진전략의 보조적인 방법으로 사용된다.

3) 거래점 원조(dealer's help)

이는 도・소매상에 대해 판매 또는 경영상의 여러 가지 원조 내지 지도를 하는 판매촉진활동으로서 판매경로를 구성하는 판매점의 동기를 유발하고 그들이 기업에 협조케 할 것을 목적으로 한다.

4) 판매원 촉진

판매원 촉진(sales-force promotion)은 판매원들의 판매활동을 자극하는 방법으로 상여금, 판매원 회의, 판매원 경쟁 등이 있다.

5 홍보

5.1 홍보의 본질

홍보(publicity)는 기업이 자사제품의 판매를 촉진하기 위해 쓸 수 있는 또 하나의 중요한 마케팅 수단이다. 즉, 홍보란 사람 이외의 매체인 신문, 잡지, TV, 라디오 등으로 하여금 제품, 회사, 서비스 등을 뉴스나 논설의 형태로 다루게 함으로써 이것들에 대한 수요를 자극하는 것이라고 정의할 수 있다.

홍보는 광고와 혼동하기도 한다. 광고는 판매촉진을 목적으로 하나 홍보는 교육적인 목적을 가지며, 광고는 유상(광고주의 비용지불)이지만 홍보는 무상으로 편집기사화 되며, 광고는 광고주가 임의로 게재 여부를 결정할 수 있으나 홍보는 매체의 편집자가 뉴스로서의 가치유무에 따라 게재 여부를 결정하게 된다.

홍보는 이와 같이 신문, 방송 같은 매체에서 뉴스, 논설형식으로 전달되므로 높은 공신력을 가지며, 따라서 다른 촉진수단보다 그 소구력이 높다.

사례 롯데호텔의 G20마케팅

얼마 전 우리나라에서 G20정상회의가 열렸다. 이에 많은 호텔들이 여러 가지 마케팅활동을 벌였는데 롯데호텔은 '먹거리' 를 이용한 마케팅활동에 주력했다.

롯데호텔은 2009년 11월 3일 약 1년간의 리노베이션을 마치고 본관 최고층인 38층에 한식당 '무궁화'를 리뉴얼 오픈했다.

한식당 강화를 지시한 부회장의 진두지휘 아래 약 50억 원이 투입된 무궁화는 외국인들도 쉽게 접할 수 있는 세련된 스타일의 정통한식을 선보여 국가대표 한식당으로 거듭난다는 방침이다. 또 '고급요리', '수준 높은 식문화'라는 화두를 통해 한식 세계화에 앞장서겠다는 포부도 밝혔다. 이렇듯 우리 음식의 세계화를 위해 G20을 위해 한국에 들어오는 많은 외국의 정상들에게 이를 알림으로써 호텔의 이미지도 더욱 고급스러워지고 한국의 음식을 알리는 좋은 기회가 되었다.

한편 홍보와 유사한 개념으로 PR(Public Relation)이 있는데 PR은 사회의 공중, 즉 고객, 회사종업원, 주주, 공급업체, 정부 등과 의사소통을 원활히 하고 이들과 좋은 유대관계를 맺는 것이다. 즉 PR이란 '기업과 사회 간에 이상적인 관계를 정립하기 위한 기업의 여러 가지의 활동'이라고 정의한다. 이는 다른 선전수단과는 달리 그 목적이 제품의 판매에만 있는 것이 아니고, 그보다 넓은 의미를 가지고 있다. 즉기업의 이미지와 기업의 위신에 더 관심이 있는 선전 수단이다. 따라서 홍보는 PR의 일부라고 볼 수 있다. 그런데 최근에는 홍보를 PR 차원으로 끌어올려, 마케팅 커뮤니케이션 수단의 하나로서 PR을 적극적으로 활용하는 기업이 늘어가고 있다고

UNITED항공사는 'The first airline seat that's something of destination itself'라는 문구와 함께 광고하였고 '편안함'을 추구하는 소비자에게 감성적으로 다가가고 있다.

한다. 이런 회사들은 대개 PR전문가를 고용하고, 회사의 좋은 이미지를 창출하고 자사제품의 판매를 촉진하기 위하여 조직적이고 전문적으로 PR활동을 벌인다. 이런 움직임도 상대적으로 점점 커지고 있는 홍보 내지 PR의 중요성을 반영하는 것으로, 이런 추세는 앞으로도 계속될 것으로 보인다.

예를 들면 Anheuser-Busch 맥주회사는 자기회사의 맥주판매를 증대시키기 위하여 광고를 하면서도 다른 한편으로 술의 남용과 음주운전방지를 위한 여러 가지 프로그램을 운영하고 있다. 술의 남용을 방지하기 위하여 소매상을 교육하는 프로그램이 있으며, 음주운전을 막기 위하여 무료로 집까지 태워다 주는 기관에 후원자 역할도 한다. 또한 회사 종업원이 오랫동안 파업을 벌일 때도 공중으로부터 호의적인 반응을 얻기 위하여 노력하기도 했다.

이러한 PR활동의 수준, 내용 그리고 표적대상에 대하여 다음과 같이 표와 그림으로 정리할 수 있다.

표 10-4 PR활동의 내용

• 문화 · 교육활동의 후원 · 주최	• CATV의 인포머셜
• 스포츠경기의 후원 · 주최	• 거리 정화운동의 협력
• 체육관 · 홀의 제공	• 공공장소 제공
• 공장부근 주민의 초대	• 정보 · 노하우의 공개
• 자선사업에 참여	• 공장견학
• 기부활동	• 공장 내 녹지의 개방
• 빈깡통 회수	• 숙박시설 개방
• 쓰레기 청소	• 의료시설 개방
• 청소활동	• 문화시설 건설
• 교육 · 연구에 자료제공	• 제품 테스트실 개방
• PR용 팸플릿 작성	• 조사 · 분석활동에 초대
• 교육기관의 설치 등	

❙ 표 10-5 ❙ PR활동의 수준

수준 Ⅰ	최소한의 사회적 책임을 수행(PR활동 없음)
수준 Ⅱ	사회적 역할을 담당함(기업활동의 일환)
수준 Ⅲ	적극적 사회참여(기업전략의 일환, PR활동 본격화)

그림 10-6 ❙ PR활동의 표적

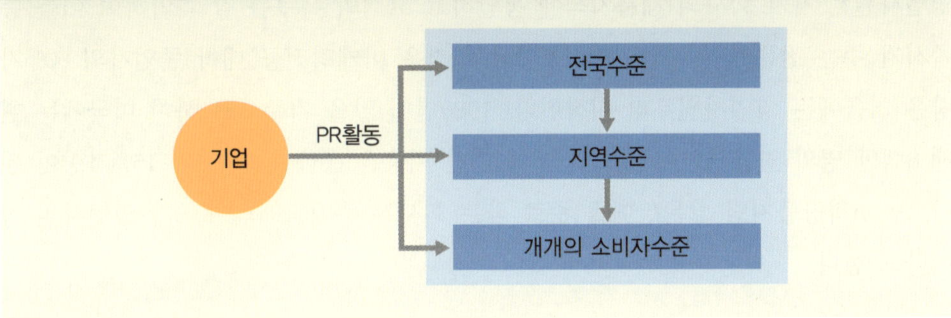

5.2 홍보의 관리

기업이 제품과 관련하여 홍보활동을 수행할 때는 다음과 같은 과정을 거치게 된다.

① 홍보활동에 있어서는 전체 마케팅 목표와 연관시켜, 먼저 구체적이고 실현 가능한 홍보목표를 설정해야 한다.

② 홍보목표가 설정된 후에 홍보담당자는 홍보대상과 관련하여 중요한 메시지와 수단을 선정해야 한다.

③ 홍보계획의 실시단계로 기사화된 홍보메시지를 매체에 유효하게 공표되도록 하는 활동으로, 이때에는 매체의 편집자와 좋은 공중관계를 형성・유지하고 있어야 한다.

홍보결과의 평가는 다른 촉진수단과 분리하여 측정하기는 어려우나 일반적으로 홍보효과는 목표시청자의 실질 노출수로 측정하는 것이 보통이다.

6 인적판매

현대의 영업사원은 Arthur Miller의 『세일즈맨의 죽음』에서 나오는 불쌍한 사람도 아니며, 옛날 시장구석에서 유창한 말로 농담 잘하던 약장수도 아니다. 현대의 영업사원은 자기 회사의 제품지식에 통달하고 고객의 욕구를 잘 파악하여 이를 충족시켜 주는 전문적인 직업인이다. 미국의 경우 마케팅전공 대학 졸업자의 60%가량은 처음에는 영업사원부터 시작한다. 1980년대 말을 기준으로 하여 미국에는 현재 8백만 명의 영업사원이 있으며 이에 대한 비용은 총매출액의 10~15%가량이 된다. Avon화장품처럼 방문판매를 주로 하는 회사는 총매출액의 40%가 영업사원 경비라고 한다.

6.1 인적판매의 본질

인적판매(personal selling)란 영업사원에 의한 판매로 판매원이 직접 고객과 대면하여 자사의 제품이나 서비스를 구입하도록 권유하는 커뮤니케이션활동을 말하며, 판매원판매라고도 한다. 이것은 다른 커뮤니케이션믹스와는 달리 판매원이 고객의 필요, 표정, 반응에 맞추어서 즉석에서 커뮤니케이션을 달리 할 수 있는 융통성이 있다. 그러나 인적판매는 기업의 입장에서는 매우 비싼 커뮤니케이션 방법이다. 왜냐하면 유능한 판매원들을 유지하는 데는 엄청난 비용이 들기 때문이다. 따라서 회사는 최소의 비용으로 인적판매의 장점을 최대한으로 살리는 방향으로 판매원들을 관리해야 한다.

6.2 영업사원의 업무

영업사원의 업무는 대략 주문처리(order processing), 적극적인 판매(creative selling) 및 사용권장 판매(missionary sales)로 분류할 수 있다. 예를 들면 어떤 컴퓨터 영업사원은 그의 시간의 50%를 사용권장 판매에 소비하고 45%를 적극적인 판매에, 5%를 주문처리에 사용한다고 한다. 그러나 각 회사마다 영업사원에게 부여하는 목적은 각기 다르다. IBM 영업사원들은 '팔고, 설치하고, 상위 모델을 추천한다(To Sell, Install, and Upgrade)'를 목표로 하며, AT&T는 '고객을 개발하고, 팔며, 고객을 유지한다(Develop, Sell, and Protect Account)'를 목표로 한다.

영업사원에 의한 판매비결은?

1989년 현재 미국인 12명 중 한 사람은 스페인 계통이다. 그리고 그들은 다른 계통보다 5배나 빠른 속도로 증가하고 있다. 이러한 인구증가에 힘입어 Goya라는 식품회사는 스페인계통의 식품비중이 총판매 가운데서 무려 65%를 차지하고 있다.

스페인계통의 식품사업이 아주 좋은 세분시장이라는 것을 알고 미국의 대 식품회사 'Campbell'이 시장에 뛰어든 것은 1987년이었다. Campbell이나 다른 식품기업들은 도매상들에게 대폭적인 가격할인을 통해 판매하고, 최종 소비자들을 상대로 대대적인 광고를 하며 맹렬한 공세를 취하고 있다.

그러나 Goya는 최종소비자와 소매상으로부터 강한 호평을(brand loyalty) 받고 있기 때문에 크게 영향을 받지 않고 매년 12%의 매출신장과 이익증가를 보이고 있다. Goya의 상승비결은 Campbell과 다른 판매경로를 택하고 있기 때문이다. 즉 스페인 말을 하는 영업사원들이 스페인계통의 미국식 구멍가게 주인들과 큰 소매상들에게 서비스를 잘하기 때문이다.

1980년대 중반 많은 컴퓨터회사들이 IBM의 시장점유율을 빼앗아가기 시작했다. 이에 따라 IBM의 이익은 대폭 줄어들었는데 이러한 증상의 원인에 대해 IBM은 고객과 의사소통이 불충분한 데서 발생했다고 결론지었다. 그리고 이 문제를 해결하기 위하여 영업사원에 의한 판매에 중점을 두어야 한다고 생각하였다. 즉 영업사원의 수를 증가시켜 단순히 판매만 강화(sell harder)하는 것이 아니라 고객과 의사소통을 증진하고 고객의 욕구를 더 잘 이해하며, 고객의 문제를 더욱 잘 해결하기 위해서 였다. IBM은 아주 획기적인 방법을 택하였는데 제조부문, 제품개발부문, 관리부문에 종사하던 1만 1천 명의 종업원을 영업직으로 전보하였다.

7 관광 커뮤니케이션 고려사항

7.1 관광상품 커뮤니케이션 문제의 주요 원인

과장된 서비스약속이나 고객에게 제공되는 서비스제공에 관한 정보의 부재와 같은 서비스제공과 외부커뮤니케이션의 불일치는 서비스품질에 대한 고객지각에 큰 영향을 미칠 수 있다. 이러한 커뮤니케이션 문제의 원인은 크게 4가지로 서비스약속의 부적절한 관리, 높아진 고객기대, 불충분한 고객교육, 부적절한 내부커뮤니케이션을 들 수 있다.

7.1.1 서비스약속의 부적절한 관리

기업은 판매원, 광고, 서비스직원 등을 통해 묵시적으로나 명시적으로 고객과 약속을 하게 되는데 이러한 약속을 잘못 관리할 경우, 실제 서비스제공과 약속 사이에 불일치가 발생한다. 이러한 불일치가 발생하게 되는 주요 원인들 중 하나는 기업이 고객에게 제공가능한 약속을 전달하는 데 필요한 정확한 정보가 부족하고, 커뮤니케이션 수단 간에 통합이 원활치 않기 때문이다. 판매원은 흔히 현재 상황에서 제공할 수 없거나 정확히 언제 제공될지 모르는 서비스를 판매하곤 한다. 이러한 경향은 새로운 서비스산업에서 더욱 두드러진다. 또한 수요와 공급의 변동은 서비스의 공급이 어느 경우에는 가능하게 하고, 또 다른 경우에는 불가능한 상황이 발생하도록 하여 결과적으로 예측을 어렵게 한다. 사실 다수의 기업이 채택하고 있는 전통적인 기능적 구조하에서는 서비스의 약속과 제공에 관해 고객과 커뮤니케이션하는 것이 어렵다.

7.1.2 고객기대의 부적절한 관리

서비스에 대해 적절하고 정확하게 커뮤니케이션하는 일은 마케팅과 운영부서 모두의 책임이다. 즉, 마케팅은 실제로 서비스접점에서 일어나는 일들을 정확히 반영해야만 하며, 운영부서는 커뮤니케이션에서 약속한 사항을 반드시 제공해야 한다.

예컨대, 경영컨설팅 회사가 새로운 아이디어를 고객사에 제안하려 할 때, 마케팅 및 판매부서는 그 제안이 경쟁사와 대비해서 우월해 보이도록 충분한 흥미를 유도해야 한다. 그러나 서비스를 촉진하고 차별화하는 과정에서 일반적으로 수행할 수 있는 수준 이상으로 올려진 고객의 기대를 컨설턴트는 감당해낼 수 없다. 만약 광고, 인적판매 또는 기타 외부커뮤니케이션이 비현실적인 기대를 갖게 한다면, 실제로 서비스가 제공되는 접점에서 고객은 실망하게 될 것이다.

서비스산업의 경우 점차 정부의 규제가 완화되어 경쟁이 치열해지고 있기 때문에 많은 서비스기업이 더 큰 경쟁압력을 받고 있다. 때문에 서비스기업은 종종 판매, 광고 및 기타 기업 커뮤니케이션에서 과장된 약속을 하곤 한다. 항공운송업의 경우 단골고객 확보를 위해 끊임없이 새로운 서비스의 개발과 가격하락을 무기로 경쟁한다. 특정 서비스기업이 신규고객을 획득하기 위해 느끼는 압력의 정도가 클수록 그리고 일반적인 산업관행이 주로 과장된 약속을 하는 경향이 클수록 그 산업 내 기업이 과장된 약속을 하는 경향은 더 커진다.

만약 고객이 맥도날드 가맹점의 판매대에서 젊은 직원이 미소 짓고 있는 광고를 보게 된다면, 고객은 자기 집 옆 맥도날드 점포에서도 언제나 한 젊은 직원이 미소 짓고 있을 것으로 기대하게 될 것이다. 만약 고객이 '라마다 인 호텔'에서는 언제나 고객의 잠을 깨우는 신호가 정확하게 울린다는 광고를 보게 된다면, 그곳에서는 늦잠을 자서 낭패를 보는 고객은 전혀 없을 것이라고 기대하게 된다. 비현실적 수준까지 고객의 기대를 높이는 경우, 대부분의 고객은 높은 기대수준으로 인해 실망하게 되며 이로 인해 사업이 점차 침체되는 결과를 맞게 된다.

사례 **호텔업계, 중국 고위층 모시기 '반전에 반전'**

신라호텔, '후진타오 정전사건' 1년만에 리커창 다시 모시기

국내 최고급 숙박업체인 신라호텔과 롯데호텔이 중국의 고위층 모시기에서 일진일퇴를 거듭하며 힘겨루기를 하고 있다. 중국 지도자들을 단골로 잡아 왔던 신라호텔이 1년 전 대형 사고를 치는 바람에 롯데호텔이 틈새공략에 성공했다. 그러나 1년이 못가서 '롯데호텔의 엘리베이터가 리커창 부총리를 호텔신라로 모셔가는'반전을 일으키고 말았다. 이런 가운데 호텔업계 간의 중국지도자 모시기 경쟁이 외교가의 잔잔한 화젯거리로 등장하고 있다.

신라호텔

롯데호텔

'재벌가 딸들의 전쟁' 와중에 벌어진 정전사건, 중국 국가지도자 모시기의 선두는 단연 신라호텔이었다. 해외지도자가 국내방문 시 미국은 하얏트, 일본은 롯데호텔을 선호한다. 이들과 한 호텔을 애용할 리 없는 중국지도자들이 선택한 곳이 신라호텔.

1992년 한·중 수교 이후 중국의 역대 정상들을 비롯해 국빈급 인사들은 서울에 오면 곧장 관행처럼 신라호텔에 묵었다. 하지만 G20(주요 20개국) 정상회의 참석차 방한한 후진타오 중국 국가주석이 묵고 있을 때 신라호텔은 '대형사고'를 쳤고, 이 때문에 1년간 중국정부 손님들의 외면을 받는 일이 생겼다.

후진타오 주석이 방한 중이던 지난해 11월 11일 밤 오후 9시 43분부터 49분까지 6분간 신라호텔 20층부터 22층에 전기공급이 끊겼다. 하필 후진타오 주석과 중국 대표부가 묵고 있던 층이었다. 경호원들이 난리가 났다. 숙박 중인 후진타오 주석의 신변을 침해하려는 비상상황으로 받아들여졌기 때문이다. 다행히 경호상의 문제가 아닌 단순 정전으로 밝혀져 넘어갔지만, 주석을 잘못 모신 꼴이 된 중국대사관이 가만있을 수는 없었다. 중국대사관은 신라호텔 측에 강한 불쾌감을 여과없이 터뜨리며 항의한 것으로 알려졌다.

즉각 그 여파가 닥쳤다. 정전사고 뒤 보름만에 방한한 후진타오 주석의 특사 다이빙궈 국무위원은 신라호텔에 들지 않았다. 그의 발길은 중구 소공동 롯데호텔로 향했다.

벌집이 된 신라호텔은 연초 중국대사관 관계자들을 초청해 극진히 대접했지만, 지난 2월 양제츠 외교부장은 롯데호텔로 직행했다. 중국지도자 모시기 경쟁에서 롯데호텔의 우위가 열린 것이나 다름없었다.

이부진 사장이 신라호텔 경영을 총지휘하면서 '재벌가 딸들의 전쟁'을 벌이고 있는 판에 벌어진 일이라 신라호텔 실무자들의 속은 타들어갔다.

리커창을 신라호텔로 실어가버린 롯데호텔 엘리베이터

하지만 롯데의 즐거움은 오래가지 못했다. 문제는 엘리베이터였다. 지난 5월 23일 서울에서 제7차 한·중·일 통상장관회의 참석차 중국 천더밍 상무부장이 방한했다.

후진타오 주석이 경을 칠 뻔했던 신라호텔은 이미 발길을 끊었기 때문에 당연히 롯데호텔로 직행했다. 그런데 천 부장이 탄 엘리베이터가 갑자기 멈춰서 버렸다. 안에 갇힌 천 부장의 얼굴이 일그러졌다. 당시 천 부장을 수행했던 한 인사는 "엘리베이터 사고로 천 부장 일행이 10여 분가량 갇혀 수행원들이 매우 곤혹스러워 했다"고 전했다.

하지만 롯데호텔은 이런 사실을 부인하고 있다. 롯데호텔 관계자는 "올해 들어 한 번도 엘리베이터 사고가 난 적이 없는 것으로 보고되고 있다"며 "중국 측 고위급 인사들의 방문은 꾸준히 이어지고 있다"고 말했다.

11월 방한한 리커창 부총리는 중국의 차세대 국가지도자다. 우리 정부는 그의 비중 때문에 국빈예우로 맞았다. 리커창 부총리는 롯데호텔이 아닌 신라호텔에 몸을 맡겼다. 천 부장을 가둬버렸던 롯데호텔의 엘리베이터가 리커창 부총리를 신라호텔로 싣고간 셈이다.

복수의 외교부 관계자들은 롯데호텔 엘리베이터에 문제가 있다고 말했다. 외교부 한 관계자는 "지난해 8월 적도기니 오비앙 대통령이 방한했을 때 롯데호텔 신관 귀빈용 엘리베이터가 1층과 2층 사이에 멈춰서는 사고가 발생해 비상이 걸렸다"고 전했다. 당시 오비앙 대통령 일행은 사다리를 동원해 외부에서 문을 강제로 열고 탈출했다. 그 후 신동빈 롯데그룹 회장 지시로 대대적인 수리에 나섰지만 또다시 사고가 발생한 것이다.

리커창 부총리의 신라호텔 투숙은 지난해 11월 후진타오 정전사건 후 1년 만에 이루어진 중국지도자의 컴백이다.

신라호텔은 후진타오 정전사고 후 중국 고위층의 마음을 돌리려고 무진 애를 쓴 것으로 알려졌다. 마침 리커창이 방한하던 시점에 프랑수아 피용 프랑스 국무총리가 신라호텔에 묵기를 희망했다. 프랑스 국무총리이면 문화적 품격 측면에서 볼 때 탐낼만도 하지만, 신라호텔은 리커창만을 모셨다. 신라호텔 고위층은 리커창 부총리에게만 전념하라고 지시했다고 한다. 결국 프랑수아 피용 프랑스 국무총리 일행은 하얏트호텔로 발길을 돌렸다.

구매력 큰 중국인들, 지도자 투숙한 호텔 면세점 애용

호텔업계가 중국지도자 모시기에 치열한 것은 수행원이 많아 객실이 많이 팔리기 때문이 아니다. 이유는 면세점을 찾는 중국인 관광객을 이끄는 국가지도자의 브랜드효과에 있다.

중국인들은 다른 어느 나라보다도 국가지도자의 브랜드효과가 큰 국민들로 알려져 있다. 후진타오 주석이 방문한 호텔을 꼭 찾아보고 싶어하는 심리가 크다는 것이다.

롯데와 신라 두 호텔은 숙박업을 주업으로 하지만 실제 매출은 면세점에서 거의 이루어진다. 신라호텔 전체 매출에서 면세점사업이 차지하는 비중은 83.6%, 롯데호텔은 73.9%에 달한다. 영업이익에서 면세점사업이 차지하는 비중도 80~90%에 이른다. 이 때문에 호텔직영 면세점 영업에 구매력 큰 중국관광객을 끌어들이는 것은 호텔의 사활을 건 싸움이 되고 있는 것이다.

출처 : 내일신문(2011. 11. 10)

7.1.3 불충분한 고객교육

서비스제공과 약속 사이의 갭은 기업이 고객에게 필요한 교육을 충분히 시키지 않았을 때에도 발생할 수 있다. 고객이 서비스가 어떤 방식으로 제공되는지, 서비스제공과 관련해서 자신은 어떤 역할을 해야 하는지, 그리고 이전에는 결코 체험해 본 적이 없는 그 서비스를 어떻게 평가해야 하는지에 관하여 정확히 이해하고 있지 않다면 고객은 불평을 할 것이다. 불평을 할 때는 불평의 원인을 자신이 아니라 기업 탓으로만 돌릴 것이다. 서비스조사 회사의 연구를 보면 고객이 불평하는 경우 중 약 3분의 1은 고객 자신에 의해 야기된 문제와 관련이 있다는 것이다. 심지어 고객이 자신에 의해 유발된 실수와 문제로 인해 불만족한 경우라도 고객이탈로 이어지는 것을 볼 수 있다. 그러므로 기업은 고객을 교육시켜야 할 필요가 있는 것이다.

신뢰품질의 속성이 높은 서비스의 경우, 많은 고객이 그 서비스에 대한 평가기준을 이해하고 있지 못하다. 장기적인 의료처치나 처음으로 주택을 매입하는 것과 같은 고관여 서비스의 경우에서도 서비스과정을 이해하고 예측하기가 어렵다. 처음 주택을 구입하는 고객이 그 구입과정에서 일어나는 검사, 소유권 이전, 보험과 같은 복잡한 일련의 서비스(모기지, 오퍼와 카운터오퍼, 에스크로우)와 같은 과정을 이해하고 있는 경우는 좀처럼 드물다. 고관여 서비스의 전문가나 서비스제공자는 흔히 고객이 서비스제공과정의 단계에 대해서 잘 모르며 학습이 필요한 초보자라는 사실을 망각하곤 한다. 그들이 서비스 초기에 개략적인 설명이나 매뉴얼을 제공하는 것으로도 고객을 교육시킬 수 있다고 생각하고 있다. 그러나 불행하게도 이것만으로는 충분치 못하며, 이로 인해 고객은 과정을 이해하지 못할 뿐만 아니라 서비스에 대한 가치를 평가하지 못하게 되고, 따라서 이탈하게 되는 것이다.

고객교육으로 편익을 얻을 수 있는 또 다른 예는 수요와 공급을 맞추기 어려운 서비스이다. 만약 고객의 수요가 몰리는 피크타임과 수요가 거의 없는 밸리타임(valley time)을 모른다면, 어떤 때는 서비스가 몰리고 어떤 때는 서비스의 수요가 없는 결과가 초래된다.

7.1.4 부적절한 내부마케팅 커뮤니케이션

마케팅부서와 운영부서를 비롯한 여러 부서들은 서비스제공이라는 목표를 달성하기 위해 통합되어야 한다. 서비스기업이 행하는 광고나 인적판매는 서비스의 특성상 접점직원이 하는 일에 대한 약속이므로 조직 내 여러 부서들 간에 빈번하고 효과적인 커뮤니케이션, 즉 수평적 커뮤니케이션이 중요하다. 만약 이러한 내부커뮤니케이션이 제대로 안 되면 서비스품질에 대한 지각은 위험한 상태에 빠지게 되고, 기업의 광고나 기타 약속이 운영부서의 의견을 반영하지 않고 개발된다면 접점 직원은 마케팅에서 추구하는 이미지에 걸맞는 서비스를 제공할 수 없을 것이다.

고품질 서비스를 제공하기 위해서는 조직의 모든 부서를 조정하고 통합할 필요가 있다. 특히 마케팅(판매)부서와 접점직원(운영직원)들 간의 내부커뮤니케이션이 원활히 이루어질 필요가 있다. 인적자원관리부서와 마케팅부서 간에도 수평적 커뮤니케이션이 이루어져야 한다. 서비스가 고객에게 훌륭히 제공되기 위해서는 고객이 기대하는 것이 무엇인지를 직원들이 이해해야만 하며, 그러기 위해서는 동기부여가 필요하다. 마케팅이나 판매부서 직원들이 고객의 기대를 이해한다 하더라도 접점직원들에게 이러한 정보를 전달하고 이를 뒷받침해주지 않는다면 고객과 서비스에 대해서 직원이 잘 몰라서 질 좋은 서비스를 제공할 수 없게 될 것이다.

탁월한 서비스를 제공하는 데 있어서 내부조정의 마지막 형태는 본사와 유통점 간에 정책과 절차를 일관성 있게 유지하는 것이다. 만약 서비스조직이 동일한 상호 아래 프랜차이즈 가맹점이나 직영점을 운영하고 있는 경우, 고객은 동일 상호의 유통점이라면 서비스수준이 유사할 것으로 기대한다. 만약 각 직영점이나 가맹점 관리자에게 절차와 정책면에서 상당한 자율권을 준다면 고객은 여러 유통점들 간에 동일한 품질수준의 서비스를 받지 못할 수도 있다.

7.2 서비스약속과 서비스제공을 일치시키는 전략

서비스약속관리(managing service promises)란 일관성 있는(신뢰성 높은) 서비스를 확보하기 위해 외부마케팅 담당자와 상호작용마케팅 담당자 모두에게 서약(vow)을 얻어내는 것이다. 고객기대관리(managing customer expectation)란 기업이 이전에 제공했던 수준의 서비스를 더 이상 제공할 수 없다는 것을 고객에게 알리는 전략으로, 기업 혹은 환경에 중대한 변화가 발생하여 고객기대가 낮추어져야만 할 때 필요하다. 고객교육(educating customers)이란 고객에게 서비스과정이나 평가기준(서비스의 중요한 측면에 관하여 고객에게 알려주는 기준)에 관한 정보를 제공하는 것을 의미한다. 마지막으로 내부마케팅 커뮤니케이션관리(managing internal marketing communication)란 기업의 모든 기능을 고객의 기대에 맞추기 위해 조직의 상향, 하향, 부서 간의 경계를 넘어서 정보가 전달되는 것을 의미한다.

아래에서 이들 범주에 속하는 전략에 관하여 상세히 논의할 것이다.

7.2.1 서비스약속관리

제조업체의 경우 그 제품에 대해 약속을 하는 부서와 제공하는 부서가 서로 독립적으로 운영될 수 있다. 설계된 제품이 생산되고 그 다음 촉진과 판매를 위해 마케팅부서로 옮겨간다. 그러나 서비스인 경우는 사내 다른 직원이 제공하는 것을 판매 및 마케팅부서가 약속한다. 서비스는 기계로 제품을 찍어내듯 표준화가 될 수 없기 때문에 고객과 약속을 하는 데 있어 보다 많은 조정과 관리가 필요하다. 결국 서비스에 대한 광고 및 인적판매가 성공하려면 마케팅부서와 운영부서가 모두 노력해야 하는 것이다. 서비스약속관리를 효과적으로 하기 위해서는 효과적인 서비스광고, 외부커뮤니케이션 조정, 현실적인 약속, 서비스보증 제공이 필요하다.

1) 효과적인 서비스광고를 만들어라

서비스약속을 하는 가장 좋은 방법 중 하나는 광고를 통한 것이다. 무형성은 서비스광고를 재화광고와 다르게 하고, 마케터를 더욱 어렵게 한다. 서비스의 무형성은 소비자들이 구매하기 전과 후에 문제를 발생시킨다. 서비스를 구매하기 전, 소비자들은 서비스를 이해하고 고려집합을 도출하는 데 어려움을 갖는다. 서비스를 구매한 후, 소비자들은 그들의 서비스체험을 평가하는 데 문제를 갖게 된다. 많은 학자들은 이러한 문제를 극복하는 전략을 제시하고 있다.

Mittal에 의하면, 오직 실체가 없는 존재가 서비스의 피할 수 없는 특징이라고 했다. [표 10-6]에 나타난 전략들을 이용함으로써 서비스광고는 이러한 일반적 특징을 극복할 수 있다. 추상적인 것은 구체적 대상으로 만들어질 수 있고, 일반적인 것은 구체적인 것으로 될 수 있으며, 조사 불가능한 것도 조사될 수 있다. 그리고 머릿속으로 상상할 수 없는 것도 상상할 수 있다.

표 10-6 무형성의 특징에 맞는 서비스 광고전략

무형성의 특징	광고전략	설명
무형적인 존재	물리적인 표현	독특하고 높은 품질을 나타내며, 올바른 연상을 만들 수 있는 서비스의 물리적인 요소를 보여줌
일반성	시스템 증거자료	사실과 형상을 보여줌으로써 물리적 시스템 능력의 증거를 객관적으로 보여줌
	성과 증거자료	과거의 긍정적인 성과 통계치를 인용하고 증거로 보여줌
	서비스성과 에피소드	중요한 서비스 속성과 관련된 실제 서비스 제공사건의 생생한 이야기를 제시함
추상성	서비스소비 에피소드	일반적인 고객들이 서비스로부터 얻는 편익을 포착하고 전시하고 특정 사전을 환기시킴
조사 불가능성	성과 증거자료	독립적으로 감사를 받은 성과를 인용함
	소비 증거자료	고객의 추천을 수집하고 보여줌
상상의 어려움	서비스과정 에피소드	서비스과정의 단계마다 생생한 증거자료를 보여줌
	예시역사 에피소드	특정 고객을 위해 기업이 무엇을 했는지 실제의 과거 예시를 보여줌

출처 : Adapted from B. Mittal, "The Advertising of Service: Meeting the Challenge of Intangibility," *Journal of Service Research* 2, No. 1, August 1999, pp. 98~116.

2) 외부커뮤니케이션을 조정하라

어떤 조직에서도 브랜드이미지를 관리하는 데 있어 가장 중요한 것 중 하나이지만 아직 해결하지 못한 것에는 고객에게 정보를 보내는 모든 외부커뮤니케이션 수단을 조정하는 것이 포함된다. 이러한 커뮤니케이션 수단에는 광고, 웹사이트, 세일즈 프로모션, PR, 직접마케팅 그리고 인적판매가 포함된다.

3) 현실적인 약속을 하라

고객의 서비스에 대한 기대는 서비스품질에 대한 평가에 영향을 미친다. 즉, 고객의 기대가 높을수록 고객에게 제공된 서비스가 고품질로 지각되도록 해야 한다. 결국 광고로 한 약속은 실제로 수행되었을 때만이 신뢰성을 확보할 수 있는 것이다. 그러므로 기업의 마케팅 또는 판매부서가 고객에게 약속을 하기 전에 서비스 제공을 현재수준(서비스가 정확히 제공된 비율이나 발생된 문제의 횟수 및 비율)으로 이해하는 것이 필수적이다. 서비스품질에 관한 커뮤니케이션이 적절하고 효과적이기 위해서는 고객이 서비스접점에서 실제로 받을 수 있는 것을 정확히 반영해야 한다.

4) 서비스보증을 제공하라

서비스보증이란 고객이 받게 될 서비스의 여러 측면에 대해 고객에게 공식적으로 약속(formal promises)하는 것을 말한다. 비록 다수의 서비스업체가 서비스만족보증 프로그램을 묵시적으로 수행하고 있지만, 그러한 서비스를 통해 기업이 실제로 이익을 얻으려면 기본적으로 고객의 보증이 존재한다는 사실을 알고 있고 그 보증이 확실히 제공될 것으로 신뢰해야 한다.

7.2.2 고객기대관리

많은 서비스기업들은 이전에 제공하던 서비스를 중단하거나 더 높은 가격으로 서비스를 제공할 수밖에 없는 입장임을 고객에게 알려야 함을 발견한다. 1990년대 IBM과 같은 대규모 컴퓨터업체의 서비스에는 고객과 개인적으로 상호작용하는 판매원들의 서비스가 포함되어 있다. 이러한 서비스를 통해 고객이 선호하는 옵션이나 욕구를 정확히 이해할 수 있었다.

또한 거의 모든 고객이 잠재적인 대규모 소비자로 생각되었기 때문에 이 정도 수준의 서비스는 필수적이며 가치 있는 것으로 여겨져 왔다. 컴퓨터에 대한 수요가 메인프레임에서 개인용 컴퓨터로 옮겨감에 따라 판매원에 의해 고객에게 직접 제공되었던 개인적인 서비스제공은 더 이상 필요하지 않았으며 비용면에서 효과적이지 못했다. 그 결과 전형적인 대면서비스 대신 전화에 의한 상호작용을 모색하게 되어 비록 다수의 고객이 실망하였지만 과거와는 다른 새로운 출발을 하였다. 또한 이자율이 높을 때는 여러 가지 부가가치 서비스를 제공했던 신용카드 회사들도 이자율이 낮아짐에 따라 그러한 서비스를 철회할 필요가 있음을 깨닫게 되었다.

이와 같은 많은 서비스산업에서 제공되는 서비스가 감소되는 경향이 있는데, 건강관련 산업과 같은 몇몇 산업에서 특히 그러하다. 요즘 병원의 환자들은 더욱 짧아진 대기시간과 덜 복잡한 진료과정을 체험하고 있다. 심리요법을 필요로 하는 환자는 담당의사가 요구하기 전까지는 여섯 번의 병원방문으로 제한을 받는다. 알코올중독에 대한 치료 역시 입원환자보다는 외래환자를 중심으로 옮겨가고 있다.

고객의 기대를 관리하는 방법은 크게 4가지가 있다.

1) 선택대안을 제공하라

기대를 재조정하기 위한 한 가지 방법은 고객에게 시간, 비용, 서비스의 중요요소를 설정할 수 있도록 선택대안을 제시하는 것이다. 시간당 100달러를 부과하는 어느 임상심리학자는 고객에게 시간당 10달러의 가격인상 또는 1시간이 안 되는 시간(예를 들면 50분)에 요금할인이란 두 대안 중 하나를 선택할 수 있도록 한다. 이러한 선택대안을 이용해 고객은 시간과 비용 간의 상쇄효과를 고려하여 가장 유용한 방식을 선택할 수 있다. 고객이 스스로 선택권을 행사할 수 있으므로 고객은 보다 현실적으로 서비스에 대한 기대를 할 수 있다.

이러한 전략은 산업재서비스에서 '속도 대 품질'을 선택하게 하는 경우에 효과적이다. 시간에 우선순위를 두는 고객은 흔히 보고서나 제안서를 급히 원한다. 건축회사가 특정 프로젝트에 대하여 3일 이내로 10페이지 분략의 제안서를 제출하라는 요청을 받는다면, 그 회사는 2페이지 분량의 제안서를 3일 이내 또는 10페이지 분량의 제안서를 1주일 이내에 제공할 수 있다고 응답할 것이다. 고객이 후자의 선택 대안을 선택한다는 것은 최종기한을 연장시킬 수 있다고 보았기 때문이다. 대부분의 산업재서비스에서 속도는 필수적으로 중요한 요소이기도 하지만, 사업성과를 위협할 수도 있다. 만약 고객이 이러한 상쇄효과를 이해하고 선택을 하게 된다면 각 선택대안에 대한 그들의 기대가 보다 현실적으로 형성되기 때문에 고객은 더욱 만족하게 될 것이다.

2) 층화된 가치제공물을 만들어라

제조업체는 고객이 지각하는 가치에 상응하는 가격으로 다양한 버전의 제품을 제공하는 데 익숙하다. 외형적인 구성이 다양한 자동차의 가격은 비용측면이라기보다는 고객이 '지각하는 가치'에 의해 결정된다. 그러므로 서비스에서 묶음화(bundling)를 활용할 수 있다.

신용카드 회사들은 '층화된 가치의 제공물(tiered-value offerings)'을 제시하고 있다. 예컨대, 아메리칸 익스프레스는 다양한 수준의 신용카드 서비스를 제공하고 있다. 일반카드(green card)는 기본적인 서비스를 제공하고, 골드카드(gold card)는 추가적인 혜택을 제공하며, 플래티넘카드(platinum card)는 가장 많은 서비스를 제공한다. 층화된 제공물은 기업에게 다음과 같은 두 가지 실익을 가져다준다.

① 서비스의 수준을 선택하는 책임을 고객에게 전가시킴으로써 구체적인 서비스 기대에 그들을 익숙해지게 한다.

② 기업은 높은 수준의 서비스를 위해 기꺼이 고비용을 지불할 용의가 있는 고객들을 간단히 파악할 수 있다. 즉, 기대를 정확히 형성할 수 있는 기회가 고객에게 주어지고, 고객이 그 이상의 지원을 받고자 할 때는 고객으로 하여금 구매시점에 계약조건을 떠올리게 할 수 있다.

3) 서비스효과의 기준과 수준을 전달하라

때때로 기업은 고객의 서비스평가기준을 설정할 수 있다. 처음 시장조사서비스를 구매한 기업고객을 생각해보자. 시장조사는 전문서비스이며 신뢰품질의 특성을 갖기 때문에 고객이 품질 판단을 하기가 쉽지 않다. 심지어 이러한 유형의 서비스는 고객사가 그 서비스를 통해 획득하려는 목적에 따라 효과성이 상이하게 나타날 수 있다. 이러한 상황에서 서비스제공자는 서비스를 측정할 수 있는 기준을 고객에게 교육시킬 수 있게 된다. 신뢰할 만한 방법으로 고객을 교육하는 서비스제공자는 고객의 평가과정을 형성하는 데 있어서 유리하다.

다음과 같은 평가기준을 고객사에게 전달하는 A라는 조사업체를 고려해보면 ① 낮은 가격은 낮은 품질을 의미하는 것이며, ② 조사회사의 명성이 중요하고, ③ 대면인터뷰를 통해서 가장 정확한 정보를 얻을 수 있다. 위의 기준을 고객사가 받아들인다면 고객사는 이 기준에 따라 다른 모든 경쟁공급업체들을 평가할 것이다.

만약 다른 조사업체인 B가 고객을 제일 먼저 만나 다음과 같은 기준을 교육시켰다면 이야기는 달라질 것이다. ① 명성이 높은 조사업체는 그 명성으로 인해 비싼 가격을 요구하나 이는 명성이 높기 때문이지 결코 그들의 기술이 뛰어난 것은 아니며, ② 전화인터뷰도 대면인터뷰만큼 효과가 있고, ③ 가격은 품질수준의 척도가 아니다.

이와 같은 접근법은 평가기준뿐만 아니라 서비스의 수준에도 적용될 수 있다. 만일 조사업체 B가 4일이면 자료분석의 결과를 제공할 수 있다고 고객에게 말한다면, 이에 따라 모든 공급업체에 대한 고객의 기대수준이 이 수준에 맞추어지게 될 것이다.

4) 비현실적인 기대를 협상하라

고객은 중고품 교환시장에서 흥정을 하듯 가장 낮은 가격으로 서비스를 요구한다. 고객도 그들이 원하는 가격에 서비스를 받는 것이 비현실적이란 사실을 알고 있는 경우가 많으며 기업 역시 그러하다. 사실상, 그것은 예측된 종착점이 아니라 논의를 위한 출발점이다. 이러한 상황에서 성공적인 서비스제공자는 그들의 상품을 가격 하나만이 아니라 가치라는 측면에서 설명할 수 있어야 한다. 그들은 또한 보다 현실적인 기대로 협상을 수행한다.

7.2.3 고객교육 향상

많은 경우 서비스가 효과적으로 수행되기 위해서는 고객이 자신의 역할을 적절히 수행할 수 있어야 한다. 만약 고객이 이러한 역할을 제대로 수행하지 못하거나 망각한다면 불만족이 생길 것이다. 이러한 이유로 고객에게 하는 커뮤니케이션 중에는 고객교육도 포함된다. 고객교육을 향상시키는 방법에는 크게 4가지가 있다.

1) 고객이 서비스 프로세스를 준비할 수 있도록 하라

싱가포르항공을 이용하여 싱가포르에서 미국으로 귀국하려던 어떤 사람이 있었다. 싱가포르에서 미국으로 가는 비행기를 타려면 탑승 24시간 전에 예약을 확인해야만 하는데 이 사람은 그러한 항공사의 주의사항을 무시했다. 그가 귀국하기 위해 공항에 도착해보니, 그 좌석은 이미 다른 승객에게 팔린 상태였다. 이 상황에서 우리는 각자의 견해에 따라 항공사 또는 고객 중 한쪽이 옳다고 주장할 수 있을 것이다. 그렇다면 고객이 자신의 역할을 충실히 수행하도록 하는 것은 누구의 책임인가?

기업이 고객으로 하여금 서비스 프로세스를 준비하도록 함으로써 위와 같은 상황은 피할 수 있다. 심지어는 모든 단계에서 고객이 취해야 할 후속행동에 대하여 고객을 준비시킬 필요가 있다. 산업재서비스에 해당하는 다음과 같은 예시는 이러한 전략을 상세히 설명해준다.

경영컨설팅서비스의 고객은 마케팅효과성, 문화변화 등과 같은 무형적인 편익을 구매하는 것이다. 기업이 이러한 서비스를 구매한다는 사실은 일반적으로 이들 기업이 단독으로 그러한 과업을 어떻게 수행하는지 이해하지 못한다는 것을 보여주는 것이다. 그러므로 이러한 고객들 중 대다수가 프로젝트의 진행 정도를 어떻게 판단해야 하는지 모르고 있다. 경영컨설팅과 같은 복잡한 서비스 환경에서 효과적인 서비스제공자는 고객에게 서비스프로세스를 준비시켜야 하며 심지어 그 고객만을 위해 서비스를 창출해야 한다. 컨설팅기업은 계약의 초기 단계에 전체 프로세스를 시간의 경과에 따라 중간점검할 수 있는 체크포인트를 설정하고 프로젝트 완수를 위해 고객이 해야 할 일에 대한 목표를 정하도록 한다. 이 경우 고객은 프로젝트 경과에 따른 추이를 이해하고 있지 못하기 때문에, 컨설팅 기업은 목표설정 혹은 기준을 시간의 경과에 따라 설명할 필요가 있는 것이다.

이와 유사한 접근방법이 개인고객에게 효과적일 수가 있다. 당신은 대학시절에 있었던 학기 초의 등록과정을 기억하는가? 그 당시 전체 등록과정의 단계들을 얼마나 이해했고, 각 단계를 마친 후 어디로 가야 하는지 알고 있었는가? 학교 측으로부터 매우 자세한 안내서를 제공받았다 할지라도 아마 새로운 서비스체험으로 인해 혼돈스러웠던 체험을 떠올릴 것이다. 짐작하건대 "다음 단계로, 2번 창구로 가시오"와 같은 단계적인 안내가 필요했을 것이다.

이러한 여러 가지 예에서 볼 수 있듯이, 고객이 체험이 없거나 또는 서비스과정이 새롭고 독특할 경우 무엇을 기대해야 하는가에 관한 교육은 필수적이라고 말할 수 있다.

2) 성과가 표준과 기대에 부합했음을 확인시켜라

서비스제공자가 제공한 서비스가 명백히 고객이 요구한대로 이루어졌다 할지라도 서비스가 제대로 완수됐다는 것을 고객에게 제대로 전달하지 못하는 경우가 종종 발생한다. 이러한 제공자는 고객의 요청대로 이루어진 자신의 서비스에 대해 고객에게 커뮤니케이션하지 않으면 자신의 노력에 대해 제대로 평가를 받고 신용을 얻는 일에 실패하는 수가 있다. 이러한 결과는 고객이 서비스의 효과성을 평가하지 못할 때, 서비스 구매의 의사결정자와 서비스사용자가 다른 사람일 때, 서비스가 무형일 때, 제공자가 고객기대에 부응하기 위해 하는 행위 중 몇 가지를 타인에게 의존해야 할 때 중 하나 이상의 상황하에서 발생한다.

일반적으로 고객이 체험부족 또는 서비스 자체가 너무 기술적인 경우 서비스의 효과성을 평가하지 못하는 경우가 있다. 이러한 경우 행위 자체가 고객이 이해하기에는 너무 복잡할 수 있기 때문에, 제공자는 고객의 관심사항에 부응하는 구체적인 활동을 전달하는 데 실패하기 쉽다. 이런 상황에서 서비스제공자는 그 행위를 고객이 알아듣기 쉬운 용어로 바꾸어 설명하여 고객의 지각을 향상시킬 수가 있다. 예컨대, 법률용어는 일반 사람은 알아듣기 어려운 용어이기 때문에 변호사는 고객이 이해하기 쉬운 용어로 서비스결과를 전달할 필요가 있다.

서비스구매의 의사결정자와 사용자가 다른 경우, 의사결정자와 사용자 사이의 만족도가 다른 경우가 빈번하다. 정보기술관련 제품과 서비스를 구매하는 한 회사를 고려해보자. 의사결정자인 정보기술의 관리자 혹은 이와 유사한 직위에 있는 사람은 구매결정을 하고 서비스약속을 이해한다. 만일 사용자들이 구매과정에 참여하지 않는다면 그들은 무엇이 약속되었는지 알지 못하여 불만족하게 될 것이다.

고객은 항상 자기가 서비스를 받는 이면에서 일어나는 일에는 무관심한 경향이 있다. 사실 대부분의 서비스는 고객의 눈에 보이는 접점 뒤에 눈에 보이지 않는 지원 프로세스를 포함하고 있다. 예컨대, 내과의사들은 종종 검진을 통해 질병 원인을 알아내기 위하여 진단검사를 요청한다. 이러한 검진결과가 충분치 않을 때 의사는 진단을 제대로 할 수 없다. 많은 헤어스타일링 회사들은 커트, 퍼머 및 염색과 관련한 고객만족을 보증하고 있다. 그러나 고객이 이에 대하여 잘 알고 있다고 가정하기 때문에 그들 중 소수만이 이러한 보증을 광고로 알리고 있을 뿐이다. 명시적으로 이러한 보증사실을 알리는 기업은 서비스품질에 대해 불확실해 하는 고객들로부터더 많은 호응을 받을 수 있다. 고객이 쉽게 이해하지 못하는 서비스를 이해할 수 있도록 서비스표준 혹은 서비스제공의 노력을 알리는 것은 고객이 서비스품질을 높게 지각하는 데 도움을 줄 수 있다.

3) 판매 후(서비스제공 전) 기대를 명확히 하라

대부분의 기업이 그러하듯이 서비스가 판매로부터 운영부서로 이송되는 때 고객의 기대가 무엇인지를 명확하게 하는 것은 고객기대에 부합하도록 하는 데 도움을 준다. 판매부서는 회사가 제공할 수 있는 현실적인 것을 전달하기보다 고객기대를 높여 목표를 달성하려 한다. 이러한 상황에서 판매부서에서 운영부서로의 업무전달이 이루어진 즉시 고객과 약속한 것을 명확히 밝힘으로써 고객이 느끼게 될 실망감을 방지할 수 있을 것이다.

4) 성수기를 피하고 비수기를 활용하도록 고객을 유도하라

서비스를 받기 위해 줄을 서거나 기다리는 것을 원하는 고객은 아무도 없다. 고객을 기다리게 하는 것은 단지 고객의 시간을 빼앗는 것에 그치지 않고, 최악의 경우 다양한 불쾌감을 줄 것이다. 은행 고객을 대상으로 한 연구에서 연구자들은 고객 대기를 다루는 세 가지 전략을 실험하였다.

① 고객에게 피크타임을 사전에 통보, ② 고객을 기다리게 한 것에 대해 사과하도록 직원에게 지시, ③ 눈에 보이는 모든 직원을 고객서비스에 할당하는 것 등이다.

첫 번째 전략만이 고객을 교육시키는 데 초점을 둔 것이고 나머지 두 가지는 직원관리와 관련된 것이다. 연구자들은 피크타임을 사전에 통보받은 고객은 대기의 부정적 영향을 최소화해서 바쁜 시간에 서비스를 받는 자신들의 결정을 정당화하는 경향이 있다고 밝혔다. 한 지점이 가장 바쁜 시간대와 한가한 시간대를 목록화하여 고객에게 제시하였을 때 카드를 받은 고객은 은행서비스에 더욱 만족하는 모습을 보였다. 사과나 모든 직원이 접대하는 다른 ②, ③ 두 전략은 어떠한 효과도 보이지 않았다. 피크타임을 피하도록 고객을 교육시키는 것은 고객(빠른 서비스를 통해)과 회사(초과수요의 문제 완화로 인해) 모두에게 편익을 가져다준다.

7.2.4 내부마케팅 커뮤니케이션관리

서비스약속을 제대로 제공하는 데 필요로 하는 전략의 4가지 주요한 범주는 내부 마케팅 커뮤니케이션을 관리하는 것과 관련 있다. 내부마케팅 커뮤니케이션은 수직적 그리고 수평적 커뮤니케이션을 모두 일컫는다. 수직적 커뮤니케이션(vertical communication)은 경영자로부터 직원에게 전달되는 하향적(downward)인 커뮤니 케이션과 직원으로부터 경영자에게로 전달되는 상향적(upward)인 커뮤니케이션을 나타낸다. 수평적 커뮤니케이션(horizontal communication)은 조직내부에서 기능 적으로 분류된 부서(functional boundaries) 간에 이루어지는 커뮤니케이션이다.

이러한 내부마케팅 커뮤니케이션을 관리하는 방법은 크게 4가지가 있다.

1) 효과적인 수직적 커뮤니케이션을 만들어라

고객과 접촉하는 직원에게 적절한 정보, 툴, 그리고 스킬을 제공하는 기업은 그들로 하여금 성공적인 상호작용 마케팅을 하도록 할 수 있다. 이러한 스킬들 중 일부는 직원훈련과 다른 노력에 의해 습득되지만, 하향적 커뮤니케이션을 통해서도 제공된다. 하향된 커뮤니케이션의 가장 중요한 형태는 기업의 뉴스레터, 잡지, 기업 TV네트워크, 이메일, 브리핑, 비디오테이프, 내부촉진 캠페인, 인지 프로그램 등이다.

성공적인 하향커뮤니케이션의 핵심 중 하나는 외부 커뮤니케이션을 통해 고객에게 전달되는 모든 내용을 직원이 알고 있도록 유지・관리하는 것이다. 직원은 기업의 광고가 방송되기 전에 보아야 하며, 기업의 웹사이트, 우편, 그리고 직접판매접근의 사용과 친근해져야 한다. 만약 이러한 수직적 커뮤니케이션이 시행되지 않는다면 고객과 직원 모두 고통을 받는다. 고객은 그들이 기업의 외부마케팅을 통해들은 내용과 동일한 메시지를 직원으로부터 제공받지 못할 것이며, 직원들은 자신이 충분한 교육을 받지 못했다고 느끼고 기업이 하는 일을 잘 알지도 못할 것이다.

고객에게는 외부 커뮤니케이션으로 전달되었으나 직원에게는 내부 커뮤니케이션으로 전달하지 못한 것을 고객이 요청하게 되면 직원은 자신이 무식하고, 무시당하고, 속수무책인 것처럼 느끼게 된다.

서비스약속과 서비스제공의 갭을 메우기 위해 상향커뮤니케이션 역시 필요하다. 직원은 서비스접점에 있으며 그리고 그들은 무엇을 제공할 수 있고 없는지를 알고 있다. 그들은 언제 서비스실패가 발생하는지 그리고 종종 왜 발생하는지도 알고 있다. 직원에서 관리자까지 개방된 커뮤니케이션을 갖는 것은 서비스 문제가 발생 하기 전에 방지할 수 있고, 문제가 발생했을 경우에도 그것을 최소화할 수 있다.

2) 효과적인 수평적 커뮤니케이션을 만들어라

조직 내 부서 간 커뮤니케이션인 수평적 커뮤니케이션은 서비스제공에 있어서 일관된 노력을 활성화한다. 일반적으로 조직 내 부서에 따라 목표, 철학, 견해 그리고 고객에 대한 관점이 상이하기 때문에 수평적 커뮤니케이션을 활성화하는 일은 매우 어려운 일이지만 달성됐을 때 돌아오는 보상도 그만큼 크다. 마케팅과 운영부서 간의 조정으로 서비스제공을 정확히 반영한 커뮤니케이션을 할 수 있게 되면,

고객기대와 실제 서비스제공 간의 격차는 줄어들게 될 것이다. 또한 마케팅과 인적자원관리부서 간의 노력을 통합하는 것은 직원들을 훌륭한 마케터로 키울 수 있게 한다.

재무와 마케팅부서 간의 조정은 서비스에 대한 고객의 평가를 정확히 반영하는 가격을 책정할 수 있게 한다. 이와 같이 서비스기업은 고객을 향해 일관된 메시지를 만들고 서비스 갭을 좁히기 위해 부서 간 조장이 필수적이라고 볼 수 있다.

효과적인 수평적 커뮤니케이션을 위한 한 가지 중요한 전략은 마케팅부서와 운영부서 간의 커뮤니케이션 채널을 개방하는 것이다. 예를 들어, 기업이 서비스접점을 묘사하는 광고를 만들 때 중요하게 고려해야 할 것은 서비스접점 상황에서 실제로 고객이 체험하는 것을 정확하게 반영하는 것이다. 특히 기업이 광고에서 약속한 서비스수준을 일관되게 제공할 수 없을 때 고객이 서비스품질을 낮게 지각하게 된다. 광고와 서비스제공자 간의 조장 및 의사전달은 고객의 기대와 일치하는 서비스제공을 하는 데 중요하다.

접점직원이 서비스를 수행하는 실제 모습이나 서비스 자체를 광고부서에 설명해주는 것 또한 광고내용과 실제 서비스접점 상황을 조정하는 한 방식이 될 수 있다.

이러한 접점직원을 광고에서 표현하는 데 있어서 광고부서와 에이전트는 직원과 직접적인 상호작용으로 수평적 커뮤니케이션을 해야 한다. 광고에 등장하는 방식 외에 프리테스트를 보여주는 것과 같은 다른 방식으로 직원을 광고에 포함시키는 것도 유사한 편익을 얻을 수 있다.

수평적 커뮤니케이션의 또 다른 중요한 전략은 판매부서와 운영부서 간의 커뮤니케이션 채널을 개방하는 것이다. 이러한 목표를 달성하기 위한 방법은 공식적·비공식적으로 여러 가지 유형이 있을 수 있는데, 연례기획회의, 수련회, 편하게 토론하는 회의, 팀 미팅, 워크숍 등을 통해 현재 회사가 당면한 문제를 명확히 하는 것이다. 각 부서의 목표, 그리고 타 부서의 제약사항들을 이해하는 것도 목표를 달성하기 위한 또 하나의 방법이다. 몇몇 회사들은 판매과정에서 약속된 바와 운영직원에 의해 제공되는 서비스를 일치시키는데 어려움을 서로 이해하고 해결하기 위해 하루나 이틀 정도 양쪽 부서의 직원들을 만나는 '갭 워크숍(gap workshop)'을 열기도 한다.

판매직원과 외부고객이 만나는 자리에 운영부서의 스텝을 참여시키는 것도 운영부서 직원이 판매원의 역할과 고객의 요구를 여과시킨다기보다는 오히려 운영부서 직원이 직접 고객의 압력과 요구를 받게 만드는 것이다. 바람직한 모습으로 운영부서 스텝들이 내부와 외부고객 모두를 만족시키는 것을 자신의 역할로 인식하여 판매부서 직원에게 보다 나은 서비스를 제공하는 것이다.

3) 상호작용이나 측정을 통해 후방사무 및 지원인력을 외부고객과 연결하라

회사가 더욱 고객중심적이 됨에 따라 일선 접점직원은 고객이 요구하는 것을 파악하는 스킬을 향상시킬 수 있다. 이들이 외부고객에 관해 보다 많은 지식을 갖게 되고 고객과 공감하게 됨에 따라 고객만족이란 보상을 받게 된다. 그러나 외부고객과 직접 상호작용하지 않는 후방의 사무 혹은 지원인력은 외부고객과 관계를 맺지 못하여 고객과 관련된 스킬이나 보상을 얻지 못하게 된다.

(1) 상호작용시스템(Interaction)

기업은 후방에 있는 사무 및 지원부서 직원과 외부고객 간의 상호작용을 촉진시킬 수 있다. 예컨대, 목재 및 종이 생산업체로 유명한 와이어하우저는 직원을 고객의 공장으로 자주 보내 그들의 요구를 보다 잘 이해하도록 했다. 만약 실제 상호작용이 어렵거나 불가능한 경우에는 고객에게 일어나는 구매와 소비과정을 비디오로 녹화하여 고객의 요구를 생생히 묘사하고, 고객의 기대가 무엇인지를 다른 직원에게 생생히 보여준다.

(2) 측정시스템(Measurement)

회사의 측정시스템이 확립된 경우 내부직원은 때때로 가치사슬상에서 자신 다음에 있는 내부고객을 위해 수행한 서비스에 대해 평가를 받게 된다. 이러한 접근법은 직원이 내부고객을 얼마나 잘 서비스하는가를 피드백하지만 그들의 노력이 최종고객에게 어떻게 영향을 미치고 있는지를 파악하여 동기부여나 보상에 사용하기에는 부족하다. 페덱스는 측정을 이용하여 내부직원과 외부고객을 연계한 회사 중 하나이다. 페덱스의 서비스품질지표(SQI)는 전체 회사의 서비스 실패횟수에 근거해 매일 산출된다. 내부직원에게 고객실패점을 명확하게 전달하기 위해 각 내부부서에 원인을 추적할 수 있는 연결측정지표를 개발했다.

4) 교차기능팀을 만들어라

고객에게 보다 나은 서비스를 제공하기 위해 수평적 커뮤니케이션을 활성화시키는 또 다른 접근법은 최종고객의 요구사항에 따라 직무가 편성된 교차기능팀에 직원들을 참여시키는 것이다. 예컨대, 텔레커뮤니케이션서비스 부서와 같이 고객과의 접점에서 상호작용하는 팀에 컴퓨터전문가나 교육직원과 같은 후방 사무직원을 팀의 일원으로 참여시킬 수 있다. 교차기능팀을 통해 고객의 요구사항을 학습할 수 있으며 그들이 함께 달성해야 하는 계획을 직접 수립하고 기능 간 커뮤니케이션을 직접 하게 된다.

교차기능팀 접근법을 가장 잘 설명해 줄 수 있는 예가 광고대행사이다. 일반적으로 광고대행사에게서 직접 광고주(고객)와 상호작용하는 직원은 AE(Account Executive)이다. AE는 일반적으로 광고주를 방문하고, 그들의 기대를 알아내며, 실제 작업을 수행하는 대행사 내의 다양한 부서(아트, 카피라이팅, 제작, 교섭, 매체구매 등)와 상호작용한다. 대행사 내 모든 기능은 전문화되어 있기 때문에 극단적인 경우, AE로부터 직접 그들 작업의 지시를 받는다. 교차기능팀 접근법은 모든 영역의 대표가 AE와 함께 고객과 만나도록 하고, 고객 및 고객의 욕구를 어떻게 다룰 것인가에 대해 논의한다. 팀의 각 구성원들은 자신의 기능과 관련하여 의견을 제시하고, 상호의견교환을 한다. 그렇게 하면 모든 구성원들은 다른 집단의 제약사항과 일정을 이해할 수 있게 되는 것이다.

CHAPTER

11

확장된 마케팅믹스

1. 사람
2. 과정
3. 물리적 증거와 서비스스케이프

사례

싱가포르항공

There's no place like home. Except the sky.

싱가포르항공은 매년 흑자를 기록하고 세계최고의 수익을 얻으면서 서비스 왕국으로 불리는 세계적인 항공 기업이다. 항공기를 많이 이용하는 3만 명의 고객을 대상으로 한 국제항공여객연맹(IFAPA) 조사에서 세계에서 가장 친절하고 서비스가 좋은 항공사로 뽑혔으며, 스카이트랙스(Skytrax) 선정 5성급 항공사로 매년 TOP 3안에 손꼽히는 세계 최정상급 항공사이다.

끊임없는 혁신과 최고의 서비스

싱가포르항공은 '최대가 아니라 최고의 항공사를 지향한다'는 모토 아래 상품의 끊임없는 혁신과 최고의 서비스를 경영철학으로 하고 있다. 싱가포르항공은 지난 1997년 아시아 금융위기 때에도 주변상황의 변화에 적극 대처하여 더 많은 이익을 냈다. 한국이 국제통화기금 관리체제에 들어간 뒤 다른 항공사들이 노선을 감축할 때에도 서울과 싱가포르 노선을 그대로 유지했다. 어려울 때일수록 투자를 아끼지 않고 금융위기 와중에도 3억 달러를 투입, 기내식과 기내서비스를 대폭 개선했다. 또한 장기적인 계획 아래 금융위기 속에서도 급작스럽게 운항 편수를 줄이거나 철수하지 않아 고객들의 신뢰를 지켜냈다. 다양한 항공기를 보유함으로써 위기에 유동적으로 대처할 수 있었던 것 역시 차별화된 전략이며 경쟁우위라고 할 수 있을 것이다.

이러한 싱가포르항공의 성공에는 다른 항공사와는 차별화된 서비스마케팅이 자리하고 있다.

싱가포르항공의 서비스마케팅

싱가포르항공이 이렇게 성장하기까지는 많은 어려움이 있었다. 정부의 공공사업이었으나 정부보조가 전혀 이루어지지 않아 서비스만이 유일한 살길이라고 여기고 치밀한 시장연구와 고객조사를 바탕으로 서비스에 집중적인 투자를 하였다.

■ **People : Singapore Girl**

싱가포르 걸은 싱가포르항공의 승무원을 지칭하는 표현으로 싱가포르항공을 넘어서 싱가포르라는 한 나라의 환대를 대표하는 아이콘이 되었다. 싱가포르항공은 승객들과 가장 오랜 시간을 함께하는 직원인 승무원이 항공사의 이미지에 미치는 영향을 어떤 항공사보다 잘 알고 있다.

이에 따라 전통의상을 활용한 유니폼인 사롱케바야를 통해 동양의 아름다움과 고급스러운 이미지를 보여준다. 동시에 철저한 직원교육 이후의 서비스 제공과정에서 직원에게 권한을 위임함으로써 고객중심의 서비스를 제공한다.

■ **Physical evidence : Product leadership**

싱가포르항공의 비즈니스 클래스석은 공간이 넓을 뿐만 아니라 옆좌석 승객으로부터의 사생활 보호를 위해 개별 커튼을 갖추고 있다. 전 세계 항공사 중에서 가장 길고 넓은 침대식 좌석이라는 기내의 물리적 증거를 통해 승객이 내 집처럼 편안히 비행할 수 있도록 한다. 또한 싱가포르항공은 장거리 승객의 비중이 커질 것으로 전망하고 고객조사를 통해 비행시간의 오락이 중요하다는 것을 알게 되었다. 고객의 요구를 만족시키기 위한 싱가포르항공의 전략은 최초의 기내 엔터테인먼트 시설인 주문형비디오(VOD)를 도입하는 것이었다. 이로 인해 승객들은 자신이 원하는 영화, 드라마 등을 원하는 시간에 즐길 수 있게 되었다.

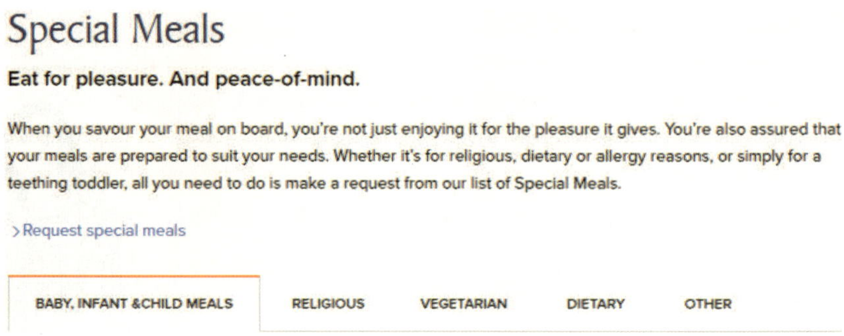

■ **Process : Personalized Service**

싱가포르항공은 서비스 제공과정이 상당히 고객지향적이며 직원들은 고객의 욕구에 따라 비표준적인 서비스를 수행할 수 있다. 2015년부터는 고객경험관리시스템(CEM)을 도입하여 고객에 대한 이해를 바탕으로 서비스품질 향상과 함께, 고객접점 현장에서 개인화된 서비스를 제공하고자 노력해왔다. 이러한 고객중심의 서비스 프로세스는 싱가포르항공이 시대를 앞서가는 혁신적인 서비스를 가능케 했다.

현재 항공사에서 일반적인 서비스가 된 무료음료 제공, 식사 선택, 이코노미석 헤드셋 제공 등의 서비스는 싱가포르항공에서 최초 시행된 것이었다. 1970년대 이코노미 클래스에 헤드셋과 음료를 무료로 제공하고 기내식을 승객이 선택할 수 있도록 하는 정책을 마련했다. 1995년에는 기내 모든 클래스에 최첨단 기내 엔터테인먼트 시스템을 업계 최초로 선보였고, 이후 1998년에는 국제 요리자문단을 통해 프리미엄 기내식의 새로운 패러다임을 제시했다.

| 출처 |

http://www.singaporeair.com/ko_KR/kr/home

http://flyanc.tistory.com/191

http://www.wanderlust.co.uk/discover/discover-sydney-and-new-south-wales/content/singapore-airlines-number-one-airline-wanderlust-reader-travel-awards

http://www.yonhapnews.co.kr/culture/2013/07/17/0907000000AKR20130717094700805.HTML

에버랜드 대기관리시스템, Q-Pass

에버랜드에서는 시설이용 대기시간을 줄여 놀이동산을 더욱 편리하게 이용할 수 있도록 하는 예약시스템을 활용하고 있다. 온라인을 통해 입장권 및 자유이용권을 구매하는 서비스를 제공하며 'Q-Pass'라는 예약증을 통해 미리 약정된 시간에 시설을 이용가능하게 하고 있다.

구체적으로, Q-Pass는 대기시간을 줄여주는 어트랙션 예약시스템이며, Q-Pass 운영시설 중 희망하는 시설을 예약하여 오랫동안 기다리지 않고 시설을 이용할 수 있다.

Q-Pass는 기종별 오픈되는 시점부터 발권이 시작되며, 별도로 예약제한시간이 정해져 있지 않다. 단, 사파리월드 Q-Pass는 주말에만 운영되며, 대기시간이 1시간 이상 발생되는 시점부터 발권된다. 전화 및 온라인 예약은 불가능하며, 당일 해당 어트랙션 앞 Q-Pass 창구에서 에버랜드 연간회원권 또는 이용권 확인 후 예약이 가능하다.

또한 1인 1매 발행이므로 이용하려고 하는 전원이 함께 가야 예약이 가능하고, 예약한 예약증을 가지고 지정된 시각에 해당 어트랙션으로 방문하면 된다. Q-Pass 발권 가능 어트랙션으로는 T 익스프레스, 아마존 익스프레스, 사파리 월드가 있다.

| 출처 |

에버랜드 홈페이지

http://cfile25.uf.tistory.com/image/116EAC534DD08BF234697F

http://postfiles14.naver.net/20110529_13/sanyd1_1306641741697n2bPS_JPEG/P1040078.JPG?type=w1

1 사람

1.1 종사원

1.1.1 내부마케팅

내부마케팅이란 종사원을 기업 내부의 고객, 즉 최초의 고객으로 보고 그들을 훈련 및 교육을 통해 고객지향적 사고를 심어주고, 더 좋은 성과를 낼 수 있도록 동기부여하는 마케팅활동이다. 인적의존도가 높은 호스피탈리티산업에 있어서 마케팅은 외부고객에게 초점을 맞추는 외부마케팅뿐만 아니라, 모든 종사원을 포함하는 내부고객들이 고객지향성을 갖추도록 노력하는 내부마케팅 또한 중요하다.

조직 내 종사원의 행동은 조직문화에 의해 영향을 많이 받으며, 고객지향적인 조직을 위해서는 서비스문화가 필요하다. 즉 건강한 조직문화를 형성하기 위해서는 서비스문화의 형성이 큰 영향을 미친다는 것을 알 수 있으며, 이러한 서비스문화는 내부마케팅을 통해 만들어질 수 있다. 종사원 역할의 중요성이 부각되면서 이를 위해 내부마케팅은 필수적인 요인이 되었으며, 종사원의 역할이 중요한 호스피탈리티 산업의 대표적인 서비스 기업인 호텔과 항공사 등에서 활발한 내부마케팅을 실행하고 있다.

1.1.2 서비스문화

조직 내의 종사원들은 조직문화에 의해 많은 영향을 받는다. 기업문화(corporate culture)란 구성원에게 조직의 의미를 부여하고 그들에게 행동규칙을 제공하는 공유된 가치관과 신념의 패턴을 말한다.

전문가들은 고객지향적이거나 서비스지향적인 조직의 중심에는 서비스문화(service culture)가 자리잡고 있다고 한다. 서비스문화란 모든 구성원이 좋은 서비스를 소중히 생각하고, 외부고객뿐만 아니라 내부고객에게 좋은 서비스를 제공하는 것을 중요한 규범이자 자연스러운 생활방식으로 간주하는 문화를 말한다. 이는 구성원의 행동들에 많은 의미를 주는 다양한 의미를 함축하고 있다. 그 의미는 다음과 같다. 첫째, 좋은 서비스를 소중히 생각한다는 것이 서비스문화의 첫 번째 조건이다. 이는 서비스의 중요성을 강조하는 광고캠페인을 한다는 것이 아니라 구성원들의 밑바닥 사고방식에서 좋은 서비스를 소중하게 여긴다는 의미이다. 둘째, 외부고객뿐만 아니라 내부고객에게도 좋은 서비스를 제공하는 것이 이 정의에서 매우 중요한 부분이다. 최종소비자인 외부고객에게 좋은 서비스를 제공하는 것만으로 충분하지 않다. 모든 조직구성원들도 동등한 서비스를 받을 자격이 있다. 셋째, 좋은 서비스가 생활방식이라고 한 것은 문화가 조직의 중요한 행동규범이기 때문이다.

1.1.3 서비스종사원의 결정적인 중요성

서비스조직은 직접 고객에게 서비스를 제공하지 않더라도 어떤 누군가에게 서비스하고 있다. 접점직원뿐만 아니라 이들을 뒤에서 지원하는 직원 모두 서비스조직의 성공에 결정적으로 중요한 역할을 한 것이다. 서비스직원은 고객의 지각에 영향을 미치는 서비스 제공상의 모든 인간활동으로 서비스회사의 직원은 물론이거니와 고객과 다른 고객까지도 포함된다.

사례 **잘나가는 33살 수입차 여성임원의 고백**

이연경 아우디코리아 마케팅 총괄이사 책 출간… "수입차 업계 여성인재에 도움 주고파"

"남들이 하는 대로만 한다면 그들이 한 만큼밖에 할 수 없다는 걸 나는 안다. 새로운 것이 나올 수가 없다. 결론에 이르기까지 나는 철저하게 고민하고 방법을 찾는다." '33살 수입차 최연소 여성임원' '아우디 아시아 최고 마케터' 등 화려한 수식어를 달고 다니는 이연경 아우디코리아 마케팅 총괄이사가 수입차 여성임원으로서 삶을 담은 '아우디 그녀, 세상을 사로잡다'(문학동네 펴냄)를 출간했다. 수입차 업계의 흔치 않는 책 출판인데다 자신의 인생을 담담하게 투영해 더욱 눈길을 끈다.

이 이사는 "수입차 대중화 시대에 수입차 업계 여성임원을 꿈꾸는 후배들에게 조언을 해

주기 위해 1년간 준비해 출간했다"고 말했다. 그녀는 책에서 "사람들은 아우디가 가는 곳에는 언제나 재미난 일이 벌어진다고 생각한다"며 "아우디코리아가 한국 진출 초기부터 지속적으로 펼쳐온 마케팅 덕이 크다"고 설명했다. 예컨대, 2006년 최고급 세단 'A8 B&O'를 출시할 때는 유럽의 유서 깊은 잘츠부르크 오페라페스티벌 투어를 진행했고, 2007년 스포츠카 'TT' 2세대 모델을 선보일 때는 파격적으로 천막돔을 치고 야외파티를 진행했으며, 2008년 '뉴 A4' 출시 행사에서는 세계적 재즈밴드 '자미로콰이'를 최초로 한국에 초청해 화제를 낳았다. 그녀는 "새로운 모델을 출시할 때마다 타깃이 되는 소비자층이 가장 좋아할 만한 라이프스타일, 문화체험을 제안하는 방식으로 고객들에게 다가갔다"며 이를 '핀셋마케팅'이라고 규정했다. "마케팅이 세상에서 가장 창조적인 일"이라는 그녀는 2008년 세계 59개국 아우디 지사의 마케팅활동을 평가하는 아우디 커뮤니케이션 어워드에서 영국, 캐나다와 함께 세계 3대, 아시아 1등의 마케팅담당자로 선정됐다. 이 이사는 "남들이 하는 대로 하면 된다고 생각한 적이 한 번도 없다"며 역발상을 통한 차별화가 아우디 색깔을 정립시켰다고 고백했 다. 이는 아우디코리아의 성장으로 이어졌다. 그녀가 아우디코리아에 입사했던 2004년 3.46%에 그쳤던 시장점유율은 2010년 8.75%로 성장했다. 이 이사는 "매 순간 새로운 것을 즐겁게 흡수하고 문화를 퍼뜨리고 다녔던 '날라리적' 기질과 열정 덕분에 여기까지 올 수 있었다"면서 "여성에 대한 편견이 가득한 곳에서 오히려 그 어려움을 즐기는 것이 성공의 비결"이라고 강조했다.

출처 : 아시아경제(2011. 4)

대부분의 경우 접점직원이 곧 서비스이다. 대부분의 인적·전문적 서비스(이발, 신체단련, 유아원, 청소, 유지보수, 리무진 차량서비스, 카운슬링, 법률서비스)에서는 접점직원이 단독으로 전체 서비스를 제공한다. 즉 서비스제공물이 바로 직원이다. 그래서 서비스를 향상시키기 위해 직원에 투자하는 것은 제조업체가 제품을 개선하기 위해 설비에 투자하는 것과 같은 것이다.

설령 접점직원이 혼자서 서비스를 수행하지 않을지라도 고객의 눈에는 접점직원이 바로 서비스기업이다. 예컨대, 로펌이나 헬스클리닉의 모든 직원(서비스를 제공하는 전문가에서 접수원 및 사무직원에 이르기까지)은 고객에게는 기업을 대표하는 것으로 보이며, 이들이 행동하고 말하는 모든 것이 조직에 대한 고객의 지각에 영향을 미칠 수 있다.

접점직원은 그 조직을 대표하고 고객의 만족에 직접적으로 영향을 미칠 수 있기 때문에 이들은 마케터의 역할을 수행하고 있는 것이다. 이들은 서비스를 유형화하고 걸어 다니는 광고게시판 역할을 한다.

1.1.4 서비스종사원 행동이 서비스품질에 미치는 영향

만족한 직원이 만족한 고객을 창출하고 만족한 고객이 다시 직원의 직무만족을 강화한다는 구체적인 증거가 있다. 몇몇 학자들은 서비스직원이 행복하지 않다면 고객만족은 달성하기 어렵다고 하였다.

직원의 고객지향적 행동은 서비스품질에 대한 고객의 지각에 영향을 미친다. 실제로 서비스품질의 5개 차원(신뢰성, 응답성, 확신성, 공감성, 유형성) 모두가 서비스직원에 의해 직접적으로 영향을 받는다.

① 신뢰성(reliability) : 전적으로 접점직원에 달려 있다. 심지어 자동화된 서비스의 경우(현금자동인출기, 자동티켓발매기, 셀프서비스 주유소)에도 무대 뒤에는 모든 시스템이 제대로 작동하고 있는지를 확인하는 직원이 있다. 서비스가 잘못되었거나 착오가 생겼을 때 직원은 그것을 제대로 돌아가게 하고, 서비스 회복을 위한 조치를 취하기 때문에 중요하다.

② 응답성(responsiveness) : 고객의 지각에 직접적으로 영향을 미친다. 특정 옷을 찾는 데 도움이 필요할 때 여러 소매점 직원으로부터 받는 반응을 생각해보자. 어떤 직원은 당신이 있다는 것조차 무시할지도 모르는 반면, 또 다른 직원은 당신이 찾는 것을 도와주고 그 옷이 있는 다른 점포로 연락을 취해주기도 한다. 어떤 직원은 당신에게 즉각적이고 효과적으로 도움을 주는 반면, 또 다른 사람은 간단한 요청조차도 받아들이는 데 느릿느릿 움직일 수도 있다.

③ 확신성(assurance) : 자신의 신뢰와 신용(credibility)을 고객에게 심어주고, 전달하는 능력에 달려 있다. 조직에 대한 평판이 도움을 주기는 하지만, 결국에는 고객을 직접 상대하는 개개인의 직원이 조직에 대한 신뢰를 확인시키고 구축하며, 그 평판에 손상을 입히기도 하고 신뢰를 망치기도 한다. 신규사업자 혹은 상대적으로 잘 알려져 있지 않은 조직의 경우 신용과 신뢰는 전적으로 직원행동에 달려 있다.

④ 공감성(empathy) : 개별고객이 필요로 하는 것을 제공하는 데 주의를 기울이고, 경청하고, 순응하고, 그리고 융통성을 발휘하는 것을 의미한다. 어떤 연구에서 직원이 고객지향적이며 고객과 좋은 관계를 가지고, 지각력 있고 주의

깊게 경청할 때 고객이 서비스를 더 좋게 평가하여 재방문할 가능성이 높다는 결과가 나왔다.

⑤ 유형성(tangibles) : 직원의 외모나 복장 또한 다른 요소들 서비스시설, 장식, 소책자 등을 말한다. 이에 대해서는 물리적 증거에서 자세하게 설명하겠다.

1.1.5 품질 · 생산성 상쇄관계

접점직원들은 효과성과 효율성 모두를 요구받는다. 즉 고객에게는 만족스러운 서비스를 제공하고, 그러면서도 비용을 아낄 것을 요구받는 것이다. 예로 HMO(건강관리조직)의 한 의사는 환자들에게 양질의 사려 깊은 그리고 개별적인 서비스를 제공하고, 동시에 정해진 시간 안에 일정 수의 환자를 치료해야 한다. 식료품점의 직원은 고객의 안면을 익히고 정중하고 공손해야 하며, 또한 대기줄이 신속하게 이동되도록 해야 한다. 이러한 품질과 수량 사이 그리고 효과성과 효율성 사이의 필연적인 상쇄관계(quality/productivity trade-offs)는 현장에 있는 접점직원을 압박한다.

연구에서는 이러한 상쇄관계가 제조업보다는 서비스업에서 더 해결하기 어렵고, 고객만족과 생산성을 동시에 추구하는 목표는 서비스직원이 고객의 욕구를 만족시키기 위해 제공하는 서비스를 고객화하도록 요구받는 상황에서 특히 쟁점이 된다고 지적하였다.

1.1.6 좋은 서비스를 제공하기 위한 인력개발

회사는 고객지향적인 인력을 유지·발전시키고 고품질의 서비스를 제공하기 위해서 직원의 능력을 개발해야 한다. 즉, 일단 적임자를 서비스직원으로 채용했다면 품질 좋은 서비스를 제공할 수 있도록 이들을 훈련시키고 개발해야 하는 것이다.

1) 전문스킬(technical skills)과 상호작용스킬(interactive skills)의 훈련

품질 좋은 서비스를 제공하기 위해서는 필요한 전문스킬 및 지식(호텔에서의 회계계산시스템, 소매상점에서 현금출납기 사용법, 보험회사에서는 계약과정, 사업을 운영하기 위한 기업의 운영상의 규칙)과 상호작용스킬을 지속적으로 훈련받아야 한다. 대부분의 서비스업체는 직원들에게 전문스킬을 교육시키는 데 매우 관심이 많다. 이러한 스킬은 전 세계의 McDonald's 매니저들을 교육시키는 McDonald's의 햄버거대학과 같은 정형화된 교육을 통해 가르친다. 게다가, 전문스킬은 학생들이 인턴십 프로그램으로 습득하기도 하며 전화서비스 훈련생들이 노련한 선배들의 대화를 들으면서 습득하기도 한다. 이처럼 직무현장에서 행해지는 스킬훈련을 OJT(on-the job)라고 한다. 최근 들어 직무에 필요한 전문스킬 및 지식 외에도 정보기술 사용 교육이 추가되고 있다.

2) 직원들에게 권한위임

많은 서비스업체들은 고객의 욕구를 잘 충족시키기 위해 고객욕구를 즉각 들어줄 수 있고, 잘못된 상황이 발생했을 때 즉각 시정조치를 취할 수 있도록 하기 위해 접점직원들에게 권한위임이 되어야 함을 깨닫고 있다. 권한위임(empowerment)은 고객에게 서비스하기 위해 직원들에게 권한, 수단, 목표, 스킬을 주는 것을 의미한다. 권한위임의 핵심은 직원들에게 고객에 대한 의사결정의 권한을 주는 것이지만 그것만으로는 충분하지 않다. 직원들에게 의사결정을 할 수 있는 지식과 수단 그리고 적절한 의사결정을 할 수 있도록 인센티브를 주어야 한다. 권한위임의 전문가인 David Bowen과 Edward Lawler는 권한위임전략에 잘 맞는 조직은 ① 사업전략이 차별화나 고객화이고, ② 고객과 장기적인 관계를 가지며, ③ 기술이 일상적이지 않거나 복잡하고, ④ 사업환경을 예측하기 어려우며, ⑤ 임직원이 높은 성장욕구나 사회적 욕구를 갖는 경우라고 하였다.

3) 팀워크 촉진(promoting teamwork)

많은 서비스 직무는 그 특성상 직원들이 뭉쳐서 일할 때 고객만족이 높아진다. 서비스직은 흔히 스트레스와 긴장이 심하기 때문에 팀워크로 이를 줄일 수 있다. 또한 동료가 든든히 받쳐주고 있다고 믿으면, 좋은 서비스를 제공하여 열정을 더 발휘할수 있다. 팀의 목표와 보상 또한 팀워크를 촉진시킨다. 기업이 개인적인 업적과 성과를 모든 보상의 근거로 하는 것보다 개인이 속한 팀에 대해서 보상할 때, 팀의 노력과 팀 정신을 고취시킬 수 있다.

1.1.7 필요한 지원시스템 제공

서비스직원이 직무를 효과적이고 효율적으로 처리하기 위해서는 고객지향적인 내부지원시스템이 필요하다. 사실상 자신이 아무리 원하더라도 고객지향적인 내부지원시스템의 도움 없이는 서비스직원이 양질의 서비스를 제공한다는 것은 불가능하다. 예컨대, 은행에서 창구 직원이 정확하게 거래하고 고객만족을 높이기 위해서는 고객에 대한 최신정보를 쉽게 얻을 수 있어야 하고, 직원이 충분히 많아 고객을 기다리지 않게 해야 하며, 관리직 또한 고객지향적이어야 한다. 호주에서 시행한 콜센터의 고객서비스 성과에 관한 실험에서, 연구자들은 직무에서 사용되는 정보기술뿐만 아니라 관리자, 팀 동료, 다른 부서원으로부터의 내부지원이 직원만족과 강하게 연관되어 있고 이것이 곧 고객을 만족시키는 능력임을 발견하였다.

1.1.8 우수직원 지키기

적임자를 직원으로 선발하고, 좋은 품질의 서비스를 제공하기 위해 교육하고, 필요한 지원시스템을 갖추는 것 외에 우수한 직원이 떠나지 않도록 해야 한다. 직원의 이직, 특히 우수한 직원의 이직은 고객만족, 직원사기, 전반적인 서비스품질에 치명적인 손상을 입힐 수 있다.

1) 회사의 비전수립에 직원을 참여시킴

직원들로 하여금 조직에 관심을 가지고 몰입하도록 하기 위해서는 그들로 하여금 조직의 비전을 이해하고 공감하게 해야 한다.

2) 직원을 고객으로 대우

만약에 서비스직원이 회사에서 소중한 존재로 존중받고, 그들의 욕구가 중요하게 여겨진다면 직원들은 조직에 오래 머물려고 할 것이다.

3) 우수직원에 대한 측정과 보상

만약 회사가 양질의 서비스를 제공하는 우수 직원이 회사에 남기를 원한다면 그들에게 보상을 주고 승진시켜야 한다. 마땅히 이러해야 하지만 회사의 보상체계가 서비스의 우수한 수행과 관련돼 있지 않은 경우가 흔하다. 자칫하면 보상체계가 양질의 서비스에 나쁜 영향을 미칠 수 있는 요소인 생산성, 양, 매출액을 중시할 수도 있다. 양질의 서비스를 제공하려 노력하는 직원조차도 그들의 노력이 인정받지 못하고 이에 대한 보상이 제대로 이루어지지 않는다면 어느 시점에선가 좌절하게 되고 다른 곳을 찾아 떠나려고 할 것이다.

1.2 고객

1.2.1 서비스제공에 있어서 고객의 중요성

어느 정도 수준의 고객참여는 서비스를 제공하고 체험을 공동창조하는 데 있어서 불가피하다. 서비스는 행위 또는 성과이며, 전형적으로 생산과 동시에 소비된다. 많은 상황에서 직원과 고객, 그 자리에 있는 다른 사람들까지도 서비스 생산을 위해 상호작용한다. 그렇기 때문에 고객은 서비스조직의 생산프로세스에 필수불가결하며, 고객자신의 만족에도 공헌할 수 있다.

1.2.2 서비스를 받는 고객

고객참여의 수준은 서비스에 따라 다르다. 어떤 경우에는 공연관람과 같이 직원들은 서비스 생산을 전담하고 고객은 단지 그 자리에 와있으면 된다(낮은 수준의 고객참여). 서비스조직이 서비스를 창조하는 데 고객의 투입이 필요한 경우도 있는데(중간수준의 고객참여), 투입에는 정보, 노력, 소유물 등이 포함된다. 예컨대, 회계사가 고객이 세금환급을 효과적으로 받도록 하는 데는 이 세 가지 모두가 필요하다.

정보는 세금납부 경력, 결혼 여부, 부양가족의 수 등이고, 노력은 정보를 유용한 형태로 모으는 것이며, 소유물은 영수증이나 과거 세금환급서류를 말한다. 또 다른 상황에서는 고객이 서비스를 창조하는 데 진정으로 참여할 수 있다(높은 수준의 고객참여). 이러한 서비스에서는 고객이 역할을 제대로 해야만 서비스가 좋게 제공될 수 있다. 즉, 고객의 역할은 의무규정이며 복합적이고 장기적인 기업 간 컨설팅 계약에서 고객은 쟁점의 파악, 공유된 문제해결, 지속적 커뮤니케이션, 장비와 작업공간준비, 솔루션의 실행에 참여할 수 있다는 것이다.

표 11-1 고객참여수준에 따른 서비스

	고객참여수준		
	낮음	중간	높음
	서비스제공 동안 고객참석만 요구됨	서비스창조에 고객자원의 투입이 요구됨	고객과 제공자가 함께 서비스창조
내용	• 제품이 표준화되어 있음 • 개인에 관계없이 동일한 서비스가 제공됨 • 요금지불만이 유일한 고객참여임	• 고객자원의 투입(정보, 물질)으로 표준서비스가 고객화됨 • 고객요구에 따라 제공되는 서비스가 달라짐 • 고객자원투입은 적절한 결과를 얻기 위해 필요하며, 서비스기업은 서비스만 제공	• 적극적인 고객참여가 고객화된 서비스를 만들어냄 • 서비스는 고객의 구매와 적극 적인 참여 없이 창조될 수 없음 • 고객자원투입은 강제이며 결과는 제공자와 함께 만들어짐
개인 서비스 사례	• 항공여행 • 모텔 • 패스트푸드 레스토랑	• 미용서비스 • 건강진단 • 풀서비스 레스토랑	• 결혼컨설팅 • 개인훈련 • 체중조절 프로그램 • 주요 질병이나 외과수술
기업 서비스 사례	• 유니폼 세탁서비스 • 해충방제 • 인테리어용 온실관리 서비스	• 대행사가 만든 광고 • 캠페인 • 급료서비스 • 화물운송	• 경영컨설팅 • 중역관리 세미나 • 컴퓨터네트워크 설치

출처 : Adapted from A. R. Hubbert, "Customer Co-Creation of Service Outcomes: Effects of Locus of Causality Attributions," Doctoral Dissertation, Arizona State University, Tempe, Arizona, 1995.

1.2.3 동료고객

많은 서비스 상황에서 고객이 다른 고객과 함께 서비스를 받거나 다른 고객이 서비스를 받는 동안 자신의 차례가 될 때까지 대기해야 한다. 두 경우 모두 동료고객(fellow customers)이 서비스접점에 존재하기 때문에 서비스 성과 또는 제공과정에 영향을 줄 수 있다. 동료고객은 고객만족이나 품질에 대한 지각을 향상시킬 수도 있고 반대로 저하시킬 수도 있다.

다른 고객이 서비스의 체험에 부정적으로 영향을 주는 몇 가지 예로는 돌출행동, 지연, 혼잡, 불합치(incompatible) 욕구 등이 있다. 레스토랑, 호텔, 비행기와 같이 서비스를 받으면서 흥겨워야 할 곳에서 우는 아이, 흡연하는 손님, 소음, 무례한 고객 등은 다른 고객의 체험에 방해가 될 수 있다. 이처럼 고객은 제공자의 잘못 없이도 실망할 수 있다. 또 다른 경우, 과도하게 요구하는 고객은 그들의 욕구가 충족되는 동안 다른 고객을 기다리게 한다. 이러한 예는 은행, 우체국, 소매점의 고객서비스접점 등에서 흔히 볼 수 있는 일들이다. 혼잡이나 과용 역시 고객의 서비스체험에 영향을 줄 수 있다.

동시에 서비스를 제공받는 고객 중에 다른 욕구를 가지고 있는 고객은 서로에게 부정적인 영향을 줄 수 있다. 이러한 예는 레스토랑이나 대학 강의실, 병원과 같이 여러 세분시장에 동시에 서비스를 제공하는 경우에 일어날 수 있다. 고객들은 밀치기, 흡연, 음주, 불량스런 언행, 새치기 등을 부정적인 행동으로 꼽았으며 동료고객이 예의 없고, 비우호적으로 행동할 때 불만족하는 것으로 밝혀졌다. 다른 고객의 관심을 다른 곳으로 돌려 그들의 만족과 품질에 대한 지각을 높이게 하는 예도 있다. 때때로 다른 고객이 있다는 것 자체가 체험을 좋게 하기 때문이다. 이러한 예는 스포츠 이벤트나 극장, 기타 엔터테인먼트 현장에서 볼 수 있다. 또 다른 상황에서 고객은 서로의 서비스 목표와 성과를 달성할 수 있도록 돕는 역할을 한다. 중부 플로리다 관광명소 연구에 의하면 고객들이 줄을 서서 기다리거나, 사진을 찍거나, 어린이를 보호하고, 떨어뜨리거나 잃어버린 물건을 돌려주는 행동 등을 하는 동안 서로 우호적인 대화를 나눔으로써 서로의 만족을 증가시키는 것으로 나타났다.

1.2.4 생산자원으로서의 고객

서비스에서 고객은 조직의 생산역량을 키워주는 인적자원으로 흔히 부분직원(partial employee)이라고 한다. 또 어떤 경영전문가는 서비스시스템의 일부로 고객을 포함시키기 위해 조직경계를 확장시켜야 한다고 주장한다.

셀프서비스 주유소가 처음 나왔을 때 고객은 직접 휘발유를 주입해야 했다. 고객이 휘발유를 주입하게 되자 직원이 덜 필요하게 되었고 주유소의 생산성은 증가하게 되었다. 지금 많은 주유소가 주유기에 신용카드 투입구를 설치하거나 무선결제장치를 이용할 수 있도록 함으로써 직원과의 접촉 없이도 휘발유를 주입할 수 있게 하였다. 비슷한 예로 수화물 체크인이나 셀프 티케팅과 같은 많은 자동화된 항공서비스의 도입은 직원들이 자동화서비스 이외의 다른 업무를 수행하게 함으로써 고객들에 대한 서비스프로세스의 속도를 증가시키려는 의도를 가진 것이다. 이전에 직원들에 의해 수행되던 일을 고객이 대신함으로써 조직의 생산성이 증가하게 된 것이다. 온라인 고객서비스에서 한 가지 눈에 띄는 목표는 고객을 자신의 서비스를 수행하는 부분직원으로 이용하여 조직의 생산성을 증가시키는 것이다.

조직은 공동생산자로 고객을 참여시킴으로써 명백한 생산성 향상이란 이득을 얻었지만 고객은 그들의 새로운 역할에 항상 호의적이거나 쉽게 수용하지 않을 수 있다. 특히 기업이 단순히 비용(bottom-line cost)을 절약하려는 목적으로 고객을 참여시키는 것으로 인지하는 경우에는 더욱 그렇다. 만일 고객이 공동생산에 참여하 여도 그에 대한 명백한 이득(낮은 가격, 더 빠른 접근, 더 나은 품질)이 고객에게 돌아가지 않는다면 고객은 그들의 공동생산 역할에 화를 내고 저항할 것이다.

1.2.5 서비스품질 만족에 기여하는 공헌자로서의 고객

고객이 서비스제공에서 할 수 있는 또 하나의 역할은 제공받는 서비스의 품질이나 자신이 느낄 만족에 공헌하는 것이다. 고객은 자신의 서비스에 참여함으로써 조직의 생산성이 증가하는 것에는 별로 관심이 없으나 자신의 욕구가 충족되는지의 여부에는 많은 관심을 가진다. 효과적인 고객참여는 욕구가 충족될 가능성을 그만큼 증가시켜준다. 의료, 교육, 체중조절 같은 서비스에 관해 생각해보면 서비스의 성과가 고객의 참여에 의존한다는 것을 알 수 있을 것이다. 예를 들어 가만히 앉아서 듣기만 하는 것이 아니라 학생들이 적극적으로 참여할수록 학습효과가 높아진다는 연구가 있다. 의료에서도 마찬가지인데 환자가 의사의 처방과 식사습관의 변경을 받아들이지 않는다면 환자의 건강회복은 기대하기 어렵다. 즉, 고객이 그들의 역할을 효과적으로 수행하지 않는다면 바람직한 서비스 성과는 기대하기 어렵다.

1.2.6 경쟁자로서의 고객

서비스고객의 마지막 역할은 잠재적 경쟁자로서의 역할이다. 만약 셀프서비스 고객이 기업의 직원 내지는 부분직원으로 간주될 수 있다면 그 고객은 어떤 경우에는 부분적으로 서비스를 수행하고 어느 경우에는 전체적으로 서비스를 수행하기 때문에 서비스제공자가 필요 없을 수 있다. 그렇기 때문에 고객은 어떤 의미에서 보면 서비스회사의 경쟁자인 것이다. 예를 들어 아이 키우기, 집안청소 및 유지관리, 자동차수리와 같은 서비스를 직접 생산할 것인지(내부교환), 아니면 누군가에게 서비스를 제공받을 것인지(외부교환)가 소비자에게는 딜레마인 것이다.

1.2.7 고객참여를 높이는 전략

1) 고객의 직무정의

서비스 제공과정에 고객의 참여를 유도하는 전략을 개발하려 할 때 조직은 먼저 고객으로부터 원하는 참여의 유형을 결정하고 난 후 고객직무(customer's job)를 정의해야 한다. 따라서 고객참여의 현재수준을 파악하는 것이 시작이다. 고객의 역할은 [표 11-1]에서 제시한 바와 같이 서비스의 특성에 따라 달라진다. 고객의 출석만(콘서트, 항공기여행 등)을 필요로 하는 서비스가 있고, 노력 또는 정보의 투입을 고객에게 요구하는 서비스도 있으며(헤어컷, 세금보고서 등), 서비스의 결과를 만들어 내는 데 동참할 것을 요구하는(건강프로그램, 셀프서비스 컨설팅 등) 서비스도 있다.

고객의 참여수준이 결정되면 조직은 고객이 해야 할 일을 좀 더 명확하게 정의할 수 있다. 고객의 직무기술서(job description)는 서비스의 유형과 산업 내에서 조직이 바라는 포지션에 따라 다양하다. 고객의 직무는 자기자신 돕기, 다른 사람 돕기, 기업 판촉하기 등으로 나누어진다.

(1) 자기자신 돕기(helping oneself)

고객이 스스로 구입한 상품을 자가 계산대를 사용하므로 서비스생산에 도움을 줄 수 있다. 이런 경우는 고객은 생산자원이 되고 직원이 지금까지 해오던 서비스를 직접 수행하게 될 것이다.

(2) 다른 사람 돕기(helping others)

때때로 고객은 서비스를 받는 다른 사람의 도움 요청을 받기도 한다. 유치원에 처음 온 아이를 위해 원생 중 한 명이 그들의 친구로 지명할 수 있다. 실버타운에 오래 거주한 사람이 흔히 새로 입주한 사람을 위해 이러한 역할을 한다. 이러한 역할은 조직을 위해 생산기능을 수행하는 것도 되지만 고객만족을 높인다. 조언자나 보조자로서 활동을 하다보면 그 활동을 하는 본인도 영향을 받아서 조직에 대한 몰입도가 높아진다.

(3) 기업 판촉하기(promoting the company)

서비스 고객이 어떤 제공자를 선택할 것인가를 결정할 때 구전에 많이 의존한다.

그들은 광고보다 친척, 동료, 잘 아는 사람들로부터 긍정적인 추천이 기업을 판촉하는 효과를 가져온다고 믿는다.

(4) 모든 고객이 고객참여를 원하는 것은 아니다

고객의 직무를 정의할 때 모든 고객이 참여를 원하는 것을 아니라는 사실을 고려하는 것이 중요하다. 어떤 고객은 셀프서비스를 즐기지만 반면에 다른 고객은 전적으로 직원에게 의존하려 한다. 현재 거의 모든 서비스와 제품구매가 인터넷을 통해 이용가능함에도 불구하고, 많은 고객들은 여전히 셀프서비스보다 사람과의 접촉이 높은 서비스제공을 선호한다. 그러므로 기업은 참여를 원하는 고객과 덜 참여하려는 고객으로 시장을 세분화 하여 각각의 욕구에 맞도록 서비스를 고객화할 수 있다. 은행은 전형적으로 자동화된 셀프서비스와 사람이 직접 하는 서비스 두 종류의 서비스를 제공한다.

2) 고객의 채용, 교육 및 보상

일단 고객의 직무가 명확하게 정의되면 서비스를 개발하는 데 고객들이 그 역할을 어떻게 잘 수행하도록 할 것인지를 생각해야 한다. 다음과 같은 조건일 때 고객은 직원들과 함께 서비스 생산과 제공에 쉽게 동참할 수 있다. 첫째, 고객이 그들의 직무와 또 이를 어떻게 해야 한다는 것을 알고 있을 때, 둘째 기대된 대로 고객이 그들의 직무를 수행할 때, 셋째 고객이 직무를 제대로 수행한 것에 대한 보상을 받을 때 등이다. 이러한 조건이 충족될 때 조직은 고객참여에 따른 예상하기 어려운 품질, 고객의 참여시기 등에 관련된 불확실성을 줄일 수 있을 것이다.

(1) 적임고객의 채용(recruit the right customer)

기업이 고객을 교육하고 사회화하는 과정에 들어서기에 앞서 역할을 제대로 할 만한 적임고객을 끌어들여야 한다. 고객에게 기대된 역할과 책임은 광고나 인적판매, 기타 회사의 메시지를 통해 명확하게 전달해야 한다. 고객의 역할과 서비스제공과정에서 고객에게 요구되는 것을 미리 보여줌으로써 고객은 거래를 해야 할지를 스스로 선택할 수 있다. 자기가 스스로 선택하게 되면 서비스품질을 높게 지각하고 고객참여로 인한 불확실성도 줄일 수 있다.

(2) 고객교육과 훈련(educate and train customers)

고객 교육프로그램은 다양하다. 공식적인 교육프로그램, 고객에게 제공되는 안내서, 서비스현장의 표시나 지시, 다른 고객이나 직원으로부터의 학습 등이 있다. 고객은 또한 다른 고객을 보거나 직원이 제공한 정보를 통해 자신에게 기대된 역할을 학습할 수도 있다.

(3) 고객의 공헌에 대한 보상(reward customers for their contributions)

고객은 어떤 역할을 수행함으로써 보상을 받게 된다면 그들은 역할을 좀 더 효율적으로 수행할 것이고 적극적으로 참여할 것이다. 보상에는 제공과정에 대한 통제, 시간절약, 금전절약, 심리적 혹은 육체적 편익 등이 있다. 예로 은행서비스를 스스로 수행하는 ATM 이용고객은 시간이나 거리에서 볼 때 시간을 절약할 수 있는 보상을 받는다. 또한 창구직원과의 인적접촉을 하지 않은 것에 대한 혜택으로 수수로 면제라는 보상을 받기도 한다.

(4) 부적절한 고객참여로 인한 부정적 결과 피하기(avoid negative outcome)

만약 고객이 효과적으로 사회화되지 않는다면 조직은 부적절한 고객행위로 인해 고객, 직원 그리고 조직 자체에 부정적인 결과가 초래되는 위험에 빠질 수 있다.

① 서비스시스템이나 제공과정을 이해하지 못한 고객은 서비스제공과정을 지체시킬 뿐만 아니라 다른 고객에게도 부정적인 영향을 끼친다. 렌터카에서 예약절차, 필요한 정보, 보험 커버리지, 차량인도와 반납절차에 대해 이해하지 못한 고객은 직원과 다른 고객의 흐름을 느리게 하여 생산성이나 서비스의 질을 떨어뜨리게 할 수 있다.

② 만약 고객이 그들의 역할을 효과적으로 수행하지 못하면 조직이 약속한 서비스수준을 직원이 제대로 제공할 수가 없다. 예컨대 경영컨설팅에서 낮은 수준의 정보를 컨설턴트에게 제공한다면 보고서의 유용성이나 서비스제공의 시의 적절성이 떨어지는 서비스를 제공받게 될 것이다.

③ 만약 고객의 무능 때문에 고객서비스가 실패한다면 직원은 마음의 고통을 받고 좋은 서비스를 제대로 제공하지 못할 것이다. 예컨대 만약 고객이 시스템의 운영과 그들의 역할에 대해 잘 알지 못하고 서비스제공과정에 참여한다면 접점직원에게 불만을 줄 수 있다. 직원에 대한 이러한 부정적인 영향은 이직

률을 증가시키고 잘하려는 동기를 감소시킨다.

2 과정

2.1 서비스의 개발과 설계

사례 **"음식, 미리 보고 주문하세요" 프로젝터 메뉴판**

외식을 즐기는 사람도 새로운 식당에서 낯선 메뉴를 보면 짐짓 당황하기 마련. 이럴 때 접시에 놓인 음식을 미리 보고 주문할 수 있다면 얼마나 좋을까?

이런 손님들의 바람을 현실로 만들어주는 레스토랑이 실제로 있다. 최근 외신에 소개된 영국의 레스토랑 'Inamo'가 바로 그곳이다.

아시아음식 전문인 이 레스토랑은 테이블 위에 프로젝터를 설치, 음식을 보면서 주문을 낼 수 있다.

손님이 터치스크린 방식의 메뉴를 열면 그때부터 손으로 찍은 음식의 이미지가 접시 위에 쏘아진다. 손가락을 놀리다가 접시에 그려진 음식이 마음에 들면 가볍게 '엔터'를 눌러주면 된다. 주문은 바로 조리실로 전달된다.

이나모의 사장은 옥스포드 출신 29세 청년 사업가 노엘 헌윅이다. 그는 친구들과 함께 피자를 먹으러 갔다가 웨이터를 기다리던 중 이 같은 사업 아이디어를 떠올렸다. 이 아이디어를 갖고 시작한 레스토랑이 바로 'Inamo'이다.

간단하게 음식을 주문하면 편리하겠다는 생각이 지금의 프로젝터시스템으로까지 발전했다. 노엘은 "웨이터가 직접 주문을 받지 않아도 돼 인건비가 절약된다"며 "손님이 원할 때 바로 주문을 낼 수 있어 음식이 나가는 시간도 평균 15분 정도로 줄일 수 있었다"고 말했다.

출처 : 서울신문(2011. 7. 12)

2.1.1 서비스설계의 특징

서비스는 만질 수도, 탐색할 수도, 시험할 수도 없기 때문에 흔히 말로 묘사된다. 서비스설계란 개념을 개발하는 데 있어 선구자인 Lynn Shostack의 말로 요약할 수 있는데, 몇 마디의 말로 서비스를 묘사하는 것은 다음의 네 가지 위험에 빠질 수 있다고 주장하였다.

1) 지나친 단순화(oversimplification)

'포트폴리오관리'를 '주식의 구매 및 판매'로 사용하는 것은 우주왕복선을 '날으는 물체(something that flies)'로 표현하는 것과 같으며, 이는 우주왕복선 대신 어떤 이는 새를 그릴 것이고 또 다른 이는 헬리콥터를 그릴 것이며 천사를 그리는 지나친 단순화의 위험을 지적하였다.

2) 불완전성(incompleteness)

서비스를 표현할 때 사람들(직원, 관리자, 고객)은 자신에게 익숙하지 않은 서비스의 세부항목이나 요소를 빠뜨리는 경향이 있다. 일반적으로 사람들은 증권중개업자가 고객으로부터 어떻게 주문을 받는지를 상당히 자신 있게 설명할 수 있을 것으로 생각한다. 하지만 한 달 간의 거래가 어떻게 이루어지는지를 정확히 설명할 수 있고 쌍방향 컴퓨터시스템이 어떻게 작동되는지도 설명할 수 있으며 그리고 이러한 두 서비스가 어떻게 주문처리 프로세스에 통합돼 있는지 설명할 수 있겠는가?

3) 주관성(subjectivity)

어떤 사람이 말로 서비스를 표현하는 것은 그 서비스에 대한 노출 정도와 개인적인 체험에 의해 왜곡될 수 있다. 패스트푸드점을 이용한 체험이 있는 모든 사람이 그 서비스가 무엇인지를 이해할 것이라고 가정하는 것은 얼핏 보면 당연할지는 몰라도 잘못된 것이다. 심지어 서비스제공 조직의 직원들까지도 부서에 따라 서비스를 매우 다르게 표현하기도 한다.

4) 편향된 해석(based interpretation)

어떤 두 사람도 한 단어를 정확히 같은 뜻으로 해석하지 않는다. 예컨대, 매니저가 창구서비스 직원에게 고객의 요구에 더 유연하고 빠르게 반응하도록 지시한다고 하자. 유연성을 더 구체적으로 정의하지 않는 한 직원은 매니저와 전혀 다르게 그 말을 해석할 것이다.

2.1.2 서비스청사진

1) 서비스청사진의 정의

서비스청사진이란 역할이나 관점이 상반된 사람들이 서비스에 대해 이해하고 그것을 객관적으로 다룰 수 있도록 하기 위해 서비스시스템을 명확히 나타내고 있는 그림 또는 지도라고 할 수 있다. 청사진은 서비스개발의 설계단계에서 특히 유용하다. 서비스청사진은 서비스를 제공하는 프로세스, 고객과 직원의 역할, 고객과의 접점, 그리고 서비스의 요소들을 동시에 묘사함으로써 서비스를 시각적으로 볼 수 있게 한다. 서비스청사진은 고객이 체험하게 되는 서비스증거이고, 업무수행의 지침이며, 서비스제공 프로세스의 단계를 나누는 방법이기도 하다.

2) 서비스청사진의 요소

고객의 행위(action), 현장에 있는 접점직원의 행위, 후방지원부서 직원의 행위, 그리고 지원프로세스가 청사진의 주요 요소이다. 서비스청사진을 그리는 규칙이 명확히 정의되어 있지 않기 때문에 사용하는 상징, 수평라인의 수, 각 부분을 나타내는 라벨은 청사진의 복잡성에 따라 다르게 사용할 수 있다. 즉, 어떤 것을 사용해서 그리는가의 여부는 유용하면 됐지 철칙으로 사용할 필요는 없는 것이다.

(1) 고객행위(customer action)

고객이 서비스를 구매하여 소비하고 평가하는 프로세스에서 고객이 행하는 선택, 상호작용, 기타 활동이 포함된다. 고객체험 전체가 고객행위의 영역으로 청사진에 나타난다. 법률서비스를 예로 들면 고객행위는 법적 대리인 선임 여부 결정, 법적 대리인과의 통화, 직접대면, 문서의 수취, 계산서의 수취 등을 포괄한다.

(2) 현장(onstage)에 있는 접점직원의 행위

의뢰인에게 보여지는 법적 대리인의 행위는 초기 상담, 중간 미팅, 법률문서의 전달 등이 이에 속한다.

(3) 후방(backstage)에 있는 접점직원의 행위

고객과 전화통화를 하거나 미팅과 서류를 준비하는 직원의 행위가 이에 속한다. 눈에 보이지 않는 모든 접점직원의 행위는 청사진의 바로 이 영역에 포함된다.

(4) 지원프로세스(support process)

서비스를 제공하는 접점직원을 지원하기 위해 내부에서 이루어지는 상호작용을 말한다. 다시 법률서비스를 예로 들면 스텝에 의한 법적인 조사, 문서의 준비, 미팅을 위한 비서의 지원 등이 이에 속한다.

(5) 물리적 증거(physical evidence)

전형적으로, 접점의 각 단계 위에 서비스의 실제 물리적 증거가 명시되어 있다. 법률서비스를 예로 들면 법적 대리인과 직접대면을 하는 물리적 증거에는 사무실 인테리어, 서류, 변호사가 착용한 의류 등이 있다.

(6) 상호작용라인(line of interaction)

고객과 조직 간의 직접적인 상호작용을 나타낸다. 상호작용 수평라인과 수직라인이 교차하는 때에 고객과 조직 또는 서비스제공자와의 직접적인 만남이 발생한다.

(7) 가시성라인(line of visibility)

보이지 않는 서비스활동과 고객에게 보이는 서비스활동을 분리한다. 청사진을 읽을 때, 활동이 라인의 위쪽에 주로 있는지 아래쪽에 있는지를 보면 보이는 서비스가 얼마나 많이 고객에게 제공되는지를 간단히 알 수 있다. 또한 이 라인은 현장에서 일어나는 접점직원의 활동과 후방에서 이루어지는 활동을 구분하게 한다. 예컨대, 진료과정에서 의사는 가시성 라인의 위 또는 현장에서 실제로 환자를 진찰하고 환자의 질문에 대답을 하는 반면, 가시성 라인의 아래 또는 후방에서는 미리 환자의 차트를 읽어보고 지시를 내린다.

(8) 내부상호작용라인(line of internal interaction)

접점직원의 활동과 여타 지원부서의 활동을 구분하게 한다. 수직라인과 이 라인이 교차하는 점이 내부서비스 접점이다.

서비스청사진과 다른 프로세스 흐름도 간의 가장 중요한 차이점 중 하나는 고객과 서비스 프로세스에 대한 고객관점이 포함된다는 것이다.

그림 11-1 서비스청사진

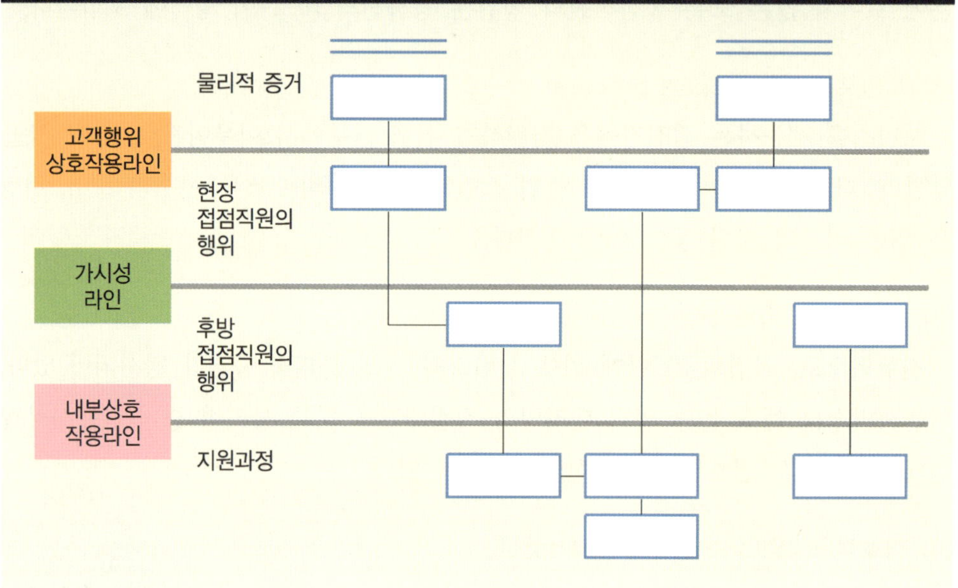

3) 청사진의 작성

(1) 1단계 : 청사진으로 나타내야 할 서비스프로세스의 파악

청사진은 다양한 수준에서 개발할 수 있으므로 시작할 때 그 수준에 대한 동의가 필요하다. 일단 작성할 청사진의 기본적인 목적이 정해지면 기업은 도식화해야 할 프로세스를 파악할 수 있다.

(2) 2단계 : 서비스를 체험하는 고객과 세분시장의 파악

시장세분화에 대한 일반적인 근거는 각 세분시장의 욕구가 달라 다른 서비스나 제품특징을 요구할 것이라는 것이다. 따라서 세분시장마다 서비스프로세스가 다양하다고 가정하여 특정 고객이나 세분시장에 맞는 청사진을 작성하는 것이 매우 유용하다. 매우 추상적이거나 개념적인 수준에서 하나의 청사진으로 종합할 수는 있다. 그러나 보다 상세한 수준까지 도달하면 유용성을 높이고 혼란을 줄이기 위해 세분시장마다 다른 청사진을 작성해야 한다.

(3) 3단계 : 고객관점에서 서비스프로세스를 도식화

이 단계는 서비스를 구매, 소비, 평가할 때 고객이 행하거나 체험하는 선택과 행위를 도식화하는 것이다. 고객의 관점으로 서비스를 파악하면 고객에 영향을 전혀 미치지 못하는 프로세스나 단계에 초점을 맞추는 것을 피할 수 있다.

때때로 고객관점에서 볼 때 서비스의 시작과 끝이 명확하지 않을 수도 있다. 예컨대, 미용실의 경우 고객은 서비스의 출발점을 점포에 전화를 하고 예약하는 것으로 보는 반면, 미용사들은 이를 서비스프로세스의 일부로 보지 않는다. 이와 유사하게 유방암 검사서비스에서 환자는 병원으로 가고, 주차하고, 검사실로 가는 것을 서비스의 일부분으로 보고 있다. 만약 기존서비스에 대해 청사진이 개발된다면 서비스프로세스의 어떤 접점은 사진이나 비디오로 촬영할 수 있을 것이다. 흔히 경영자나 실제 접점에 있지 않은 직원들은 고객이 무엇을 체험하는지, 고객의 관점에서 볼 때 자사 서비스가 어떻게 달라 보이는지를 잘 모른다.

(4) 4단계 : 현장직원행위, 후방직원행위, 기술행위를 도식화

고객의 관점에서 프로세스를 나타내고, 상호작용라인과 가시성라인을 그리면 보이지 않는 후방활동과 보이는 현장활동이 구분된다. 기존서비스에서 이 단계는 접점직원들로 하여금 고객의 관점에서 볼 때 현장에서 해야 하는 활동과 후방에서 하는 활동이 무엇인지를 학습케 해준다.

기술로 제공되는 서비스 또는 기술제공과 인간제공이 결합된 서비스에서, 기술인터페이스에서 필요로 하는 행위들이 가시성라인의 윗부분에 도식화될 것이다. 만약 어떤 직원도 서비스에 포함되지 않는다면 그 영역은 현장기술행위로 새롭게 불릴 수 있을 것이다. 만약 인간제공과 기술제공이 모두 포함된다면 현장기술행위와 현장직원활동을 분리하는 수평라인을 추가할 필요가 있다. 추가라인은 서비스 청사진의 해독과 이해를 용이하게 할 것이다.

(5) 5단계 : 접점활동과 내부지원의 연결

내부상호작용라인 그리고 접점활동을 내부지원기능과 연결하는 단계이다. 고객에 대한 내부활동(내부지원기능)의 직간접적인 영향이 이 단계에서 명백해진다. 고객과 연결된 시각으로 보면 내부 서비스프로세스의 중요성은 증가한다. 바꾸어 말해 고객의 체험에 명백히 연결되지 않는 프로세스상의 어떤 단계는 불필요하다고 할 수 있다.

(6) 6단계 : 고객의 행위단계마다 서비스의 물리적 증거를 추가

마지막으로 고객이 서비스를 체험하는 각 단계에서 고객이 보거나 받을 수 있는 것을 가시적으로 보여주는 물리적 증거를 추가할 수 있다. 사진이나 슬라이드, 비디오 등 청사진의 시각적 표현은 물리적 증거가 서비스품질에 미치는 영향을 분석하는 데 도움이 되고 물리적 증거가 전체 서비스 위상과 일치하는지를 확인하는 데 도움이 된다.

2.2 서비스표준

2.2.1 적합한 서비스표준을 설정하는 데 필요한 조건

1) 서비스행동과 행위의 표준화

고객이 기대하는 것을 구체적인 서비스품질 표준으로 바꾸는 것은 표준화하거나 일상화할 수 있는 과업의 정도에 달렸다. 일부 경영자나 관리자는 서비스를 표준화할 수 없는 것으로 믿고 있다. 즉, 고품질의 서비스를 제공하기 위해서는 고객화가 필수적이라고 생각한다. 그러나 현실에서 보면 많은 서비스과업이 일상적이며(수표거래계좌를 개설하거나, 해충을 퇴치하기 위해 잔디에 약을 뿌리는 등), 구체적인 규칙과 표준은 매우 쉽게 만들어지고 효과적으로 실행될 수 있다. 또한 직원은 가장 효과적으로 행동하는 방법을 알고 싶어 할지 모른다. 그렇게 되면 자신의 과업을 수행하는 데 있어 보다 더 독창력을 발휘할 수 있기 때문이다.

서비스표준화는 사람이 하던 일을 기술로 대체하는 것, 작업방법을 개선하는 것, 두 방법을 결합하는 것의 세 가지 유형이 있다. 기술로 대체된 예로는 ATM, 자동세차서비스, 공항 X레이 검색 등이 있고, 작업방법을 개선한 예로는 세무나 회계서비스 프로그램을 새롭게 개발하고, 레스토랑에 샐러드 바를 설치하는 것 등이 있다.

2) 공식적인 서비스 목표

높은 품질의 서비스를 일관성 있게 제공하는 데 성공한 기업은 서비스를 제공하는 직원을 지도하기 위해 공식적인 표준을 설정하고 있는 것으로 알려져 있다. 이들 기업은 고객에게 중요한 서비스를 얼마나 잘 수행하고 있는지를(한 거래당 걸리는 시간, 서비스 실패빈도, 고객불평의 처리속도 등) 정확히 알고 있으며, 고객의 기대를 충족시키거나 넘어서는 목표를 설정하여 꾸준히 개선하는 노력을 기울이고 있다. 서비스업에서 적절하게 사용되는 공식목표설정(formal goal setting) 유형 중의 하나는 개인의 행동이나 행위에 대한 목표설정이며 또 다른 하나는 전체 회사나 부서의 목표설정이다.

일관성 있게 탁월한 서비스를 제공하는 Walt Desney, Fedex, Merrill Lynch 같은 회사는 매우 구체적이고, 정량적이며, 측정가능한 서비스 목표를 가지고 있다. Walt Desney는 고객이 서비스품질을 높게 지각하는 데 공헌하는 직원의 수많은 행동과 행위에 대한 성과를 측정한다. 따라서 서비스표준은 공식적인 서비스 목표 설정의 수단이라고 할 수 있다.

3) 기업이 아닌 고객이 정의한 표준

고객의 욕구, 선호순위 및 기대수준을 알면 서비스를 효과적이고 효율적으로 제공할 수 있다. 고객이 정의한 서비스표준은 고객이 가치 있게 생각하는 것을 파악하여 비용을 절감케 하며, 고객이 보지 못하거나 요금을 지불하려 하지 않는 활동과 특징을 제거시킬 수 있다. 또한 기대에 대한 정확한 측정을 통해 고객의 욕구를 과대하게 충족시켜 왔다는 것도 알게 된다. 반면 기업들이 고객의 기대가 아니라 자신들의 욕구에 맞추어 표준과 정책을 정하면 고객과의 관계를 위험에 놓이게 할 수 있다.

2.2.2 고객정의 표준의 설정

1) 1단계 : 기존 및 바람직한 서비스 접점순서를 파악하라

첫 번째 단계는 서비스접점의 순서를 그리는 것이다. 프로세스 지도나 서비스청사진을 사용하여 서비스접점 순서를 파악할 수도 있다. 기업은 거래하기를 원하는 고객을 조사해 고객이 바라는 서비스접점 순서를 찾아내도록 열린 마음을 가져야 한다.

2) 2단계 : 각 서비스접점에서 고객의 기대를 행동과 행위로 전환하라

2단계의 투입요소는 고객기대에 관한 조사이다. 이 단계에서 추상적인 고객의 요구사항과 기대를 서비스접점에서 직면하게 되는 구체적인 행동과 행위로 전환시켜야 한다. 신뢰성과 같은 추상적인 요구사항은 각 서비스접점마다 상이한 행동과 행위를 요구할 수 있기 때문에 이러한 차이점은 면밀히 조사되어야 한다. 서비스기업의 마케팅정보가 대부분 이러한 목적을 위해 수집되고 있지 않아 행동과 행위로 전환하는 데는 추가적인 정성조사가 필요할 수도 있다.

이렇게 하려면 최종 결정에 관련 없는 사내부서나 조사기관이 객관적으로 행동과 행위에 관한 정보를 수집하고 해석해야 한다. 만일 정보가 편견을 갖는 기업의 관리자나 현장직원을 통해 여과된다면 그 결과는 고객정의 표준이라기보다는 기업정의 표준이 된다.

3) 3단계 : 표준설정에 포함될 행동과 행위를 선택하라

이 단계는 다수의 행동과 행위 중 고객정의 표준설정에 포함될 우선순위를 정하는 것이다. 다음은 표준설정이 필요한 행동과 행위를 찾아내는 데 가장 중요한 기준들이다.

① 표준은 고객에게 매우 중요한 행동과 행위에 기초해야 한다.
② 표준은 개선되거나 유지될 필요가 있는 제공행위를 포함하고 있어야 한다.
③ 표준은 직원이 개선할 수 있는 행동과 행위를 포함하고 있어야 한다.
④ 표준은 직원에 의해 수용되어야 한다.
⑤ 표준은 대응적이라기보다는 예측적이어야 한다.
⑥ 표준은 현실적이면서 도전적이어야 한다.

4) 4단계 : 하드표준이나 소프트표준 중 어느 것이 적합한지 결정하라

다음 단계에서는 행동과 행위를 하드표준이나 소프트표준으로 정해야 한다. 기업이 이 단계에서 범하는 가장 큰 실수 중의 하나가 성급하게 하드표준을 택하는 것이다. 기업은 운영측정에 익숙해져 있어 그러한 측정에 편향되어 있다. 그러나 하드표준이 고객기대행동 및 행위를 충분히 포착하지 못하면 이것은 고객이 정의한 표준이 아니다. 하드표준의 적합성 여부를 결정하는 최상의 방법은 추적전화로 소프트 측정치를 구하고, 그 다음 시간을 두고 운영 측면 중에서 이러한 소프트측정치와 상관관계가 높은 것을 파악하는 것이다.

5) 5단계 : 표준을 측정하기 위한 피드백 메커니즘을 개발하라

기업이 하드표준이나 소프트표준 중 어느 하나가 적합하다고 결정되고 그 구체적인 표준이 고객요구사항에 가장 적합하다고 결정되면, 기업은 표준을 적절하게 파악할 수 있는 피드백 메커니즘을 개발해야 한다. 전형적으로 하드표준은 시간이나 오류를 기계적으로 계산하거나 기술에 의해 자동으로 측정되도록 한다. 소프트표준은 추적조사나 직원 모니터링을 통한 지각측정을 필요로 한다.

6) 6단계 : 측정치의 목표수준을 설정하라

서비스표준 측정치에 대한 목표수준을 설정하는 것이다. 이 단계가 없다면 기업은 표준이 충족되었는지의 여부를 계량화할 수가 없다. 목표수준은 기업에 따라 다양하게 설정할 수 있는데 불평처리 속도에 대한 하드측정치와 소프트측정치 간의 관계를 불만처리시간과 만족도로 측정하거나 지각행위에 관한 상관관계로 측정할 수 있다.

한 항공사는 체크인을 위해 카운터에 접근하는 고객을 대상으로 이와 같은 연구를 정확히 수행하였다. 고객이 대기 줄에 들어섰을 때, 안내원은 항공티켓 위에 입장시간을 날인하여 건넨다. 절차가 끝나고 고객이 대기 줄을 빠져나올 때, 안내원은 퇴장시간을 날인하고 고객에게 대기시간의 지각과 처리에 따른 만족에 관하여 3~4개의 문항을 질문한다. 이렇게 해서 대기시간의 지각에 대한 영향을 평가할 수 있다.

7) 7단계 : 표준치에 대비하여 측정치를 검토하라

1980년대의 품질운동(quality movement) 이후, 표준치에 대비하여 측정치를 추적하는 여러 기법들이 개발되었다. 품질운동에 가장 영향력 있는 리더 중 하나인 W. Edward Deming은 성과를 측정하고 향상시키는 프로세스인 P-D-C-A(Plan-Do-Check-Action)사이클이라 불리는 접근법을 개발했다. 통계적 방법을 품질개선에 적용시킨 품질운동의 또 하나의 창시자인 Joseph Juran은 표준치에 대비한 측정치를 추적하는 통계적 프로세스 통제(statistical process control)를 널리 전파시켰다.

8) 8단계 : 직원에게 서비스성과를 피드백하라

패더럴 익스프레스는 서비스품질지표(SQI)의 성과를 직원에게 매일 보여줌으로써 모든 구성원이 회사가 어떻게 운영되는지 알도록 한다. 따라서 문제가 발생하면 알 수 있고 고칠 수 있게 된다. SQI측정치는 고객의 지각과 강한 상관관계가 있는 모든 활동을 즉시 모든 직원에게 피드백하는 역할을 한다. SQI의 예를 포함하여 보다 일반적으로 자료와 사실을 분석하여 평가한 후 사내의 여러 수준에서 의사결정하는 데 활용할 수 있도록 하는 것이 서비스성과의 피드백이다. 서비스성과의 피드백은 프로세스나 서비스에 관한 의사결정을 할 수 있도록 신속하게 전달되어야 한다. 또한 서비스성과 피드백에서 서비스요구사항에 대한 충족 책임이 조직 전체에 있음을 널리 알려야 한다. 조직의 전 부서는 내부고객에 대한 그들의 서비스를 측정하고, 외부고객의 요구와 어떻게 관련되는지를 측정할 필요가 있다.

9) 9단계 : 목표수준과 측정치를 정기적으로 재조정하다

고객기대를 지속적으로 부응하기 위해 목표수준, 측정치, 고객요구사항을 정기적으로 재검토해야 한다.

3 물리적 증거와 서비스스케이프

물리적 증거(physical evidence)란 서비스가 제공되고 기업과 고객이 상호작용하는 환경을 말한다. 즉, 서비스의 커뮤니케이션이나 서비스의 성과를 촉진하는 유형재를 일컫는다. 이 정의에는 서비스가 수행되고 제공되며 소비되는 곳의 물리적 시설(physical facility)을 포함하고 있으나, 본장에서는 물리적 시설을 따로 구분하여 서비스스케이프(servicescape)라고 부르기로 한다.

물리적 증거는 자동차수리처럼 신뢰품질 속성을 갖는 서비스를 제공하는 데 특히 중요하며, 또한 체험품질 속성을 갖는 호텔, 병원, 테마파크의 서비스에서도 중요하다.

3.1 물리적 증거

3.1.1 물리적 증거의 정의

서비스는 무형성이 지배적이기 때문에, 고객은 흔히 유형단서(tangible cues)인 물리적 증거(physical evidence)로 구매 전에 서비스의 가치를 측정하고, 소비기간이나 소비 후의 서비스에 대한 만족을 평가한다.

표 11-2 물리적 증거의 요소

<table>
<tr><th>서비스스케이프</th><th>기타 물리적 증거</th></tr>
<tr><td>시설 외관</td><td rowspan="4">업무용 명함
사무용품
청구서
보고서
직원의 옷
유니폼
팸플릿
웹페이지
가상적(virtual) 서비스스케이프</td></tr>
<tr><td>외관설계
방향/안내
표시
주차
조경
주변환경</td></tr>
<tr><td>시설 내부</td></tr>
<tr><td>내부설계
설비나 장비
방향/안내 표시
레이아웃
공기품질/기온</td></tr>
</table>

[표 11-2]는 전체적인 물리적 증거의 구성요소로 서비스스케이프를 비롯하여 여타 유형단서를 보여주고 있다. 고객에게 영향을 미치는 서비스스케이프는 표지판, 주차장, 조경과 같은 외부속성(exterior attributes)과 설계, 배치, 실내장식과 같은 내부속성(interior attributes)으로 구성된다. 인터넷으로 전달되는 웹페이지(web pages)와 가상 서비스스케이프(virtual servicescape)는 구매 전·후에 고객으로 하여금 서비스를 좀 더 유형적으로 체험하도록 하여 커뮤니케이션이 용이하도록 해주는 좀 더 진보되고 현대화된 형태의 물리적 증거이다.

[표 11-2]는 여러 서비스분야에서의 물리적 증거의 예를 보여주고 있다. 병원, 리조트, 탁아소와 같은 몇몇 서비스는 고객체험을 창출하고 전달하기 위해 물리적 증거에 많이 의존하고 있으며 보험, 익스프레스 메일과 같은 서비스는 물리적 증거에

조금밖에 의존하지 않는다.

물리적 증거는 소비자에게 서비스의 내용을 전달하며, 서비스 수행을 용이하게 하고, 고객의 체험을 추가하기도 한다.

사례 전망 좋은 세계 호텔 10선

하늘을 뚫고 우뚝 솟은 61층 옥상 레스토랑, 지붕도 없이 사방이 탁 트였다. 도도히 흐르는 차오프라야강(태국 수도를 가로지르는 강)의 물줄기는 석양의 노을빛과 어우러져 한 폭의 그림을 연출한다. 이런 곳에서 사랑하는 여인과 가족들이 마주 앉아 저녁을 먹으며 이야기꽃을 피우는 장면을 상상하는 것만으로도 행복하다. 호텔에서 잠만 자는 것은 아니다. 호텔 객실에서 아니면 라운지에서 탁 트이고 아름다운 전망을 본다는 그 자체만으로 호텔에 대한 깊은 인상을 받는다. 영국의 더 텔레그라프는 최근 전망 좋은 '세계의 호텔 10선'을 인터넷판에 게재했다. 전망이 호텔의 품격을 대표하지는 않지만 사람들은 그래도 전망을 찾아 떠난다. 그만큼 전망이 주는 위안과 만족감은 크다.

다음은 10곳의 전망 좋은 호텔이다.

출처=영국 더 텔레그라프

태국 방콕의 바안 트리 호텔 옥상 레스토랑. 61층에 있는 버티고 바에서는 도도히 흐르는 차오프라야강의 물줄기를 볼 수 있다.

이탈리아 코모 계곡에 위치한 그랜드호텔 트레메조. 산맥이 병풍처럼 펼쳐져 있고 발 아래로는 호수가 있다.

인도의 와일드플라워 홀호텔. 해발 2,500m에 위치해 있다. 산꼭대기에 성처럼 서 있는 호텔 주변은 원시림이 우거져 있다.

남아프리카공화국의 투웰브 어파슬즈호텔. 호텔 어떤 곳에서 바다와 산을 동시에 감상할 수 있다.

브라질 상파울루 파사노호텔. 밀가루 같은 모래 백사장이 펼쳐진 아이 파네마해안 인근에 위치해 있다.

라우칼라섬의 피지호텔. 호텔에서는 남태평양을 조망할 수 있다.

포르투칼 더 예츠멘호텔

프랑스 파리의 뮤리스호텔. 테라스에 누워 에펠탑을 한눈에 감상할 수 있다.

아르헨티나의 리아오리아오호텔 앤 리조트. 스위스 융프라우 가는 길에 만나는 풍경보다 더 아름답다고 한다.

모로코의 카스바 타마도트호텔. 해발 1,320m의 산꼭대기에 위치해 있다. 유명인사들에 의해 연간 예약이 꽉 차 있다.

3.1.2 물리적 증거는 고객체험에 어떻게 영향을 미치는가?

물리적 증거, 특히 서비스스케이프는 고객체험에 깊은 영향을 미칠 수 있다. 체험이 평범(버스나 지하철 승차)하든, 개인적으로 의미있든(교회에서 결혼이나 병원의 분만실), 극적이든(일주일간의 긴 모험여행) 서비스스케이프는 체험에 영향을 준다. 따라서 서비스스케이프는 체험에서 고객이 갖는 의미, 만족, 감정과 연결된다.

표 11-3 고객관점에서 본 물리적 증거의 예

	물리적 증거	
서비스	서비스스케이프	기타 물리적 증거
보험	관계없음	• 정책 자체 • 청구서 • 정기간행물 • 회사 팸플릿 • 편지/카드 • 웹사이트
병원	• 건물외관 • 주차 • 방향/안내 표시 • 대기장소 • 외래진료소 • 환자입원실 • 의료장비 • 회복실	• 유니폼 • 보고서/사무용품 • 청구서 • 웹사이트
항공	• 탑승구 • 비행기 외관 • 비행기 내부(장식, 시트, 공기)	• 표 • 기내식 • 유니폼 • 웹사이트
익스프레스 메일	관계없음	• 포장상태 • 트럭 • 유니폼 • 컴퓨터 • 웹사이트
스포츠 행사	• 주차 • 경기장 외관 • 티켓발권 장소 • 입구 • 좌석 • 화장실 • 구내매점 • 운동장	• 방향/안내 표시 • 티켓 • 프로그램 • 유니폼 • 웹사이트

3.2 서비스스케이프의 유형

본절은 인간과 인위적 · 자연적 · 사회적 환경과의 관계를 연구하는 환경심리학(environmental psychology)에서 가져온 여러 가지 아이디어와 개념에 의존해 서비스스케이프의 역할과 서비스스케이프가 직원, 고객, 그리고 이들 간의 상호작용에 어떻게 영향을 미치는지를 설명할 것이다.

3.2.1 서비스스케이프의 사용 정도(service scape usage)

조직은 서비스스케이프로 인해 실제로 영향을 받는 사람이 누구인가에 따라 서비스스케이프의 유형을 나눌 수 있다.

첫째는, 고객이 대부분의 활동을 수행하며 단지 약간의 직원만이 있는 셀프서비스(self-service) 환경이다. 셀프서비스 환경의 예로는 ATM, 영화관, 간이 익스프레스메일 시설, 골프와 테마파크와 같은 셀프서비스 위락시설, 그리고 온라인 인터넷 서비스 등이 있다. 셀프서비스 환경이 주를 이루는 조직은 적합한 고객을 끌어들이고, 사용하기가 쉽고 즐겁게 할 수 있도록 시설을 설계할 수 있다.

둘째는, 서비스스케이프의 또 다른 극단은 서비스스케이프에 대한 고객의 참여가 거의 없는 원격서비스(remote service)이다. 텔레커뮤니케이션, 유틸리티, 금융 컨설팅, 신문사설, 우편주문서비스 등은 고객이 서비스 시설을 보지 않고 제공받을 수 있는 서비스 예이다. 사실 시설은 여러 주(state)와 국가에 걸쳐 존재할 수도 있다. 원격서비스에서 고객은 서비스스케이프를 전혀 볼 필요가 없기 때문에, 시설은 직원의 동기를 유발시킬 수 있고 생산성, 팀워크 및 운영의 효율성을 높일 수 있도록 설계될 수 있다.

셋째는, [표 11-3]에서 상호서비스(interpersonal service)는 두 가지 극단 사이에 위치하고 있으며, 고객과 직원 모두가 서비스스케이프 내에 존재하고 활동하는 상황이다. 호텔, 레스토랑, 병원, 교육기관, 은행 등이 이에 해당한다. 이 경우 서비스스케이프는 고객과 직원을 동시에 끌어들이고 만족시킬 수 있으며 촉진시킬 수 있도록 설계되어야 한다. 또한 서비스스케이프가 고객과 직원 간의 사회적 상호작용의 특성과 질에 어떠한 영향을 주고 있는지에 관해서도 특별한 주의가 필요하다.

유람선의 경우 서비스스케이프는 고객과 그곳에서 작업하는 직원을 지원해야 함은 물론 두 집단 간의 상호작용을 촉진시켜야 한다는 점에서 상호서비스 환경의 좋은 예라 할 수 있다.

어떤 서비스의 서비스스케이프는 요소, 공간 및 시설이 매우 간단하다. 그러한 환경을 간단한 환경이라고 부르는데, 쇼핑몰의 정보 간이매점과 Fedex의 간이 수화물취급소가 여기에 속하며, 둘 다 하나의 간단한 구조로 된 서비스를 제공한다.

서비스스케이프의 요소와 공간이 많고 시설이 복잡한 것을 정교한 환경이라고 부른다. 예컨대, 병원은 많은 층과 병실, 복잡한 의료기기를 보유하고 있으며 물리적 설비가 수행하는 기능이 매우 복잡하다. 이러한 정교한 서비스스케이프를 세심하게 설계하면 조직의 목표를 달성할 수 있다. 예컨대, 환자의 병실은 병원 직원의 생산성을 높일 수 있고 동시에 환자가 안락함을 느끼고 만족할 수 있도록 설계되어야 한다. 정교한 상호서비스군에 포지셔닝되어 있는 병원과 같은 조직은 서비스스케이프와 관련하여 가장 복잡한 의사결정을 해야 한다.

표 11-3 서비스스케이프 사용과 복잡성에 따른 서비스조직의 유형

<table>
<tr><th colspan="2" rowspan="2">구 분</th><th colspan="2">서비스스케이프의 복잡성</th></tr>
<tr><th>정교함(elaborate)</th><th>간단함(lean)</th></tr>
<tr><td rowspan="3">서비스
스케이프
사용 정도</td><td>셀프서비스
(고객만 이용)</td><td>• 골프장
• 이베이(eBay)</td><td>• ATM
• 세차장
• 간단한 인터넷서비스
• 간이 수화물취급소</td></tr>
<tr><td>상호서비스
(고객과 직원 모두 이용)</td><td>• 호텔
• 레스토랑
• 건강클리닉
• 병원
• 은행
• 항공
• 학교</td><td>• 세탁소
• 소매점
• 미용실</td></tr>
<tr><td>원격서비스
(직원만 이용)</td><td>• 전화회사
• 보험회사
• 유틸리티
• 많은 전문서비스</td><td>• 전화로 우편물 주문받는 업체
• 자동응답기로 서비스하는 업체</td></tr>
</table>

3.3 서비스스케이프의 전략적 역할

3.3.1 포장(package)

제품포장은 특별한 이미지를 표현하고 특정의 감정적 반응이 환기되도록 설계한다. 유형제품의 포장(package)과 마찬가지로 서비스스케이프를 위시한 여타 물리적 증거는 서비스를 '감싸고(wrap)', '내부의(inside)' 것을 이미지화하여 외부로 전달한다.

서비스의 물리적 증거도 매우 복잡한 자극들의 상호작용을 통해 제품포장과 같은 역할을 수행한다. 서비스스케이프는 조직의 외적인 형상(outward appearance)이라서 고객의 최초 인상과 기대를 형성하는 데 매우 중요하다. Starbucks, Fedex, Marriott와 같은 영리한 기업들이 대표적인 예인데, 이들은 브랜드 포지셔닝과 서비스스케이프 설계를 연결시켜 막대한 시간과 자금을 지출한다.

예컨대, Fedex는 서비스센터에 박스를 적하하는 것부터 배달원이 소포를 고객에게 전달하는 데 사용하는 상자까지 모든 물리적 증거를 다시 검토하고 재설계하여 Fedex의 이미지에 맞추고 있다. "Fedex에서는 모든 것이 간단하다. Fedex에 수화물을 맡겨만 주시면 정성을 다해 처리할 것이다"라는 일관된 이미지를 전달하는 것이 아이디어다.

3.3.2 촉진재(facilitator)

서비스스케이프는 촉진재로서 서비스환경에서 사람들의 행동을 지원하는 역할을 수행한다. 서비스증거가 어떻게 설계되느냐에 따라 서비스환경 내에서 활동의 흐름이 촉진되거나 억제될 수 있으며, 고객과 직원의 목적이 달성되기 쉬워지거나 어려워질 수도 있다. 잘 설계된 시설은 고객에게는 유익한 서비스체험을, 직원에게는 만족스러운 서비스수행을 하게 한다. 반면에 잘못된 설계는 고객과 직원 모두에게 불만을 줄 수 있다.

British Airways는 Club-World Seat상을 수상한 후 몇몇 구간에서 시장점유율이 증가하였다. 호텔업계는 2000년대 초에 새로운 객실의 기본모델(prototype)을 개발하기 시작하면서, 현재보다 객실에서 더 많은 시간을 보내는 고객들이 좀 더 유용하게 사용할 수 있도록 객실을 개선하는 데 초점을 맞췄다. 객실을 집안에서처럼 편안함을 지닌 색상, 구성, 구조로 설계하였고, 새로운 호텔에는 더 넓어진 책상, 초고속 인터넷 접속, 그리고 대형 TV를 구비하였다. 이러한 모든 요소가 서비스스케이프의 촉진재로서의 역할을 보여주는 예이다.

3.3.3 사회화의 도구(socializer)

서비스스케이프의 설계는 기대역할, 행동, 관계를 직원과 고객에게 전달하는 데 도움이 된다는 점에서 직원과 고객의 사회화를 촉진하는 도구이다. 예컨대, 전문 서비스업체에 갓 입사한 사람은 자신의 사무실 크기, 사무용 가구의 질, 그리고 자기 자리의 상대적 위치로 기업 내에서의 자신의 위치를 부분적으로 이해하게 된다. 마찬가지로 고객은 시설의 설계를 통해 직원과 대비된 그들의 역할은 무엇이며, 서비스환경에 머무는 동안 어떠한 행동을 취해야 하며, 어떤 상호작용이 필요한지를 연상하게 된다.

Starbucks는 고객이 커피를 빨리 마시고 나가는 것보다는 사회적 시간(social time)을 여유 있게 보낼 수 있게 하는 좀 더 전통적인 커피전문점으로 변화하고 있다. 사회화를 촉진하기 위해 Starbucks는 고객들이 넓은 공간에서 머무르며 상호작용할 수 있도록 편안한 안락의자와 테이블을 제공한다. 새로운 독창성으로 Starbucks는 혁신적인 음악감상시스템(Hear Music Coffeehouse)을 설치하여 음악의 세계로 이동하고 있다. 음악감상시스템은 일종의 서비스스케이프로 고객들이 커피를 마시면서, 음악을 듣고, 곡을 선택하여 자신들만의 CD를 만들 수 있다. 이 환경은 전통적인 커피전문점 환경과 비교하여 전혀 다른 유형의 행위와 사회화를 촉진한다.

3.3.4 차별화의 도구(differentiator)

서비스스케이프인 물리적 시설의 설계는 경쟁자로부터 기업을 차별화할 수 있으며, 그 기업이 초점으로 삼고 있는 세분시장을 알릴 수도 있다. 이의 재설계를 통해 서비스기업을 재포지셔닝할 수도 있고 새로운 고객을 끌어들이는 데 사용할 수도 있다. 쇼핑몰에서 실내장식과 심볼 및 색상, 상점으로부터 흘러나오는 음악의 종류를 통해 그 상점이 특정 세분시장을 겨냥하고 있음을 알려준다.

또 PETsMART사가 혁신적인 애완동물 호텔인 PETsHOTEL을 출시하는 데 서비스스케이프는 주요 차별요인으로 사용되었다. 애완동물을 낮뿐만 아니라 밤새도록 돌보는 이 호텔은 전형적인 훈련장이나 사육시설과는 매우 다르게 설계되었다. 이 호텔은 로비공간, 다채로운 놀이공간, 안락한 침실, 텔레비전, 방문자를 맞을 수 있는 본 부스(bone booth) 등을 갖추고 있는데, 전통적인 훈련장들보다 가정적인 느낌을 주고 주택에 가까운 설비를 제공한다.

물리적 시설은 특정 서비스조직의 한 영역을 다른 영역과 차별화시킬 수도 있다. 이러한 예는 호텔산업에서 일반적으로 볼 수 있는 경우로서, 대형 호텔은 설계의 차별화를 통해 음식메뉴의 등급을 나타내고 있다. 가격차별화 역시 물리적 증거 차이를 통해 완성될 수 있다. 항공기의 경우 보다 넓은 다리 공간을 갖춘 좌석이 다른 좌석에 비해 요금이 비싼 것과 마찬가지로, 물리적 즐거움을 좀 더 만끽할 수 있는 큰 룸이 더 비쌀 것이다. 극장을 새로 만들 때에도 웨이터와 안락의자를 갖춘 호화로운 영화관을 추가할 수 있다. 이러한 대안의 장점을 이용하려 동일한 영화에 더 비싼 값을 지불할 의도가 있는 고객은 전혀 다른 환경에서 서비스를 체험할 수 있다.

3.4 서비스스케이프가 행동에 미치는 효과

서비스스케이프가 행동에 미치는 효과에는 개인적 행동과 사회적 상호작용 등이 있다.

3.4.1 개인적 행동(individual behaviors)

환경심리학자들의 주장에 의하면 개인은 일반적으로 상반된 두 가지의 행동, 즉 접근(approach)과 회피(avoidance)란 행동으로 어떤 장소에 반응한다고 한다. 접근행동에는 특정 장소에 체류하고, 탐색하며, 일하고, 친밀해지고 싶어지는 모든 긍정적인 행동이 포함된다. 회피행동은 이와 반대가 되는 행동, 즉 체류·탐색·작업·친밀을 원하지 않는 욕구를 반영하는 부정적인 행동을 포함한다. 소매환경에서의 소비자에 관한 연구를 보면 환경에 대한 지각이 접근행동(쇼핑, 재방문, 다른 사람들에 대한 관심과 친절, 돈의 소비, 상점을 돌아다니는 데 소비한 시간, 상점에 대한 탐색 등)에 영향을 받는다는 것이 밝혀지고 있다.

서비스스케이프가 진입을 유인하거나 방해하기도 하지만 일단 서비스 시설 내에 들어온 고객과 직원이 그들 계획을 성공적으로 실행하는 데 영향을 미칠 수 있다. NBA 농구경기의 팬들은 넓고 출입하기 쉬운 주차장, 뚜렷한 좌석안내 표지판, 효율적인 음식서비스, 청결한 휴게실로 인해 게임을 더욱 재미있게 즐길 수 있게 된다. 직원이 직무를 효과적으로 수행하는 능력 역시 서비스스케이프에 의해 영향을 받는다. 충분한 공간, 적절한 시설, 그리고 상쾌한 기온과 공기상태는 모두 직원의 안락과 직무만족에 영향을 미치는 것들이며, 이로 인해 더 생산적이게 되고, 더

그림 11-2 ▌ 서비스조직에서 환경·사용자 관계를 이해하기 위한 틀

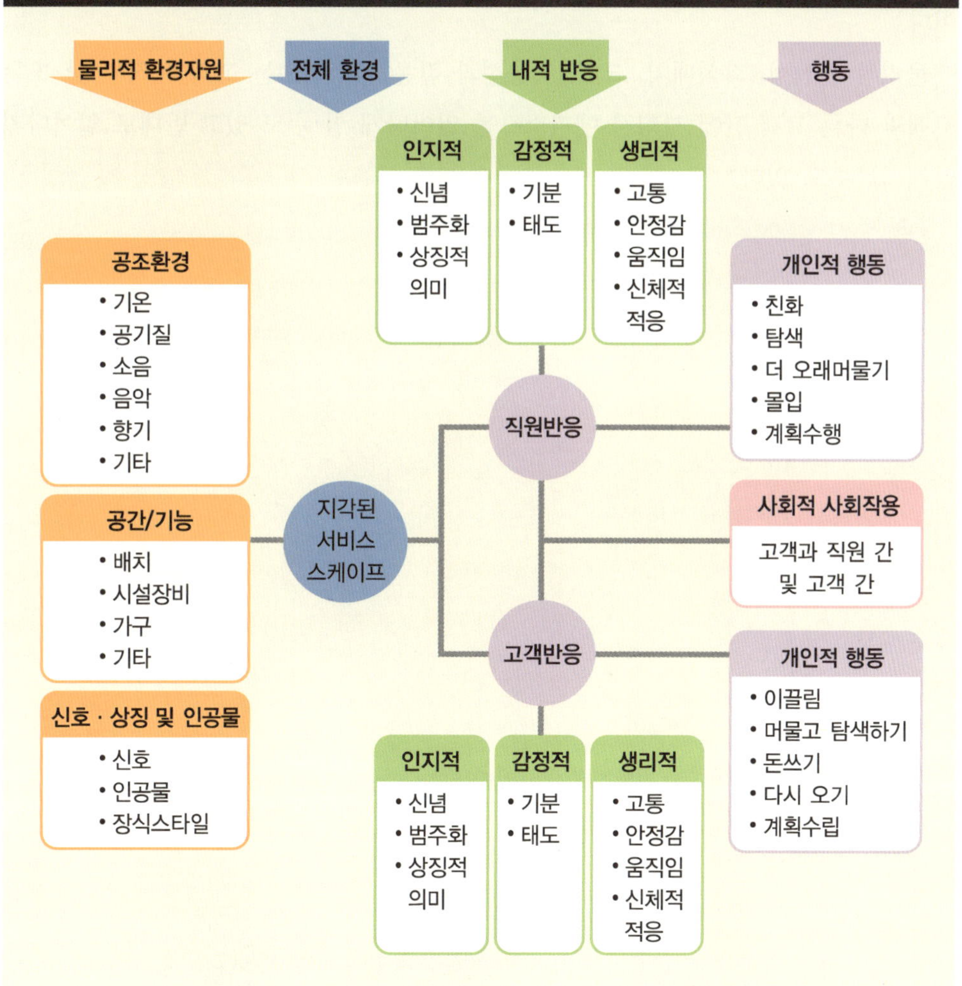

오래 머물게 되며, 동료들과 가까워지려 한다.

3.4.2 사회적 상호작용(social interactions)

서비스스케이프는 고객과 직원의 상호작용의 특성(nature)과 질에 영향을 미치며, 이는 특히 상호서비스에서 그렇다. 모든 사회적 상호작용은 그것이 발생하는 물리적 컨테이너(physical container), 즉 물리적 시설에 의해 영향을 받는다고 한다.

물리적 컨테이너는 사건의 진행과 상호작용의 지속성에 영향을 미쳐 사회적 상호작용의 특성에 영향을 줄 수 있다. 많은 서비스 상황에서 기업은 특정한 사건의 진행, 즉 표준적인 진행절차는 확실히 하고 어떤 서비스는 시간제한을 하려 할 것이다.

물리적 근접성, 좌석배치, 크기, 적응성과 같은 환경변수는 고객과 직원 간 또는 고객과 다른 고객 간에 사회적 에피소드를 일어나게 할 수도 있고 반대로 일어나지 않게 할 수도 있다.

▮참▮고▮문▮헌▮

김계수, 성공을 부르는 고객관계경영, 도서출판 청람, 2010.

김　봉, 관광마케팅, 대왕사, 2009.

김성용, 관광마케팅, 기문사, 2008.

김이태, 실천 마케팅 전략, 도서출판 이화, 2006.

김진섭, 관광마케팅, 대왕사, 2004.

박찬수, 마케팅원리, 법문사, 2010.

신도길 · 노윤구, 글로벌 관광마케팅, 대구대학출판부, 2008.

우경식 · 허정봉, 관광서비스마케팅, 새로미, 2010.

이훈영, 마케팅, 도서출판 청람, 2009.

최태광, 관광마케팅, 백산출판사, 2009.

이유재, 서비스마케팅, 학현사, 2008.

Bierman, D.(2003), Restoring Tourism Destinations in Crisis: *A Strategic Marketing Approach*, CABI Publishing, Wallingford.

Holloway, J.C.(2004), *Marketing for Tourism*(4th edn), Pearson Education, New York.

Hsu, K., Killion, L., Brown, G., Gross, M.J., & Huang, S.(2008), *Tourism Marketing: An Asia-Pacific Perspective*, Milton, Qld: John Wiley &Sons.

Middleton, V.T.C. & Clarke, J.(2001), *Marketing in Travel and Tourism*(3rd edn), Butterworth-Heinemann, Oxford.

Morgan, N., Pritchard, A. &Pride, R.(eds)(2004), *Destination Branding: Creating the Unique Destination Proposition*(2nd edn), Butterworth-Heinemann, Oxford.

Morrison, A.M., *Hospitality and Travel Marketing*, Thomson(3rd. ed.),

Pike, S.(2008), *Destination Marketing: An Integrated Marketing Communication Approach*, Burlington, MA: Butterworth-Heinemann.

Reid, R.D. & David C. Bojanic, *Hospitality Marketing Management*(5th ed.), Wiley,

Zeithaml, V.A., M.J. Bitner & D.D. Gremler, *Service Marketing : Intyegrating Customer Focus Across the Firm*(5th ed.), McGraw-Hill.

찾아보기

| 저자소개 |

김이태

청주대학교 대학원 경영학과, 경영학 박사(Ph.D)
California State Univ. Hayward 객원교수
한국관광레저학회 부회장 및 편집위원장 역임
현) (사)부산관광컨벤션포럼 사무총장
부산대학교 경제통상대학교 관광컨벤션학과 교수

[저서 및 논문]
호스피탈리티마케팅, 고객커뮤니케이션관리, 빅데이터를 이용한 MICE산업 분석과 의미, CSV, 전략적제휴 연구 외 다수

김재원

동아대학교 대학원 관광경영학과, 경영학 박사(Ph.D)
The University of Sydney 전략마케팅 과정 수료
British Airways Marketing & Sales Manager
현) 신라대학교 글로벌비즈니스대학 국제관광학부 교수

[저서 및 논문]
항공사경영시스템, 관광마케팅전략, 항공여행업무론 외 다수

김한주

한양대학교 관광학과, 경희대학교 대학원, 관광학 박사(Ph.D)
㈜대한여행사 기획수배팀장, 부산경상대학교 관광경영과 조교수
현) 한국관광레저학회 부회장
영남이공대학교 관광계열 부교수

[저서 및 논문]
여행사경영과 실무, Mega-Event의 경제적 파급효과, NCS 유원시설운영관리 학습모듈, 지역산업연관모형을 이용한 광역시도별 관광산업의 경제적 파급효과 추이에 관한 연구 외 다수

이선희

호주 Griffith University, 관광학 박사(Ph.D)
동의대학교, 동서대학교, 배재대학교 외래교수 역임
한국관광레저학회 이사
현) 대구가톨릭대학교 부교수

[저서 및 논문]
해외이주 한인 노인의 한민족 정체성 관련 여가활동 연구, Cultural influences on travel lifestyle: A comparison of Korean Australians and Koreans in Korea. 외 다수

관광마케팅

2017년 8월 25일 1판 1쇄 발행
2020년 2월 25일 1판 2쇄 발행

저　　자 | 김이태 · 김재원 · 김한주 · 이선희
발 행 인 | 이수영
발 행 처 | 도서출판 청람
서울시 마포구 독막로 288(대흥동, 세양상가 109호)
전　　화 | 02) 3272-2601~2
팩　　스 | 02) 3272-2603
홈페이지 | http://www.crbooks.co.kr
이 메 일 | crbooks@daum.net
등　　록 | 2000년 8월 26일 제6-0509호

ISBN 978-89-5972-595-3 93320 [정가 27,000원]